沽源地名文化

政协沽源县委员会 编

河北大学出版社
·保定·

图书在版编目（CIP）数据

沽源地名文化 / 政协沽源县委员会编．-- 保定 ：河北大学出版社，2018.6
ISBN 978-7-5666-1111-6

Ⅰ．①沽… Ⅱ．①政… Ⅲ．①地名－文化－沽源县 Ⅳ．①K922.24

中国版本图书馆 CIP 数据核字（2018）第 112048 号

GUYUAN DIMING WENHUA

沽源地名文化

出 版 人：耿金龙
封面题字：谷连昌
封面插图：张鹏飞
责任编辑：韩立霞
装帧设计：张彦琪
责任印制：靳云飞
出版发行：河北大学出版社
地址：河北省保定市七一东路 2666 号　邮编：071000
电话：0312-5073033　0312-5073029
邮箱：hbdxcbs818@163.com　网址：www.hbdxcbs.com
印　　刷：保定市北方胶印有限公司
开　　本：170mm × 240mm　1/16
印　　张：26
字　　数：400 千字
版　　次：2018 年 6 月第 1 版
印　　次：2018 年 6 月第 1 次印刷
书　　号：ISBN 978-7-5666-1111-6
定　　价：80.00 元

《沽源地名文化》编纂委员会

序

地名，不仅是地理方位的标志，更是历史文化变迁的见证。地名是一部浓缩的历史，从中可以看出一个民族文化演进和变迁的轨迹。地名中蕴含着丰富的历史文化知识。单个地名似小溪，众多的地名汇集在一起就成了大海，其寓意涵盖了经济、政治、文化、社会和自然生态等多个方面，是一个丰富的知识宝库。

沽源地名是一个完整的地名文化体系，不论是山名、水名或是村名，都有广泛的思想内容和丰富的文化内涵。人的生活离不开地名，工作离不开地名，我们谋发展、搞规划更离不开地名。研究沽源的地名文化，是我们实践发展战略、加快建设步伐、坚定文化自信的实际需要。

沽源地名是沽源历史发展的产物，它在沽源历史的长河中与文化共同产生于中华民族历史的母体中，是伴随着民族文化的发展而发展起来的。沽源地名从先秦时期的泛指，到魏晋时代的缩小，再到明代中叶后的逐渐具体，经过了上千年的发展过程，形成了融地理文化、历史文化、民俗文化为一体的文化系统，是传承和传播文化信息的载体。

沽源地名的生成，既是沽源自然环境影响的结果，也是沽源历史文化作用的结果。它是时间与空间的统一、历史与地理的结合，又是人文与自然的融汇。它的文化意义在于它是社会文化的整合与积淀，是各时期、各地方地名命名过程中语词文化和地理实体文化的总和，是独特的文化大观。沽源地名种类繁多，在众多的地名类别中，有约定俗成的，也有政府命名的。每个地名都有时代的烙印，背后都有一段传承的故事，都和我们的工作生活息息相关。《沽源地名文化》这部书，以语音指代的地理实体为立足点，从地名起源入手，从沽源七百多个地名中选取典型，取其精华，从历史地名、生态地名、村落地名和地名文苑四个方面系统地揭示了地名文化的内涵，为我们的经济建设、思想建设提供了有力的文化支撑。

沽源政协第十届委员会站在“坚定文化自信，推动社会主义文化繁荣兴盛”的高度，结合沽源经济发展和文化建设的实际，编纂的《沽源地名文化》是一部好书，在建设美丽乡村、挖掘乡村旅游文化、推进沽源经济持续发展、实现百姓精准脱贫的过程中，将起到无可替代的作用。这是沽源政协在新时期的新思想、新作为！

《沽源地名文化》的如期出版，是我们沽源在认真学习贯彻党的十九大精神，落实十九大提出的各项战略任务，践行坚定文化自信，推动社会主义文化繁荣兴盛的事业中所取得的丰硕成果！这是沽源政治生活中的一件大事，可喜可贺。欣喜之余，感慨作序，也向为编纂此书付出劳动和心血的所有同志表示感谢和敬意！

郭有和

2017 年 11 月 8 日

开　卷　语

参政议政是各级政协机关的神圣使命。政协沽源县委员会以服务全县经济社会发展为大局，以关注人民群众普遍增长的文化需求为根本，主持编写了《沽源地名文化》。目的是通过深入挖掘、系统整理沽源地名的地理实体文化，及其所蕴含的更深远意义的社会学价值，既为后人保留一份快节奏发展中逐渐消逝的文明样本和乡愁寄托，更为沽源县的更快更好发展提供一份历史镜鉴和人文反思，切实发挥以文辅政的职能作用。

《沽源地名文化》全书分为历史地名、生态地名、村落地名和地名文苑四个方面，既有对沽源地名构成要素等专业知识的探索研究，也有对沽源地名发展脉络的历史考证，更有对我们生于斯长于斯的乡邻故土的真情解读。就如同沽源县七百多个地名本身，其偶然的诞生都受普遍性发展规律作用的影响，其个体的发展都历经这片土地数千年的历史沧桑，并最终具象为每个人心中一口井、一棵树、一座山的鲜活记忆。正是为了能够准确传达沽源地名文化的丰富含义，我们在坚持政协主导地位的前提下积极引入民间文化力量，既向知名作家盛情约稿，又广泛吸纳草根文学写作者，更鼓励政协委员提笔写作。《沽源地名文化》最终成书，几十人参与写作，共同谱写了一曲“沽源人写沽源事”的文化赞歌。

沽源县政协作为《沽源地名文化》的“第一监护人”，对全书的组织编写及成书质量负有主要责任，不仅全程参与《沽源地名文化》的前期启动，更对执行团队的日常工作以及外出采风给予全力支持。特别是到了后期审稿阶段，在已经有主编和相关人员把关的前提下，发动政协班子成员及机关全体干部，义务对全书四十余万字的稿件进行审查、校对，并专门召开三次评审会，将书中的稿件分三次上会做最终评审。我们大刀阔斧地调整过全书的框架结构，也忍痛割爱地删除过非常优秀但与本书主题不符的文章，并对所有文章字斟句酌地进行评审、把关，提出修改意见。沽源县政协是《沽源地名文化》的编写者，但当这些稿件拿到手中，我们便自动换位为普通读者，以他们的眼光更加严格地审视，以期用最大程度的努力达到最大限度的完美。

文化教育人、感染人、塑造人，是一个民族、一个国家伟大复兴的内在生命线。党的十九大报告明确提出，将文化建设置于重要地位。政协沽源县委员会恪守职能定位，秉承文化使命，从广布于大马群山脚下、黑水白河流域、畿北湿地草原这三千六百五十四平方公里沃土的七百多个地名中，精心采撷“标本”，以赤子之心倾情编写一部《沽源地名文化》，既是为沽源树立文化自信所做的一点努力，更是吹响文化事业大发展的嘹亮号角，期待能够凝聚更多的有志博学之士共同干事创业。

《沽源地名文化》期待您的阅读，也期待您的批评指正。

陈青山

2017 年 11 月 26 日

目　　录

历史地名

生态地名

村落地名

地名文苑

历史地名

沽源地名，从上古时代的泛指，到中古时代的缩小，再到近古时代的具体，走过了数以千年的岁月沧桑……

概说沽源地名文化

贾富海

沽源的高山、缓坡、敖包、土堆、河流、淖泊、沟壑、卜子、城堡、村落等，都有好听的名字，如蝈蝈儿山、圐圙淖、棠梨沟、脑包沟、冰山梁、九连城、喇嘛洞和丰源店等。这些名字的读音生动鲜活，文字书写特定规范，指代具体明确，意义深远悠长，每个名字都藏有一段掌故或传说，掌故里闪烁着岁月的光华，传说中沉积着美好的期盼和向往。这就是沽源地名的语词文化。

透过语词文化内涵就能窥视到沽源地名命名的缘由，就能洞察某一地名所指代的地理实体或地域（即地名实体）的地理环境、历史进程和乡土风情等。比如位于小厂镇与小河子乡境内的棠梨沟，就是一条沟壑的专用名称，是由特定语词指代的地理实体，它所承载的文化内涵是丰富的。棠梨沟从独石口北的庞家窑村开始到大东沟为止，面积约四十平方公里，由多条东西向的支沟组成——主要有明镜沟、棠梨沟主沟、长胜沟、大喇嘛洞沟、小喇嘛洞沟和大东沟六条支沟。每条支沟内都有村落人家，也有传说和故事。白马救主的救龙泉就在这里，沽源县名称的渊源也在这里。棠梨沟从古至今就是一条历史文化的时空隧道：中古时代的辽金元时期为契丹人、女真人、蒙古人与中原人实现边口贸易、进行文化交融的通道；清末民初为坝里人走西口出口外的主要路线；1933 年吉鸿昌将军曾经在棠梨沟的乔家店龙王庙题词，撒下了全民抗日的火种，使这里成为我党领导的革命根据地之一，很多老革命、老战士、老党员的名字也因之永载于沽源革命斗争史册。所有这些是沽源地名承载的地理实体文化，并成为语词文化生存的环境与土壤。

地名语词文化和地名实体文化，组合成沽源地名文化的全貌。凡是在沽源境内约定俗成并被社会广泛认同的地名，无论是棠梨沟还是丰源店，不管是小河子还是单木淖，都具有两个层面的文化内涵：一是地名语词文化；二是地名实体文化。

地名语词文化属于语言文化范畴，是地理实体文化的标志，对我们研究沽源地名实体文化可以起到提纲带目的作用，是沽源地名文化的基本内涵。地名实体文化属于地域文化范畴，是地名语词文化形成、生存的环境和土壤，是我们研究地名语词文化的基础和主体，它是沽源地名文化的外延。地名语词文化和地名实体文化是相互联系、相互依存、密不可分的统一体，二者共同构成了沽源地名文化的整体。

沽源地理环境错综复杂，历史文化源远流长，人口来源于多省区，俗有“九省十八县”说法，乡土风情也不尽相同，由此构成了地名文化的丰富内涵。沽源地名文化具有鲜明的地理性、历史性、民俗性和景观性特征，既是物质文化又是非物质文化，是较为广泛的文化概念。

沽源的地名文化，是伴随着沽源历史的发展而形成发展起来的，是我们中华民族传统文化的重要组成部分。所以我们可以很笃定地做出界定：沽源地名文化是由沽源人民长期以来在生产、生活实践中创造的综合性文化体系，具有鲜明的地域特点和丰富的思想内容，是世代相传的文化成果。

一、沽源地名文化的历史渊源

有人类就有地名，有地名就有文化。沽源地名是历史的产物，它在历史的长河中与文化共生并同步发展，共同生于中华民族的母体中。在原始社会人类开始集体居住后，他们以某种动物或植物作为崇拜的图腾，并以图腾作为居住、活动地域的指代名称或部落姓氏名称，这就是地名。所以，在古代，地名的范围很大，多是指代一个氏族部落活动的范围。沽源地名的发展呈现出这样的脉络：从上古时代的广泛，到中古时代的逐渐缩小，再到近古时代的逐步具体。

沽源广袤的地域，远在上古时代被称为“鬼方”或“土方”，这就是沽源最早的地名。

在过去，编修史书的都是中原文人，他们习惯上对边陲之地的少数民族采用一种蔑视的笔法——不是用“鬼”就是用“胡”，或者用带“犭”旁的字来标注边陲民族的名字。鬼方就是最荒蛮的地方，意为孤魂野鬼出没的地方。

到春秋时期，沽源地域被称为“猃狁”或“戎狄”。猃狁或戎狄都是对古代少数民族的统称，也是对其活动区域的指代，这也是地名。

秦统一六国，沽源所在的地域范围开始缩小，被指代为上谷或造阳。汉代又以少数民族活动范围为指代，被称为胡地、东胡。

沽源从中古时代起，地名指代趋于具体。除了用游牧民族的名字指代外，出现了濡源、御夷镇、凉陉、炭山、白海行宫、明安驿、石头城等具体指代的地理实体地名，也就是真正意义上的沽源地名。

从明代末期到清代中叶，沽源地名文化走过了由地域的泛指，到民族区域指代的缩小，再到地理实体的具体这样一个漫长的历史发展过程。这些约定俗成或由政府命名的山脉、水系、沟壑和村落，星罗棋布地分布在沽源这片肥沃的土地上。李王山、五女河、明镜沟、三棵树、同兴号、榛子沟、冯家窑、太平营、黑土洼、马神庙、大二号……这些闪烁着地理印记、人文情怀的地名陈列于沽源大地，布展于坝上草原。

1926 年前后，沽源地名基本形成了以窑、沟、城、堡、营、店、号为序列的景观格局，其构成了沽源地名文化的时空隧道。

二、沽源地名文化的语词文化

沽源地名的语词文化，是指代地理实体的语音标志，属于语言文化范畴，是地名文化的基础，其文化内涵包括音、形、义、位四个方面的文化要素。

音　沽源地名的读音具有明显的方言特点与鲜活的意向动感。如大营子、杨家营子等，在主词后面常带个“子”字，也常把“子”字读成“za”，带有浓重的方言特点。再如蝈蝈儿山、狐狸沟、转佛庙、闪电河等，这些地名听起来就让人产生一种动态的画面感，不但悦耳动听，也具有意向性的灵动。这就是沽源地名语词文化的鲜活性和灵动性的特点。除此之外，沽源因在历史上属于游牧地区，往来过许多游牧民族，在地名语词文化的语源中存在着游牧民族的语音渊源。例如，西米克图、褡裢图沟就属于蒙古语的语源，苏鲁滩则属于满语的语源。

形 形是地名的书写形式。因为地名是专用的指代名词，书写形式有一定的规范要求。例如，“丰源店”的“源”字不能写成“元”字，“白土窑”的“窑”字不能写成“夭”字。尤其是用少数民族文字书写的地名，应加注汉字。(这种情况在沽源不多见。)

义 义是构成语词文化的主体要素，是通过语词的内涵探索地名由来的理据。沽源地名丰富繁杂，全县不包括地理生态地名，现有的七百二十多个自然村，就有六十多种叫法。好多叫法与人们生活的地理环境有关，命名的缘由主要为：以地理方位、地形命名，以山水命名，以动物命名，以植物命名，因地得名，因人愿得名，因物象得名等情况；有的地名的命名，则有其历史渊源。依据沽源地名语词含义和实地调查，命名缘由主要表现在九个方面。

第一，沿用母体地名，也叫地名搬家。沽源地域属于移民文化带，人口来源多是在清末民初，由三晋、平北和直隶的垦殖移民迁入。有很多地名为母体地名，即把原来居住地的名称搬到了沽源。这些移民为了不忘旧地，以表对家乡的思念和牵挂，迁居沽源后仍然沿用家乡的地名。如黄盖淖、大营子、五塘坊、战石沟、双爱堂等。黄盖淖是在民国二十二年（1933 年）由张北黄盖淖村人到此建村，为了不忘旧地仍用原村名。莲花滩乡的大营子是光绪末年，由山西人到此建村沿用了旧地的村名，后来莲花滩大营子的刘家老三外号刘三疤又到丰源店乡建了一个村，仍沿用了故地大营子的村名。五塘坊是在民国十九年（1930 年）由丰宁县五塘坊人在闪电河附近建的村，也是为了不忘旧地沿用的原籍村名。在沽源，像这样的地名很多，它们印记着沽源境内的移民文化。

第二，以地貌特征命名。沽源由于地貌的多样化，利用地貌特征命名的村名是最多的。如小阳坡、泉子沟、黑土洼、大碱滩和石头坑等，这些地名都反映了村子周边的地貌特征。

第三，以地理环境命名。沽源人非常在意居住环境，对山峦、河流、淖泊、水泉充满了爱恋，表现在地名方面，如河子村、蝈蝈儿山、小赤湾、泉子村、淖卜子等。

第四，以地标物状命名。以村内或周边的特殊物状、景观为村庄命名，也是沽源地名含义的主要缘由之一，如双井子、西大井、庙营子、白土窑、双脑包、菜园和支锅石等。

第五，以数字序列命名。以数字排序命名的村名，是沽源地名文化的一道风景。如头道沟、二道沟、三道沟、四道沟、五道沟、六道沟。在序列的主沟内还有亚沟，如小五道沟、五道沟门儿和六道沟门儿。再如头道营、二道营、三道营、四道营，头号、大二号、三号、五号和二十五号等。在地名数字序列里回避“一”字，而用“头”字开头，沿用了民俗中对前后的称谓习惯。因为“一”近似于“小”，所以按序排头的数不用“一”，而用“头”。

第六，以植物、动物命名。生活在沽源这方热土上的人，一向亲近于自然，对优胜植物、动物倍加爱惜，由此命名的地名彰显着沽源生态环境的优美与灵秀。如莲花滩、黄花梁、榛子沟、韭菜沟、芦草、三棵树、狐狸沟、狼窝沟和野马营等。

第七，以人愿、店铺命名。期盼社会和谐安定、事业兴旺发达是勤劳纯朴的沽源人永恒的生活主题。以人愿命名的地名有丰源店、兴顺店、大兴隆、义合成、太平营、利民和兴隆堡等。在沽源境内以店铺命名的村名，多散落在沿坝一带或重要的交通路口，以开办旅店的居多，如前店、乔家店、过街店等。

第八，以姓氏、人名命名。沽源是由游牧区放垦后变为农业区，最初建村的人多是独家或单人先到，之后又陆续有人入村居住。村名以最先入住的人或有名望的人的姓氏或人名命名的很多。如岳家营子、李家营子、张天信营子、冯家窑子和小格赖等。

第九，以文物遗址命名。沽源历史文化厚重悠久，但文物遗存并不多，以文物遗址命名的地名主要有梳妆楼、小宏城、大宏城、石头城和九连城。

位　位是指定地名的方位与范围，是地名语词文化内涵的要素之一，主要作用在于通过对某一地名的语音指代，判定该地名的坐落方位与区划范围。如提到平定堡，我们可知它指代的是沽源县城，是沽源的政治、经济和文化中心；再如，提到大马群山，就会联想到它是一个很广泛的地理概念，位于冀北平原与内蒙古高原的接壤处，是横亘在坝缘一带的一条山岭，俗称“坝”。

三、沽源地名文化的实体文化

沽源地名的地理实体文化，属于地域文化范畴。它是地名语词文化形成、生存的环境与土壤。所有被指代的地理实体都承载、积淀并传播着地理环境、生态资源、历史文化和民俗文化的信息。

（一）地理环境信息

沽源生动形象的地名实体，从不同的方位、不同的角度，立体性地显示着沽源地理环境的全貌。在沽源地名文化的环境中，以沟、洼、渠、山、梁、坡、滩、园、坑而得名的生态地方或村落，反映了沽源地貌的多样性特征；以河、水、淖而得名的地方，形象逼真地反映了沽源地理环境的壮美和秀丽。如大马群山、冰山梁、鸡冠山、脑包山、蝈蝈儿山，给人一种豪放、灵动的壮美感。再如五女河、小河子、水泉淖，又给人一种温婉恬静的美。

（二）生态资源信息

沽源地名的陈列布展，传递着生态资源存量的信息。如棠梨沟、榛子沟、韭菜沟、莲花滩、黄花梁、三道林、芦草和林源等，都凸显出自然资源的丰厚。

（三）历史文化信息

沽源地名指代的地理实体，沉积着悠久的历史文化，既带有政治军事文化的烙印，也蕴含着丰富的经济文化信息。如以城、堡、围、营命名的地方，就带有政治文化和军事文化的烙印。

城 城是最古老的建筑名称，也是最早的地名概念。史学界常把古代成规模居住的聚落叫作城。殷商以后把建有城墙的聚落叫作城。汉代把有防御作用，建有城墙、垛口、瓮城的聚落建筑叫作城。之后“城”就成了一个区域的政治、军事、经济和文化中心，也就有了城堡、城池和城市的等级和说法了。后来由于地方势力的原因，以城命名的地方随处可见。凡是建有城墙并有一定防御作用的聚落都叫城或城堡，城或城堡就成了带有军事性质的地名了。到民国时期，对城有了不成文的界定：建有城墙、开辟四门、内有街井街市并有施政单位的才是城。沽源境内以城命名的地方只有四处：小宏城、石头城、九连城、小河子城。小宏城建于元代，已废弃；石头城传说建于辽代，原为“汉城”，是管理汉人的城堡，后废弃；九连城建于金代，废于元代；小河子城建于民国七年（1918 年），原为沽源县城，毁于战火。

堡　堡也是具有防御作用的聚落建筑，早先与城为一体，叫“城堡”，后来和城分开，规模大的叫“城”，规模次于城的叫“堡”，一般只有南门和东门。也有另一种说法，按聚落户口数量区分堡与城，百户以上为城，不足百户叫堡。在民国年间，由于沽源匪患严重，居住富户、商户较多的地方都建土城墙。沽源以堡命名的地方很多，如平定堡、高山堡、仁和堡和西山堡等，这些都是传递军事防御信息的地名。平定堡，建于民国二年（1913 年），原名平定脑包，因建了土围墙改名为平定堡。其后城墙不断加固，商户、富户增多，虽已具备城的规模，但没有施政单位，仍叫平定堡。1946 年成为县城。此时城墙虽已被毁，平定堡这个名字却沿用至今。

围　俗称围子，既是具有一定防御作用的建筑，也是势力范围的划定。民国年间，为防匪患和显示村子的势力，很多村子建了土围墙。建有土围墙的村子就叫围子，如乔家围子、董家围子、韩茂围子、张春围子和小围子等。

营　营是军事建制，也是屯兵的地方。营最早起源于元代，叫“营盘”。营盘是操练军队、争霸备战的军事基地。营盘内部设置严密的规范，内有中军、校军、旗军和号军，外设前卫、后卫、左卫、右卫，远设五营、四哨。到北元时，营盘被沿用到民间，各旗群牧场的游牧基地也叫营盘，在沽源有马营盘、夏营盘、秋营盘、后营盘、小营盘等地名。迁移到沽源的农耕人，仍沿用“营”作为居住地的名称。用营子指代的村名，通常具有一定的范围与规格：一是村子较大，再是立村人具有一定的势力或名望。沽源以营子命名的村落最多，兼以姓氏或人名命名的居于首位，如岳家营子、韩家营子、白达营子和王老大营子等。这些地名成为沽源境内地名的一大景观，构成了沽源系统的营子文化。

店、炉、坊 这些都是传递经济信息、带有商业性质的村名。如兴顺店，建于民国二十一年（1932 年），据说是以村内的一家烧饼店铺而命名的。在沽源，带“店”字的村名大部分都是以村中的车马大店命名，承载着商贸文化，传递着交通和经济的信息。“炉”和“坊”都是以早年的手工作坊命名，传递着传统手工业等经济文化信息。

（四）民俗文化信息

在沽源地名文化指代的地理实体中传递的民俗文化信息，主要包括民间传说、宗教信仰、审美观念和时代印记等。

带有民间传说色彩的地名如老女沟、救龙泉、五女坟、张帽山、大仙梁、蛇沟岔等。

包含宗教信仰信息的地名如马神庙、乌克河庙、转佛庙、喇嘛洞和四喇嘛营等。

审美观念指在沽源地名中存在着的一定程度的审美差异性文化现象，这和人们的居住环境与生活态度密切相关，如三义美、红旗滩、大猪圈、臭泥坑等。

带有时代印记的地名如建国、建设、七一、林源和新华等。

沽源地名的语词文化和地理实体文化构成了沽源地名文化体系，是沽源地理环境的镜像、历史文化的化石和民俗文化的窗口，也是沽源地域文化重要的信息载体。

沽源地名的历史演变

黄　生

沽源地名最早源于上古的夏商周时期。虽历史文化悠久，但因战乱频繁，沽源地名曾出现过断档。作为自古以来的边塞之地，沽源有时被纳入汉族王朝疆域，有时则被北方少数民族政权统治，从而导致了地名的多次变更。

鬼方

夏商周时期沽源为鬼方属地。鬼方是夏商周时居于我国西北方的少数民族，周朝时进攻过华夏。其活动载于《汲冢周书》《易经》《山海经》《古本竹书纪年》《史记・殷本纪》《小盂鼎》及商周甲骨卜辞中。那时，漠南地区多次发生讨伐鬼方的大规模战争，甲骨卜辞中有“鬼方易”（即鬼方向远方逃走或迁徙至南西伯利亚东起贝加尔湖、西至巴尔喀什湖一带）的记载。

戎狄

春秋早期沽源之地为戎狄、猃狁所居。戎狄是古代华夏族对西北地区少数民族的统称（即北狄和西戎的合称）。周时有华夏和四夷之分：南方少数民族为“蛮”；东方少数民族为“夷”；西方少数民族为“戎”；北方少数民族为“狄”。

东胡

春秋后期及战国时期，沽源之地被东胡所居。东胡是古民族名，因居匈奴（胡）以东而得名。其南邻燕国，后为燕将秦开所破，迁于西辽河上游老哈河、西拉木伦河流域。燕筑长城以防其侵袭。

上谷

公元前 283 年，燕国大将秦开向北驱逐东胡时，将沽源划入燕国版图，并在县境东部修筑长城，建五郡以筑城守卫，当时沽源一带属上谷郡管辖。

造阳

燕国所筑长城，西起造阳，东至襄平（今辽宁辽阳市）。造阳之地就是赤城县独石口北及沽源县南端坝头一线地方。《后汉书・匈奴传》说，汉朝放弃造阳以北九百里的土地。《前汉书・匈奴传》说，汉朝弃掉斗辟县的造阳。唐代颜师古注解：造阳，上谷的地方。“斗”是绝的意思，县境地形陡险曲折突入匈奴疆界的地方，就是造阳。而斗辟县辖地为过去的龙门县（现赤城龙关）。据《龙关县志》记载：“龙门县在唐以前名斗辟县，有出土古碑为证。”沽源即造阳之地。造阳也是沽源第一个真正意义上的古地名。

匈奴

从秦代推行郡县制到西汉，沽源一直属上谷郡。公元前 129 年，大将卫青出兵塞外，北击匈奴，战火曾波及沽源。后来汉朝放弃造阳以北九百里土地，沽源之地再次成为匈奴游牧地。匈奴是个历史悠久的北方民族，祖居欧亚大陆西伯利亚寒温带森林和草原交界地带。

乌桓

西汉武帝元狩四年（公元前 119 年），汉朝把乌桓族迁徙于此，沽源成了乌桓游牧地。乌桓又称“乌丸”，是中国古代少数民族，原与鲜卑同为东胡部落之一。

鲜卑

东汉、三国、两晋时，沽源为鲜卑人游牧地。鲜卑起源于东胡族，是继匈奴之后在蒙古高原崛起的古代游牧民族，分布在中国北方，是魏晋南北朝时期对中国影响最大的游牧民族。

濡源

385 年，鲜卑拓跋部建北魏。387 年，魏太祖拓跋珪游幸濡源，之后数次到此地。412 年，拓跋嗣东巡至濡源，抚诸部落；415 年往濡源，立蜂台。濡源即闪电河之古名，也泛称沽源之地，北魏前期诸帝把濡源作为避暑、游幸和祭祀的重要地区。

柔然

柔然即蠕蠕，是 4 世纪后期至 6 世纪中叶，在蒙古草原上继匈奴、鲜卑等之后崛起的部落制汗国，与北魏和南朝长期并立。其核心区在今蒙古国，有时向西势力可达古代西域（即今中亚和中国新疆），向南势力可达河北北部一带。

御夷城

沽源为北魏边塞之地。北魏在一处汉代军事要塞基础上修筑了御夷城（现沽源县大宏城遗址）。据《魏书·明元帝纪》记载：“明元泰常八年，正月，蠕蠕犯塞。二月，筑长城于长川之南。起自赤城，西至五原，延袤二千余里，备置戍卫。”由于蠕蠕入侵犯塞，北魏筑长城，其中沽源境内的位于二道渠乡糜地沟村东，南北走向，南起四号村，北至塞北管理区马点村，全长十七公里。据有关资料记载：“在六镇东面，尚有御夷镇。原为御夷城，在今河北沽源东北。后置镇，在今河北赤城西北。武泰元年，改镇为州。”

这就是现在的大宏城遗址。后弃此城，迁至现赤城猫峪建御夷镇（现赤城县猫峪故城遗址）。据史料记载：太和十八年（494 年）七月，孝文帝巡视怀朔、武川、抚冥、柔玄四镇，下诏六镇及御夷城人，年满八十以上而无子孙兄弟，终身给其廪粟。七十以上家贫者，各赐粟十斛。此间沽源之地可谓之“御夷城”。

奚人

隋朝时，沽源之地为奚人所居。奚人是中国古代北方少数民族，又称库莫奚族，属东胡鲜卑族一支。奚人曾在沽源闪电河流域游牧，并在那里冶铸造车（奚人善于造车，史称“奚车”）。

突厥

隋朝后期，沽源之地逐渐变为突厥人的游牧地，直到唐代。突厥是历史上活跃于蒙古高原和中亚地区的民族的统称，也是中国西北与北方草原地区继匈奴、鲜卑和柔然后又一重要游牧民族。

室韦

唐朝后期，室韦族迁徙到沽源游牧。室韦族是中国古代东北民族，又作失韦或失围。北魏时始见于记载。

契丹·羊城·汉城

904 年 9 月，契丹族侵扰室韦，室韦弃地而走，沽源逐渐成为契丹人的游牧区。契丹源于东胡鲜卑，与同样说蒙古语的室韦、库莫奚是同族异支。909 年，耶律阿保机在今沽源小河子一带设羊城，以通市贸易。911 年 10 月耶律阿保机在今沽源囫圇淖北岸设冶铁场所（今囫圇淖北岸田家营村东冶炼遗址）。916 年 3 月 17 日，耶律阿保机（辽太祖）建契丹国，收留因河北战乱而来的流民，在草原上按中原风格建城郭安置他们，史称“汉城”。据考证，汉城有多座，在沽源就有小河子的石头城。

凉陉·炭山

929 年 6 月，辽太宗耶律德光来到凉陉（闪电河上游一线），十分喜欢这里的风景，凉陉从此成为辽帝王避暑、狩猎及决策各种重大事务之地。景宗、圣宗当政时，在沽源的活动更为频繁，几乎年年到炭山避暑狩猎。萧太后还在沽源东部的炭山建造了避暑凉殿，从入宫到去世的四十年中，有近三十年的夏天在炭山度过。据《辽史·地理志》记载："炭山，又谓之陉头，有凉殿，承天皇后（萧太后封号）纳凉于此。山东北三十里有新凉殿，景宗纳凉于此，唯松棚数径而已。"可见辽人没给我们留下保存完好的地上建筑。位于沽源双脑包附近的梳妆楼相传为萧太后所建（现证实为元人古墓），这个传说在沽源一带广为流传。

金·桓州·宣德州·榷场

金灭辽后，沽源隶金西京路，分属桓州（今正蓝旗西北）和宣德州（今宣化）。金太祖时，将辽代羊城改为北羊城，设榷场（今沽源西辛营一带）以交易牲畜，设狗泊盐场（今沽源九连城一带）管理盐务。金保大二年（1122年）八月，金太祖亲征辽国，与辽兵在沽源九连城一带大战，生擒辽国都统驸马萧规，天祚帝由沽源出逃。金大定六年（1166年）八月，金世宗游幸凉陉，之后几乎年年必至。1168年，金朝皇帝将这里作为避暑行营。

曷里浒东川·金莲川·金界壕·昌州

金大定八年（1168年）五月，金世宗将曷里浒东川这片金莲争芳吐艳的苍茫原野，取"金莲玉叶"之意更名为"金莲川"，改旺国崖为静宁山；七月游幸金莲川，到达麻达葛山冰井。承安五年（1200年）九月，金为抵御蒙古部族侵扰，修筑城墙，经沽源东北边，长约二十五公里，今称"金界壕"。同时金加强了塞外三重镇（抚州、桓州和昌州）的建设。抚州（今张北）扼守南下中原的咽喉，桓州（今蓝旗四郎城）是通往临潢（赤峰市巴林左旗林东镇南郊）的要道，连接两重镇的则是昌州（今沽源县九连城）。元人杨奂的诗句"北界连南界，昌州又抚州。月明鱼泊夜，霜冷鼠山秋"，就形象地说明了三地的关系。此时沽源之地一部分属桓州，一部分属昌州（原为宣德州管辖），同属金西京路。

宝昌州·上都路·兴和路

大蒙古国时，蒙古人承袭金之旧制，沽源之地仍属桓州和昌州所辖。元朝建立后，行政区域调整，改昌州为宝昌州，隶兴和路（今张北县），沽源之地属兴和路宝昌州和上都路桓州。

金莲川幕府·开平府·牛群头·明安

沽源之地为元朝龙兴之地。1251年，蒙古蒙哥汗派皇弟忽必烈总治漠南，开府于沽源金莲川，时称“金莲川幕府”。金莲川幕府的大多数人习惯于城居，难以适应草原生活方式。为解决这一问题，1256 年，忽必烈命人在金莲川北面建新城。他令刘秉忠选址于金莲川营造宫城。工程由贾居贞负责，于 1259 年竣工，被命名为开平府。从此，一座新的草原城市出现在金莲川草原滦河边上。1259 年 9 月，忽必烈获蒙哥汗死讯；1260 年 3 月，忽必烈在开平即汗位，并命中书省于缙山（今延庆）至望云（今赤城云州）取径道立海青站（称之为驿路，又称望云道）。沽源境内有两驿：一为牛群头驿（今小河子乡石头城），一为明安驿（今闪电河乡马神庙）。1264 年，诏令改开平府为上都（即元上都），从此金莲川草原在历史舞台上闪亮了近一个世纪。

西凉亭·察汗脑儿行宫

1271 年，忽必烈改国号为元，定大都、上都两座都城，独创“两都巡幸制度”。之后二十年里，忽必烈每年夏季都要到上都几个月，朝会诸王，开诈马宴，举行望祭陵寝等重要活动。为满足出行需要，忽必烈在上都东、西各建行宫一座，称东、西凉亭。东凉亭在今多伦白城子，西凉亭又称察汗脑儿行宫或白海行宫（今小宏城遗址）。至元十八年（1281 年），意大利使者马可·波罗到上都拜谒忽必烈时，曾途经察汗脑儿行宫。

据史料记载，1357 年，元末农民起义军首领刘福通兵分三路北伐，中路军经大同直捣元上都，一路放火焚毁元建筑，察汗脑儿行宫和上都就此毁于一旦。

开平卫·隰宁

明洪武三年（1370 年），左副将军李文忠率兵十万北征，进兵察汗脑儿，擒获元平章竹真，之后克北元上都。明太祖始设开平卫，建有八个驿站（基本沿用元朝驿站）。其中，西边的桓州、威虏、明安（沽源闪电河乡马神庙）、隰宁（沽源小河子乡石头城）接独石。据《明太宗实录》卷八记载，永乐十一年（1413 年），“命开平备御都指挥章安，于威虏、桓州、隰宁、明安诸驿建立城堡，各以军二百守御”，从此沽源之地属开平卫管辖。

沙峪·偏岭·盘谷镇

明洪武二十九年（1396 年）八月，在沙峪（今沽源丰源店）设开平中屯卫，在偏岭（今沽源小厂椴木梁）设开平前屯卫（明永乐皇帝登基后废止）。永乐八年（1410年）七月，明成祖朱棣亲征漠北蒙古鞑靼部，从盘谷镇（即隰宁驿，今沽源小河子石头城）班师，取道独石口还京。永乐二十年（1422年），明成祖再次亲征鞑靼，大军经独石口北上偏岭，在隰宁驿大阅五军，朱棣亲制《平戎曲》，让将士歌唱来鼓舞士气。正统三年（1438年），刑部尚书魏源主持修筑长城（现已成为沽源和赤城两县的分界线）。正统六年（1441年）五月，偏岭至栅子门（今赤城独石口乡东栅子）设墩台五座。

开平是北方边塞要地，明成祖四次北征都经过这里。他曾说：消灭此地残寇，只要守卫开平，则兴和、辽东、甘肃和宁夏边防就可永远无忧。但在永乐元年，为报答兀良哈“靖难”出兵相助之恩，成祖以其中三卫相赠。永乐二十年（1422年），兴和又被阿鲁台攻陷，开平失去了后援。宣德五年（1430年）六月，因鞑靼屡犯开平，宣宗下令将开平卫迁至独石堡，弃地三百里，使龙冈、滦河天险尽失，北部边防更加空虚，沽源境内的驿路和驿站也随之荒废，独石口开平卫以北大片土地沦为蒙古瓦剌之地，沽源也在其中。

察哈尔部·齐伦巴尔哈逊·诺海河朔

清兵入关后，于康熙十四年（1675年）迁蒙古察哈尔部驻牧宣化、大同塞外，其中正白旗、镶白旗部分驻牧沽源境内。康熙三十五年（1696年）三月，康熙亲征噶尔丹，行军至独石口、齐伦巴尔哈逊（今沽源小河子乡石头城），十二日军队驻诺海河朔（今沽源小宏城），六月又从独石口班师还京。康熙四十四年（1705年）八月，康熙帝巡幸诺海河朔。从雍正元年（1723年）开始，沽源之地实行招民垦种；雍正九年十月，侍郎阿山率人入沽源清查丈量民间耕地亩数。

独石口理事同知厅·丁庄湾分汛把总署·抚民同知厅

雍正十二年（1734年）九月置独石口理事同知厅，隶直隶省口北道，同时设四镇：丁庄湾、黑河川、东卯镇和千家店，巡查东南一带村庄逃盗奸匪及催征旗民地亩钱粮，并稽查黑龙山等处禁山矿洞之事。乾隆四年（1739年）置独石口理事同知厅下属丁庄湾分汛把总署，驻扎丁庄湾，巡查独石口西北一带村庄。这是清代沽源境内第一个行政机构。清光绪七年（1881年），改理事同知厅为抚民同知厅。

独石县

民国二年（1913 年），于直隶省口北道和绥远都统、察哈尔部、锡林郭勒盟设察哈尔特别区（清后期称“张垣特区”）。民国三年（1914 年），改独石口抚民同知厅为独石县，治所独石口，隶属察哈尔特别区。民国十七年（1928 年），察哈尔特别区改察哈尔省，辖境为今张家口市、北京延庆县、内蒙古锡林郭勒盟大部及乌兰察布市东。

沽源县

民国四年（1915 年）独石县改称沽源县，因沽水（白河）发源于县南救龙泉而得名，侨治独石口。民国七年（1918 年），县城迁至小河子，沿用“沽源”之名至今。

沽源县境内民族语言地名的译注与整理

任立新

圐圙 读 kū lüè，蒙古语音译词，现在多译为“囫囵”或“库伦”，字形是由“□”框住的“四方八面”，形象地表示围起来的草场，通俗地说就是网围栏。内蒙古牧民为了保护草场，用铁丝网（旧时用绳网）将草场围住，并将其称为“草圐圙”。

汉语北方方言中也有这个词。做名词时一般加儿化音，读 kū lüèr，意为“圆圈”或“范围”。比如可以说“画个圆圐圙儿”，“月亮四周有个圐圙儿”等。还可以做动词，比如，将某东西圈起来可以说“把它圐圙住”。在张家口坝上一带和坝下部分农村，人们把房屋周围用墙围起来存放柴草或种瓜点豆的地方也叫作“圐圙”。

“圐圙”一词现在多用在地名当中，如张北县的大圐圙、马圐圙，沽源县的牛场圐圙、羊圐圙等。可见这些地方曾是大量蒙古族牧民居住过的地方。

囫圇淖 蒙古语音译词，意为方形的湖，属平定堡镇。

脑包 参见本书《沽源的敖包》。

营子 “营子”，包括两个方面的含义：一是蒙古人对家或村庄的称呼；二是军营。“××营子”这种叫法多见于我国东北。大多数叫“营子”的村镇，最早均有军队驻扎，通常是蒙古军队或满族军队。军队驻扎的地方叫“营房”或“营地”，时间长了，民间就叫成了“营子”或东北话的“营的”。军队调走后留下了平整好的地方以及初步形成的道路，便于人们生活，所以有人就在这里定居下来，逐渐形成了村镇。如莲花滩乡的大营子，西辛营乡的西辛营子、东辛营子，小河子乡的二道营子等。

在张家口坝上的几个县内，现在好多人在口语中习惯把每个“村子”都叫成“营子”，这应另当别论。

巴图营盘 “巴图”，蒙古语音译词，还译作“拔都”“八都”“伯都”“伯秃”“巴特”“巴特尔”。包括两个方面的含义：一是结实、坚固，如巴图葛尔（结实的手）、巴图和坦（坚固的城）；二是勇士、英雄，用这个词做名字的蒙古人很多。沽源县九连城镇有一个村叫巴图营盘，意为有勇士驻守的坚固的营地。

古力半淖 “古力半”，蒙古语音译词，意为三个。“古力半淖”意为三个湖，属九连城镇。

古板营 “古板”，同“古力半”；“营”，如前所述，是蒙古人对家的称呼。“古板营”，三家的房子组成的村，现在属平定堡镇。

单木淖 蒙古语音译词，意为盐湖，属平定堡镇。

乌克河庙 “乌克”，蒙古语音译词，包括两个方面的含义：一是饮牛；二是说话。“乌克河”意为饮牛的河。乌克河庙村属小河子乡，现在，人们习惯称之为庙营子。

米力克图 蒙古语音译词，意为像帽子似的山。东米力克图村属莲花滩乡，现在简称米克图；西米力克图村属西辛营乡，现在简称西米克图。

灯笼素河 “灯笼素”，蒙古语音译词，意为芨芨草。灯笼素河发源于张北县，流经沽源县，河岸上长着很多芨芨草。

小格赖 “格赖”，蒙古语音译词，意为房子。小格赖村属黄盖淖镇。

五大不弄 “五大”，蒙古语音译词，也译为“乌达”，意为柳树。“不弄”，蒙古语音译词，同“保落”，意为泉。“五大不弄”意为柳树下有泉的地方，村子现在属九连城镇。

芦草忽洞 “忽洞”同“胡同”，蒙古语音译词，意为水井。芦草忽洞现在属白土窑乡。

苏鲁滩 “苏鲁”一为蒙古语音译词，意为敖包边上插的“苏德”（据说“苏德”是成吉思汗和忽必烈用过的武器，象征着开疆拓土的辉煌）；二为满语音译词，意为荒凉的地方。“苏鲁滩”，即荒凉的滩地。

卡路 蒙古语音译词，意为鹅。卡路村属平定堡镇。

黄盖淖 “黄盖”，蒙古语音译词，也译为“杭盖”或“韩盖”，意为原野。“黄盖淖”，周围有蓝天、白云、草原、河流的湖。沽源县黄盖淖村是张北县黄盖淖村的人搬迁来建村的，这种地名可以叫作“搬迁地名”或“母体地名”。

草圪节 喇嘛为蒙古人取的藏语人名，也译为“草圪金”“草哥斤”等。草圪节村属九连城镇。参见本书《建国村》。

二哈拉次劳 “哈拉”，蒙古语音译词，意为黑色；“次劳”，蒙古族人名；“二哈拉次劳”，排行老二、肤色较黑的一个蒙古人。二哈拉次劳村因建村人得名，属九连城镇。

褡裢图沟 “褡裢图”，蒙古语音译词，意为草原。褡裢图沟，草原上的沟，属小河子乡。

沽源人与走西口

黄　生

“口外”与“口里”的“口”指长城的关口，关口外边称口外，关口里边称口里。北方地区经久传唱的二人台《走西口》便是口里、口外不同生活的反映。“西口”狭义上指山西杀虎口，广义上还包括陕西府谷口与河北张家口和独石口等地。这些关口是晋北人、陕北人及河北人“走西口”的交会点。历史上大规模口外移民主要有三次。

第一次始于明初，从洪武三年（1370年）开始，至永乐十五年（1417年）结束，先后达十八次之多。当时来自山西平阳、潞州、泽州和汾州等地的移民，在山西洪洞县大槐树下领取“凭照川资”后，向全国各地奔去。“若问老家在何处，山西洪洞大槐树；祖先故居叫什么，大槐树下老鸹窝。”现在很多人就是依据这些话去认祖归宗。元末历经二十余年战乱，朱元璋才统一天下，但江山已遍地疮痍，尤其是山东、河南和河北一带。为恢复生产、平衡人口、巩固统治，朱元璋采取了移民政策，按“四口之家留一、六口之家留二、八口之家留三”的政策迁移。明初经洪洞县大槐树下迁往各地的移民多达百万人，时间之长、规模之大、影响之深，不仅在中国历史上是空前的，在世界移民史上也是罕见的，对当时明王朝及后来社会的发展，都产生了广泛而深远的影响。当时地处边塞的大同、宣化、赤城和丰宁坝头一线早已无人居住，明洪武二十五年（1392年）从山西平阳府六州二十八县、太原府五州二十县、沁州辽州四县、汾阳府一州七县迁至宣府、万全左右卫、怀安五卫等地的移民十万余人，他们扶老携幼，背箩筐，推小车，历经万水千山移民至此，从而奠定了张家口延坝一线人口分布的基础。明末清初时，蒙古族逐渐败落，东北女真和西北义军成为明朝心腹之患。此时沽源及其延坝地区尚无战争，民众开始上坝开垦土地，虽然规模并不大，人口也不算多，却奠定了以后几次向口外移民的基础。这些人成为最早的口外人，而他们的居住之地则形成了不同的村落。

第二次是在清朝统一后。清康熙十四年（1675年），察哈尔部驻牧宣化、大同边外，沽源为正白、镶白旗群牧场。由于旗人日众，急需大量人丁耕牧，于是出现大量移民。此时移民多来自辽宁边外，他们就是沽源东部地区移民。康熙初年，“将张家口、山海关等处旷土，换拨各旗耕种”，但仅限旗人。康熙二十一年（1682年），已有人在沽源南部坝缘一带垦建成村，如莲花滩、大营子和三棵树等地。随后，迫于生计的河北、山西一带贫苦农民不顾禁令，一批批流入察哈尔南部靠近长城一线垦田定居，历年不断，成为潮流，清政府只好默认。乾隆十八年（1753 年），陕晋之地及张家口西南部灾荒频发，很多饥民向外逃荒至察哈尔招租之蒙地。早先落户坝下一带的先民迫于生计，也从坝下出口外，同时经商、逃荒、租地招垦者陆续到此。雍正初年招民垦种，授士兵以地，招佃种之。同时清廷正式准许察哈尔蒙地开垦旷土，口外始行招民垦殖。雍正二年（1724 年）设张家口理事厅，负责管理口外东西两翼察哈尔八旗地方事务。十年后，又陆续设置独石口理事厅、多伦诺尔理事厅，设置移民管辖机关。虽然垦殖面积已经扩大，但是范围仍然局限于坝缘一线南侧，东至沽源、赤城、崇礼交界地带，中部至张北台路沟南张家湾一线，西至尚义坝下原正黄旗官荒旷土。乾隆四年（1739 年），直隶总督孙家淦巡视坝上后上奏："凡坝内之田皆以招民耕种"，"开平红城之间（沽源一带）可耕之田不下数万顷"，建议"驻扎满兵，招民开垦"。但鉴于蒙旗之地自康熙以来历朝严禁，特别是私垦，乾隆未敢轻动，仍然坚持禁封政策，但事实上已难禁止。大量土地的开垦和移民的出现，为口外人生存居住提供了条件，口外人的村落格局逐渐形成。

第三次大规模移民发生在清朝后期，最明显的特征就是"走西口"。清代是中国人口发展史上的一个重要时期，通过康雍乾三世的休养发展，到乾隆年间全国人口突破了三亿。到清朝后期，人地矛盾尖锐，加上自然灾害频发，大量内地贫民迫于生活压力，开始"走西口""闯关东""蹚古道""下南洋""赴金山"。

山西北部及张家口西南部土地贫瘠，自然灾害频繁，生存环境恶劣，迫使当地很多人到口外谋生。咸丰年间，山西及周边地区大旱，颗粒无收，人们没办法生存，大部分人选择走西口。清光绪初年，山西等省大旱三年，出现了被称为"丁戊奇荒"的严重旱灾。这些自然灾害引起的人口流迁，以忻州、雁北等晋北地区最为突出，"走西口"成为人们普遍的、无奈的选择。

从"走西口"的大致路线看，移民们从山西中部和北部出发，一条路是向西经杀虎口出关，进入内蒙古草原；一条路是向东过大同，经张家口、独石口出关进入坝上及内蒙古地区。张家口坝下的怀安、阳原、蔚县和宣化等地人，在这个过程中也汇入"走西口"的大潮中。

"走西口"是一部辛酸的移民史，也是一部艰苦奋斗的创业史，是清代以来成千上万晋、陕、冀等地百姓涌入归化城、土默特、察哈尔和鄂尔多斯等地谋生的过程。一批又一批移民背井离乡北上口外的内蒙古及河北北部地区，艰苦创业，大大改变了这些地方的社会、经济结构和生活方式，促进了这些地区的开发。伴随着“走西口”的过程，晋文化作为农耕文化的一部分，通过人口迁移与当地游牧文化相融合，形成了富有活力的多元文化，也丰富了中国的文化。由于山西移民在移民中占绝大多数，作为文化传播的主要载体，他们将晋文化带到了迁入地，使当地文化带有了浓郁的晋文化特色。人口流动带动了文化传播，而文化传播又拉近了地区间的距离，增强了彼此的认同感，并导致了口外的方言和民俗文化都和山西有关。

沽源近现代居民也和这三次移民息息相关。沽源地处口外之东西交界，移民方向也不同。一是从丰宁（“东坝里”）方向移到沽源的人，如丰源店、长梁、闪电河、大二号和二道渠等地人，就是从丰宁方向移民来的，很多人的口音接近普通话；二是从赤城以北坝头一带（谓之“西口外”，指赤城方向的口外，也指沽源方向，而非杀虎口之西口），经赤城独石口、马莲口移民到沽源莲花滩、西辛营和小河子等地的人，他们多带有赤城口音；三是从张北一线及康保、尚义等移民到沽源九连城、黄盖淖和白土窑等地的人，他们普遍带有张北口音。沽源的方言很杂乱，除东部的“半普通话”，其余地方都属晋语系的“张呼片”（即张家口至呼和浩特一带，泛指过去的察哈尔区域）。这充分表明沽源移民大部分源于山西地区。

民国初期战乱不断，坝下村落也面临兵燹匪患，当地人苦于生计，再次逃至坝上地区。伴着口外大量土地的开垦，一些新的村落逐渐形成。移民落户后与周边居民相互融合，逐渐形成了有口外特色的移民特征，慢慢形成了如今的口外社会。口外移民不管来自何方，不管是受东北、晋北还是草原文化的影响，最终都融于了这片土地，都在这里形成了统一的口外文化。

口外地处边塞，又是高原与平原的过渡地带，地势很高，气候寒冷，可谓“胡天八月即飞雪”。这决定了口外文化的特殊性。“口外三件宝：土豆、莜面、大皮袄”，成为口外文化的标志。最初移民住的多是“地房子”（一半在地上，一半在地下），烧的是牛羊粪，吃的以土豆莜面为主，为御寒穿着大皮袄、毡疙瘩。后来逐渐以住土坯房为主，垒火炕，烧大灶，盘火炉，烧牛羊粪和柴草。再后来居住条件进一步改善，但火炕、火炉、土豆和莜面，一直不曾远离过口外农村人的生活。

时代在进步，社会在发展，随着城镇化的进一步推进，口外人也步入了新的时代。口外人的某些特点正在年轻人身上逐渐消失，但老一辈口外人的豪爽与敦厚，却永远融入了一代代后人的血液。

沽源村落的民居文化

张小麦

随着清光绪年间放垦政策的正式推行，大量平北、直隶、晋北汉族破产农民，来到自古便是北方少数民族游牧之地的坝上沽源开荒垦种。农耕文明在沽源大地正式开篇，村落也由此产生。

沽源的村落，在整体布局上随县域地形变化而呈现出不同特点。在南坝头沿线一带的莲花滩、小厂、丰源店等乡镇，村庄主要分布在大马群山的狭窄沟汊内，背风向阳，随两山相夹的走势多呈带状分布，一般户数较少。有的村子地势渐渐升高，村民的房子便也由低到高分层建造，远远看去就像一栋特别的“楼”。高一层人家的院子与低一层人家的房顶几乎等平，上下院落鸡鸣狗吠人声清晰可辨，烙油饼、炒鸡蛋、蒸莜面的香气亦贯通相闻。越过莲花滩坝头，进入丘陵区，村庄多选址在平缓开阔处，户数较多，呈不规则块状分布。及至县域东北部草原，村庄更大，分布更散。虽然没有像西南部一样的高大山体可供依傍，但因聚居人口众多、房屋稠密、街道纵横，自带一种大堡子才有的四平八稳的精神气象。

散落于沽源大地的原始村庄，大小、形状、格局各不相同，但基本上没有经过科学规划。由于土地足够多，村民建房便以“方便自家”为第一原则，几乎是想怎么建就怎么建。而每一个村民，都是村庄的建设者；每一栋民居，共同拼出了村庄的样貌——房不成排、街无直道，就像老太太种下的面瓜，无力掐头上架，便任其随便爬藤随便开花。外来人进村，倘若没有熟人领路，很难找到所要找的地方。而人口变化，盖房不止，村庄样貌便永远处在变化之中。常有游子归来感慨："我认不出家了！"但常住者却能以一口泉、一棵树、一条路界定村中方位，只要说起"泉子底下""树东头""路南边""坡上边"，人们便像通晓暗语一般明白所指何处——村庄自带排外属性。

近年来，国家大力推行易地搬迁整村新建政策，从村庄选址到功能布局再到设施配套，均经过科学论证与规划，房屋成排、街道井然，有些新建村还建起居民楼甚至是二层别墅。这不仅有效改善了农村脏乱差的落后面貌，更用街道、楼栋、单元、门牌号为每一户居民精准定位，传统村落一改私密封闭而转向对外开放。有些村凭借良好的旅游资源发展农家院、特色民宿，房屋的结构布局、装修功能、装饰品位均受消费市场影响而有了很大改变，这从根本上打破了传统村落单纯的居住地属性，分化出了商品经济的服务功能，开启了沽源村落发展的新阶段。

沽源的早期移民，不仅是农业文明的垦荒者，也是坝上民居文化的创造者。最初，他们只身上坝开荒种地，只要有个可供睡觉歇息、躲避风雨的地方就已足够。所以那时最常见的是"马架子房"——砍几根木头搭起三角屋架，上面再覆盖些树枝草叶即可。就地取材、搭建简单，但也简陋得不能称其为"房子"。后来发展到"地卜坑房"——先向地下挖半人深大坑，再在边沿以土坯或石头加高垒墙至一人高，粗木做梁，细木为椽，灌木编织成栈铺满房顶，再和泥抹平糊严，一栋可挡雨雪、避风寒的坚固房子就建好了。讲究的人，屋檐下还会留出窗户通风透光。这可以算得上沽源民居的雏形。随着农耕规模的发展壮大，移民渐渐安定下来，对房屋的需求也越来越迫切。特别是移民中的商贾大户，急切希望改善居住环境。到民国时期，沽源民居基本上已发展成为打地基、有墙体、分间隔的成熟的地上建筑，样式普遍延续北方民居的山脊式，"道士帽"房（房顶起脊，前面坡度长，后面坡度短）在中西部地区也比较普遍，仅有少数贫困人家建"一出水儿"房（后墙高前墙低，一面坡度）。

受自然条件限制，不同地区的房子建筑材料有所不同。西南山区及中部丘陵区，石料、木材、砂土都不缺，这里的房子便以石头为垒墙材料，纯黄土泥充当黏合剂，加盖屋顶后再用黄土加铡碎的莜麦秸和成泥抹内墙，用黄土加铡碎的胡麻秸和成泥抹房顶和外墙。院墙也用石头垒，有的人家只利用石头的天然茬口相互砌合彼此找平，层层垒叠，俗称“干插墙”。有的讲究人家会像盖房砌墙一样内填泥、外抹平，还要戴上墙头帽，即向墙头两侧抹出斜坡以减少雨水冲刷，这样的墙既结实又美观。沽源北部草原地区，石头不仅稀缺，而且受盐碱腐蚀质地酥脆，不能用来砌墙承重。然而一方水土养一方人，智慧的劳动人民发现牧草的绵密根系把土壤紧紧连接成块，可代替石头作为墙体建材，且利用特制的方形草皮锨，还能切挖出规则矩形的“草土坯”，盖房、打院墙均十分便利。后来人们又发明了脱制土坯的模具，随即进步到用人工土坯垒墙盖房，再用加了秸秆的泥抹平。但泥经不住雨水冲刷，为防止房漏、墙塌，村民们常在锄完地的干燥初夏，互相帮工抹房顶、补院墙，这也成了沽源农家不分南北每年必做的“泥水活儿”。

以前，就地取材建造房屋是普遍情况，只有极少数的官方建筑或富户人家，才用得起灰色方砖与圆筒小瓦。普通民居用得起砖瓦，是在 20 世纪 70 年代以后。这时瓦已发展成为烧制更为简易的灰色鱼鳞小瓦，但砖还是局部使用，即仅用来砌“前脸儿”的“垛子”以及加盖三面大墙墙头，打地基、砌山墙都还是用石头。后来又进步到可用砖砌起房子四角的墙体以起支撑作用，这便是流行一时的“四角硬”。20 世纪 80 年代，整个社会的发展水平跃上一个新台阶，“硬砖到顶”的敞亮民居成了年轻人成家娶亲的起码配置。砖瓦普及最终消弭了县域南北民居建材的差异，颜色也一改朴素的浅灰而为喜庆的大红，刨石头、脱土坯盖房子成为远去的记忆，新时期的坝上村庄都是一副红彤彤的喜笑模样。

对于筚路蓝缕的垦殖先民而言，盖一处属于自己的房子是何等重要的大事！从选址定点、动土开槽、立架上梁、压栈盖瓦，都要请风水先生郑重看过才可开工。选址讲究“前朱雀后玄武、左青龙右白虎”，依照五行学“大门开在东南角、厕所设在西南角”；动土挖地基时要烧香上供；立架上梁时要挂红辟邪；压栈盖瓦时要动油锅吃炸糕。这些习俗看似迷信，实则饱含着主人祈盼福安的朴素愿望，更表达着对天地自然的敬畏顺服。鞭炮齐鸣、油香缭绕、红符高悬，这红红火火的生活态度，为严寒荒僻的塞外之地灌注了蓬勃生机。而从建筑风格上看，沽源民居与以四合院为代表的北方民居一脉相承，但又在具体的生产生活实践中不断改变演进，最终形成了与当地水土高度契合的独特形式。正房坐北朝南，早期基本上是三间，现在普遍是五间，较少超过六间。以三间房为例，东西两屋住人，用泥坯盘大炕，炕可临窗，也可靠后墙，分别称作“顺炕”与“倒炕”，面积基本是占满以腰门为界的半间屋子。中间屋子称“外头地”，主要部分是厨房。盘锅台，位置与炕一墙相隔而又紧密相连，因其不仅是做饭炊具更是火炕的取暖热源。北方气候寒冷，“热炕头”始终都是坝上农家最尊贵的位置，一般留给家中老者坐，而老者又必会让予来客——哪怕你仅是来串门的。

屋檐下用石板铺出有一定高度并向院子略有倾斜的平台（后来改用砖砌水泥抹平），俗称“流水檐台”“散水”，主要是为了将房檐落下的雨雪水向院子尽快分流，而不至于家门处泥泞不堪。同时，这也是“家”功能的向外延伸，可洗衣、择菜、纳凉、叨唠话儿；又是“野”院子向家的过渡，可供人们晴天拍拍身上土，雨雪天跺跺脚底泥。偏房或东或西，一般为大通间，用以存放粮食杂物，还得辟出一间拴骡马。有院墙，无影壁、无回廊，院子利落宽敞，房屋通风满光。院内砌矮墙围出园子，夏季种植菜蔬花卉，冬天收纳秸秆柴草。园子一角常设鸡窝，顶上再披一层土就可种韭菜或羊角葱，绿芽一出土就为天地和饭碗同时带来春色。除去园子以外的院落，夯平铺沙，再用砖瓦石板铺出小路通向大房。院墙地势最低处留一小洞，或用石头镶成方形或安一筒状物，是为“水道”，用于夏秋暴雨时院内泄洪，也供童男童女在大旱时祝祷求雨（在旧时叫“烧水道”，是一种迷信的祈雨方式）。

院墙外砌高墙围成牛羊牲口圈，一半敞篷可“晾场”喂草料，另一半砌墙加盖屋顶供产崽避风雪。猪窝也设在院墙外，靠紧大门某一侧，方便农妇端猪食一出院门就“来啰啰”呼唤肉猪紧跑回家。雨后，牛羊猪圈积水，牲畜无法安卧，村人便拉来砂土均匀铺撒，任牛羊猪自由踩踏与粪水中和，慢慢发酵成为肥料。次年春耕之前，男劳力用铁锹剜起粪块儿，再用木榔头逐一敲碎，便可马拉牛载送往田地。而整块的牛羊粪砖垒成圆柱，再用泥糊住顶，晾晒干透，便成为冬天最主要的取暖燃料。院子不远处还要挖出方形地坑，四季家常的锅底灰、扫地土等一切废物都可向内倾倒，这些废物受天光雨水作用沤化成肥。半农半牧的沽源人民，世代累计的生存智慧淋漓尽致地体现在小小院落的结构布局与功能设计上。而家家物尽其用，村庄就可吐纳、吸收，人与自然遂形成良性循环的有机链条——农耕文明的精华要义莫过于此。

沽源人民在不断提高其住所实用性的同时，也从来没有放弃过对于美与思的追求。尽管早期所建房屋，不过是三两间屋檐低矮、墙体笨重的小土房，屋内除了两盘大炕、一盘锅台几乎再无其他家具，但人们还是会挖来“白土子”（当地特产的一种碱性土）加水泡透搅匀，再用苜蓿草扎成小刷子，把屋子一遍遍刷得雪洞一般。窗户台、炕席四周、炕沿底、地脚边，天天都要刷一遍以压尘土。小木格窗户用白麻纸糊得平平展展，仅有的一两块玻璃也会擦得干干净净。锅台上方腰墙留出一个中空方框，放灯盏可一灯两屋用，盛汤添饭又可里外接应。里外屋窗台以小洞互通，外屋窗户再留一小洞，俗称“猫道眼儿”。它不仅可供深夜灭鼠的家猫出入自由，还要安上小花布帘暗示这是“门”，并因此赋予了猫与人同等的尊严与荣耀。西番莲的一小株球根，天寒地冻时被小心藏进地窖，春来地气升再将其早早取出以防腐烂。只是几株小小的球根，却因保存得当年复一年在院子一角开出明黄、微紫、鸡心红。怀着对生活的美好向往而来到这鬼方之地的先民们，对万事万物都以同理心平等关照，从不因物质贫乏而因陋就简。

等到砖瓦普及，人们不仅会用灰色的小瓦在屋脊拼对出三叶草、四菱形等各种精致的镂空图案，还会千方百计地把砌窗台的石头调兑得平面一致冲外，再用水泥勾勒出行云流水般的接缝。山墙、前垛、大门墩，又成了画一幅花瓶插牡丹、写一个倒“福”字、刻几句吉祥话的好地方。前墙是挡风通光的大格玻璃，后腰墙还要再挂一组水银漆花镜与之相应，屋里不仅比之前更宽敞明亮，家具样式也越来越多，三节上等木料的大红躺柜必不可少，每天女主人都会用干抹布爱惜地把其擦得通体红亮——不能用湿布的，否则只会越擦越暗。等到家家盖得起硬砖到顶的大红瓦房，人们便要配上组合柜、沙发床、大彩电。虽然不如躺柜板凳那么禁脏耐用，但人们正也是在轻手慢脚的惜财爱物中，一点点地蜕化掉了陈旧陋习，养成了现代文明。气候恶劣，非但没有磨灭人们的生存意志，还激发出了他们热爱植物的心性。春夏秋三季，随便走进一户农家，必有蒿子梅、大守期、金盏盏、羊指甲等寻常花草热烈地装饰着小院。即便数九隆冬，家家窗台都有一列盆栽花卉姹紫嫣红地与屋外白雪傲娇对望。

沽源民居房屋高大、墙体厚实、院落开阔，整体气质刚毅质朴，一如生活在这片土地上的人们。登高远望，缱绻于大马群山褶皱里的小村子，散落于内蒙古草原辽阔处的大村落，在早春的漫天风沙和严冬的纷飞大雪里，沉默而温厚，忍耐而克制，有一种格外动人的宁静之美。灰砖灰瓦的老式民居，与肃静萧飒的秋天最相配。寒山冷雨后木本植物转红转黄，小小玻璃窗澄净明亮，就要开始一个冬天的纳藏。干燥温暖的夏天，属于高门大窗的现代砖瓦房，晒一铁丝衣裤被单，片刻就干透了。傍晚，坐在屋檐下用晒了一天的水泡泡脚，潮润润的夜风还在传送着虫鸣与花草香。而所有的村庄，都适合过节日。不论是端午、中秋、除夕，还是元宵，无论是那吊在门头上的一把艾蒿、摆在海棠树下的一张供月方桌、贴在窄条门楣上的一副春联，还是屋檐下在沙沙静落的雪花中亮着的一盏红灯笼，都成为沽源儿女的精神念想，更孕育出高山高原的人文美学。

从第一座“马架架房”开始，沽源的民居，就秉承着移民者的先天文化基因，开始了与这里一草一木的互动融合。唯愿沽源人民以勇气与智慧建设美好家园，自立于时代，无愧于先人。

生态地名

沽源地名因水而清秀，因山而壮美，因草原而辽远，这里的一山一水，一草一木，无不传承着沽源人的血脉亲情……

大马群山

李桂芬

长城遗址

大马群山是沽源的山，也是岁月的山、坝上草原的山，旧时称为“岭”或“大岭”，后称为“坝”，是草原文化与农耕文明的分水岭，在古代也常是南北对峙的边境线。

一山隔南北，说口里口外；一岭分冷暖，话坝上坝下。

关于大马群山，据《一统志》记载：“其山甚高大，自张家口迤逦而东，绵亘千里，为漠北蒙古诸部落道里适中之所，或谓发源于长白山。”《口北三厅志》也有记载：“圣祖仁皇帝行围，之索约尔济地方，绕至乌朱穆沁、巴林、克西克腾，之乌兰布通东界入热河围场。又由围场绕至独石口外，西连张家口袤延数千里，实一形胜之区，然考之古三厅山脉，皆从阴山来，此论恐未确。”

关于大马群山，有一段传说由来已久。话说在远古时代，广袤的坝上草原是一片浩渺无际的汪洋，洪水滔滔，巨浪滚滚，水内没有鱼虾、蟹鳖，周围鸟禽无法栖身，辽阔的大地，任洪水咆哮……奔流不息的洪水不知肆虐了多少亿年。一日，一仙人乘仙鹤携百鸟云游至此，谁知恶浪凶险，仙人差点儿被恶浪吞没。于是，他回到天庭，赶来数万神马，浩浩荡荡从南往北而来。神马所到之处，恶浪纷纷退却。仙人决心把恶浪赶到天边尽头，他赶呀，赶呀，忘记了饥饿，忘记了疲劳，不知走了多少时日，忽一日，迎面走来一位白须老者。仙人上前施礼问道：“请问老人家，您看我这马群还能跑出多远?”他满以为老者看到他风驰电掣的马群定会说：“必然能到天边。”可不曾想，老者看着汗迹斑斑的马儿说：“纵然是马不停蹄，最多也就是三五里，马儿太累，命不久矣!”老者的话音刚落，刚刚还蹬踢甩尾、快如闪电的马儿眨眼间就不动了。随即，数不清的马匹变成了绵延起伏的山脉，形态各异，姿势万千。历经数千年后，这座山脉遂被称为“大马群山”。

当然，这只是传说而已。大马群山，位于河北省与内蒙古自治区交界，属阴山山脉东段，东北—西南走向，西接桦山，东接白岔山。大马群山崎岖蜿蜒，连绵起伏，在张家口境内，西起尚义，途径张北，再到崇礼，逶迤向东至赤城，过独石口、沽源，之后向东北方向一路迤逦，过承德市丰宁县，再到围场，之后转向平泉，然后直奔大兴安岭而去。

大青山是尚义境内大马群山的标志，海拔一千九百多米。站在大青山峰顶，极目远眺，“天苍苍，野茫茫，风吹草低见牛羊”的诗句便会自然地从脑子里蹦出来。从尚义出来，一路东行至张北，上草原天路，沿途景致之优美自不必说，单是那绵亘蜿蜒的大马群山山脉，就足以让人流连忘返。张北的大马群山主峰在野狐岭，古往今来，其都是兵家必争之地。野狐岭烈士陵园就足以说明，在并不遥远的战争年代，这里烽火连绵，硝烟弥漫。沿着草原天路往东，便到了桦皮岭。

桦皮岭坐落在大马群山之中，位于张家口市坝下的崇礼县与坝上张北县交界处，同时跨沽源地界，距崇礼三十公里，海拔由约一千九百米升高至两千一百二十八米，有“子天山”之称。桦皮岭地势险要，沟壑纵横，森林覆盖率高达百分之八十，有野黄花、金莲花、野玫瑰、芍药花、干枝梅和凤帽菊等三百多种花儿，另外还有各种蘑菇。桦皮岭冬季积雪时间长达一百五十天，气温最低达零下三十度，素有“天下十三省，冷不过桦皮岭”之说；而夏季则凉爽宜人，最高气温也不超过二十度，是理想的避暑胜地。

大马群山在桦皮岭歇脚后进入沽源，到沽源莲花滩乡境内，群山裂开一道长口，这就是从口里到口外在沽源境内的第一口——马莲口。马莲口是明代长城的一个关口，是坝下通往坝上乃至草原深处的主要通道，在清代是张库大道的分支，被称为出口外的官道，属古代“丝绸之路”，也是辽代北方草原文化与农耕文化融合交汇之地。马莲口略小于独石口，位于崇礼、赤城和沽源交界处，有“鸡鸣醒三县”之说。北出马莲口入沽源境内，一路向北过榛子沟、大石门和油坊窑子，就到了坝头莲花滩乡，进入了坝上草原。

在沽源境内，大马群山主峰冰山梁，海拔两千二百一十一米，与老掌沟原始森林景区东西相望，东西长达三十九公里，南北跨二十公里，为华北第二高峰。冰山梁位于河北赤城与沽源交界处，根在坝下，峰顶却远远超出了坝上所有山脉。因海拔太高，山上积雪终年不化，一片银白，所以被称为“冰山梁”。冰山梁是罕见的古冰川遗迹，为研究京西冰川活动规律提供了有力佐证，具有较高的科研价值。冰山梁山高路陡，怪石嶙峋，山路崎岖蜿蜒，石壁耸立，如入云端。山上大小沟壑众多，并分布着一片片原始森林。作为坝上草原的一颗明珠，冰山梁风景秀丽，夏秋季节气候宜人，生长着多种树木，野生草药有上百种，并且有飞禽走兽的踪影，可谓“旅游胜地，世外桃源”。

冰山梁原名雾龙山，传说很早以前，山上有一条土龙，能吞云吐雾，经常兴妖作怪，危害一方百姓。这土龙兴致一来，霎时就把整座山峰，或百里山川笼罩在浓雾之中，致使方圆几百里内朦朦胧胧。后来，土龙被二郎神所擒，修成了正果。

冰山梁又是个险关要隘，至今还保留着古战场遗迹。在冰山梁北侧，就遗留着明朝大将刘綎当年操练兵马的点将台。点将台是一块二十米见方、高三米的白色巨石。距点将台八米远有一高两米的石柱，俗称“拴马桩”。在山边北沿有一石槽，里面有泉水涌出，据说当年刘綎的千军万马也喝不完这石槽里的水。为纪念这位兵困冰山、宁死不屈的大英雄，后人把这段历史编成戏剧《石匣记》，并把雾龙山改称“兵山”。后来因兵山高耸，顶峰常年积雪不化，“兵山”又被改称为“冰山”，并一直沿用至今。

大马群山过马莲口转头向东，在大西梁、石人山停步后裂开一条宽宽的山谷，这便是独石口。独石口是口里口外的重要关口，其山势险要，有“上谷之咽喉，京师之右臂”之称，因关口处有一块拔地而起的孤石而得名。此石高八米七，方圆七十八平方米，顶部直径八点五米。独石口坐落于南北流向的两河之间，左为黄龙河，右为青龙河，背靠蜘蛛山，所以有“二龙戏珠”之说。

独石口向北走入棠梨沟，沽河（白河）发源地救龙泉就在棠梨沟的西湾子，沽源就是因沽河发源地而得名。棠梨沟是民国时期直隶人走口外的主要通道之一。从独石口东行，绕冰山梁山脚东折北走，经红泥滩，过椴木梁（辽时称“偏岭”）到小厂区域，就是旧时古驿路的“望云路”（亦称“海青路”），也是小厂、北石柱子一线人回口里、出口外的主要通道。

大马群山奔腾向东，到丰源店南厂横卧群峰，形成一坝，名曰“驼骆嵯坝”。其坝路途难行，坝口有两块奇石，被当地人称为“大二火盆”。民国时很多冬天从坝里出坝外的人，经过此地时被冻死在石头旁。以至人们常说，只要是冬天经大二火盆出口外的人，没有几个能过得了驼骆嵯坝。

大马群山一路向东北行至黑龙山西，马群便逐渐散开形成一道山川，这就是黑河川。黑河川北端是连接赤城、丰宁和沽源的三岔口，从三岔口西行入沽源县境，过老掌沟上坝头后就进入了丰源店、小厂一带。这里也是旧时口里人出口外用小米换莜面或耍手艺谋生计的又一条路径。

大马群山继续向东北蜿蜒进入承德丰宁，在丰宁与沽源的交界处形成两道坝口，一道是牛圈坝（位于丰宁县大滩镇东南），一道是噪春坝（位于大二号回族乡以东）。这两道坝口是旧时平北人出口外的主要关口，从这两道坝口出口外的人，大多操一口京腔，被称为“东坝里人”。由丰宁过围场再到平泉后，大马群山继续一路前行，直到与大兴安岭接合。

冰 山 梁

沈艳琴

大马群山主峰冰山梁，距沽源县城东南四十六公里，东西长约三十九公里，南北纵横二十公里，主峰海拔两千二百一十一米，远看连绵起伏，近观重峦叠嶂。山上植被茂密，花草种类繁多，草甸平展开阔，密林郁郁葱葱。

冰山梁原名“雾龙山”，相传古代山上盘踞着一条青龙，这条龙整天吞云吐雾，兴致来时，整座山瞬间变得朦朦胧胧、缥缥缈缈，犹如天庭仙境一般。当你踏上冰山梁举目瞭望时，就会看到四周十分开阔，群山环抱，云在山头缭绕，雾在脚下飞渡，壁峭相连，林荫交错，不禁惊叹冰山梁的奇美壮观。

冰山梁又是坝上与坝下水系的分水岭，南北水系以它为界，一南一北反向流去。至今保存完好的明长城横亘在山脊上，而明朝戍边大将刘綎兵困冰山宁死不屈的故事，也在当地代代流传。冰山梁群峰错落，峭壁林立，成为冰蚀和风蚀相互作用产生的石海奇观。山上的巨石千奇百怪，形态各异，其中一块圆弧状巨石，据说就是当年刘綎的点将台；一方略带浅沟的石头横卧在点将台左侧，传说是当时的饮马槽，从槽里涌出的泉水千军万马也喝不完。

正是那林深草密的崇山峻岭，在战争年代为我党开展游击战争和地下活动提供了极大便利，使丰源店至莲花滩一线成为沽源最早的革命根据地。时至今日，生活在大山脚下的老人，还能讲出郎宝信政委带领宝源县大队及察北骑兵抗日支队在坝缘一带英勇斗争的故事。在和平时期，冰山梁以其特有的地理条件，形成了独特的小气候，使附近村庄风调雨顺，五谷丰登，为山下庄户人家带来了福祉。一眼望不到边的原始森林，既挡住了来自西伯利亚的寒流和浑善达克的风沙，也把清风绿水源源不断地送往京城。

冰山梁的春天虽然来得稍晚，但还是在人们不易察觉的时候悄然来临了。山外是“吹面不寒杨柳风”，可冰山梁上，却依旧冷风“嗖嗖”，寒气逼人。覆盖在冰山梁上的积雪慢慢融化，大山在冬眠的酣睡里渐渐苏醒，开始恢复它的生机与活力。雪水汇成涓涓的小河，流到山下，流进农田，也流进庄户人的心里，滋养了冰山梁下一代又一代庄户人。几场潇潇的春雨过后，山吐出绿，草发了芽，山下那淙淙流动的小溪，愈发变得清新秀丽……

清明一到，山上长出了青草，还有许多不知名的小野花，它们是那样的小，那样的多，一朵又一朵，一片又一片，有的是粉色的，有的是白色的，就像还没来得及融化的雪，飘着一股清香，令人陶醉不已。残雪犹存的阳坡上，绿草连片，几头老牛和几只小羊沐浴在和煦的春光里，陶醉于冰山梁上的春色，贪恋着小草摇曳的诱惑。

日头几起几落，春天渐渐远去，夏天迈着轻盈的脚步款款走来。冰山梁上的积雪依旧沉着脸，并没有因夏日的到来而欢快，于是造成了冰山梁夏日的奇观：山间云雾缭绕弥漫，山顶皑皑白雪轮廓犹存。

冰山梁对山下的庄户人家，怀着一如既往的爱，就像爱自己的孩子一样，总会把青草绿水奉献给他们。当地人养殖牲畜有着悠久的历史，牛羊吃着山上原生态的草，喝着山下天然的泉水，全都长得膘肥体壮。夏季一到，习惯了靠山吃山的庄稼人，就把牛群赶进大山深处。大山是牛群天然的家，牛群也离不开大山。夜幕降临，牛都聚到一起，大牛护着小牛，和大山融为一体。整个夏天，牛都不会被赶回家，它们要在山里生活并繁衍下一代。在秋天结束时，母牛们会领着在山里生下的小牛犊，各自回到主人家。

冰山梁的夏风是柔和的，景色是秀丽宜人的，资源也是极其丰富的。小满过后，山上野菜渐渐多了起来，有苦菜，有黄花，有蕨菜，还有山葱和蘑菇等。菊科长在阴坡，木本科长在半阴坡，菌类多在阳坡。通常没经验的大人和小孩是不敢独自上山采野菜的，因为山上有蛇。阴雨天时蛇藏在石头底下，雨过天晴后就会爬出来，在石头上面晒太阳，人一不小心就会被咬伤，是不容易救治的。

每到端午节过后，山下人家都会兴高采烈地上山，壮年汉子挖药材、采蕨菜，姑娘、媳妇揪黄花、采蘑菇，山上山下都是欢声笑语。在众多野生资源中，人们看重的是药材，因为药材卖的钱多。通常大人在前面刨，小孩跟在后面捡，有些小孩一不小心踩空摔一跤，又会很快爬起来接着捡。当阳光越来越强烈时，大人就会牵着小孩的手，一路说笑着满载而归。

上山采蘑菇也有很多经验和技巧。冰山梁上的蘑菇品种很多，不同的品种有不同的说法。几天连阴雨过后，太阳再一晒，是采蘑菇的最佳时机。有经验的人最先找到蘑菇圈。蘑菇圈里的蘑菇多，质量也好，多是外表净白、内里棕红被当地人称为“黑片子”的蘑菇。黑片子味道特别浓，吃起来鲜美可口，但容易生蛆，不易保存，也不能暴晒，只能在阴凉处晾干，再放到向阳处晒。在蘑菇圈里采蘑菇不能用铁器，要用树棍儿挖，晾晒时也不能用铁器。蘑菇圈里的土一旦被铁器动了，就再也长不出蘑菇了。相传蘑菇圈有一些古老神秘的传说：蘑菇圈是王母娘娘从天上丢掉在地上的玉镯，只要用铁器一触就会发出响声，王母娘娘就会派人找回玉镯。另一个版本的传说是，蘑菇圈是由屈原被流放时披的雨毡流下的雨水变成的，用铁器挖蘑菇圈是对屈原的再次伤害。传说虽然荒诞不经，但用铁器挖了的蘑菇圈不长蘑菇却不假。按科学解释，蘑菇属于真菌，与铁相克。蘑菇并不只生在蘑菇圈里，山里有经验的老人都知道：“虎皮香杏”长在生耕地，“青腿子”长在肥沃的圪梁上，“白蘑菇”立秋后才会有……

冰山梁从不吝啬，总会把最好的东西奉献给生活在大山脚下的人们。冰山梁夏天很凉爽，比起春天风也小了，空气清新湿润，山泉水流潺潺，气候十分宜人。进入伏天后，冰山梁迎来了各地游客，也迎来了采刺茶（一种药材）的最佳季节。刺茶形如酸豌豆叶子，是冰山梁稀有而珍贵的植物，据说当年刘綎的大军就是靠喝刺茶抗病的。听山下老人说，采刺茶必须登冰山梁主峰，还得碰运气。好多游客仅为一睹刺茶真容，也会尽全力登上冰山梁主峰。

即使在夏天，冰山梁日落也较早。日落前，游客们恋恋不舍下了山，这时农家院的餐桌上已摆好大黄、黄花、蕨菜和蘑菇，还有山韭菜馅饺子。当一弯新月挂上树梢，朦胧的夜色洒满冰山梁时，在清爽舒适的白桦木屋或干净整洁的农家院里，感受着大山脚下的静谧与安宁，成为来自喧嚣都市的远方游客们最难得的享受……

秋天来了，天气变得早晚凉、中午热，萧瑟的风吹着山里的大树小树，树叶的颜色也随天气而不断变化。山脚下大片的莜麦、大豆、胡麻和土豆逐渐成熟，收获的季节到了。晚间，一群群野猪下了山，跑到地里大吃刚成熟的莜麦，吃饱后还要打个滚儿，才舒舒服服地离开。所以在这个季节，当地青壮年男子会结伴下夜看守地里的庄稼。

白露过后，上山摘榛子的人逐渐多了起来。榛子又名“山板栗”，有“坚果之王”之称，果仁肥圆，吃起来很香。冰山梁的榛树较矮，小孩子摘榛子也不费劲儿。上山前，每人背一条长筒口袋，再拿几个塑料袋子，就结伴上山了。走进榛树林子，一手拨开枝叶，一手摘下榛子放进塑料袋，塑料袋满了再倒进口袋。榛子裹在厚厚的果皮里，或对生连串，或单生独挂。单生的皮叶硬，叶背上长满扎手的针毛，但个儿大壳薄，瓤圆粒饱，招人喜欢。现摘的生榛子瓤水灵、柔滑、甜润，新鲜可口。这些野生榛子被摘回后晾晒几天，再剥叶去皮，就露出光溜溜、胖乎乎的果实，像成堆的珠子，虽然个头儿不大，却远比美国、俄罗斯的大榛子饱满味美。

关于冰山梁的榛子还有一段美丽的传说。很早以前，有一对青梅竹马的青年男女，女方是员外家千金，男方却家境贫寒。后来，姑娘被父亲许配给富家公子，她爱的青年就跑到冰山梁下一棵小榛子树边痛哭。他哭得累了，就睡着了。梦中他遇到一位白胡子老人，指点他从小树上摘几颗榛子，在姑娘出嫁那天放入她的陪嫁包袱，这样二人就能结为夫妻。青年醒后一看，小树上果然结着几颗大榛子，就按老人的话一一去做了。出嫁那天，姑娘在花轿里抱着包袱啼哭不止。包袱因沾上泪水越来越重，她打开包袱后，看到几颗榛子闪闪发亮。她知道是心上人放进来的，捧着榛子哭得更厉害了。榛子沾上泪水后，就变成了金子。女子赶紧告诉了家人。爱财如命的员外赶紧把女儿接回家。不料金子刚到员外手里，就又变成了榛子，但被女儿一拿，又变成了金子。员外就取消了婚约，决定把女儿留在家中，在本村选择人家嫁人。后来，姑娘终于嫁给了与她相爱的后生，而榛子也变成了爱情的信物和吉祥物——山里姑娘出嫁时，带榛子成为一种习俗。榛壳坚硬果仁饱满，象征爱情真心实意，日子过得团团圆圆。

深秋时节，上冰山梁的人渐渐少了，白桦林依旧风姿绰约，风情万种。大自然倾尽各种颜色，为冰山梁绘就一幅层林尽染的画卷。“秋成落叶叶成思，叶落相思人不知。”落叶是晚秋的象征，也勾起了很多人的思念。

随着时光的流逝，一年中最忙的季节到来了。冰山梁脚下的人家迅速收割完庄稼，并将其拉到场院里。看着莜麦高高地垛在场院里，大家的心情才放松一些。然后人们抓紧时间，脱粒、打场，争取立冬前把所有粮食归仓。冬天来临前，闲不住的庄稼人又进山捡拾枯树枝，为过冬储备烧柴；女人开始晾晒山野干果，打土豆粉，缝棉衣，准备过冬迎接新年。

当冬天迈着沉重的脚步走进大山时，山里的野兔、山鸡、狍子和狐狸开始频繁出没。冰山梁的冬天特别冷，说是寒风刺骨一点都不夸张。整个冰山梁在凛冽的寒风里，盖着厚厚的雪被入睡了。

在那些漫长的冬夜里，冰山梁古老而神奇的传说，在老一辈人嘴里似乎总也讲不完。因为，它们既承载着这座大山悠久的历史，也寄托着山下世世代代庄户人的美好愿望。

莲花滩的山

张小麦

莲花滩乡地处沽源县西南边界，其下辖的西坝村与崇礼区以高山厚土相接。大马群山正是从这里由崇礼最高峰桦皮岭缓步走低进入沽源境，沿南部坝头一路迤逦向东而去。时而拱起成峰时而断裂成谷的连绵群山，成为大马群山过境的莲花滩、小厂、丰源店等沿坝乡镇的主要地貌特征。

在莲花滩乡，大马群山沿着三棵树村、榛子沟村分别裂开一道大口——人称“独石口”与“马莲口”。独石口与马莲口均上通坝上开阔之地、下达京畿沿途重镇，自古便是官、商、民通行要道，也是当地人对莲花滩主要村落聚集地所俗称的“三大沟”中的东沟与中沟，而西沟正是被横亘的大马群山阻断的西坝村沿线一带（现在幸得张承高速钻山为洞，连接起沽、崇两地天光，天堑已然变通途）。莲花滩所辖的三十四个村庄的村民，如野生菌菇般世代生息在这四座大山与三道沟谷里，并为村子四周的大小山峦取出“南坡”“西沟”“大石崖茬”等乳名，朴实的一如他们自己。“八塔沟”“石门梁”“大东沟”“支锅石”分别作为这四道大山中的风景绝佳处，又恰似农门子弟中的佼佼者，以其高峻灵秀被外界所熟知。

一方水土养一方人。地处大马群山向坝上草原过渡地带的莲花滩乡，山地与丘陵交错，放牧与农耕并举，呈现出一幅与县域北部平坦地区截然不同的田园炊烟起、牧歌倦山归的风情画卷。这里的人们，既有沟谷间肥沃潮润的巨幅缓坡可供耕耘，莜麦、胡麻、山药、大豆等高原作物少种可温饱，多种可出售；又有水草丰美的山地草场放牧牛羊饲养骡马，温驯的四肢动物在田地里是伙伴，在屋檐下是朋友；还有不可尽数的山珍野禽富足着人们的日常生活，劳动需要的篮筐锄把甚至建房用的柁檩梁柱，亦可向大山伸手讨要。只要肯付出劳动与智慧，春华秋实的大山从不辜负有心人。

山对于人的养育，不止于物产，更在于精神。孩提时代，这大山就像四季上新的杂货铺，似乎永远有寻之不尽的好吃的、好玩儿的。从冻土未开的料峭三月到繁花遍野的清凉盛夏，再从叶黄草枯的寥廓清秋到风雪呼啸的皑皑隆冬，大山变着花样拿出红红根儿、羊奶奶、山杏、酸溜溜、岱黄娘、欧李果、覆盆子、棠梨等山瓜野果，又用清溪里水墨点一般的小蝌蚪、桦树梢上一窝刚长出嫩翅的猫头鹰、土坡上瞪着明亮眼睛向洞外窥探的黄鼠、在雪原留下一串三爪足印的山鸡，逗引得大小孩童一会儿爬坡一会儿进沟，一会儿下河一会儿上树，一会儿又把小动物般柔软的小身体紧紧贴在大地上。这群聒噪吵闹、精力旺盛的人类幼崽，时时震荡大山的耳膜使它不得清静，而无言的大山却同时有条不紊地在为他们完成天地间最为慷慨而赤诚的、关于美的教育，调教出一代又一代踏实坚毅、乐观知足的山里人。

山对人的启发，不会受时空局限只作用于山脚的常住户，还会追随那些走出大山的游子直到天涯海角。有多少人会像我一样，幼年时觉得四周的山可真大呀，爬上一座平缓的土包都要半天。岂料登顶看到的也只是更远处群山层层叠叠的淡蓝色薄影，便觉得这大山是自己永远也走不出的。但长大后饱览过天下的奇山异峰，再回头望家乡，曾经如同挂满琳琅宝物般散发出夺目华彩的座座高山，竟是那样黯然地后退成一个个小小的点——于是，就发出了那个关于山与人最朴素的追问：故乡的山，怎么变老了？

但是，山不就是在我们渐渐长大的时候，渐渐矮小变老的吗？当我们还不足那株同年的灌木高，村子四围的山便是我们的全部世界。当我们留给大山一个背影，越走越远时，它便自动与我们的行程成反比例换算，成为我们世界里越来越小的点。

纯粹的自然之山——哪怕壁立千仞、金刚不坏，终究敌不过寿命不足百年的人。只因，山死，人活。唯有被人生生不息的创造力“开过光”，蛮荒之山才会获得更深层的“存在”的意义。

正因如此，我对莲花滩那一带绵延不断的大山以及生活其中的人，始终都怀有超越爱之上的敬——山如父亲一般养育儿女，儿女亦以血肉之躯遍植青松为崇山峻岭重披绿装。从 2000 年开始，京津风沙源治理工程进行到莲花滩，历时六年，造林二十万亩（1 亩≈666.7 平方米），设置塞北林场分场营林区、作业区五个，发展护林员三十人，并在所造林区栽桩拉网封山抚育。在莲花滩造林过程中，时任塞北林场场长的李宝金，创造性地采取个人认购荒山、承包荒山等多种绿化模式，有效地解决了单纯依靠政府造林管护力量不足的缺陷。而我的母亲，顶住社会家庭多方压力，认购荒山八千亩、承包荒山一万三千亩，以“为了种树而种树”的单纯又执着的精神，不仅高标准完成主体林区工程，甚至在高价也雇不到人的边角沟沿靠自己的双手种上了树。塞北林场在大石门营林区西山立下的私有制林纪念碑记载了其先进事迹。身高一米五、体重不足四十公斤的母亲，以头顶星辰可以作证的三年风餐露宿，绘就了两万一千亩绿色画卷，尽显时代风流。

这山，我还从未去过。然而我亦知，就算它海拔并不高，我也无从翻越。人以精诚热血为它通经布络，它便活了。我长它亦长，甚至等我魂消骨沤，它依然随岁月常青。期待有一天，我还能与母亲同登至高之巅。也许，母亲已苍老的如同秋风中佝偻弯腰的蒿草，但我只会更深情地向你献吻——就如同我已将这伴随着热泪的吻，印在莲花滩群山坚毅的额头上。

青山与人相守，共日月，永不老。

高山堡的山

张沫末

高个尖山和察汗脑包是高山堡乡境内主要的两座山。中东部的高个尖山位于高山堡乡政府驻地南缘，西部的察汗脑包被大脑包村、西壕堑村、胜利村围绕。两山相距十一公里，中间隔着高低不一的山丘遥相对望。当地人习惯把察汗脑包叫作脑包山，其主峰栽杆山海拔一千五百七十八米，高个尖山比脑包山略矮些。

在两座山之间，有红石头山、大南山、小圆山、万岁山依次排开。山名大多是老一辈依据其形状和山表特点命名，口耳相传，延续了下来，唯有万岁山是后来命名的。1976 年春天，西壕堑的社员和当时队办初中的学生们在山上用镐头和铁锹庄重地刻下了五个字——毛主席万岁，后来人们就称它为万岁山。1976 年和 1977 年，从西壕堑去胜利村的路上，能清楚地看到“毛主席万岁”这几个字。现在，昔年的字痕已经不在，但万岁山的称谓却留了下来。这几座山上都有野生杏树、野韭菜、山丹花。盛夏季节有白粉色的干枝梅零星地点缀在石崖间。山上的野生杏树林是 20 世纪七八十年代各村孩子们“高档零食”的首选目标，因而也成为邻村的孩子们争夺杏树林地盘打架的诱因。不过山杏被悉数摘掉之后，孩子们又会和气一团，完全是好了伤疤忘了疼的模式。成年后在田间地头偶然碰面，忆起幼时因争夺山杏树领地有过的摩擦，彼此相对嘿嘿一乐……

大南山下有条宽阔的道路从沟谷里伸出，与东西走向的乡村公路十字交叉。这条路是山上积雪融化和山雨外流的主要渠道，也是各村进山放牧牛羊的必经之路，所以也被村民称作牛羊路。山谷里不种庄稼，大半年时间里只有羊倌、牛倌与坡上的百灵、山雀一起放歌，再有就是盛夏时节摘杏的孩子们和祭祖节日里进山祭奠的村民。山梁上向阳的位置是各村先去之人的长眠之所，山与村之间隔着牛羊路和空阔的草滩，生与死似乎只在放眼间。那一处貌似高高的山头，在梦里一步就可以跨过去的。许多安睡在那里的人，多数经过了坎坷的一生、贫穷的一生、苦难的一生。发小的父亲、幼时的玩伴、熟悉的邻居们，许多在盛年甚至是幼年，因患了极普通的伤寒感冒或痢疾无钱及时医治，贻误了最佳治疗时机，过早地被时间移进了大南山的坟茔里。高个尖山和脑包山的阳坡同样也成为附近村落过世之人的最后落脚点。每个人都摆脱不了走进山谷的宿命，俗世之外，唯有真爱与山石、日月永存于天地之间。

传说脑包山下住着送福的金马驹。每年的农历五月十三，距离脑包山几十里的内蒙古草原的五星、哈萨图等地的牧民都会来此祭敖包，风雨无阻，雷打不动。其实，无论是金马驹的传说还是牧民祭敖包的习俗，都是历经苦难的百姓对未来美好希冀的一种寄托。

分立于这一列山梁两端的高个尖山与察汗脑包，恰如天平的两个托盘。因西侧的察汗脑包略高一些，其周边村落的水源、土壤、植被等生态条件比高个尖山周围的村落相对差些。这种差异也表现在山梁南北村庄的建村时间上。山南的范经理、赵小铺等村建村时间要比山北的高山堡、天兴元、西壕堑、大脑包等村约早二三十年。究其原因，一是这道山梁在一定程度上缓解了自西伯利亚高原南下的冬季风；二是发源于沽源南部的葫芦河从大西洼和盐淖附近流过。这条河在古时候水量丰沛，在水流的长期浸润下，附近土地相对湿润肥沃。地理条件的优越性使得山西和张家口坝下等地的旅蒙商人，在清朝中后期与蒙古人做生意的过程中，将目光锁定于葫芦河畔与高个尖山南之间的缓冲地带。山北的几个村落基本都是出现于民国初年，先民们在脑包山与高个尖山北麓因雪水融化和夏季降水补给而形成的季节淖边择高地而居。山北村落紧接锡林郭勒大草原，土地和草场有着与山南不同的开阔，适合养殖和放牧。在20世纪七八十年代，这里也是内蒙古牧民夏季来坐场的最近牧场之一。

在解放战争时期，高个尖山和察汗脑包是我党的战略要地之一。1947年7月，国民党骑兵十四纵队从宝昌返回承德，察北分区得到情报后，派骑兵1团、2团、3团和蒙古骑兵4师在高个尖山下设伏。26日，两千多敌军进入伏击圈，我军与敌军激战一个多小时，歼敌八百余人，活捉敌中校团长邓树珊，缴获机枪十一挺、步枪四百九十六支、战马二百匹、电台一部、汽车三辆。这就是著名的高山堡战斗。

新中国成立前，这道山梁两侧也是匪患多生之地，当地俗称的大帮二棒手常常侵扰百姓。记得幼时听村里老人讲，有一次土匪入村抢劫，提前得到风声的村民将值钱的物件以及漂亮的姑娘藏入炕洞子或山药窖里。恰巧有个姑娘因为肚子不舒服，在炕洞子里忍不住放了个屁，被站在房顶搜寻村人藏匿迹象的大帮听到。姑娘被土匪抓住当了压寨夫人。1949年前后，郎宝信政委率领的我党骑兵部队多次以高个尖山和察汗脑包为依托进行剿匪活动，直至彻底剿灭了以杨锡壶为首的土匪武装。

高山堡乡的十个行政村（包括三十二个自然村）除了南部的盐淖村、大西洼村和北部的北滩村距离这一线山梁稍远一些外，其余的七个行政村（二十一个自然村）都散落分布在山梁的四周。这些山梁手挽手地给这些村落搭起一条崎岖的纽带。

在交通不畅通的年代，因为山梁的阻塞，高山堡乡南部的大西洼、盐淖、前山和胜利等几个村的乡亲们去山北的乡政府所在地购物、卖粮、就医以及孩子们到乡中学上学，多是赶牛车或步行。到了20世纪80年代中期，虽然自行车比较普及，但也只能是上坡推着，下坡平缓路段骑行一段。晴天尘土飞扬难以骑行，阴雨或冬雪时节几乎寸步难行。因为骑车技术不娴熟，好多刚学会骑自行车的孩子下坡时都摔伤过膝盖、胳膊肘儿等部位，惨痛的记忆至今犹存。现在有了“村村通”公路，多数村民们的腰包通过种植蔬菜鼓了起来，购买私家车的农户日益增多。驱车行驶于山梁水泥路上，目之所及，一派“迟日江山丽，春风花草香。泥融飞燕子，沙暖睡鸳鸯”的田园风情。夏秋季节，山梁两侧的蔬菜田、油菜田、土豆田魔幻般地次第变换着颜色；冬季，坡上的村庄在高远清澈的蓝天背景下枕着山梁悠然地吐着炊烟。

今年夏季去察汗脑包南面的胜利村慰问贫困家庭，是我从离开高山堡中学近三十年后，第一次乘车从这一带山梁上驶过。汽车沿着山梁脚下的水泥路行驶，路两侧的油菜花正肆意地金黄着。这也是我第一次从南面眺望察汗脑包黢黑的剪影，小时候在家门口看了好多年的圆秃秃的脑包山，从南侧看过去竟然觉得高大了许多，好似一个幼年的孩子突然长成了男子汉的模样。其实，脑包山南侧的山峰一直就是这般巍峨的姿势，只是在那些“慢”的年月里，在多次乘着牛车翻过山梁去白土窑乡杨家营村的姨妈家做客的时候，还不懂“横看成岭侧成峰”的深远寓意。夹在脑包山与高个尖山中间的大南山，更是古朴与现代文明交织，太阳能光伏电板熠熠生辉，浓郁、密集的杨树林比三十年前明显茂密挺拔了许多。面庞黝黑的大南山像洞悉沧桑岁月的老者，慈祥地俯视着山梁两侧的村落与菜田。

20 世纪 70 年代末 80 年代初，为了解决村办卫生院的药材原料问题，人们曾在山北的平缓地带种植过黄芪。但由于大集体管理粗放，一直是草盛黄芪稀。1982 年土地承包到户，种植黄芪的土地又按原来生产队的隶属关系划归给了河包沟自然村。秋季里割地趟草而过时，脚下偶尔还会发出黄芪豆荚毕毕剥剥的声响。紧挨着黄芪地的是一块苜蓿地，是大集体时代为了养兔子开垦荒山种植的。包产到户后，兔子被分给了农户，苜蓿地却闲置了下来。此后多年，紫色的苜蓿花每到秋季一洼一洼地烂漫着，成为山梁上氤氲着的紫色霞衣。

从 20 世纪 80 年代中期开始，高山堡乡响应上级号召，在高个尖山与察汗脑包之间的山梁南北坡树木稀少的地方陆续开展植树造林工程。三十年过去了，这些树木都已出落得亭亭玉立。那些发起并参与植树活动的先行者多数已远走他乡，有的已不健在，而片片树林却一直荫庇着几十个村落。许多故事或事物也将慢慢变成这一列山梁上的一株株植物，成为山里亘古不变的神话……

闲话半拉山

张爱莲

小时候，姥姥常说我家旧院子风水不太好，因为大门和半拉山竖切面正对着。我家在村子最南面，和半拉山隔着四公里遥遥相对。姥姥说半拉山是神居住的地方，我家大门对着神门，肯定会被神压得家里不安宁。

母亲年轻时经常无缘无故地哭闹，满大滩转悠，父亲便嘱咐大姐、二姐看着母亲，因为母亲常说不想活。姥姥说：都是家里地气太硬，母亲压不住，就想死。我姑住在我家西边，和母亲有同样的毛病。姥姥说是一样的原因。母亲和姑哭起来的样子还挺吓人的，她们犯病时，我不敢看。父亲和母亲那会儿经常打架。姥姥说：都是家里地气太硬，吹的。依姥姥的说法，父亲和母亲打架不是本意，而是被某种力左右得不由自主。我三岁得肺炎，差点夭折，姥姥也说：是家里地气太硬，好在三子洪福高，捡回一条命。

父亲年轻时是马倌，大集体解散后舍不得陪伴了他好几年的大白马，用了些“手段”分上了白马。白马通体雪白，鬃毛飘洒，很是骏朗。父亲爱惜他的老伙伴，顾不上单放，就用大长缰绳觅（谐音，下同）出去。为了让马吃饱吃好，一天倒觅好几次。我是父母的老幺，父亲尤其惯我，我也喜欢跟着父亲。那天黄昏，父亲去拉马，我非要跟着，回来发生了一件怪事。记得夕阳刚落下山头，远山的那抹血红正被黑暗吞没，天空深蓝，只是天边还镶嵌着一溜红边，树叶墨绿，蚊子飞来飞去，想和我们“亲热”。父亲怀抱着我在前，马在后，父亲悠闲，马温顺。父亲只要和马在一起就喜欢唱两声，歌声伴着马蹄声，一路走到了我家门口。正要进院的时候，马忽然暴躁起来，马头高扬，眼神惊恐，响鼻急促，嘶鸣不断，鬃毛倒竖，四蹄不断变换位置，向后撤着，不进院子。而我像是被马吓着了，又像是看到了什么东西，和马同时出现了异常，不住哆嗦，大哭不已。父亲紧拽着马缰绳，紧抱

半拉山

我，大声呵斥着白马。白马平时温顺听话，此时却一反常态，父亲的呵斥根本不管事。母亲在家里见到这样的情景，急忙拿上马鞭跑了过来，接过我，把马鞭递给了父亲。马鞭声响起，白马身上立即出现了一道黑印。父亲很少打马，马鞭一般情况下只有响声，但是这次打得太狠，可能怨白马吓着了我。后来白马怎么进的院子我没有记忆，可能被父亲的马鞭治服的吧。姥姥后来又说：你家院子地气硬，院子里肯定有东西，大牲口和小孩儿有天眼，能看见大人看不见的东西，所以马惊孩子哭；然后，又压低声音非常神秘地补了一句：半拉山有神，不信不行。因为姥姥知道，母亲是无神论者，无论姥姥怎么鼓动母亲去半拉山祭奠，母亲都不去。家里发生的这些怪事，加上姥姥的神秘解释，使半拉山在我心中越发神秘莫测，并让我感到恐惧。

后来，我家房前有人家盖起了新房，改变了我家与半拉山面对面的状况。姥姥说：这回好了，家里会越来越好，越来越太平。姥姥是神婆，当时年纪很小的我，对她的话深信不疑。等我长大些，知识多了，便明白母亲和姑当年得的是抑郁症；而我得肺炎差点夭折是因为那个年代医疗条件太差；

父亲和母亲老打架是因为感情不好，而这正是造成母亲抑郁的原因。当然，后来父母确实不打架了，母亲的抑郁症因我们姐妹三个渐渐长大也不治而愈了。至于白马受惊事件，马不会说话，我的记忆也模糊了，到现在也没有一个合理的解释。

其实，半拉山是座很小的山，因山的样子而得名，当地人叫它半疙瘩山。半疙瘩就是一半的意思。这山真像生生被切去一半一样，山顶到山脚一点缓坡没有。距半拉山一百多公里，内蒙古有一座山叫二郎山，与半拉山一模一样。老人们说这两座山本来是一座山，是被二郎担山撵太阳分开的。

传说古时候太阳弟兄十个，个个桀骜不驯，每日带着一团火，在天上嬉闹。十弟兄只顾玩耍，不知大地被他们烤得如同火炉，庄稼被烤死了，水源被烤干了，老百姓苦不堪言。玉皇大帝知道后大怒，这还了得，赶紧镇压。二郎神临危受命，带着哮天犬就出发了。二郎本想规劝太阳十弟兄，不要再这么嬉闹，谁知十弟兄个个霸道，哪能听得进劝？二郎找了一根桑木篾片扁担担山就撵，十弟兄被压住七个，有三个跑到了坝上高原。二郎撵来，随手劈开一座山，一头担一半，又压住了两个太阳。二郎的扁担太长，有一百多公里，一头在内蒙古，一头在河北，从此就有了半拉山和二郎山。留下的太阳见二郎神如此厉害，不敢再造次，老老实实地按二郎神的规定早出晚落。

半拉山坐落在207国道和244省道交会处，是个重要路标，往南去往张家口市，往北是太仆寺旗，往东到沽源县城，往西通往康保县城。半拉山是座小山，只有一百多米高，攀爬五六分钟就能到山顶，山顶平缓，山势往东南方向绵延很远，站在山顶往北可以俯瞰到广袤的狗泊（九连城淖）。春季，无水的淖底被风旋起了白土，迷茫半空；夏季，绿茵茵的草原中间，狗泊淖水如镜，明晃晃的找不到边际；秋季，淖边的芨芨草黄成了一片，比绿更动人心魄；冬季，白雪覆盖了一切，狗泊和草原也就分不太清楚了。从半拉山顶可以望见昌州城（今九连城）遗址，还可以看到我们村——三号地村，还有和我们村相邻的二号地村和南梁底村。前些年，三个村子连起来，白色的土坯房很大一片，现在二号地和南梁底已经消失，三号地也萎缩成了一个只有二十几户人家的小村庄。站在山顶找不到我家，也看不出我家旧院子的大门是否与半拉山正对着。

半拉山因特殊的地理特征，在清朝时期是蒙古族人祭祀的敖包。敖包原为道路和交界的标志，以后逐渐演变成祭祀山神、路神等活动的场所。敖包一般都选在各路口的交叉点、一些缓坡或山冈上。除了路过的行人进行日常祭祀外，每年都要定期举行祭祀活动。

蒙古族人祭敖包是很虔诚的，按照习惯，平时每次经过敖包，都要口念："唵、嘛、呢、叭、咪、吽"六字箴言，向敖包上投石三枚，以敬三宝。有的还献上钱财，供以酒肉，有的剪下马鬃、马尾系在敖包顶的幡杆上。住在敖包附近的牧民，挤完奶或早晨喝第一杯茶之前，要朝敖包的方向洒几点奶或茶以表示敬意。大型的祭祀敖包活动，每年举行两次，分别在春天和秋天。男男女女，扶老携幼，带上哈达、整羊肉、奶酒和奶食等祭品，来到敖包前，先献上哈达和祭品，再由大喇嘛诵经祈祷，小喇嘛列坐于两旁，或吹喇叭，或敲大鼓，众人跪拜。然后他们往敖包上添石块儿，或对柳条进行修补，并悬挂新的五色绸和经幡，与祭神树结合起来。祭敖包在《新蒙古族自治县概况》中有记载："凡各旗鄂博（敖包），岁于五月或七月，由各旗致祀。合祭鄂博（敖包）在海拉尔河北山上，每三年大祭一次，以五月为祭期。祭时喇嘛诵经，鼓钹竞作，先绕鄂博（敖包）三周，且绕且诵，官民随之，三周既毕，举火烧柴堆，以香火投之。礼事告终后，一般人民赴场竞艺，作驰马角力种种比赛。"半拉山之所以被注入那么多神文化，和当年蒙古人祭祀有很大的关系。

半拉山的祭祀延续了好几百年，听村里八十多岁的大爷说，他年轻那会儿，家里穷得揭不开锅，经常去半拉山顶捡祭品，几乎每次都能捡一袋子。山顶上用于祭祀的活鸡也多，满山溜达，老人说，他追过好几次，一只也没逮住。那年，我已经成人，十里八村传说半拉山山神显灵了，有病的去能讨到药，有难的去能解难。一时间，上半拉山求神的人络绎不绝，人们虔诚地跪拜在山脚下，祈求山神能保一家安康。随着科学普及到了山村，人们有病都进了医院，半拉山的祭祀基本消失了。

如今的半拉山村因为成了镇政府驻地，已经成为一个旱码头标志。山顶修了凉亭和长廊，山坡上种满了松树、柏树，夏季爬上山顶，坐在长廊上，向东望去，农田横竖错落，村庄炊烟袅袅；向南望去，连绵山脉绿色汹涌；

向西望去，国道线上车辆络绎不绝；向北望去，狗泊水金光闪闪。山顶凉风拂面，人不想惬意都难。

半拉山村以半拉山命名一直到现在，而居住在半拉山周围村庄的人，只要有人问是“哪里人”，他们都统称是“半拉山人”。他们说的半拉山不是半拉山村，而是半拉山周围的村庄。

狼尾巴山

樊桂云

狼尾巴山位于沽源县城东约四公里处，海拔一千四百八十七米，植被多杂草，过去很适合放牧。因为整个山体呈南北走向，南高北低，坡度起伏不大，形似一条狼尾，因而被称为“狼尾巴山”。

狼尾巴山东为南沟村、梳妆楼和塞外庄园；南面的山丘形似弯月，怀抱广阔的耕地，被称为“西张五沟”。西张五沟再往南，就是这条山脉的最高峰，县城人称“东山”（段家营村人叫“西山”）。目前，山顶还有蒙古人用石头堆成的敖包，见证着岁月的沧桑。狼尾巴山的西坡山脚下面，是平定堡镇北村和南村的退耕还林地，目前已建成郁郁葱葱的东山公园。山的北面临近通往沽水福源旅游区的高标准柏油路半虎线。

历史上，狼尾巴山与狼的确有一定渊源。过去这里曾是狼群居住的地方，山的周围植被茂盛，离闪电河也近，水源丰富，而西张五沟正是狼群躲藏隐蔽的老巢。听老人们讲，民国时期，狼尾巴山时常有狼群出没，人们去平定堡和宝昌等地，不敢单独过往狼尾巴山，都是几个人结伴而行，共同对付狼群。外地人不知此处有狼威胁，单独过往时经常被狼吃掉，也就不足为怪了。

改革开放后，沽源的发展日新月异，狼尾巴山成了重要的砂石料场，至今每天仍有石料源源不断地被运往建筑工地。由于狼尾巴山离县城较近，石料质量也好，为沽源的交通和城建做出了很大贡献。

有一利必有一弊。砂石生产难免对环境造成一定影响，但随着狼尾巴山四周不断植树造林，被破坏的植被正在得到有效的保护和治理，狼尾巴山的生态也一定会更加美好。

鸡 冠 山

罗 涛

过了白露的第二天，我走进了鸡冠山。

鸡冠山位于小河子乡政府所在地南偏西六点五公里处，海拔一千六百三十四米。由东往西穿过大厂村，远远地望去，土山顶上竟长出一排石崖来，刀削斧劈般拔地而起，还真像公鸡的鸡冠——如果再喷上红涂料，就更像了。鸡冠山这个名字确实起得生动形象，贴切至极。

山脚下的莜麦已经被收割殆尽，麦茬、秸秆一片金黄，山坡上的野草、灌木还是满目青绿，与麦茬、秸秆青黄相间，绿中泛黄，好一派秋天的景象。十多匹马在坡上或站或卧，都懒懒散散的，暖暖地晒着太阳。这是有坡地的农村的特点，一马平川的地方，马匹早已被机械替代了，只有有坡地的村庄还保留着养马的传统。

登上山顶，看到的是一片开阔的坡地，上面长满了没胫的野草。走到“鸡冠”下近距离观察，这一排石崖突兀高耸，险峻刚立，竟有五六丈高，最顶部的尖端凌空欲飞，崖底面积约两万平方米，上有稀疏的席麻草（学名荨麻草，春天时的嫩叶可以和土豆烩着吃），还有铁杆蒿破石而生，迎风而立，展示着顽强的生命力。当地人用铁杆蒿制成锅刷子，既经济又环保，是农家大锅灶的好洁具。另外还有一种结小红果的灌木，在风中不住地摇曳。这种小红果叫“油瓶瓶”，味道酸甜酸甜的。石崖看起来怪模怪样，说不清是什么石质。或许“石崖”写作“石牙”更准确些，因为它长得如牙齿咬合般交错。隐蔽处竟有鸟儿们在筑窝，鸟窝有小如拳头的，也有大如箩筐的，有的利用石缝因陋就简，因势造形。鸟窝有泥巴的，也有用草茎、树枝编造的，里面再絮上厚厚的绒草。脚下的几块小石头，也是形态别致，既没棱没角，也没面，砌墙肯定是用不上的。也许正是因为这个样子，它们才不被人们所用，得以一直躺在这里吧。

鸡冠山

站在山顶四下一望，屋舍点点，无限风光尽收眼底，大大小小的丘陵像绵绵瓜瓞，围成一个大怀抱，母亲似的左揽右拢地把大厂、羊圐圙、大东沟、大井沟和脑包山这些村庄如孩子一样搂在怀里。

石崖西面坡度较缓，可以爬上石崖顶端。村里人讲，从这里可以看到冰山梁、独石口。站在山顶极目远眺，让人感到无比震撼。视野是如此的寥廓，远山连绵起伏，秋天的大地是五色的，天空是高远明净的。数不清的风力发电塔擎天而立，银白的光泽与蓝天相映衬，巨大的扇叶匀速而稳健地迎风旋转，好似在空中漫步，给人静中生动的力量。坝上的四季长风插上科技的翅膀，竟成了文明发展的动力！公路上往来穿梭的各色各形的汽车，像一个个跳动的音符，又像汇成的彩色河流。这运动着的风车、汽车和收割机，忙碌的人影，五彩的大地和蔚蓝的天空，构成了一幅绝妙的秋日画卷。

据说鸡冠山是有灵气的。相传很久以前，有个年轻的猎人经常到鸡冠山打猎。一日，他忽然发现一只皮毛发亮、体格健硕的沙狐子，大白天在山梁上大模大样地或跳或跑，或转来走去的，独自玩耍。这可是一张好皮子啊，给媳妇做一顶狐皮帽子该有多好！猎人心中一阵狂喜，蹑手蹑脚地靠近过去，藏在一块大石头后面，找了个好角度，瞄准了，“呼”就是一枪。狐狸应声跌了一个跟头，扬起一股尘土，翻过一道梁跑了。打猎的提枪紧紧地追上梁来，却见一个白胡子老汉从坡下向他迎面走来。他急切地问：“可看见一只沙狐子跑过去了没有？”老汉回答说：“没看见。”打猎的人就装了火药，又四下寻找。狐狸又在他眼前出现了，根本没跑多远，似乎是受伤了。猎人顾不得多想，抬枪就打，并顺势追了过去，可除了一股烟尘外，又不见了狐狸的踪影。蹊跷的是，那个白胡子老汉也跟着转了过来，并告诉他说：“狐狸往南跑了。”打猎的又是一边赶紧装火药，一边朝南边张望，拎上枪向南坡奔去。这只狐狸好像有意在等着他，还轻蔑地与他对视。猎人端枪狠狠地向狐狸射去，火光硝烟处，只见那个老汉凛然地站在那里，摊开一只手掌说道：“后生，你拿回去吧！”猎人定睛一看，大惊失色，原来是一把枪砂！他马上扔掉火枪，“扑通”一声跪倒在地，向老汉连连磕头。半晌，这个打猎的年轻人抬起头来，哪里还有老汉的身影？他吓得踉踉跄跄地跑回了家。“三枪打不死狐仙爷”的故事就此流传开来。不久，村民们便在鸡冠山的南坡（白胡子老汉消失的地方）盖起了一座精巧的“狐仙庙”。这个年轻的猎人再不打猎杀生，从此安安心心地耕田种地去了。“破四旧”时，这座狐仙庙被拆掉了，直到 2016 年，有人搞旅游景点，这座庙才在原址上得以重建。

鸡冠山的石崖在当地人心中是威严壮美的。在“备战备荒为人民”的日子里，当地人“一手握锄头，一手拿枪杆”，把民兵训练搞得热火朝天。有时，军事演习故意选在漆黑的夜间进行，三个村的民兵相约，谁抢先登上石崖顶部拔掉预先放置的白旗，再插上红旗就算胜出。一声响亮的口哨打破了夜的寂静，三个村的民兵点燃火把，从山脚向顶峰冲去。一束束火把像一盏盏华灯，伴随着呐喊声在跳跃，在涌动。火把照亮了山顶和夜空，也点燃了民兵们的训练热情。

鸡冠山西面是脑包山村，东北是大厂村，东南是羊圐圙村，它正好坐落在这三个行政村中间。近年来，旅游热背后的经济效益，引得关于鸡冠山归属问题的争议再次升温。羊圐圙村人说，山南面的两片原始山杏林和榆树林（都有好几百亩），自古以来就是羊圐圙的。特别是那片山杏林，每年山杏熟了的时候，别的村的孩子们要想上山去摘，要么得托关系，要么就得偷偷摸摸地来。20世纪六七十年代每年六一儿童节时，羊圐圙小学都组织学生爬上鸡冠山欢度节日，可别的村的学生就从来没来过。所以说，鸡冠山当然是羊圐圙村的。而大厂人说，鸡冠山东南的土地都是大厂的，是由大厂的先人陈刚于清末民初开垦出来的，就连羊圐圙村原来也是陈刚圈羊的地方，所以那个村才叫“羊圐圙”呢！脑包山人一听马上反问，石崖西面那些朝向不相同的卧牛石，大家知道怎么来的吗？很早以前鸡冠山上有一种很凶残的野兽叫“猞猁”，常下山来祸害村民的猪羊鸡兔，是我们山西人来了（脑包山村的人祖先多是山西灵丘人），用十几头勇猛健壮的大犍牛赶走了猞猁，才保住了村里的家禽家畜。这些犍牛后来变成了石头，似睡非睡，警惕地卧在那里，不论白天黑夜，还是严寒酷暑，一直保护着乡亲们的生命财产安全，所以鸡冠山理应是脑包山村的。就这样，一辈接一辈，一代传一代，争论不断却没有结果。

现在，终于有人迈出开发鸡冠山景区的第一步。无论鸡冠山属于哪个村，它都是属于沽源人的，我们应该挖掘其文化内涵，让外埠人了解这里。因为只有文化才是旅游的灵魂，而旅游只是文化发展的依托。

大仙庙山

王金海

大马群山在沽源与丰宁的交界处由南向北延伸出的一道山岭，叫巴彦古尔图山，古称炭山。炭山因山口较为开阔，在辽代被称为陉口或凉陉。炭山入长梁乡另有一条支脉，当地人称为大仙庙山脉。

大仙庙山脉南北走向，东西宽达十余公里，南北纵贯二十余公里，属中低山地形。大仙庙山脉主峰海拔一千八百三十米，润峰独秀，高高耸立在长梁乡小偏坡道村东北方向一公里左右的地方，有“大仙参天”之称，是名副其实的长梁第一峰。由于它历史悠久，景色优美，有神文化底蕴，被誉为“坝头仙山”。

大仙庙山脉一直绵延至丰宁大滩南围子。有一条土路时而依山上行，时而随势下坡；或则顺峁转弯，或则临沟折行；若隐若现，不即不离。这条路当初连接热河与坝上，据传，清朝伊始这里就已人来客往。那时没有车辆，人们使用骆驼运输物品。

大仙庙山往西约二公里处，有一个村庄叫平头梁，北有一座青山做后盾，南有一条翠峰为屏障，五女河从村东流过，避风就水，重如要塞。平头梁这一带在过去有个怪怪的名字——“骆驼场”。骆驼场拥有骆驼六百四十余峰，设有千总、把总各一人，外委一人为牧副。场下分为若干群，骆驼一百六十峰为一群。驼队来往于热河与坝上之间，或长途旅行中路过骆驼场，或更换劳累的骆驼和押送人员，或休息一夜养精蓄锐继续前行，或把物品在此中转……当年这里规模宏大热闹非凡，提供住宿和饮食服务，设有草料和物资仓库以及骆驼圈舍，是一个不可缺少的驿站。骆驼场唯存口授不见经传。

关于大仙庙山名称的来历有一段传说。大概在清朝光绪年间，有一年，一场瘟灾突然来临，被传染的牲畜很多，而骆驼也无法幸免，整个骆驼场笼罩在瘟灾的阴影之中。据老人讲，五六十年前，平头梁前面的黄土场子还能挖出许多骆驼骨头，如果用卡车拉可以拉三四车呢。当时，骆驼场的千总、把总、牧副一干人日日焚香、夜夜祷告。一天夜里，有一位鹤发童颜的老翁托梦给千总，说在东面的大山上有三位大仙，如能向他们求药，可以驱除这场瘟灾。第二天，一干人众到了大山，焚香许愿，顶礼膜拜，最终讨到仙药，才解除了这场灾难。灾难过后，他们就在大山顶上修建了一座庙，供奉长仙（蛇仙）、狐仙、白仙。后来人们称这座庙为大仙庙，称这座山为大仙庙山。后来人们在偏坡道村口盖了一座戏台，每年三月三都要在这里唱仙戏。后来这里修建了平头梁水库，戏台没有了，只存有戏台墩子。

大仙庙山是一座雄伟的山、神奇的山、富有灵性的山，尽沐三光（日月星）爱抚、四水（雨雪霜露）滋润，挺秀在坝上这片热土，壮美成坝头独特风景。大仙庙山苍茫而细腻，起伏而温柔，既有冬的冷峻又不失夏的葱茏。大仙庙山周围植物种类繁多，植被茂密，是坝头地带的一颗明珠。山上到处郁郁葱葱，草木摇曳，花香四溢，吸一口清凉的空气，顿觉心旷神怡。大仙庙山里野生草药多达十几种，还有蛇、狐狸、野兔等动物的踪影。沿着牛羊踏出的“之”字形小路往上攀登，大有超凡脱俗之感。每当大雾弥漫或细雨霏霏，行走山上，更觉如入仙境一般。大仙庙山还是人们观天气的指南，当地有一句俗语：“大仙庙山戴阴帽，长工短汉睡懒觉。”就是说，如果大仙庙山顶起雾了，必定有雨，人们就可以休息了！

登上大仙庙山极目远眺，美不胜收的景致尽收眼底：远眺可以看到丰宁县峻拔的东猴顶山直刺云霄，忽隐忽现；往南看，坝头林海绿浪滚滚，风摧木啸；往下看，偏坡道、兴隆堡、广义永、忠义城几个村落拱卫着它，如众星捧月一般。傍晚，袅袅的炊烟在雾霭中融合，几处稀疏的灯光，打破了沉寂的夜幕，耳朵里似乎还能听到战马在嘶鸣，枪声仍啾啾。抗日战争时期的南滩之战就在这一带打响，它狠狠地打击了敌人，坚定了国人抗战的信心。

在大仙庙山看日出，虽然没有在泰山看日出富有神韵，但同样让人惊喜。泰山日出是那么热烈那么壮观，而大仙庙山的日出是如此轻柔如此婉约，好像京剧里的舞步，能让你品出千般滋味、万种风情。凌晨，站在大仙庙山顶上，晓月疏星，曙光初现。渐渐地，万道光芒从远山顶上向四周辐射，犹如千万匹金驹脱缰而出。娇羞的太阳像古代新娘戴着凤冠慢慢露出头来，脸盘越来越大，越来越清晰，冉冉升起，温情脉脉。一会儿，灿烂的阳光把山川田野照耀得绚丽多彩，暖意融融，整个大好河山呈现出勃勃生机，好一幅“兴登大仙庙，乐赏红日出”的美丽图画。

如果有朋友想去一睹大仙庙山的芳容，从沽源县城往南，走 241 省道，到小南营下 024 乡道，经长梁南行十公里即是。

沽源的敖包

张海军　任立新

在坝上沽源县境内，有很多叫脑包的山丘和村庄，这些名称和草原游牧文化有直接的关系。

“脑包”是蒙古语，即“敖包”，也有译成“鄂博”的，意思是堆子。《清史稿·兵志八》说：鄂博者，华言石堆也。

敖包是蒙古族牧民祭祀的场所，旧时遍布蒙古各地。现在，内蒙古锡林郭勒盟就有一百七十多座敖包。敖包多用石头或沙土堆成，也有用树枝集束围成的。为了使其坚固，现在甚至有人用砖和水泥砌筑敖包底座。在修建敖包奠基的时候，要请喇嘛举行一个仪式。喇嘛要在建敖包的地方亲自埋藏一件和宗教有关的物品，其他人不能观看。

敖包旁边一般插着苏鲁锭。苏鲁锭的形状像《杨家将》里韩昌用的三股托天叉，叉头与叉柄的连接处有时用马鬃做成的飘穗装饰。据说苏鲁锭是成吉思汗和忽必烈都使用过的武器，象征着开疆拓土的辉煌。蒙古人把哈达系在苏鲁锭上，表达对先人的敬仰。

敖包大多数都建在山顶或丘陵上，蒙古人相信，敖包离长生天近的话，他很快就会看得见。敖包一般呈圆形或塔形，状似烽火台，高度过丈，远远望去，直入云天，显得十分神圣。经常祭祀的敖包顶上，一般插有一根或三根玛尼杆，每一根玛尼杆的顶端都安设一个铜尖，形状有的类似葫芦，有的类似宝塔。杆上有几股绳子与地锚连接，绳子上挂着部落的旗帜，后改成经幡。

外围有十二个小堆围绕中间一个大堆而构成的敖包，在内蒙古各地比较常见。中间大的为主体，两旁各陪衬六个小的，或者在东南西北四个方位各陪衬三个小的。

过去，比较富裕的人家还有家族敖包。家族敖包是指某一户人家或某一家族，为了祈求降福降雨或保佑家人自建的敖包。敖包建成以后，祭祀许愿，过一定的时间要去还愿。即使是某一家的敖包，如果一次或几次许愿灵验，也会吸引其家族以外的人来祭祀。

在内蒙古大草原上，有关敖包的传说，谁也说不清有多少种。那么敖包是怎么形成的呢？流传较广的说法有三种。

第一种说法认为，敖包最早是草原上的人们用石头堆成的道路或地界的标志，起指路、辨别方向和划分牧区的作用。清人姚元之写过这样的话："夷人每出必骑，骑必驰骋。垒小石于山颠，谓之鄂博，以志远近。"有些敖包是远行的商人们作为马队和驼队的路标用的。近人吴国栋在《绥远游记》中写道："蒙古为一广漠无垠之平原，旅行其中，往往方向莫辨。路途迷失，唯向脑包行之，知某脑包在某方位，去某地若干。"故脑包为旅行家的指南针。

敖包也可用来标明草场或行政区的界限。《理藩院・疆理》中记载："游牧交界之处，无山河又为识别者，以石志，名曰鄂博。"

由于敖包往往居于"神山"之上或"圣水"旁边，后来逐步演变成蒙民族人祭山神、路神及祖先的地方。同时，敖包也是寄托美好愿望、祈祷丰收、祈求家人平安幸福的神物。另外，敖包还是蒙古族牧民镇鬼敬神、祭天求雨的祭坛。

自古以来，草原上的牧民靠天养畜，逐水草而居。然而，遇到大旱之年，到处都缺少牧草，牧民们便用他们的传统方法，在山头上垒起石堆，由部落首领带头，在石堆旁边祭祀，祈求上天降雨救灾。

蒙古人在寻常的旅途中，路经敖包都要下马膜拜，还要往敖包上添几块石头，以求吉祥。这样天长日久，有的敖包的规模就越来越大了。清人祁韵士诗云："告虔祝庇雪和风，石畔施舍庙祀同。塞远天空望无际，行人膜拜过残丛。"

第二种说法认为，敖包是历史上蒙古各部落为纪念战争中英勇献身的英雄们而垒成的石堆，也是天葬英灵的地方。敖包里一般存放有英雄的遗物。

各部落打仗的时候，都要极力抢占山头。胜利的一方，就把他们战死的将士的遗体埋葬在山头上，用石块儿将坟墓覆盖，以做纪念。在长期的征战中，今天我方胜利了，把烈士的遗体埋葬在山头；明天你方胜利了，抢占了这座山头，也把烈士的遗体埋葬在这里。这样，一来二去，石堆下双方牺牲将士的遗体就埋葬在一起了。征战双方的任何一方，只要重新抢占了这一片草原，就要带着各种战利品前来山头上祭奠英灵。久而久之，石堆越垒越高，人们便把它称为敖包。

一些史学家认为，在过去，敖包还是安葬苏木达拉嘎（相当于乡一级的长官）、扎萨克（相当于旗长）、名人、喇嘛、活佛等重要人物的场所。

第三种说法认为，敖包是部落打仗时传递信息用的，和汉族人修筑的烽火台作用差不多。

总之，在草原人的心目中，敖包象征着神灵在其位，形成了世代相传的、极其强烈的信仰。元朝时，藏传佛教传入以后，祭祀活动和宗教活动结合起来，为敖包增添了新的神秘色彩，使其进一步被神化。

祭敖包活动于每年农历五月中旬到七月底之间举行。祭祀仪式的主要内容先是在敖包的石头上供奉五金、五谷、五帛、羊、酒、糖果、奶食，点火，焚香；接着，喇嘛诵经；最后，参与祭祀活动的人跟随主祭人（一般是喇嘛或有较高社会地位的人）围着敖包转三圈，许愿，祈祷。祭祀的人们经常会把一些钱币、糖果、奶食等物品塞藏到敖包的石头缝中。

祭敖包期间，草原人还要载歌载舞开一次民族盛会。大型的敖包会要举行男儿三项（摔跤、赛马、射箭）的比赛，规模稍小的敖包会只进行摔跤和赛马。对获得名次的选手的奖励视敖包会的规模而定，旗县级的敖包会对冠军的奖励多达几万甚至几十万元人民币；苏木乡镇级的敖包会奖励可达万元；嘎查村一级的敖包会和牧民个人家的敖包会的奖品基本上都是牛羊马匹，如第一名奖励一匹成年好马，第二名奖励一匹二岁马，第三名奖励一只大羯羊（阉割了的公羊）等。

敖包会在过去也是蒙古族青年恋爱相会、对歌交友的地方。众人在篝火周围坐成一圈，吃着手把肉，唱歌，互相敬酒祝福。小伙儿或姑娘会割下一节煮熟的羊血肠或羊肉送到自己心上人的碗里，以表达爱慕。如果对方也有意相处的话，往往在倒茶、敬酒和唱歌时表达出来。正如歌中唱的：只要哥哥你耐心地等待哟，你心上的人儿就会跑过来哟。

敖包会还给人们提供了物资交流的机会。有些卖烟酒百货、服装服饰的商人会开着农用车来展销，往往会有不错的收获。

沽源县境内以脑包命名的山丘或村庄有察汗脑包、双脑包、白脑包、蔡脑包、大脑包、小脑包、脑包山、脑包底、脑包怀、二十里脑包等。可以肯定，这些地方在过去都有蒙古人的敖包。有的敖包直到现在还有蒙古人或本地人祭祀，这一类的主要有高山堡敖包、西辛营敖包、白土窑敖包和九连城敖包。

高山堡敖包

高山堡敖包位于高山堡乡政府所在地以西七点五公里、西壕堑村南一公里的察汗脑包山主峰栽杆山上。

高山堡敖包又名察汗敖包、查干敖包或察哈尔敖包，察汗、查干、察哈尔在蒙古语中都是白色的意思，就像不同的方言，发音有一点差异。察汗脑包山上的石头都是黑色的，山上的敖包怎么会被称为白色的敖包呢？这个秘密只有生活在附近的人才知道。每到下大雨的时候，栽杆山和脑包洼一带，就会出现一片白茫茫的雾气，直到雨停半个小时后才会散去。

据说当年的察哈尔部落把察汗敖包当作他们最重要的祭祀场所。听老人讲，过去曾经多次有蒙古王公以及玛拉盖庙甚至更远的大庙里的大喇嘛来这里祭敖包。大规模的祭敖包活动在“文化大革命”期间停止了，但在炮台营子一带，牧民个人的祭祀从未间断。现在内蒙古太仆寺旗贡宝拉格苏木的蒙古族人，每年农历五月十四和公历七月份都会开车来这里祭敖包，乞求长生天保佑他们风调雨顺、人畜平安。

关于察汗脑包山上有钱币的情况还有一个传说。坝上一带曾经匪患猖獗，在20世纪40年代末，解放军在剿匪时，有一次追击两名匪首，一路从狼尾巴山追到脑包山。两名匪首自知罪孽深重，没法投降，发现无路可逃后，决定负隅顽抗。他们把随身携带的一大包银圆埋在了栽杆山上。两名匪首被冲上来的解放军一顿乱枪打死，他们埋藏的财物也成了烛光斧影千古之谜了。后来人们捡到的只有少量的制钱，没有银圆。可见这个传说存在不少疑点。

西辛营敖包

西辛营乡脑包底村位于西辛营村南一公里处。脑包底村东边的山上有一座巨大的敖包，人称西辛营敖包。此敖包在被盗前，基部周长九十米，基部至顶部的斜坡长十五米，敖包外围有一圈七十厘米宽的石头围墙残迹，原始高度无从考证。这个敖包在2007年7月份的一个夜晚被盗。据当地村民讲，敖包被盗前曾有人开一辆轿车停在附近，上山踩过两三次点。人们以为是上山玩儿的，也没在意。敖包被盗后，有羊倌和村民上去查看，盗坑深三米。据说盗走了一面大铜镜。村民们在石缝里还捡到了几枚铜币。

这些年，村民曹玉珍等人每年六月六前后都要带上香、火纸、供品、酒和爆竹等，在敖包前杀一只羊举行祭祀仪式，以求风调雨顺、人畜平安。他们还在敖包正南建了一处小庙，用于祭祀祈福。

白土窑敖包

白土窑敖包位于白土窑乡政府所在地以西二点五公里、后山村西边的秃葫芦山上。从山的名字来看，这应当是一座当地牧民为了祈求上苍佑护牲畜兴旺的家族敖包。“秃葫芦”是蒙古语，意思是牛犊，正如人们常说的蒙古人教汉人蒙古语时所说的“乌葫芦领一个秃葫芦”，意思是大牛领一头小牛犊。可以推断，当年这座敖包附近的牧主把这儿的营盘和牧场当作专门放养牛犊的地方。

在近些年，每年都有内蒙古太仆寺旗贡宝拉格苏木毫不沙图嘎查的牧民来白土窑秃葫芦山敖包祭祀。

九连城敖包

九连城敖包在九连城镇脑包山上，具体位置是九连城镇录园村张志营子南一公里处，近年来也是蒙古人常来祭祀的地方。

远道来沽源祭敖包的牧民不开敖包会，他们一方面是祭祀求雨，另一方面是对他们的民族文化和习俗的坚持，就像帕蒂古丽在《被语言争夺的舌头》中说的那样，这是“在多元的世界当中寻找认同感”。

象鼻沟的蘑菇圈

任秀荣

口蘑作为张家口特产，远近闻名。我的家乡坝上沽源，更是盛产上等口蘑。有些超市所卖的口蘑，打开精美的包装，盒底往往有一个凸起的塑料底衬，上边铺一层被烘干的、硬邦邦的、大小相等、模样相同的蘑菇。不知这些蘑菇产自张家口的哪个区县，反正不是我们家乡的蘑菇。我们家乡的口蘑的味道比这些蘑菇鲜美多了。

我家住在丰源店乡平头梁村，地处沽源县最南边的坝头上，再往南走几公里，下了坝就是赤城地界了。这里土地肥沃，水草丰茂，养育着居住在这里的世世代代的庄稼人。这里也是口蘑的生长地，产有白蘑菇、黑片子、青腿子、水香杏、虎皮香杏、草丁子等多种蘑菇。遇到蘑菇丰收的年份，有人会担两个大筐出去搬蘑菇（当地人称“采蘑菇”为“搬蘑菇”），照样满载而归。

在家的时候，搬蘑菇是我最爱干的活儿了。下过雨后，没遮拦的阳光晒上半天，便是搬蘑菇的好时候。挎上筐子，穿上雨靴，拿一根长点的木棍儿即可出发。雨靴和棍子都是用来防蛇的，常上山的人没有没和蛇打过照面的。不像动物园里的蛇盘蜷着爱动不动的，山上的蛇一旦受惊，只听簌簌声响，一尺多高的草一分两边，霎时便不见了踪影。当然，惊着蛇的人也会被蛇吓得灵魂出窍，半晌回不过神来。

我最爱去的地方要数村子东南面的象鼻沟了。出了村子，踩着石头走过一条清澈的小河（此河从村东边流过，属葫芦河水系），顺着村外那条平坦的黄土路走上一两公里，再走一小段坡路，坡路的最高处，就是象鼻沟的沟口了。沟口的路两边各有一座圆顶子山，两座山形状大致相同，分别挡住了沟里边那座大山的两侧，就像大象的两扇耳朵。沟口向里是一条外窄内宽拐着缓弯的沟道，沟道的尽头直抵大山正面，酷似大象的鼻子，因而得名象鼻沟。象鼻所抵的大山长满了茂密的杨树和白桦，还有叫不出名字的高高低低的灌木。林子里的草及腿深，找野菜的时候大家结伴而行，一个人是不敢走进林子里的。蘑菇要到象耳也就是沟口的两座圆山和象鼻两边的坡面上去搬。这里是纯粹的草坡，没有一棵树。从象耳山的山底一边上山，一边找蘑菇。当你上到山顶后回转身远眺，一道沟四个自然村和村子后面高低起伏的山峦树木，还有整道沟青汪汪的庄稼地尽收眼底，再有几缕淡淡的炊烟袅袅升起，简直就是一幅长长的绿色画卷，美得让人心醉。

蘑菇大多是长在蘑菇圈里的，圈外边也有零散生长的，但不如蘑菇圈里的集中。蘑菇圈的草格外墨绿，大小不等的蘑菇就像一只只放在草地上的碧玉大镯子。传说很早以前，放牧的人们围雨毡避雨，浸过雨毡的雨水渗透到地下，就成了蘑菇圈。村里的婶子大娘们还说蘑菇圈是鬼圈，因为在远处是很难发现它的，走着走着忽然就出现在你脚底下。一圈白生生的蘑菇，碗口大的、鸡蛋大的，还有刚顶出土的蘑菇宝宝，或簇拥而长，或独立而生，就像颗颗珍珠镶嵌在碧玉圈的里里外外。碰到这样的蘑菇圈，喜悦的心情不亚于捡了一个大元宝。每当这时，我便不忙着去动它们，反正都是我的筐中之物了，于是就势坐在或躺在草地上，掐一根嫩草芯放在嘴里，一边嚼着它的清香，一边看那蓝天白云，看那满眼翠绿，看那点缀在草丛中的各种野花，看那野花之间的蜂飞蝶舞。看够了才起身将蘑菇轻轻搬起放在筐子里。一个大的蘑菇圈里的蘑菇，一筐是装不完的，只好极不情愿地留给下一位找蘑菇的人了。如果没人找到，它们就会连同自己的香味一起回馈给孕育了自己的大地母亲。

立秋过后，虽然也有阴雨连绵和炎炎烈日，但昼夜温差加大，地温降低，蘑菇便少有生长，打草的人们偶尔捡几朵放在草帽里带回家。

秋天的村子里，家家户户的门框上、窗棂上都挂着几串干透的或半干的蘑菇，浓浓的香味散发在院子里，飘洒到大街上。

老　掌　沟

刘继荣

老掌沟是从大青山起步的大马群山一路东行到沽源东南部裂开的一道谷口，古时曾为游牧民族通过黑河川进入关内的一条通道，民国后是东卯、白草一带的赤城出口外的人到沽源的一条主要路线。老掌沟从丰源店乡前坝村一路东下，到赤城的三岔林业检查站呈“丁”字形结束。“丁”字上边的一横，向北进入黑龙山林区，向南进入黑河川。“丁”字下边的一竖为老掌沟主沟，全长约二十公里，平均宽约一点五公里。老掌沟南侧有五条支沟：小盘子沟、炭窑沟、石门沟、小宋家壕沟、大宋家壕沟；北侧有四条支沟：老掌沟、桦皮沟、千顺沟、刺梨洼北沟。

老掌沟是沽源由坝上延伸到坝下的一个地理区域，属于丰源店乡，因为沟西头的一条北沟中有一块形如脚掌的巨石而得名。沟内有个村落因沟名而得名老掌沟村。从沟内流出的一条小河，与沟外前坝村后山脚下的一条小河融汇后，合成了一条被称为黑河的激流。黑河沿老掌沟南山根一路向东流出沽源县境，后注入白河。

老掌沟里，沟壑和山梁相伴而生，山无姓而沟有名。山上森林蔽日，树木参天，有原始的白桦、紫桦林，也有人工种植的落叶松、云杉松、樟子松。老掌沟优越的生态资源与神秘的地理环境为沽源在不同时期的战略发展提供了保障和支撑。在抗日战争和解放战争时期，老掌沟就是平北地委领导下的敌后根据地之一。20 世纪 70 年代初期，由于形势需要大搞“备战备荒”，沽源县的后方军事基地就建设在刺梨洼北沟，用于武装全县民兵的武器弹药和党政机关的重要档案资料都存放在这里。80 年代后，全县开发旅游产业，第一个旅游景区“金莲山庄”就建设在炭窑沟里，它曾经为沽源旅游经济的发展起到过领航作用。

因为地势和地形的特点，老掌沟是个小气候区，物产种类繁多，为生活在沟里的人们提供了所需物品。人们熟悉山上的一草一木、一沟一壑，知道什么季节在哪条沟的哪个地方可采集什么山珍野味。

老掌沟是慷慨的，从春天开始就敞开无私的怀抱，依次奉献给人们山葱、山韭菜、苦菜、苣荬菜、蕨菜、黄花、金莲花、蘑菇等野菜山珍。山葱是一种吃叶的野菜，名字叫山葱，却跟家里种的葱不是一种作物。山葱熬着、炒着都好吃，还能加上山药包莜面饺子。还有一种苦菜，手指粗的茎，开水一焯，凉拌，清热解毒。吃苦菜必须喝小米粥，一定要记住吃的顺序，先吃一口苦菜，再喝一口小米粥，小米粥就有了一丝甜味，神奇得能从中咂摸出人生哲理来。

山里还有孩子们喜欢的大黄、山杏、酸溜溜、山丁子、刺梨等。在物质贫乏的年代里，这些都是孩子们的美食。刺梨怪得很，圆圆的果实浑身长满尖尖的刺，像一个小刺猬，看着吓人，摸着扎手，可吃起来并不扎嘴。山杏是吃杏仁的，村民们摘了杏以后先在院子里晾晒，等冬天有空了，去掉外面的果皮，敲开一颗颗杏核，取出杏仁；过年时，把腌杏仁配上煮黄豆，白白黄黄的一碟待客用。也有村民把杏仁染成红绿黄等各种颜色的，品尝美味的同时又增添了情趣。孩子们最喜欢的是炒熟了、香味能香到脑子里的榛子，它是过年时各家必备的干果。

山上还有许多药材，有时也能挖点卖钱贴补家用。到了冬天，大雪封山，山里的村民也不挨冻，山上有灌木、枯树等，家家老早就备好了一垛垛的柴火。山里还有狍子、狐狸、野猪、野兔、山鸡等野生动物，不过前几年都不见了。没有了野生动物的大山显得单调和孤独。现在国家搞退耕还林，环境好了，野生动物又回来了。林业局的一位工作人员说，他去年在山上偶遇十几只狍子！回来吧，野生动物！地球是我们共同的家园，我们一定能和平相处的。

我姥姥家在老掌沟村，我小时候常随母亲去住。没见过大山的我那时觉得山好高呀，村子后面和前面的山离得好近呀，感觉站在后山用力一跳就能跳到前面的山上去。这几年我几次去老掌沟，发现山没有我童年印象中的高，两山之间的距离也没有那么近了。

老掌沟不光给予了村民丰富的物产，也给了村民善良、淳朴、豁达、幽默的性格。

我五岁那年去老掌沟，那时的孩子们都在自己村里玩儿。一天，我突然发现村子东边有一条上后山的路。禁不住大山的诱惑，我独自向山上走去。走到半坡，听到喊声，回头一看，山脚下一户人家的院子里飞奔过来一个大喊大叫的女人。那女人跑到跟前问我："你要干什么?"我说我要上山。她说："胆子不小，这是我家的山，我就是看这个山的，我家山上还有狼看着呢，今天一不留神让你过来了。下次让我看见，一定打断你的腿！还不快给我滚回去!"回去自然是不跟大人说的。十几年后的一天，生产队开会读报纸，讲到社会主义生产资料所有制，我灵光一闪突然明白，那年那天那个女人是跑到山上去救我的，山怎么可能是她家的。现在想想，她的声音很大，可能并不很凶，因为我虽然"滚"回去了，但并没有被吓哭。一个从没有上过山的五岁的小孩，独自跑到大山里去，如果没有被那个女人发现，后果真不堪设想。我后来试图去找过她，但没有结果。谢谢了，纯朴善良的山民！

几十年前，沟里边的路崎岖坎坷，交通不便。20 世纪 80 年代初，我跟表哥说："你也买个自行车吧。"他说："我买它，这路，我骑不成它，它还得骑上我。"1982 年，我在老掌沟村小学做调查。调查期间，需要和全乡的老师集中到乡里开会。老掌沟村的老师姓马，要往乡里送我，就问我说："会骑马不?""不会。""会骑毛驴不?""不会。""那就开上咱们的吉普吧。"我正疑惑间，马老师从仓房里推出一个橡胶轮胎的小车，套上小毛驴。车子轻便，毛驴拉着也挺快，村民自得其乐，称之为“驴吉普”。现在村里都修了水泥路或柏油路，村民有人买了轿车，表哥也骑上了摩托车。驴吉普，你还在吗？

老掌沟村还有一个特点就是人们的房子不在一个平面上，上面人家的院子比下面人家的屋顶还高，大山就是后院墙，下面人家的炊烟从上面人家的地底下冒上来，挺有趣味的。可冬天下雪路滑，我们走不惯山路，要去上面那家，一步一滑很不容易。虽然山里物产丰富，可山高坡陡，我们山外的人上下都很困难。加上交通不便，信息闭塞，刚去几天新鲜，时间长了就觉得单调寂寞。我问母亲，他们为什么不搬出去，母亲的回答非常坚定，人呀，生在哪里哪里好，住惯的坡是不嫌陡的。我明白，即便是从这里走出去的人，大山依然是他们一辈子的依恋和守望。

我非常喜欢山，最好是没有被开发旅游的静静的山。坐在杳无人迹的大山里，你望着山，山望着你，真是“相看两不厌”。风从耳边刮过，感觉大山从远古洪荒就站在这里，默默地对着永恒，这时你感觉山是有生命的。大山是朴素的，她只是满眼的绿，漫山的小花也都是淡雅的，不招摇的。大山也是坚强的，不管严寒酷暑，任凭风吹雨打，她巍然屹立于一个个春夏秋冬。

孔子说过“智者乐水，仁者乐山”，仔细想想，山和水都是我们的所爱，仁和智都是我们的追求。北方人多少偏爱一点山的原因也许是能和它亲密接触吧，而水则隔了一层，多少有点畏惧。现在，我住在被钢筋水泥包围的城市里，神往着故乡的山水。“水是眼波横，山是眉峰聚。欲问行人去那边？眉眼盈盈处。”故乡风姿绰约的山水在远处等候着我，我明年还会回来！

棠 梨 沟

修翠云

沽源这方沃土有着广袤的草原、延绵的山脉、起伏的丘陵和纵横交错的沟壑。沟壑是沽源地貌的主要构造单元之一。

根据1982年由沽源县地名办公室编纂的《沽源县地名资料汇编》中记载，在沽源境内用语词指代的沟壑地名，多达五十四处，主要分布在沿坝一线，有老掌沟、象鼻沟、四道沟、盘道沟、榛子沟、八塔沟等。在这些沟壑当中，承载实体文化最厚重的莫过于棠梨沟了。

棠梨沟位于沽源县南部边陲，以沽源最南端的庞家窑村北为入口，到大东沟门截止，面积约四十平方公里，纵横小厂与小河子两个乡镇。这里沟宽林密，植被茂盛。棠梨沟因沟内的一个主要物种棠梨树而得名。

棠梨树为落叶乔木。每年春光明媚的五月，棠梨树的枝头，便拥拥挤挤地生出嫩嫩的新叶。在翠绿中，三五成簇生出粉色花蕾，接着绽放白色的五瓣小花。待芳菲落尽，便结出粒粒棠梨果。入秋经霜冻后，果实由绿变红，吃起来酸软可口。过去在冬天，沟里人常用棠梨木做锅盖。棠梨木坚硬细腻，做锅盖不开裂，非常耐用。

棠梨沟呈“非”字形的沟脉。沟内流淌着的沽河与它东边的一条古道并行，如“非”字中间的两竖。两竖旁边各有三条主要的支沟向外扩散，形成“非”字的左右各三横。沽河西岸的三条支沟分别是明镜沟、棠梨沟和长胜沟；古道东侧的三条支沟分别是大喇嘛洞沟、小喇嘛洞沟和大东沟。

这六条支沟内，又包含着大小不同的小沟，有的有名称，有的没有名称。凡是有名称的沟里就有村落，比如明镜沟和棠梨沟。从明镜沟的沟门往里走，在三点五公里多深的沟道里，分布着尹家营、裴家营、大石砦（zhài，同寨）、冯家窑、郭家营；棠梨沟是母体沟，所辖的十几个自然村，分布在沽河东西两岸的沟沟岔岔里。

说到棠梨沟，就会提到白河源，白河的源头就是救龙泉。白河上游叫沽河，古称“沽水”。沽河是一个水系，由小蒜沟河、老虎沟河、长胜沟河、大东沟河等多条小河汇集而成，当地人多称之为“救龙泉河”，其从棠梨沟流出沽源县境入赤城后叫白河。

棠梨沟的文化内涵因蜿蜒流淌的沽河与沟内的交通要道显得幽远而厚重。早在北魏时期，地理学家郦道元就到棠梨沟做过实地考察，并把沽水写进了《水经注》里。辽金元时期，棠梨沟是北方草原文化与中原农耕文化交融的重要通道，辽朝在棠梨沟西北端的东辛营子一带建过“榷场”。2014年在明镜沟里发现了明代的古墓，按出土文物的级别断定属于皇室陵寝。褡裢图沟属于蒙古语源的名字。所有这些都是棠梨沟历史文化沉积的佐证。

清朝光绪年间，坝外大面积放垦，走西口出口外一度成为社会潮流。棠梨沟是赤城、怀来、阳原、蔚县等地农民出口外谋生活的主要通道，设有三家车马大店，沟东是乔家店和何家店，沟西是蔡家老店。在这条古老的通道上，常年四季都是人欢马叫，有赶车的、挑担的，也有打尖的、住店的，有步行赶路的，也有举家歇脚的。此后，棠梨沟除了是交通要道外，又成为一条农贸商路，俗称“商路”或“大官道”。当时人们赶着马车、驴车、牛车来往于独石口与内蒙古之间，拉着炕席、棉花、布料北去，换回盐、骆驼、皮毛、牲畜等。

民国三年（1914 年），改独石厅为独石县；次年取“沽河源头”之意改为沽源县，棠梨沟就成了沽源名称的诞生地，沽河当之无愧是沽源的母亲河。

1933 年第一次察东事变，抗日名将吉鸿昌将军率抗日同盟军挥师出关收复多伦后返回关内，在独石口与方振武会师。途经棠梨沟进行修整时，他在乔家店大庙题字留诗，激发全民的抗日斗志。庙门书写：“抗战难遇沧海水，杀敌必过独石关。”山墙上题诗：“蓿草春还发，残花落更开。莫愁明月尽，自有夜珠来。”吉鸿昌将军撒下的抗日斗争的火种染红了棠梨沟的沟里沟外。

1935 年沽源第二次沦陷。1937 年日本侵略者在棠梨沟的何家店制造了惨无人道的“何家店惨案”（也叫“岗子店事件”）。

抗日战争全面爆发后，棠梨沟成为当时平北地委领导下的敌后抗日根据地之一，为不同时期赤源、张宝、宝源联合县的地下交通线和后勤保障线，沟内各村的农户大部分都是革命堡垒户和支前模范户。经过革命斗争的历练，棠梨沟出现了许多老革命、老党员、先进模范。李小九是棠梨沟的早期党员，正是他揭露了“何家店惨案”的真相。郭昌和郭志州都是出生在这道沟里的革命老战士。

中华人民共和国成立后，生活在棠梨沟里的人们过着平静安康的日子。沟里的树、沟里的草、沟里的水、沟里的药材、沟里的蘑菇，样样都丰富着山民们的生活。

“世间沟壑中水凿之处，皆有植土龛岩，亦此类耳。”救龙泉泉水汩汩涌出，清凉剔透。拐拐弯弯的沟岔里有小村房舍，有鸡鸣犬吠，有不散的炊烟，也有清幽的牧歌。

八 塔 沟

任立新

打开张家口市政区图，我们会看到沽源有一个特殊之处——同时与张北、崇礼和赤城接壤。在四区县交界处，有一道约九公里长的山沟，就是沽源县莲花滩乡境内的八塔沟。

八塔沟北口在距张承高速约两公里的西坝村，南口是崇礼区的韩家窑村。从西坝村南不到一公里处开始，顺着约三十五度斜坡的老土路一溜下坡，大约一公里后才到达沟底。沟底与西坝村落差约五百米，是名副其实的天然“坝子”，也是坝上与坝下的重要分水岭，所以先人称之为“西坝”。

八塔沟俗称“小石门”，与莲花滩乡东坝村南的“大石门”平行，是亘古以来沽源西部及北部通往赤城的另一古道。从东坝过大石门，穿越君子堡、马营等村庄，就可通往赤城。从西坝过小石门，穿越崇礼的韩家窑、张家窑（两村一小山之隔），就是赤城境内的挡将梁，再通过松树堡等村庄就通向了赤城县城。大小石门似一对孪生兄弟，历来是行人车马、驼队牧群南来北往的重要道口。大石门沟面较开阔，交通相对便利，现在又修了柏油路，一改原来砂石河湾的蜿蜒崎岖和马车辙道的坎坷不平。小石门的八塔沟可能因峡谷太窄，目前还没有柏油路，仍为老年人记忆中的“古道西风瘦马”。沽源和赤城的纽带八塔沟，从童年时代就留在我的记忆中。改革开放前，条件好的，乘坐的是马车、牛车和毛驴车；差点的，只能靠“11路”（两条腿步行）。印象中八塔沟的路很长，但当年为寻根走亲，我每年冬闲都要来往一次，宁愿戴月披星，也要争取清晨出发天黑到达。

八塔沟之秋

据祖籍为赤城马营乡松树堡的父亲说，当时村里的青壮年或被抓走，或外逃他乡，所剩无几，有青壮年男子的家庭整天提心吊胆。一天晚上掌灯时分，正下着细雨，闻狗叫而知土匪已到村口（沟口）的父亲，在祖父母的催促掩护下，从窑洞后翻越打谷场一路摸黑向北奔逃，土匪闻声在后面骑马紧追。父亲边跑边想，若只身一人躲避在坑沟或林蒿间，或许能幸免于被抓吧。奇怪的是，当时土匪竟放弃了追逐。第二天，祖父等人满怀惆怅，上谷场向父亲逃走的方向眺望时，看到窑洞后方一片被填平的土豆窖上，留下了深深的、凌乱的马蹄印，还有一个清晰的人头戳的圆坑。原来是“马失前蹄，人头点地”，就像刘兰芳评书描述的情节，土匪因落马折颈而放弃了追赶。父亲逃过一劫，沿着八塔沟上坝，在沽源西辛营一带落脚安家，并在那里度过一生。

从西坝村往下（南）走，八塔沟里的第一个村落就是八塔沟村。无论步行还是赶车，这四公里的距离，真是“上坡容易下坡难”，因平面落差悬殊而成为天造坝头。目前，八塔沟村的村民已全部搬到外地，只剩下梁风荣老人的六间房子坚守在那里，陪伴着坝头上几代老祖宗的一片坟茔。有史以来，八塔沟村没上过二十户人家，但岁月把这十多户人家与这道沟紧紧捆绑在一起。当年山西大槐树一带人逃荒时，梁万库等梁氏几家一路向北，过金沙滩，颠沛流离到八塔沟。他们“慧眼识得风水地”，在此安顿落脚，垦耕养牧。来自南方的一户石姓人家也定居于此。那时沟名和村名都不叫“八塔沟”，因为有一尊石人儿，屹立于沟西坡一湾处，所以此湾叫“石人儿湾”，而这条沟和这个村则被称为“石人儿沟”。石人儿高三米有余，站在能看到它的任何角度，都感觉它酷似人形，或俯首静思，或翘首傲视，或垂怜脚下，或爱抚侧方……角度不同，形态各异，栩栩如生。石人儿周围，有塔状的高低不等的八块巨岩，小则一米见方，大则八九立方米。虽大小不一，但块块上面都平坦坦的，如众星拱月一般围着石人儿，布局十分协调。

梁家、石家和后来从赤城马营一带来的王家，这十几户人家住在石人儿沟这世外桃源，以农耕养牧为生，过着富足的生活。石人儿沟满沟是蒿草灌木，而东沟较为开阔的草坡地带，坡度缓，灌木少，满是萋萋绿草，被称为“圈牛沟”。梁家以养牧为主，马牛羊驴骡都养，还养了几头大骆驼，家景很好。他家雇的长工从“吃水泉”挑水，挑回去一担，只用前边一桶，背后那桶总是倒掉。原来他们怕背后一桶被挑水长工放屁熏了，不能饮用和做饭——可见当时梁家是何等讲究！石家土地很多，也过得很富裕。他家以种莜麦为主，兼种小麦、土豆、蚕豆、豌豆、胡麻和荞麦等，需要雇很多长工短工，农忙时节在院中搭起饭棚垒灶做饭。

1932年秋天的一个傍晚，天气突变，狂风大作，刮得蒿草庄稼纷纷伏地，树冠剧烈摇晃，粗壮的树枝“咔咔”断落，水桶盆子满院骨碌、“叮当”作响，沟里飞禽走兽藏身匿迹……总之，像要把房子吹走的阵势。人们瑟瑟团坐在昏暗的麻油灯下，哪敢入睡？大风一夜未停，次日天明风停了，早早起来挑水的人们发现，石人儿不见了！石人儿彻底消失了，像塔一样的八块巨石却岿然不动。后来，“石人儿沟”就被改称为“八塔沟”了。

这场大风过了没几天，庄稼开始发黄，到了开镰的季节。有一天中午，几朵不太起眼的乌云翻滚着，黑沉沉地压在“石人儿沟”上空，继而电闪雷鸣。山雨欲来风满村，一阵大风过后，豆大的雨点夹杂着冰雹从天而降，霎时间暴雨倾盆，满沟白茫茫不见山树之影。大雨足足下了一个时辰，从西坝一带及各沟小岔涌出的山洪汇聚沟中，迅速漫满沟底，如一条乌蟒顺沟向下窜动，水中石块碰撞着，“咔咔”作响。山洪穿过石人儿沟村时，石家院中饭棚内的灶台及满满一锅莜面苦累被水冲走，顷刻间便无影无踪了……

乌云散尽，山洪暴发了好长时间才渐小渐停。整个石人儿沟满目苍凉，不见了往日清晰弯曲的车辙，遍地星罗棋布的大小石块儿，还有横七竖八的木棒树枝等。石家饭锅被冲没了，庄稼受灾严重，几乎绝收。那年冬初，他们“投石问路”，举家搬到地名带“石”字的独石口一带，再没有回来。从此，石人儿沟村只剩梁家一大户和王家几户。一场风、一场雨的经历，似真似假的传说，不仅改变了这条小石门沟的容颜，而且改变了这条沟和这个村的名字。

八塔沟虽然只有短短四点五公里，幽窄的峡谷却衬托出两边山岭的高耸和起伏绵延，令人荡气回肠。这里虽比不上九寨沟，也比不上龙庆峡，甚至比不上老掌沟，却有着历史留下来的边墙。这道边墙在八塔沟村南二点五公里处，东西走向横穿八塔沟两边的崇山峻岭，不知尽头在何处。它是沽源与崇礼的边界，也是古代汉族与北方各族攻守交锋和划疆而治的见证。

直至如今，八塔沟没有任何污染，没有人工雕琢，是纯天然原生态的自然环境，也是沽源境内特殊地貌的浓缩地。由于特殊的地理位置（坝上与坝下交界）及特殊的地貌和气候，这里的土壤和岩石中含有多种有机物质，加上地下水充沛，植被十分茂盛。原始的桦树、棠梨树、山梨树和山杏树，各选适合自己的土壤蓬勃生长，一片片、一丛丛不知名的灌木衬托其中，郁郁葱葱。各种树叶随季节变化而变换颜色，像无数幅水彩画卷供人逐幅欣赏。林间野草丰茂，从春到秋百花交替怒放，或红或黄或蓝或紫，各自绽放着自己，从沟底铺到山顶……

这里药材、野菜和山货品种繁多。有大黄芪、小黄芪、防风、芍药和金莲花，有补血止血的苍蝇花，有能除眼中尘土的磨眼籽儿，而分布最广最多的则是大柴胡、小柴胡和解毒排毒的狼毒花了。偶有挖药材的人，隐约闪现于林间或山崖间。芍药花通常是白粉色的，但据老人们传说，在刀棱嵯山腰，一直有一株开红色花朵的芍药，很是奇特，后来不知被什么高人挖走了。

野菜中居多的是黄花、蕨菜，还有枲麻、山韭菜和苦菜等。农历四月至五月初，是采野菜的大好时节，不到半天时间，就能采到一篮篮的黄花、蕨菜，一个个满载而归。坝上沽源人热情得很，采回的野菜少不了送给城里或外地的亲朋好友，让大家共享绿色山珍美味。接下来是采韭韭花的季节，草韭韭独特芳香的味道比韭菜花香百倍，涮锅子、吃莜面时都是绝配，饭桌上一有它，人们就会胃口大开。

到了夏季，八塔沟满阳坡山杏树，树上绿绿的果实结得疙疙瘩瘩，刚熟好的那几天，摘一颗放到嘴里，那叫个酸，那叫个倒牙，一旁看的人都直流口水。记得小时候在西辛营念书，每年六一儿童节都有八塔沟人赶马车、驴车拉几口袋山杏来卖，五角钱一搪瓷碗，孩子们吃得可解馋了。过不了多少天，山杏红了脸，“老”了，不能吃了，满枝头的杏被摘下来，杏仁被做成了杏仁露。接着，红玛瑙珠般的棠梨子、金黄的山梨及包裹严实的榛子，又结满了枝头，还有隐身草丛的托盘儿、欧梨儿，这些纯天然的美味野果，在沽源很多其他地方都见不到。

秋天到了，蘑菇起了，品种真不少。老远望去，其他地方的草都是翠绿的，蘑菇圈的草却格外墨绿，为寻找蘑菇提供了明显的标志。名贵的白蘑菇、青腿子不易找到，最常搬到的是黑片子、虎皮香杏和水香杏这几种。八塔沟村那些记住了“老地方”的村民，赶上雨水涝的年份，一会儿就能搬一担蘑菇。黑片子蘑菇蘸山药鱼，这种吃法是沽源一绝，谁吃起来似乎都没个饱。

在树木野草繁茂的季节，八塔沟最常见的是崖壁上蹿来蹿去体形酷似松鼠的小动物——毛葛狸（据说毛葛狸钻进崖缝后，人在缝隙口使劲磨石头，不久它就会跑出来，而其他动物就不会这样）。冬季叶落草枯后，人们常会发现野生动物的身影和其在雪地上留下的足迹。有经验的猎人一看足印，便知是狐狸、獾子，还是狍子、野兔，偶尔还有狼的足印。野鸡、半翅和喜鹊等在雪地留下的爪印，不光猎人能分辨，一般村民也能分得清。

大自然能赐予八塔沟这些天然的野生资源，除与它处于坝上坝下衔接的地理位置形成的特殊地貌、气候和土壤有关，也跟这里地下水极其充沛有关。20世纪60年代前，几乎每个小沟岔都有清澈的泉水涌出，其中大的泉眼有三处。从西坝村和八塔沟村之间的头道泉往下，还有二道泉和吃水泉。

1976年唐山大地震前后几天，这三道泉流出的水都变得白色污浊，让人不禁猜测这些山泉到底源于何方。虽然现在各小沟小岔的小泉不再出水了，但这三道泉仍在日夜不停地涌流。这三道泉水，滋润了八塔沟的一草一木，使得八塔沟人一代代生生不息，而他们的家禽家畜、沟里各种野生动物，也得以不断繁衍。

每到冬季，泉眼中流出的水渐渐结冰，冰面足有三四公里长，漫及沟两侧的山崖根处。尚未冻硬的泉水流淌在冰面上，白色的蒸气笼罩沟底，与两边山崖上皑皑的白雪融成一幅银装素裹的画卷。冬季赶着牛车马车，牛马蹄子踩在冰上特别滑，牲口若没钉掌（牲口钉掌后蹄子更耐磨，还可防止打滑），会经常拉着车滑倒在冰面。忠诚的牲畜滑倒后前腿跪着走，那场面让人十分感动。车轮也时常把冰面碾塌，深深陷入冰中。这时赶车人就遇到了大麻烦，只能卸掉牛马想别的办法把车弄出，靠人工推拉一段，到冰厚处再把车套上然后继续小心翼翼地走。

八塔沟，既有曾将少数民族与汉族隔开的古老边墙，也有崇山峻岭中与张北草原天路、崇礼桦皮岭融为一体的原生态美景，还有东出口处韩家窑村、破堡子村外的大石门柏油路，加上四区县交会的得天独厚的独特地理位置、岁月留下的沧桑峻美的容颜，所有这一切，必将一起揭开沽源旅游的精彩大幕。

沽源水域

郭　郛　赵永江

沽源因水而得名，因水而发展，因水而有厚重的历史，因水而有灿烂的文化。水是沽源地理环境的主要构造单元之一，在沽源境内以水命名的地方星罗棋布，并以其鲜活的生动性，构成了一道水域地名的文化景观，陈列在湿地草原，布展在山川沟壑。每一条小河、每一个水系都承载着北方草原文化的积淀；每一眼泉子、每一片淖泊都有人文情怀与岁月时光组合的故事。

一、泉子

沽源境内有泉子一百多眼，常年有水并被直接利用的有四十多眼。沽源的泉子流量大小悬殊，流量最小的每小时零点二二立方米，最大的每小时六十九立方米，泉水总流量每小时一千五百九十五吨。

沽源的泉子多为第四系下降泉，中南部出露多，莲花滩乡有四十六处，小河子乡有二十四处，丰源店乡有十处，小厂乡有五处，长梁乡有七处。每一处泉子都有名字，名字背后也有故事，故事里积淀着丰厚的历史文化，如田家营的饮马泉。相传在辽代时，耶律阿保机发兵征讨契丹八部途经沽源，千军万马饥渴难耐，士兵在平定堡的田家营一带发现一眼泉子，其水清澈甘甜，解了用水之急。还有大河堂的三眼泉和西湾的救龙泉都有一段传说故事。以泉子命名的村落也很多，如泉子沟、水泉沟、水泉梁、万水泉、前水泉、后水泉、泉子村等。

二、河流

沽源境内共有大小河流十五条，总长三百七十五公里，流域面积三千六百四十六平方公里。这十五条河流有的因河状得名，如闪电河；有的因传说得名，如五女河；有的由发源地或流经地得名，如义合成河、二道营河、沙井子河、盘道沟河；有的由民族语言得名，如灯笼素河。

沽源境内的外流河系有两个——滦河水系和潮白河水系。沽源境内的内陆河分别注入淖泊，主要的内陆河系是葫芦河水系。

（一）外流河系

1. 滦河水系

（1）滦河水系构成

滦河，古名渜水，因发源地有众多温泉而得名。后来，渜讹为濡，濡、滦读音相近，唐朝时演化为滦。《水经注》记载，濡水出御夷镇东南，其水二源双引，夹山西北流，出山，合成一川。《水经注》里的意思非常明确，闪电河是滦河的上游。滦河出沽源县，入蓝旗、多伦县、围场，折向东南，流经隆化县、滦平县、承德县、宽城县、迁西县、迁安市、卢龙县、滦县、昌黎县、乐亭县，沿途接纳小滦河、兴州河、伊逊河、武烈河、老牛河、柳河、瀑河、潵河及青龙河等支流后，在乐亭县南兜网铺注入渤海，全长八百七十七公里。

闪电河，因流域整体形状似闪电而得名，发源于沽源县长梁乡的五女河。五女河发源于长梁乡南滩村阳坡东。闪电河在沽源境内的支流有沙井子河和头道河。

沙井子河，发源于丰宁坝头一带，上游流向由东转南，后转向西北，河道全长四十八公里，到沽源饮马井附近汇入闪电河。

头道河，发源于丰宁哈叭山，在二道渠乡石门子处汇入沙井子河。

（2）滦河与沽源历史

滦河是草原的河、岁月的河、记忆的河、沽源历史文化的河。滦河从五女河起步流出巴彦古尔图山（古称炭山，位于沽源与丰宁的交界处），与大滩境内的羊肠子河相汇后一路向北，润泽了沽源的湿地草原，沉积了浑厚的历史文化。远古时代的原始人把红山文化印记在前水泉、魏华营一线；上古时代，东胡人沿河而上逐水草游牧，把情怀撒落在滦河水系的闪电河、沙井子河两岸；中古时代的鲜卑族、契丹族、女真族、蒙古族等马背民族以滦河为依托，游猎、捺钵、驻跸、巡幸。

①鲜卑的北魏，在于滦河

2 世纪中叶，鲜卑民族中涌现出一位有智略的首领——檀石槐。檀石槐统一了鲜卑诸部，建牙帐于高柳（今山西阳高）。牙帐是中国古代边境少数民族匈奴、鲜卑等的“首都”。

禄官任酋长时（295 年），把疆域分成三部，自己率一部“居上谷（宣化）北，濡（滦河）源西”（《北史·昭帝纪》）。

酋长带自己的一部到“濡源西”，可见这个地方对于这位显赫的禄官大酋长是何等的重要。这也说明滦河在一千七百多年前就是鲜卑族祖先的地域了。386 年，鲜卑的杰出领袖拓跋珪建立起一个强大的北魏政权，建都平城

（今大同），统治北部中国达一百四十余年。

北魏为防御柔然，拱卫京都平城，修筑长城，东起赤城，西至五原（今内蒙古包头西北），绵延一千余公里，并且建立了六大军事重镇。

北魏在沽源的小宏城一带建立了六大军事重镇之一“御夷镇”。《中国历史地图集》标明大宏城为“御夷故城”，濡水源头东不远处标有“御夷镇城”，赤城北白河流域处标有“御夷镇”。当然赤城北的御夷镇是后来迁到那里的，这是有史料可查的。

②敕勒川与沽源

沽源境内的滦河流域属于敕勒川。敕勒川是一个大的范围，而阴山也是一个大的范围。分界坝上、坝下的“坝”名大马群山。大马群山是阴山山脉，东望的山脉叫巴彦古尔图山。沽源在阴山下，沽源可属敕勒川。

“敕勒川，阴山下，天似穹庐，笼盖四野。天苍苍，野茫茫，风吹草低见牛羊。”脍炙人口的《敕勒歌》被选进了课本，因此在中国几乎达到无人不知的程度。

429 年，漠北百余万高车降人迁至漠南时，北魏将他们置于东起濡源西至五原的“千里之地”。高车又称敕勒，说沽源为敕勒川未尝不可，当然说呼和浩特的阴山是敕勒川那也顺理成章。

北魏之后，鲜卑人退出了敕勒川的历史舞台，随之是契丹的兴起。契丹建立了辽。阿保机——辽朝的开国皇帝，在建辽前被罢免，率汉人到他祖先生活过的濡源处建立“汉城”。几年后，阿保机发动了“汉城之变”，正式建立了大辽。《新五代史》载：“汉城在炭山东南滦河上，有盐铁之利。”

③萧太后与沽源

萧太后名萧绰，辽史上著名的女政治家、军事家。萧太后是沽源人耳熟能详的人物，对于她的传说在沽源很是丰富。萧太后是辽景宗的皇后，982 年，景宗崩，萧太后的儿子圣宗继帝，萧绰奉遗诏摄政。在与宋的战争中，萧绰的一些政策在濡水地区推行。濡水地区有萧太后凉殿，她几乎每年都在濡水地区纳凉避暑。可见沽源对于辽朝的皇帝和皇后来说都是至关重要的地域。

④金朝在沽源的文化遗存

金莲川原名叫“曷里浒东川”，泛指滦河上游的闪电河地区。大定八年

(1168年)，金世宗把曷里浒东川更名为“金莲川”，还改望国崖（闪电河东部山脉）为“静宁山”，并且在圐圙淖附近建立景明宫和“大渔泊”等行宫，兴建了扬武殿和极光殿等；同时置西京盐司，于小河子东滩或者石头城建榷场，曰“北羊城”。

⑤元朝在沽源的文化遗存

在元代，金莲川到了历史的最为鼎盛期，中国的心脏在这里跳动了九十多年。

每个王朝都有自己的“龙兴之地”。此处所说“龙兴之地”是指一个王朝走向辉煌所需要种种要素的孕育、酝酿，或者卧薪尝胆，或者养精蓄锐，或者韬光养晦之地。金莲川是一个名副其实的“龙兴之地”。

对于元朝来说，其“龙兴之地”是金莲川幕府。幕府的“幕主”是忽必烈，其幕僚有记载的就达六十多人。后来，忽必烈建立了元。

⑥建造金莲川幕府的原因

1251年，拖雷的长子蒙哥成为大汗。蒙哥的汉文化水平不如忽必烈，统治中原黄河流域与长江流域以南的广大地域有些捉襟见肘，于是命其弟忽必烈总管漠南汉地军国庶务。

1252年，忽必烈把藩邸移到了金莲川（现在的小宏城处）。忽必烈以藩王之尊，“征天下名士而用之”，“得开府，专封拜”，建立了历史上有名的金莲川幕府，形成了以汉族知识分子为主的幕僚集团。

1256年，忽必烈感到“会朝亲展，奉贡述职”多所不便，遂动议以道里居中计，建城市、修宫室。1256年3月，忽必烈命刘秉忠及其弟子赵秉温“相宅筑城”。刘秉忠是个儒释道的全才，他相中了濡水北、龙岗南之地，经忽必烈同意，建成了一座城。这座城地处金莲川幕府东北六十公里，1260年被赐名“开平府”，1263年上升为上都。

1260年3月，忽必烈在部分王公的拥戴下，即大汗位，建元中统。

由于元朝的统治重心南移，在金莲川统治全国有些偏北，忽必烈遂采纳了刘秉忠的建议，在金燕京城东北设计建造一座新的都城。1272年都城建成，名大都。从那时起，元朝定为两都巡幸制格局，直至终元一代。

⑦金莲川幕府

察汗脑儿行宫是小宏城，非大宏城。

各种史料记载，1261 年，原金莲川幕府已不能适应登上帝位的忽必烈的外交需要，于是在原址北五百米处又建造了一座府邸，取代金莲川幕府，这就是前期的察汗脑儿行宫。1281 年，又在这座府邸之南建造了一座富丽堂皇的宫殿。后意大利友好使者马可·波罗在《东方见闻录》中对这座行宫及周围的景物做了详细的描述，给予了高度的赞扬，以至它的名声当时竟与大都、上都、和林以及其他中国大城市一样为世人所熟知。

那就是现在的小宏城遗址——元忽必烈察汗脑儿行宫。

小宏城的行宫和金莲川幕府决然不是一期建筑。第一期：小宏城南五百米处，为 1252 年的金莲川幕府；第二期：现小宏城遗址东北一百一十米处，是 1261 年的行宫；第三期：现小宏城遗址，为 1281 年的察汗脑儿行宫。

小宏城遗址南五百米处，是 1252 年建的金莲川幕府，与小宏城现遗址建筑时间相距三十年。据王恽《中堂事纪》所载，中统二年（1261 年）已建行宫，该址应在哪里？经反反复复的实地考察，应在小宏城遗址东北一百一十米大灰坑处。

距小宏城遗址外的小城（云需总管府）东北一百一十米处有一个直径二十五米的大灰坑，小城正北七十米处有一个直径二十米的灰坑。在偏东北的第一个灰坑东为大片建筑群，从凸起的轮廓辨认出，该片建筑群中段为一条东西大街。大街南，房屋布局为四合院，数量不太多，距离较远；大街北，房屋密集，占地面积也大。该片再往北为明显的四排四合院，该处琉璃瓦甚多。

小城正北的灰坑周围分布八处建筑，灰坑北为两处带围子的住所，建筑为一正两厢。大城正北，六百米以外还有建筑，但难以辨别布局了。大城东门北靠城墙处全为建筑。当时考察完，我们认为“金莲川幕府”的存在应该是无疑了，其位置也终于水落石出了。

⑧滦河上游的驿站——明安驿

明安驿，也就是现在的马神庙，为元时西南第三驿站，曰“昔宝赤驿”，大约建于 1261 年。该驿站到明时依然沿用，叫“明安驿”。

明安驿距察汗脑儿行宫约五公里之遥。明安驿城西一溜不高但蜿蜒如蛇的山峦地方全是“鹰坊”，前几年隐隐约约能看到痕迹。

2. 潮白河水系

潮白河因上游的两支——潮河和白河而得名。潮河和白河在密云县河槽村汇合，称潮白河，是海河水系五大河之一，流经河北省、北京市和天津市三省市。

（1）潮河

潮河源于河北省丰宁县槽碾沟南山，经滦平县到古北口入北京市密云县境，汇入密云水库。潮河因水流湍急、其声如潮而得名。

（2）白河

白河发源于河北省沽源县小厂镇的救龙泉，东南流入密云水库，河内白沙多，故名白河。白河古称湖灌水、沽水、沽河、潞水、潞河、溆水、白屿河。白河在沽源境内的支流有榛子沟河、盘道沟河和黑河。

关于白河，当地人有很多美丽的传说，最著名的当是康熙皇帝到了这里口渴难耐，坐骑用蹄刨出泉水，救了康熙一驾，遂叫作“救龙泉”。

康熙对塞外极为重视，来过塞北很多次，那是因为北方的蒙古部落关系着清王朝的安宁。

明末清初，在戈壁大漠的南面、北面和西面，蒙古主要分为三大部：漠南蒙古、漠北蒙古和漠西蒙古。漠南蒙古的问题在努尔哈赤和皇太极时期已经解决。康熙帝亲政后，面临漠北蒙古和漠西蒙古的问题。

漠北蒙古分为三大部：车臣汗部（东部）、土谢图汗部（中部）和札萨克图汗部（西部）。他们都是成吉思汗的后裔，早在皇太极时期，已经进“九白之贡”，表示臣服。当时俄国不断对几部进行挑唆，准噶尔部首领噶尔丹也处处插手，这样就使事情复杂起来。漠北蒙古内部纷争，康熙不想采取武力解决，只能协商调解与安抚。于是，康熙帝决定亲自调解其内部矛盾与纷争，地点选在多伦。

康熙三十年（1691 年）四月，康熙帝亲率官兵到达距北京四百公里的多伦诺尔驻营。漠北蒙古三大部以及内蒙古四十九旗王公贵族纷纷赶来，以康熙帝大营为中心搭起营帐，从五月初一日到初六日，进行会盟。

五月二日，康熙于御营殿帐依次召见漠南蒙古、漠北蒙古王公贵族，并赐宴。次日，召集土谢图汗察珲多尔济、哲布尊丹巴等三十五名漠北蒙古三部贵族会盟。

会盟规定漠北蒙古须遵行清廷的法令；令土谢图汗察珲多尔济等具疏请罪，以结束漠北蒙古内部纷争；废除漠北蒙古三部旧有济农、诺颜等名号，留汗号，依次授以汗、亲王、郡王、贝勒等爵位；依四十九旗例编族，分左中右三路，设盟，实行盟旗制度。此次会盟，改善了漠北蒙古各部与清之间的关系，并使清王朝对漠北地区的管辖得到加强。

但是，噶尔丹不死心，向清王朝一次次地发起攻击，康熙帝遂发动三征噶尔丹之役。1690 年乌兰布通之战，噶尔丹败退至科布多。1696 年昭莫多（今蒙古国肯特山南）之战，噶尔丹主力军被清军击溃，侄儿策妄阿拉布坦也背叛了他。1697 年，康熙帝第三次征讨噶尔丹，亲率中路军三万四千人出独石口。三路大军约期于克鲁伦河一带歼灭准噶尔军，噶尔丹死于科布多（一说自杀，一说病死）。

（3）榛子沟河

榛子沟河发源于莲花滩乡油坊窑村，经大石门、榛子沟，从缸房窑子附近出境注入白河，呈东南流向。榛子沟河在沽源境内流长大约九公里，经过十一道沟，大沟长八公里左右，小沟长三公里左右。

（4）盘道沟河

盘道沟河发源于冰山梁，入白河，沽源境内流长十五公里，呈西南流向。

（5）黑河

黑河发源于老掌沟，在沽源境内流长十四公里，过赤城，入延庆境与白河汇流。

（二）内陆河系

1. 葫芦河水系

（1）葫芦河

葫芦河古称“渊水”，源头在丰源店乡平头梁村南场，西北流向，过平头梁、干水河、丰源店、小厂、石头城、庙营子、大恒店、新华村，注入内蒙古太仆寺旗棺材山淖。

(2) 二道营河

二道营河发源于莲花滩乡西坝村，经小梁底、莲花滩、东辛营至五甲地，后注入葫芦河。

(3) 暖水泉河

暖水泉河发源于莲花滩乡西坝村，经王保、米克图、东辛营入二道营河，呈东北流向。

2. 平定堡河

平定堡河源出平定堡镇义和成村，经口道营、河东村、平定堡、古班营入囫囵淖。

三、湖泊

沽源境内比较大的湖泊有十二处，主要分布在北部和西部的低洼地带。受蒙古族文化的影响，沽源境内的湖泊大多以“淖”命名。淖水接收河流和天然降雨补给，水域面积共四十六点四五平方公里，容积七千四百零四万立方米。流域最大的是九连城淖，容积最大的是囫囵淖。有的淖已经干涸，名存实亡了。

(一) 囫囵淖

水域面积九点五平方公里，水深六米，容积三千八百万立方米。

囫囵淖在《水经注》中被称为“绿水池”，元代叫“白海”。由于忽必烈的察汗脑儿行宫近在咫尺，该宫殿也称“白海行宫”。资料记载，金世宗的景明宫也在这一带，而且应该就在囫囵淖的周围。

(二) 水泉淖和公鸡淖

水泉淖和公鸡淖在《水经注》中被统称为“连渊浦”。

水泉淖，位于闪电河乡前水泉村东边，水域面积六点七平方公里，水深一米，容积四百四十七万立方米。

公鸡淖在20世纪70年代之前，水域面积还是很大的，淖边长满了碱蒿，大片的马莲长到没膝高，现在已经干涸，名存实亡了，只剩下一片草地。

（三）单木淖

单木淖不大，现已干涸，淖的北边是苏鲁滩草原，曾经属于沽源牧场（后改称塞北管理区），后来转给苏鲁滩监狱管辖。由于是“公”管，草场生态好于周边。

（四）高山堡乡境内的几处小淖

高山堡村后边有两处淖泊，没有名字，连“高山堡淖”这样信手拈来的名字也没有，人们只说高山堡后面的淖。

高山堡乡有一个盐淖村，因村旁有一个出盐的小淖而得名。

（五）三道营淖和韩家营淖

三道营淖位于小河子乡小红石砬村南。另外一处小淖在三道营和韩家营北边，人们习惯叫该小淖为韩家营淖。韩家营淖过去也是水波粼粼，水鸟经常在这里停留，后来逐渐干涸了，成了一个季节性的小淖，只能在天涝的雨季集聚一点雨水，长些零星的芦苇。韩家营淖的东边生长着一百多亩的芨芨草丛，每到夏秋，颇有气势，呈现出一派独特的塞北风情。

（六）九连城诸淖

九连城诸淖是一个庞大的体系，跨县过省，蔚为壮观。其中较大的有九连城淖（辽代称狗泊）、火烧营淖、东风淖、新路淖、友联淖等。九连城诸淖由天然降水汇集而成，咸水质，从古至今都是大盐池。现今每到春末夏初，当地群众还捞制土盐，用以喂牛羊等牲畜。

四、蓄水工程——水库

（一）闪电河水库

闪电河水库是沽源境内最大的水库，位于闪电河上，在县城东南十点三公里处，水库控制流域面积八百九十平方公里，为中型水库。

1957 年冬，张家口地区水利局沿闪电河流域勘测，最后选择在蒙古营和黄土坑之间建库。1958 年 10 月拉开了奋战的序幕，从平定堡、九连城等五个公社抽调三千民工，组成大军开始建库。

1959年2月，县政府从各个公社抽调民工四千人开赴施工现场。在工程最紧张的时期，人员曾经上到一万两千八百人。1961年11月，水库大坝合龙。从1975年到1980年，水库各种设施得到完善。

闪电河水库共完成土方一百零一点二万立方米，石方四十六点七万立方米，混凝土零点六二万立方米，木材五百六十一立方米，钢材二百二十吨，国家投资六百一十三点六五万元，群众自筹五百六十三万元。

1975—1980年，年平均入库水量一千五百五十二万立方米，1979年入库水量最多，达两千三百三十六万立方米；出库水量平均一千四百七十万立方米，其中1979年为两千六百零七万立方米。

（二）石头城水库

石头城水库在小厂乡野马营西的葫芦河上，控制流域面积三百三十八平方公里，为中型水库。

石头城水库于1958年动工，坝址在石头城附近，取名石头城水库。当时从劳教队抽调一千多人，施工三个月。由于拦河坝太长、工程量太大停建。

1976年4月，坝址改在野马营村西重新开工，开始时上劳力二百人。1977年4月上劳力一千二百五十三人；7月，劳力上到两千五百五十三至三千六百六十七人，匹车九百八十六辆。1978年复工续建。1981年彻底建成。

石头城水库共完成土砂方八十六点四万立方米，石方十点二万立方米，混凝土零点九六万立方米。国家共投资一百八十九万余元。

（三）七一水库

七一水库位于小碱滩河中游黄盖淖与西辛营交界处，流域面积一百四十五平方公里，总库容量九百万立方米，为小型水库。

七一水库于1958年4月正式开始建设；1972年，水库由黄盖淖公社管理；1980年彻底完工。全部工程量为土方五十点七一万立方米，石方五点二九万立方米，混凝土一千立方米，有效灌溉面积五千亩。

（四）石门子水库

石门子水库原名叫“八一水库”，位于二道渠乡和大二号乡接壤处的沙井子河上，始建于1958年6月，1975年主体工程完成。水库上游流域面积五百六十八平方公里，总库容一千四百八十万立方米。

（五）青年水库

青年水库位于县城正中，水源来自平定堡河，年来水量四十一万立方米。1958年，当时的平定堡公社共青团响应上级团委的号召，发动组织全公社共青团员和青年一千二百多名，发扬自力更生、艰苦创业的精神进行水库建设。这一壮举惊动了团县委，团县委号召全县团员支援，各行业纷纷伸出援助之手。10月底大坝合龙蓄水，取名“青年水库”。

青年水库如今是沽源县城的一张名片、一处风景区。沽源的摄影爱好者以青年水库为背景拍出许多优美的摄影作品。

密集的水域成就了沽源这片热土良好的生态、丰富的物产和秀丽的风光。然而，随着气候的变化，天然降水减少，地下水位下降，有的水域地名淡出了人们的视线，成为沽源人记忆中的留恋和忧伤。保护生态环境、节约用水已经融入每一个人的生活理念当中，期盼在不久的将来，淡出人们视线的水域地名还会鲜活地重返历史舞台。

公　鸡　淖

张瑞明

再过十年八年，这片地方也许就被人遗忘了。这不是一个村庄，也不再是一个淖泊，她融进了一片辽阔的草原中，只是用一些特别的植物和白色的碱土把自己与周遭区别开来。当地人依稀记着这片地方的名字：公鸡淖。

公鸡淖位于沽源县城东北十五公里处，属平定堡镇。公鸡淖西面为马房子村，北面为董家营子，东面不远处是一带平缓的山地，南面是一片草滩。草滩已经有些退化，青草三寸多高，醒目的是一丛丛粉红色的狼毒花和毛茸茸的蒲公英，还有并不茂盛的芨芨草。公鸡淖的西北，也就是马房子和董家营子之间，是一小片林带，郁郁葱葱，时不时有鸦雀飞进飞出。西面的马房子村与公鸡淖之间，已经有大面积的草地被开垦，并有喷灌和机井。东面的山地与公鸡淖之间，是一片枸杞树，据附近村民讲，这是20世纪90年代初绿化造林的产物。当年这里挖过一道大渠，引来了东面囫圇淖的水，公鸡淖附近成为一片湿地。后来，囫圇淖那边的水道被阻断，这边就干成了一片盐碱地，杂草中一块块白乎乎的干土，裂着缝隙。站在这片土地上会顿生一种繁华过后的苍凉感。干涸了的淖泊里也长草，主要是既耐旱又耐涝的马齿苋。马齿苋贴着干裂的碱土连成片，依然保持着水生植物的顽强，也见证着公鸡淖曾经的风貌。

公鸡淖状态最好的时候，应该是20世纪50年代之前。那时，这一带是水汪汪的草原湿地，河道纵横、淖泊相连。与现在的天鹅湖、囫圇淖、水泉淖等草原湖一样，当年的公鸡淖是一个椭圆形的小湖，湖水清澈，风景秀美。那时的公鸡淖虽然水浅藏不住鱼，但有一个神奇的传说给这个淖泊增添了几分神秘，吸引着十里八村的人们经常光顾这里。相传，公鸡淖的得名源于一窝在淖边繁殖的鸡。这群鸡不是普通的鸡，而是一窝金鸡。某一年，附近的一个懒汉打起了金鸡的主意，趁着深更半夜去偷，真就捉住了一只小金鸡。懒汉偷金鸡时被公鸡啄伤了手，长了个脓包，伤势越来越严重，整个手几乎都要废掉。懒汉无奈只能卖掉小金鸡去看病，钱也花光了，手也看好了。这个神奇的传说，后来不知被何人移植到了梳妆楼那边。由于梳妆楼名气大于公鸡淖，也就很少有人知道这个传说的起源了。

公鸡淖究竟有没有过一群金鸡，谁也没亲眼见过，但另外一件神奇的事情却是实实在在发生过的。这件事情发生在1939年夏季，现在健在的一些老人曾经亲身经历过。那一年的夏秋之际，平定堡附近连下了四十多天雨，这在干旱的坝上地区实属罕见。连日的雨水，使沽源境内的河水和淖泊水位猛涨，尤其是闪电河的水，明显突破了河界，一路流向地势较低的西北，贯通了好几个淖泊，其中就包括公鸡淖。闪电河是坝上地区有名的大河，流量大，河水深，能藏十几斤重的鱼。一时间大量的草鱼、鲤鱼、鲫瓜子顺着河水一路向西，到公鸡淖遛弯儿。本来藏不住鱼以前只有过泥鳅和癞蛤蟆的公鸡淖，一下子涌进来大批的新客——乌泱泱一池子鱼，顿时热闹起来。那时的坝上人喜欢牛羊肉，对鱼不太感兴趣，嫌这东西又腥气又带刺。公鸡淖里的鱼虽然伸手可捉，却没几个打鱼的，偶尔有弄到鱼的，也大都喂了猪。

秋天过后，洪水退去，连接闪电河与公鸡淖的水道干涸了。原本是串门来的那池子鱼，再也无法回到老巢，被困在了并不很深的公鸡淖里。一场大雪降下，冬天来临。坝上的冬天可不是一般的冬天，尤其是在那个全球气候还没怎么变暖的年代，那是要出人命的。人站到屋外都得穿白茬皮袄，戴狐皮帽子，脚下一双毡疙瘩，何况是鱼。就这样，公鸡淖由于水浅不隔温，一淖泊的鱼全部被冻死，镶嵌进白森森的冰层，好似一块巨大的琥珀。

冰雪消融，春暖花开，公鸡淖里却没有一丝生机，水面上漂着一层死鱼，白花花一片。坝上春起风大，几天下来，死鱼被吹到岸边。一层一层的死鱼在淖边被风干，堆成了一道鱼墙。农村家庭做饭、烧炕，每年需要大量的烧柴，坝上地区缺林少木，烧柴资源缺乏，冬天烧牛粪，夏季烧秸秆。公鸡淖边的鱼干被附近的村民盯上了，背回家放进灶火里果然一点就着，而且耐烧，蒸一笼莜面，烧十几条鱼干就熟了。

这个真实的传说，将曾经的公鸡淖描述得淋漓尽致。在那个湿地草原保存完好的年代，公鸡淖里并不缺水，就连公鸡淖的周边都是河道纵横、雾气蒸腾的大地之肺。而如今置身这里，已是水尽土干、荒凉一片。公鸡淖这个名字，也即将在沽源的地图上消失。这个一去不返的草原湖留给人们的是对自然环境变迁的反思。

九连城淖片

张爱莲

顺 207 国道过半拉山，在九连城遗址东侧，能看到一片偌大的水域。这片水域南可见岸，北岸似乎很遥远，极目能望到之处，均森淼水光，甚是耀眼，这便是九连城淖。蒙古语“淖尔”即湖泊，意为柔和。传说中，草原上的淖是仙女掉下来的镜子，淖水在阳光下平静柔和的样子确实如镜面一般。

九连城淖中心部分正在我故乡三号地村向东一公里处，是我一生最熟悉的水域。小时候我常和小伙伴们去淖里玩耍，那时候淖水已经没多深了，也就半米的样子。淖里水鸟很多，长腿的、短腿的，红腿的、黑腿的，身子基本上是白色，我们不认识它们，一律称为“野鸭子”。母亲们是不允许我们进淖里玩儿的，但是淖中间小岛上可能觅到野鸭蛋，这诱惑着我们一次次下到水里。女孩子们终是胆小，再说下淖后，淖水反射着阳光，整个水面不断闪耀着金点子，近处无数，远处无数，不一会儿便头晕了。死亡的恐惧与生俱来，所以，我们最终以零纪录结束了下淖找鸟蛋的探险行动。淖对岸是我们最向往的地方，但是横跨几公里的淖水，我们都还是胆怯的。淖对岸的神秘一直到长大才消失。

有一年夏天，淖里出盐了，远远望去淖如一大块白玉。三里五村的人都进了淖，圈地抢盐，大姐带着二姐和我也下了淖。收起来的盐是雪白的，需要一袋袋地背上岸。我背不动一袋子就背半袋子，盐水把衣服都浸透了。回家后，衣服也能洗出半斤盐。那些年，村里人的食盐都是淖里捞出的。后来有专家说，这是不含碘的小白盐，吃了容易得甲亢（粗脖子），可是在我记忆中村里并没有粗脖子。又一年初冬，淖里起硝了，村里人又都进淖圈地扫硝，几天工夫，淖岸上都是大大小小的硝堆。收购硝的商贩出现在淖边，一番讨价还价，硝换成了钱，农人黑黝黝的脸上露出了笑容。那年，村南还建立了硝厂，盖了一溜房子，还有一座简易两层楼房。我们那时候哪见过楼房，那二层楼成了三号地村的一景。后来的事情忘记了，反正那个硝厂没运行起来，老板早走了，只留下房子，现在还住着人家。

出嫁后，我以为村东的淖和故乡的一切不会再带给我什么，更不会专门为它们费心劳神了。哪知道十五年后，因写长篇对村里的往事和淖进行了一次彻底的回忆和调研后，才知道自己原以为非常熟悉的淖，其实一点也不熟悉。我熟悉的只是那一片水域，这片淖有多大、多深，源头在哪儿，以及这里曾发生过多大的事，我均一无所知。

我家乡那片淖叫九连城淖，也曾叫狗泊，面积十五平方公里，水深两米，水源来自小碱滩河和灯笼素河，是沽源境内最大的淖。灯笼素河发源于张北桦皮岭，在黄盖淖赵家坡入沽源县境，经郝家营子、平原和河子，入九连城淖，汛期雨水径流入淖。小碱滩河发源于张北县大石头沟掌，入沽源县境后蜿蜒流淌，从红圪塄乡小榆树沟流出县境，注入内蒙古棺材山淖。当年黄盖淖建七一水库截断了小碱滩河，也截断了九连城淖的源头。

如今的九连城淖水来源只能靠四周的瀑山水。最多的瀑山水来自太仆寺旗幸福乡后山上。当地人称幸福乡为“一呼塞”。一呼塞后山离一呼塞村很近，属阴山山脉，上山路颇为平缓，上山后放眼望去，才知道什么叫连绵不绝、重峦叠嶂。山峰都不是很高，以波浪式一座连接一座，到底这座山有多少个山峰，山体绵延到哪里，目之所及是看不尽的。山凹处一条又深又长的沟，不到半米宽，自西北向东南几乎直线延伸到山脚，沟岸如狼牙一般参差不齐，这便是瀑山水河道。只要一场急雨，瀑山水就会顺着河道如暴龙一样咆哮而来，穿过 207 线桥底直扑九连城淖。瀑山水流至三号地当街，河面已宽至两米多，落差处水流湍急，几近干涸的淖，眼看着水面就涨了起来。要是连着下上三天雨，淖水会涨满东滩（淖西岸），这应该叫“淖水倒灌”吧。遇到这种情况，小伙伴们会穿着雨靴去水里捉王八盖子，装在瓶子里。王八盖子红肚灰背，遇到这一群顽劣的孩童，命运会非常悲惨。

九连城淖因盛产硝盐，金世宗大定十二年（1172 年）置盐厂，六品官驻此，金世宗二十五年（1185 年）升西京盐司；明昌七年（1196 年）以狗泊（九连城淖）复置，隶抚州。张德辉《塞北纪行》中说昌州旁有狗泊，“因其形似狗”而得名。从现有资料看，狗泊曾被作为路标使用。今九连城遗址在辽时被称为狗泊，就是以淖命名。

九连城淖形状如狗，狗头深入内蒙古，似乎要去叼羊，狗尾甩在河北，稳坐根据地。它周边的五个小淖像五个狗崽子个个淘气十足，欢蹦乱跳地在它周围嬉闹玩耍。一只小狗叫达布森淖日。它在母亲头上横卧，因为个头不小，胆子也大，所以离母亲距离较远，头向东，尾向西。内蒙古草原广阔，绿茵如毯，达布森淖日一副吃饱的圆润样，惬意酣睡，偶尔伸伸懒腰，知道母亲就在不远处护卫着它，于是继续睡去，一睡便是几万年。另三只小狗个头偏小，不敢远离母亲，躲在母亲脚下，这就是分布于 207 线左右的单木淖、友联淖和半拉山淖。单木淖在新民村东，圆头圆脑样，北半身子在沽源境内，南半身子在察北牧场。单木淖身躯不大，面积零点零五平方公里，在新中国成立前曾被作为路标广泛使用，并作为村名一直使用到现在。如今地下水逐年猛降，遇到干旱单木淖瘦骨嶙峋，一年四季干枯。友联淖在九连城遗址西边，和母亲躺卧的身姿一样，不同于母亲的是，它尾巴粗长，如狼尾一样。它比单木淖大，面积一点二平方公里。友联淖在一个很深的凹里，东岸偏陡，西岸平缓，近几年和单木淖命运相同，常年没水，饿死在了草原深处。半拉山淖显然是九连城淖的老幺，像娃娃一样，依偎在母亲身边，面积同单木淖相近，母亲水满时，它也有水，母亲水亏时，它便枯竭。最后一只小狗是木尼淖。它像出嫁的姑娘，离母亲较远，嫁到了九连城镇金锁营子村。金锁营子原名三和次老，后改为金锁马倌营子，新中国成立后改为新路村，但当地人还是习惯称其为金锁营子。此淖身姿曼妙，绰约多姿，头向东北，和母亲躺卧的方向也一样。木尼淖虽然没有母亲粗壮，但已成年，面积三点八七平方公里。与它的母亲淖一样，木尼淖盛产盐硝。过去金锁营子及周围村庄的人吃的盐都产自这里，连尚义大青沟人都来此地拉盐，据说盐白如雪，胜过母亲淖里盐的质量。金锁营子八十多岁的冯进元老人说，他年轻的时候，淖里一年四季都有水，向后出行得绕淖，多走好多路。那时候，夏季淖里水鸟很多，绕淖翩跹飞舞，非常热闹。冬天，结了冰的淖里，是孩子们滑冰的乐园，人们出行也就不用绕远路了。老人说，年轻的时候他经常到淖里打野味儿，捡野鸭子蛋，改善艰苦岁月的伙食。老人知道的很多，但是不知道为何现在淖里没水了。木尼淖是美丽的，西南面小山围绕，山色翠绿，山体缓坡而下，雨水灌进淖里，形成了季节淖；东北面草原围绕，芨芨草丛郁郁葱葱，想要开车靠近淖边是不可能的。木尼淖比其他兄弟淖要好一些，北边深凹处还有点浅水。只要有水就有波光，我站在淖边略高的岸边，似乎看到了天鹅、野鸭子和红雁嬉戏在水域，交颈细语。然而，这都是我的幻想，此时，淖里散发着污泥的味道，不见水鸟的身影。嫁到金锁营子的木尼淖又繁衍下了两个小淖，分别在张油坊村和大崖湾村，母子三个离得很近。

九连城淖片儿目前只有九连城淖还有水。前年我回村进淖，淖里水鸟很多，大野鸭带着小野鸭在淖里来回游动，回眸之间都是母爱。我想近距离观察它们一下，但是，无论怎么小心翼翼，都无法走到离它们五米以内的地方。无奈我只能远远观察、追逐着它们优美的身姿。我不知道水鸟对人类的防御是从远古就如此，还是进化而来的，但是它们对人类如此敏感的防御是正确的。金锁营子曾有人因在木尼淖猎杀天鹅被逮捕过。

近些年来地表越来越干燥，淖里积存的雨水渗透很快，被称为“草原眼睛”的淖，大部分几近干枯。草原上一旦没有了眼睛，黑暗笼罩，美丽还在吗？好在如今很多人已经觉醒，保护地球、保护生态平衡的理念，已经得到越来越多人的认可，而且国家也在这方面采取了很多措施，正在还草原的原始风貌。相信不久的将来，草原还会恢复过去的勃勃生机，草原的眼睛也将会熠熠生辉。

村落地名

村落，是村里人走过的行程岁月，是老碾、老磨、老树、老井流年的光华，是一弯月牙洒下的故事传说……

富　河　村

石占平

富河村位于黄盖淖镇西南六点五公里处，整个村落呈南低北高之势，以阶梯式由低渐高，依着北面小圆山而建。全村东西长一千一百多米，南北宽四百二十多米。站在七一水库坝基上往北眺望，村中心犹如一只苍鹰的腹部和双爪，小圆山就像鹰的头和颈，村中心两翼延伸出来的住户，西如鹰翅，东如鹰尾。在蓝天的衬映下，整个村落就像一只展翅腾空的雄鹰。

村南面视野开阔，草滩平整广袤，夏天绿草如茵，百花吐蕊。一眼望去，由南而来丈余宽的河水，紧贴着村边住户墙脚蜿蜒北去。村西一点五公里处巍然屹立的大山洼，与背坡、大阳坡和二阳坡一起连绵起伏，山坡上花草郁郁葱葱，飞禽走兽出没，鸟儿结对飞舞；冬天白雪皑皑，银装素裹，风光无限。村东距段家营、贺家营一公里远，一条原始乡村土路途经唐家营、东山坡和小南营直达黄盖淖。

名不见经传的富河，这个历经岁月沧桑的小山村，却有着历史悠久的地名文化。老忽赛、瓦房营和富河的趣闻轶事，就像村边的小河一样，百余年来绵绵不绝。

老忽赛的起源

老忽赛原是锡林郭勒大草原上一位蒙古族男子的名字，因为他和儿孙们曾在富河过着游牧生活，所以以这里为中心，南至西辛营艾蒿沟、柳石窑和二十里脑包，东至黄盖淖东山坡，北到口山几十里的窑坡山一道趟，被命名为“老忽赛”。过去文化人不多，加上时代变迁，读音不准，“老忽赛”被叫成了“老忽太”。

1905年盛夏，锡林郭勒大草原旱灾严重，滚滚黄尘铺天盖地，蝗虫泛滥，草木枯焦，牲畜挣扎在生死边缘。牧人们难以忍受干旱的煎熬，在久盼无望的困境下，不得不离开大草原，迁徙着寻找生机和希望。

人到中年的老忽赛携带着家眷，赶着装满帐篷、炊具、奶酪和少量马奶酒的勒勒车，驱赶着为数不多的牛马羊由北向南缓缓迁徙。他们跋山涉水，一路南下，终于看到了绿油油的草滩和缓缓北去的河流。这个三面环山、中间开阔的草场，就是如今的富河村一带。老忽赛满口“赛！赛!”（蒙古语“好”的意思）地欢呼着，很快在这里扎起了营盘（牲畜过夜的地方）。

那时候，蒙古人住的是蒙古包，烧火做饭和冬天取暖都用夏天晒干的牛马粪。老忽赛在这里养殖放牧，多年之后变得家财万贯。他在富河村中心打了一口井供人畜饮用。水井深两丈有余，宽为五尺多，井筒用石头垒砌，井口用平整的大板石镶嵌而成。水质清澈透明，入口甘甜，井水昼夜涌动却不溢井口，是一口吃不枯的老井。这口老井被称为“神井”，至今保存完好。

由于老忽赛尽心守业，又是养牧的行家里手，家业越来越大。他携儿孙盖起了前后院六间红檩、红椽、筒瓦灰砖的大瓦房。房基用规整的石条铺地，瓦房挑檐翘角，古朴典雅，房脊两端鸽子各一，振翅欲飞，满面红木门窗，前脸几根红色圆木大柱撑梁，腰墙为玻璃隔板，人进门洞，话语未落，发出“嗡嗡”回音，十分气派。

据说老忽赛驯马有独到之处。每年惊蛰前后，他都要在马群里物色几匹三岁烈性公马调驯。套马前，老忽赛穿上牛皮靴，戴上皮帽、皮手套，扣好马鞍，勒紧马的肚带，喝下三大碗马奶酒，手持三米多长的套马杆翻身上马，向马群奔去。马群受惊后一阵狂奔，几个回合后，再换一匹备用的良马，继续追逐要套的马。又一回合，时机已到，他将套马杆顶端挽着活扣的皮套迅速抛向被套的马头，将烈性公马撂倒在地。然后，给它扣上马鞍，骑上去又是一阵狂奔，继续消耗烈马的体力，释放烈马的野性。最后，这匹马体力不支，站在那里打着响鼻，一动不动，浑身肌肉颤抖，大汗淋漓，就像刚从水里捞出来一样。这时，这马才会像绵羊一般温顺。老忽赛酒后驯马的佳话一直流传至今。

民国初期，坝上草原人稀地广，偏僻荒凉，几大军阀为扩张地盘，战乱不断，治安形势恶化，土匪二棒手猖獗。他们挎枪配马，往往几十人一伙，横行乡里，烧杀掠抢，无恶不作。这个时期，山西浑源、灵丘，内蒙古河西走廊及河北怀安等地的汉人，逐渐由西往东迁移，很多人逃生到老忽赛的地盘。老忽赛与汉人语言、生活习惯不同，再加上土匪抢掠洗劫，自由平静的生活被破坏，被迫卖掉家产和草地，千里跋涉返回锡林郭勒草原。为纪念曾经在富河生活过的这位老人，人们就把当时窑坡山一带取名为“老忽赛”。

1983 年，忽赛家族一男性后裔（汉语说得不太流利）不远千里来富河村寻根问祖，追溯老忽赛昔日在这里生活的情景。那年，他走访了村里的田存文等老人，并到过去老忽赛生活过的旧址察看。20 世纪 70 年代初，富河村第五生产队在村牛棬（夏天圈牛的地方）起肥时，挖出了许多蒙古式铜酒盅和各种大小不一的铜钱、器具。据说，这就是老忽赛遗留下来的东西。随着岁月的流逝，现在村里人留存的出土铜器已寥寥无几，但对考证过去富河与蒙古族人的历史渊源和风土人情具有重要价值。

瓦房营的由来

1917 年，西辛营柳石窑沟有一姓张的大户人家：长子张德明，乳名大老虎，生有一子张树叶和三个女儿；二子张德英，乳名二老虎，生有五子张树成、张树海、张树根、张树河、张树堂和两个女儿；六子张德亮，乳名六老虎，生有一子张树元和一女。张家主要以种地、养牲畜为生，在当地是富裕的大户人家，家底殷实丰厚。他们不断囤田买地，扩大产业，当得知老忽赛要变卖家产时，就有了在窑坡山一道趟垦荒种田、养牲畜的想法。他们看准了老忽赛的风水宝地，就出五百块现大洋，向他买了草地和六间砖瓦房。从此，张德明、张德英哥俩带着儿子们一道，在老忽赛地盘周围开垦土地二十五顷，从此成为当地的主人。后来，张德亮走出柳石窑沟来到老忽赛，不久又到宝昌小营盘开荒垦种，几年之后积累了大笔财富，有了一定财力，就圈起高三丈余、宽两丈多的土围子，并花上百现大洋购买了快枪配给家丁看家护院，以防土匪袭扰。当时，陆续由崇礼搬来的李英、董九凯，以及从怀安迁来的贾全石、王永（老王头，怀安陡坡人）等几户人家，各自砌草坯盖起了一出水的低矮爬蛋房，住下来给张德明、张德英卖苦力。他们做长工、打短工，或耕种“丰收地”，以三七、二八或五五分成，虽然劳动繁重，却比口里生活强得多，起码保证了一日三餐能填饱肚子，秋后还能有一点积蓄。

张家人个个人品忠厚，头脑灵活，善于持家守业。到了秋冬季节，张家组织起长工短汉套起牛车一连串，南去张家口、赤城粜粮，一走半个多月或个把月。为了赚大钱，有时一走两三个月，沿张库大道北去，走张北、兴和、化德、赛罕（苏尼特旗）、二连、扎蒙乌德到达大圐圙（今蒙古国首都乌兰巴托）；或者走宝昌，穿越浑善达克沙地，过灰腾河，入贝子庙（今锡林浩特），奔二连到大圐圙。粜粮大多为莜麦、蚕豆、荞麦和豌豆等。寒来暑往，张家就把白花花的现大洋赚到了手。

张家虽然有钱，却舍不得吃，舍不得穿，一日三餐两顿莜面，晚上一顿馍，和长工们伙食一样。张家男人们穿得不甚讲究，七尺大的小布用麻秆灰一染，让家里女人们手工缝制成布衫、大裆裤穿了又穿，衣裳破了补上补丁再穿。但是，张家在女儿身上花钱从不吝啬，完全当大家闺秀来培养调教。在礼仪上，张家的孩子都有规矩，站有站样，坐有坐相，干什么都有个样，从来不懈怠散漫。

张家家业兴旺，方圆几十里有了名气，结果引起了土匪的注意，遭遇了一场土匪绑票的灾难。1922 年严冬的一天，一个绰号叫“耿龙子”的土匪（真名不详，有土匪五十多人，常在坝上掠夺百姓钱财，成群抢劫牲畜），带着二三十个骑着高头大马的土匪，从小碱滩方向一股黄尘闯进了老忽赛张家大院。张德英恰好被耿龙子堵个正着，两个土匪用绳索将他绑了起来。耿向张索要二百块大洋未成，就扒光了张的衣服用皮鞭打他，用烧红的烙铁烫他，还按住头让他吃猪食，扒光衣裳让他迎着刺骨寒风拉大碌碡。张德英被折磨很久，耿龙子还是一无所获，就当场下令把前后院六间砖瓦房和粮仓点着。村里为数不多的几个人不敢前去救火，大火整整烧了多半天，直到梁塌墙裂。张德英则被绑架到山西大同广灵县一带偏僻荒凉的深山老林里。

土匪们走后有几个人去救火，但因火势太大，人手又少，熊熊大火扑不灭，好端端六间砖瓦房、两处院被烧得一片狼藉，只留下了残垣断壁，整仓莜麦、大豆被烧得“噼里啪啦”直响，五六天还熰着滚滚浓烟，散发着刺鼻的焦味。

耿龙子托人捎信儿给几天期限，让张德明拿钱去赎人，不然就崩了张德英。张德明老实巴交，不敢入龙潭虎穴去赎人。一眨眼半个月过去了，张德英却被侥幸地放了出来。原来土匪团伙内闹纠纷，有一名叫“栓林子”的土匪（二当家的），与耿龙子不和，为发泄不满，并贪图张家钱财，在一个漆黑的夜晚，找机会把张德英悄悄放了。

张德英被放出后怕耿龙子的人马追来，白天藏在大山里躲避，晚上沿着羊肠小道赶路。第一站走到了赤城，投靠了粮行的朋友，第二站到了独石口亲戚家。就这样，他徒步走了两个多月，才回到了老忽赛，从此病倒卧床不起。当时，村里人谁都不相信他能死里逃生。一年后，他又艰难地盖起两间土草坯房。从此张家元气大伤，日子过得一落千丈。

后来人们根据土匪火烧张家大院这一事实，又根据张家的六间砖瓦房，把老忽赛改名为“瓦房营”。可见瓦房营最初是因张家的瓦房而得名。

富河的命名

1957年，瓦房营行政村由田官坊（今七一村）、脑包底两个自然村组成，属黄盖淖乡，如今又成了富河村。可见，瓦房营村历经沧桑，村名也在不断变化。那么，为什么“瓦房营”现在又被称为“富河”了呢？

瓦房营村东、村南有两条河，宽约一丈，深约三尺，由张北县战海乡大石头沟经小碱滩，由南向北流经田官坊、瓦房营和西山坡等地，最后注入九连城淖和宝昌的棺材山淖。1957年，在当时的村庄改名潮中，黄盖淖乡主要领导为瓦房营改名时，有人提出，瓦房营有两条河，应围绕“河”字取名。当时，乡领导和村干部的想法是为“河”字配双字，取个三个字的地名，叫起来很不顺口。后来经反复推敲，决定给“河”字配一单字，取个两个字的地名。但是，在当时的形势下，谁也不敢给“河”配“富”字。过了一段时间，县里农村工作部干部田福旺和黄盖淖高级社（当时黄盖淖实行政社合一，又叫长城社）会计王峰岭到瓦房营村下乡，负责农村更改地名工作。二人多次考虑后，提出了以河水长流之意取名，将瓦房营改名为“富河”。同年贺家营改为“富乡”，小格赖改为“社新”，双爱堂改为“林网”。

“富河”这一村名，取代了昔日的“老忽赛”和“瓦房营”，并一直沿用到现在。富河村本来就有河，“河”又与黄盖淖的“淖”紧密相关，有着深厚的地名文化底蕴。从老忽赛到瓦房营，再到富河，每一个地名都历经沧桑，像一幅展现着浓郁民俗气息的画卷，不仅反映了这里一百多年来的社会变迁，也隐含着村里人对富裕美好生活的向往。

喇　嘛　洞

徐静媛

喇嘛洞村距小厂镇西约六公里，村子四周高山环绕，出行要翻过高高的山梁。正东的山路通往馒头山；东北二点五公里挨着车道洼；村西北的河湾通往乔家店和西湾；正西有小喇嘛洞，羊肠小路通往棠梨沟、明镜沟等地；爬上南边的坡再下山就到了红泥滩。小村有四五十户人家，散落在南北五百米左右的山沟里，犹如一枚珍珠藏在绿色蚌壳内。

20世纪80年代，村里人还在挑露天泉水吃，90年代才通电，比外边落后闭塞很多。土地都在山坡上，村民播种、锄草、收割、打场全靠人工和牛马，产量也很低，多数村民以畜牧养殖业为生。

随着易地搬迁政策的实施，不久的将来，喇嘛洞人将搬进小厂。想着这座根植于我内心深处的贫困山村即将在异地获得新生，我带着深深的眷恋回到阔别三十年的故园，希望在村子消失前寻回她的根脉，记住属于这里的乡愁。村里几位耄耋老人，尤其是任瑞老先生的回忆，使家乡喇嘛洞犹如一幅历史画轴，展现在我面前。

关于“喇嘛洞”村名的来历，老人们说，这里的山洞中曾住过喇嘛，具体哪一年说不清了。当年，一位蒙古大喇嘛来到这里，见这里沟深林密，风景秀美，便喜欢上了这里，于是在村西北处的天然石洞内安居了。若干年后，一个小喇嘛住在石洞南三四公里的大石洞内（石洞内能圈二百多只羊）。从此，人们就把大喇嘛住的地方叫“大喇嘛洞”，村西小喇嘛住的地方叫“小喇嘛洞”。小喇嘛洞四周全是高山，只有一道狭窄的深沟可步行，因而没形成村落，只是个山名；而大喇嘛洞随着年月的流逝，去掉了“大”字，被叫成了“喇嘛洞”。

大喇嘛有时出去云游四方，有时又回到石洞生活一段日子，后来在石洞内圆寂了，遗体就埋在石洞外，现在还能看到平塌塌的坟冢，只不过经多次盗墓，又无人填土，上面长满了荒草。

喇嘛洞并不是喇嘛来后才有人烟的。据村里老人说，在喇嘛到来前很多年，两个南方人带着家眷来到这里。这两家当家的一个姓左，一个姓李。他们刚来时住在沟外石洞内，后来河水慢慢干涸，没有水源无法生存，就四处去寻找，在石洞东一公里左右的沟里头找到了泉眼，于是在北面阳坡就坡掏窑，定居下来。之后又有人搬来居住，逐渐形成了村落。

老人们说，那时方圆几十里很少有村落，出去十多里很难看到一户人家，目之所及都是荒草野滩，只有现在叫“馒头山”的地方，有一户人家是编炕席的——可见喇嘛洞有住户的历史与邻村相比较早一些。

清朝末期，任家从独石口南梁搬来——他们也是最早搬来的住户之一——后来开枝散叶，人丁越来越旺。任瑞老先生的家谱显示，民国初期任家已有三代人在这里繁衍生息。据任老先生回忆，民国初期，他们的先人任志元武考中举，任巡官（从喇嘛洞走出去的最大的官），被派往赤城西巡，负责七个州的防务。因为任志元的关系，任家曾建了三进院，门楼处立着两块大青石，还有上赐的牌匾，这在当时是很气派的。现在任瑞、任全老哥俩的家还都在原址，孩子们都到外地生活了。

喇嘛洞现在的徐、张、杨、金、闫、吴、孔等人家的祖先多是清末到民国后期搬来的。冀家开始是村里的大户，他们的后代嫌这里交通不便，于是举家搬迁，有的迁到小河子黑土洼，多数搬到了小厂白庙洼后面一个平坦的地方，形成了后来的“冀家营”。杨家从山西大槐树搬来，至今仍是村里大户人家；陈家、李家分别从芦梨洼、红泥滩搬来，而张家则是清朝后期从黑河搬来的。徐家也是大户，徐存增的父亲就有兄弟十一人，成家立业后有的搬到外地，牧场、小厂和小河子等地都有徐家后代。新中国成立前后又有几家投亲来的，加上各家孩子成家立业，分家单过，喇嘛洞村变得越来越大。

村东有块坡地，下面是深沟，坡上很平坦，有棵大松树，长得郁郁葱葱，松树附近有座庙（现在只能看到一些遗迹），据说跟乔家店龙王庙是母子庙。平日里孩子生病、儿媳未孕或天旱祈雨，人们都来庙里上香，祈求龙王奶奶庇护照拂。当年，乔家店村民在祈雨等大型祭祀活动时，都要来喇嘛洞的庙里请龙王奶奶。庙门的后面是正庙，还有东房供看庙人居住，有个叫王万富的就是看庙人。庙的正前面有戏台，每年正月十五唱大戏，三里五村的人都来一饱眼福。

村里老人去世后，都到喇嘛洞的庙前“报庙”。老人去世后，阴阳看了决定五天或七天埋，孝子们就在头一天夜里去报庙，让死者去跟阎王爷报到。夜里，孝子们披麻戴孝，尽数出动，女的排一行，男的排一行，两行人向东边的庙行去，每人手拿一根缠着白纸的木棍。队伍前面有人拿着盆或桶，里面装有拌了煤油或柴油的锯木面或草灰，每行队伍最前面的两人用大拇指、食指和中指捏了灰撒到地上，后面的两人用蘸了油的大棉花蛋火把去点燃，一路走一路撒，一路灯火闪烁，远远看去像一条灯河。每经过十字路口，都要焚香点纸，以知会神灵鬼魅。路过的人家都要点起旺火，一是送行，二是辟邪。每当有人点旺火，孝子们就得跪下磕头致谢。到了庙门前，悲伤的鼓乐奏起，伴着鞭炮声声，凄婉的长号发出“呜呜”长音，让人感到阴森恐怖。然后，死者的后代男的跪一行，女的跪一行，一边哭一边念叨着烧纸，烧完纸后从不同的路返回去。

喇嘛洞是革命老区，早在 1946 年，村里的徐存增、吴永昌等人就秘密加入了地下党组织。徐存增担任战情队长，负责接送情报，1948 年参加了解放平定堡、兴安堡等地的战斗。之后，他随部队南下，打到湖南，新中国成立后转业到湖南城陵矶劳改农场，任大队长。1958 年精简机构，他响应党的政策，加上牵挂老父亲，携妻带女回到了故乡喇嘛洞。徐存增虽然名不见经传，但他的贡献却值得后人铭记。

喇嘛洞虽然偏僻闭塞，但百年前先人却选择在这里建村，而且后来人烟越来越旺，让人不得不佩服祖先的智慧和远见。因为这里的黄土好、黏性强，所以新中国成立后建有缸厂。但是黄土里不知缺什么成分，烧制的水缸上不去外面那层釉，烧制好后需拉到蔚县去上釉。由于运输难，造价高，后来缸厂倒闭了。1958年缸厂被拆，木料等被拉到平定堡，盖起了东围子旧百货的十几间房屋。缸厂被拆散后，棠梨沟大队又建了砖瓦厂，供应好多公社和大队盖房。

在砖瓦厂干活儿的喇嘛洞人学到了技术，纷纷自己建砖窑烧砖，技术传播开后，村民盖房都是自己烧砖。特别是擅长烧制砖瓦和花盆的泥瓦匠郝凤岐师傅从赤城搬到村里后，更为村民带来了方便，村民的烧制技术也得到很大提高。

喇嘛洞黄土好，白土也好，但是只有村后坡和上窑子有。白土土层很浅，挖去上面的草皮就能见到。过去，远近村民都靠这里的白土粉刷墙壁，直到20世纪80年代，还有好多人用白土粉刷房屋。尤其是过年前，村里女人们用晒干的白土泡上水，把四面墙壁和地面靠墙一圈刷得白墩墩的，屋里显得特别干净。白土粉刷的墙壁虽没大白刷得白，但不粘人，人靠在墙上，背上一点白色不粘。每年夏季，十里八村的人都拿着箩筐、口袋来挖白土，喇嘛洞人不仅不阻止，还先尽让着外来人。

过去喇嘛洞有六处很旺的泉眼，分别在小四方台、东洼、西河湾、三十亩地阳坡、上窑子水泉沟和南沟棺材梁底。西河湾有南北两个大泉眼，村民用石头围起来形成水泉，供南北两个队的人饮用。河湾里还有很多小泉眼，随处一挖就有清清的泉水冒出。这些泉水终年不断地冒着，流淌着，最后汇合，顺着村西北的河湾与救龙泉的白河水汇在一起，向南流去。泉水清冽甘甜，养育着一代代喇嘛洞人。有一次地质队来考察，说这泉水富含二十多种维生素，是最天然、最优质的矿泉水。可惜近几年水土流失严重，好几处泉眼如年老的母亲，再也没有甘甜的乳汁哺育后人了。大约三十年以前，人们开始学着打井，靠压水井取水。

20世纪80年代，地质队前后三次来村里钻探，确定这里有煤矿，位置在南洼。据说这里是煤头，跟榆树沟煤矿一趟煤线，一时传得沸沸扬扬，远近皆知。村民高兴得见面就讨论煤矿的事儿，但由于储藏量小，交通也不便，最终没有开发。

喇嘛洞四处都是山，山上是各种茂密的树木，小喇嘛洞就是原始森林，榆树、白桦、红桦、松树和河柳等参天蔽日。村边的山上曾有好多棠梨树、山楂树，后来被村民偷着砍伐了。山上奇珍无数，蘑菇、黄花、金莲花和蕨菜等敞开胸怀等待村民采摘，杏核及各种珍贵药材是村民的钱袋子，有人馋了，野鸡、野兔等野生动物就是美味的佳肴。

喇嘛洞是美丽的，资源是富饶的。山上的草齐腰深，勤劳的村民不用发愁会挨冻；山上随处可以开片荒地，勤劳的人也不会挨饿。但当年村里对教育不够重视，直到1962年王荣老师（丰宁人）分配到喇嘛洞，村里教育才受到重视并步入正轨。王老师严肃正直，非常敬业，在喇嘛洞讲台上坚守了二十三年（曾被授予“河北省优秀园丁”荣誉称号），很受村里人尊敬。徐存增家两个孩子分别考上了中师和重点大学，王老师七个女儿都考上了大中专院校，村里不少孩子靠读书改变了命运。

罗淑贞（徐存增妻子）是湖南益阳人，随丈夫从湖南回到喇嘛洞定居后，学会了使唤牛马扶犁、磨地，背着褡裢撒种，还学会了捏窝窝、搓饸饹，为挣工分养育五个孩子，放过猪，当过羊倌子、牛倌子。她和丈夫苦熬三十多年，把孩子们一个个培养成才。老年后，她还读书看报，关心国家大事，这在那一代女性中是很少见的。

如今，随着易地搬迁政策的推进，喇嘛洞这个即将消失的村庄，正面临着一次伟大的重生，但无论如何，这个古朴秀美的小山村，都会一直刻在喇嘛洞人的心中。

盐　淖

胡海龙

高山堡乡盐淖村位于乡政府所在地以南九公里处。它是我的出生地，是我的故乡。

“盐淖”有双重含义。第一种含义是指村子的西南方向几百米远、在西坡和南坡的脚下的一处咸水湖。第二种含义就是村子的名字。

蒙古语“淖尔”是湖泊的意思，“盐淖”就是咸水湖的意思。听老人们讲，20 世纪 50 年代以前，淖的水域面积要大得多，淖周围的芦苇比房都高，各种水鸟在那里做窝，一个人去浅水处的苇子丛中找野鸭蛋，一个上午就可以找满一篮子。

村里有这样一个传说。说在淖的中央住着一匹金马驹，是镇淖之宝，保佑盐淖及周边地方水量充沛。后来，来了一个外地商人，使用诡计把金马驹掳走了。从那以后，气候逐渐变得干燥，水域面积缩小，苇子一年比一年矮。在我小时候的记忆中，苇子已经几乎没有了芦苇的形状，都贴着地皮生长，每一株只有几片叶子。湖面还在继续萎缩，一开始只露出一处湖中小岛，现在已经有几处了。这个失去金马驹的传说，明显受到了生态长期变化趋势的启示。可喜的是，今年春天，湿地公园管理处在淖的周围建起了围栏，保护鸟类。在淖沿周边湿地经停或孵化幼雏的鸟类有天鹅、遗鸥、赤麻鸭、绿翅鸭、绿头鸭、鸿雁、红嘴鸥等。村民郝进贵是鸟类保护协会的志愿者，主动看护设施，劝阻有损于鸟类栖息繁衍的行为。

汉族人在这里定居之前，这一带是蒙古族牧民游牧的地方。七十九岁的李金老人还记得在南坡上曾经有蒙古人用石头垒起的敖包。19 世纪末 20 世纪初，开始有汉族人到淖边熬盐。他们在淖沿边上用草坯垒墙，上面搭盖芦苇，建起简易房子遮风挡雨。村里的魏亮老人和许祥老人今年都八十三岁了，他们都见过这些盐房子。盐淖村的先民来这里定居的时候，曾受到熬盐人的帮助。盐淖村最初的住房，就是草坯垒墙，只用一道檩，十几根椽子，用芦苇当栈子，一出水的低矮小房。

清朝晚期，大郝（沽源南部和西部的口音会发成“黑”的入声）和二郝哥俩，从坝下怀安老家到现在的西辛营乡牛场圐圙村当长工，后来在现在的莲花滩乡米克图村安家落户。1925 年早春，大郝的三儿子郝丙生和四儿子郝丁生买了现在的平定堡镇四顺永村（由四个大地主建村，和盐淖村隔一道坡，东南距盐淖村二点五公里）地主盖义成的一些土地耕种，这些土地就在现在的盐淖村的西边。由于当时大帮二棒手跳得厉害，郝丙生和郝丁生没敢把家眷搬来，收秋以后，两人又回到米克图过冬。1926 年春天，郝丙生、郝丁生和他们的五弟郝定生联合沈玉清、魏占勇、郝进宽和褚家等几家，合股从盖义成和四顺永村的另一个地主王登山的手里买了更多的土地和附带的草滩，正式建起了盐淖村，一边耕种，一边开垦。后来陆续有人家从不同的地方迁居到盐淖村来种分收地，包括郝姓同宗的几家和范姓、杨姓、孙姓、李姓、许姓等。1948 年前后，村里住户不到二十家。新中国成立以后，更多的人家迁来盐淖村居住，加上人口增长，村子进一步扩大。

盐淖行政村还包括南营子、北营子、十大股、西房子和贾家营五个自然村。其中，西房子村最初的房子是四顺永村地主王登山的长工的住房，村名的由来是因为当初这里是王家土地的最西端。十大股村的由来是有十个股子合伙买王登山的土地耕种，居住建村。

每到旱季，淖沿会出现一圈银白色的盐带；离淖不远的草滩，土壤显碱性。这种环境，形成了盐淖村的盐碱文化。

熬 盐

淖沿的盐带里，被晒干的咸盐土呈细碎的片状，边沿翘起，和下面的碱土层分离，很容易扫起来，收集起来。

20 世纪 50 年代中期以前，外地人还赶着车，拉着工具，到淖边的简易房旁熬盐。盐淖建村以后，村民的熬盐活动以家庭为单位，地点是自家的院里或院外。

熬盐的工序如下：

先挖一个方形的大坑，在大坑的边上挖一个小坑，小坑比大坑深。在大坑的侧面底部掏一个孔，和小坑连通。在大坑的底部铺上旧席子，防止盐分渗入地下；连通的孔也要用旧席子遮挡，相当于一个过滤器，防止有大量的泥沙通过连通的孔流出去或把孔阻塞。然后在大坑里填满从淖沿收集起的咸盐土。往大坑里的咸盐土上浇水，当咸盐土被浸透以后，盐水就顺着连通的孔渗出，经过放置在孔的外口的一块凹形的用以导流的木板，一滴一滴地滴

熬盐

进放在小坑底部的中号缸里。滤出的盐水呈接近浓茶的红色。缸里的盐水快满的时候，停止往大坑里浇水。盐水经过一定时间的沉淀，杂质全部沉降到缸底。提前已经在小坑的旁边垒好了抽风灶，灶上支了大锅。把缸里澄清的盐水盛到锅里，在灶膛里点起牛粪火熬制。开锅以后，水逐渐蒸发，盐和硝会分层沉积。硝在下面，紧贴锅底，呈晶体状，盐在上面，呈粉末状。不等水全部熬干，就用笊篱把沉积的盐捞出。把从锅里捞出的盐倒在提前铺好的笼布上，把笼布的另一半翻起，盖在盐的上面，用铲子来回拍打笼布里的盐，去掉残留的水；或者等盐适当冷却，用笼布把盐兜起来，拧去水。最后，把得到的雪白的盐块儿或盐团放到阳光下晾晒。

熬好一锅以后，把锅里剩下的水倒掉，把硝铲起来，收集起来，可以卖给皮匠泡皮子用，也可用作制造炸药的原料。然后把锅清洗干净。在灶里填火熬制的过程中，可以把缸里沉积的杂质清理干净；再往大坑里浇水，滤出一缸盐水，为熬制下一锅做准备。

三四锅以后，大坑里的咸盐土的盐分差不多被溶解完了，把土铲出坑外，填入新的咸盐土，继续熬制，直到把收集回来的咸盐土用完。熬一次盐的所得，足够全家一年食用。

人们把这种自家熬制的盐叫小白盐。中华人民共和国成立以后，集体经济发展了，供销社开始出售大青盐，质优价廉，于是盐淖村的熬盐活动停止了。

地窖腌菜

盐淖建村早期，大部分村民的生活很艰苦，腌菜的大缸是金贵物件，盐淖村先民们发明了地窖腌菜法。秋天，芥菜收获了。谁家要用地窖腌菜，就在靠近村边的南滩里挖一个坑，底部铺一层咸盐土，在上面放一层削去须根的芥菜，再铺一层咸盐土，再放一层芥菜。坑子快填满的时候，在最上面盖一层厚厚的咸盐土。不用浇水，因为一方面，芥菜在咸盐土的作用下，会杀出水，另一方面，连绵的秋雨紧接着就到来了。第二年开春，菜已腌透（本地话叫腌过来了），挖出来，菜叶是新鲜的绿色。洗净以后，可以切成条就饭吃，也可以切碎做成蘸莜面的卤，据说味道特好。

后来，不缺腌菜缸了，买盐也方便了，各家都在屋里腌菜，没人再用地窖腌菜了。

碱　土

从盐淖村出现到20世纪80年代初期，村民家的院子里，几乎没有使用过砖或瓦这类建筑材料，所有建筑材料都是就地取材。村民盖房时，先去东坡上刨石头，拉回来打根基。根基大概一尺高，石头和石头之间的黏合剂，使用碱土泥。当地人把用作黏合剂的碱土泥叫胶泥。

碱土泥的主要原料是碱土，产自淖边的滩里。用铁锹铲去黑色的、长草的表层土壤，就会露出青灰色的碱土层。这种碱土黏性特别大，和成胶泥，效果真和现在的水泥有一拼。碱土层有一定的厚度，品质好的，大约是一米深。如果再往下挖，就是粗糙的黄沙土，不能用作建筑材料。

根基打好之后，用胶泥抹平，等到用以找平的胶泥干了或半干，开始用泥坯砌墙。像打石头根基时一样，砌墙的泥坯都用胶泥黏合。

脱坯的地点在东坡脚下。脱坯的季节是刚种完地，农活儿不太忙，下大雨的季节还没到来时。此时利于坯子成形、晒干。当时的东坡脚下，挖一个不到两米深的坑，坑的底部就会渗出水来。大人们挖出碱土，小孩子蹲在水坑里，用瓢把水盛到桶里，大孩子把水提到和泥的地方。脱坯用的泥要比胶泥多一道工序，就是在和泥时加入莜麦秸或用铡刀铡碎的胡麻秸当作苒。苒会使碱土泥连接紧密，使坯子降低脆性，增加耐压度，历时更久。

脱坯

和泥的大人们有的用铁锨，有的用三股抓，把土、水和苒搅匀。那可是重体力活儿，脚、腿、腰、臂、手同时使劲儿，协调运作，一堆泥要翻几遍才能达到理想效果。所以，村里有一句老话：和泥拉锯，叫死不去。但是，无论哪家有脱坯、盖房等大型活动，都会有好多乡亲来帮工。

和好的泥要醒一下，然后把杵（当地话叫拃）得软硬适度的泥铲到长方形的坯模里，用抹刀（也叫抹子或泥砚）把泥压实，抹平，拔起坯模，接着脱下一块。

一般来说，每道工序上都会有好几个人在忙乎。可见，脱坯是一种团队的、流水线的、高强度的体力劳动。

过一个星期左右，坯子半干了，成形了，就搬起来，宽边着地，码成一行一行的连续的“丁”字形，这样风干得更快。等坯子干透了（当地话叫干到了），临时垒成垛，用草帘或塑料布苫住，以防被雨水淋坏。秋后农闲了，把坯子拉回院子里，垛起来备用。盖房要用大量的坯子，一般都是头年准备，第二年用。

砌墙封山（山墙的尖顶完全砌好）以后，开始上檩子、椽子、栈子，栈子上铺一层胡麻秸，细密，不漏土，还保温。接着用加了苒的碱土泥抹房顶，本地话叫压栈。加了苒的泥更致密，更耐雨淋。房子的主体工程完成以后，里外墙都要用碱土泥抹了（外墙一定是用加了苒的泥），防止透风，也保温。

盐淖村所处地势平坦，每户都有一处比较大的院子。垒院墙，建材的主角还是碱土。就像同样是莜面，有不同的做法一样，垒院墙有三种方式。

和盐淖村最早的房子一样，最早的院墙也是草坯墙。去滩里起草坯，得用一种专用工具——草坯锹。草坯锹的锹头是生铁的，长方形直板状。下方打磨成利刃，便于刺入泥土。上方用脚踏的地方打成较宽的棱，便于加力。把子木质，把子头的地方，安一个不长的横杠。起草坯的时候，要先在草滩上挖出一段和地面垂直的小沟，一草坯锹深，大约半草坯锹宽。就着这段小沟起草坯，双手握住锹把的横杠，身子跃起，双脚踏锹头（如果泥土较湿较软，也可单脚踏），把草坯锹垂直刺入泥土里。短边一锹，长边两锹（因为就着先挖出的小沟，相当于一个长边，所以接下来起的每一块草坯都需要刺四锹），再把锹刺入草坯长边的中间位置，把草坯翘起。这样所起草坯的形状，基本上是规则的长方体。

严格说，草坯的土质不是纯碱土，是长植被的土。草坯的优点是它所带的草和草根会起到苒的作用。草坯耐雨水浸泡，草坯墙的根基不容易下坐。另外，用草坯盖起来的房子，保暖性能很好。但草坯墙的坚固性要差一些。

新中国成立以后，盐淖村的人口增多，如果继续起草坯盖房、垒院墙，就会破坏植被，所以村里开始限制起草坯。于是，人们垒院墙的方式改成了用碱土泥垒母猪墙。如前所述，取碱土的时候，要先用铁锹铲去长草的表层土壤，基本上就是把植被层挪动了一下位置。几场雨过后，土壤以及青草又连成了一个整体。垒母猪墙的泥需要加很多苒，并且用长柴火做苒。泥很稠，用一种专用的、平直的三股叉端泥，沿预设院墙的走向，一叉衔接一叉，就地掼一层。等这一层快干了的时候，在上面再掼一层，重复多遍，直到达到想要的高度。母猪墙特坚固，但不太美观，于是这样垒院墙的逐渐少了。现在，村里还存有几堵母猪墙。

后来，人们开始在东坡刨石头，打根基（以防泥坯被雨水浸泡变软，墙体下坐），用泥坯垒院墙。泥坯院墙兼顾了坚固性和美观性，现在还比较常见。

泥坯墙和草坯墙都用胶泥做黏合剂，院墙垒成以后，表面都要用加了苒的碱土泥抹一遍。

咸盐土抹房

新抹的房子或墙，碱土泥干了以后，在阳光下会发出一种银灰色的金属光泽，看了让人心里舒服，有成就感。

房顶和墙皮经过几年的风吹雨淋，需要再抹。本地拉碱土方便，三里五村的，也来盐淖拉碱土。沽源县东部和南部的一些乡镇，土壤全是黑土。而黑土不能用来抹房，因为黑土既不耐雨淋、不能持久，又容易漏房。如果来沽源西部的盐碱地拉碱土抹房，需要拉好几车，在当时只有畜力车的条件下，难以实现。智慧的坝上人很有办法，如果附近没有碱土，他们就到咸水淖的边上扫咸盐土，拉回去与黄土混合起来，和泥抹房。一户人家只要拉一车咸盐土，再混合足够量的黄土，就能把房抹下来，既不太费时费力，又能起到碱土泥的效果。

我小的时候，长梁乡那边的亲戚，压栈或抹房的时候，就来盐淖村拉咸盐土。他们总是选一个天气晴朗的日子来，吃过午饭，就去淖沿扫咸盐土。午后的咸盐土被太阳晒得干透了，表层晶莹闪光。父亲每次都去帮忙，有时我也跟着去淖沿玩儿，帮着干点小活儿。亲戚们有时把收集起来的咸盐土直接装在围了囤围的车上，有时把咸盐土装在布袋里，再抬上车。把车装满的时候，就快傍晚了，亲戚们在我家住一夜，第二天回去。

芨芨草

芨芨草喜碱性土壤，淖的周围长了几大片。芨芨草是多年生禾本植物，根部为密丛，会使土壤聚集，高出周围，形成墩状，我们称之为芨芨墩。我们还把相连的一大片芨芨草墩子的地形，称为芨芨墩。如果要表达具体去哪里放马、放牛或放羊，会说出特定的片区：南芨芨墩、西南芨芨墩、西芨芨墩等。

立秋以后，把变黄的芨芨草拔起，晒干，可以做成大扫帚或编成囤围。立秋以前不能拔芨芨草，因为不到季节，芨芨草中间的连接部位还没有长牢固，容易断开。

做大扫帚的过程，我们叫栽扫帚。栽橛是栽扫帚的主要工具，由一截榆树根的橛子加工而成。尖头能把扫帚环（一个手镯大小的铁环）中的芨芨草或林须草撑开空间，继续往里边放芨芨草或林须草。大头圆形，箍一个铁环，防止开裂。栽橛整体很光滑，但在铁环以上的部位，留一个树根的凸起，或加工出一个凹槽，便于用锤子敲击，退出栽橛。

栽芨芨草扫帚时，先在扫帚环里放满芨芨草，使扫帚环在芨芨草的根部大约五厘米处，把栽橛的尖头插入扫帚环里的这些芨芨草的中心处，把栽橛大头朝下，连带这些芨芨草，使劲掼在地上，使栽橛楔入芨芨草中间。掼过几次，平放在地上，把栽到扫帚环里边的芨芨草左右分开，用双脚踩住，用锤子敲击，退出栽橛，这时扫帚环的中心会出现一个圆孔，在圆孔中再加入芨芨草。这样反复多次，扫帚环中的芨芨草被挤压得特别致密以后，栽进扫帚把，扫帚把和芨芨草都很牢固，不会脱落。最后，用细绳把扫帚头围拢。这样，既能使扫帚吃上劲儿，好用，芨芨草又不容易折断，耐用。

编囤围不用什么工具，全靠一双灵巧的手，把一束一束的芨芨草像织布一样交错咬合在一起。编成的囤围长方形，有二指厚。用围了囤围的花轱辘车或胶轮车拉土，送粪，运土豆、胡麻糠、莜麦葛囊，大大增加了装载量。

芨芨草可以卖钱，做成扫帚或囤围更可以卖钱。20 世纪 90 年代以前，以物易物的形式居多，比如，可以用芨芨草产品换莜麦。所以，芨芨草还可以是另一种形式的生产资料或经济作物。

时代在快速发展，这些盐碱文化的因素在村民的日常生活中逐渐减少。熬盐已经绝迹，只活在年龄较大的几位村民的记忆里。现在盖房，使用的建材主要是砖瓦、水泥、钢筋，碱土泥和泥坯已经用得很少了。芨芨草扫帚还能见到，但随着机动车的普及，芨芨草囤围也逐渐消失。

三道营子

李富荣

“一片云从山顶飘过，倒映在蜿蜒的小河，山里的柿子红透了，让我想起她的笑容火热，燕子停在屋檐唱歌，孩子们轻轻地唱和，邻居家的炊烟升起了，让我想起那首熟悉的歌……”这是歌手梁帅自己作词并演唱的一首名为《村庄》的歌。是啊，从农村走出来的孩子，谁的心头没有那首关于“乡愁”的歌？哪个村子的炊烟不升起？哪个村没有自己的故事？哪个村的故事不精彩？今天，就来讲一讲我们村——三道营子——那些被岁月尘封已久却还依然鲜活的故事吧。

村名的由来

三道营子属于沽源县小河子乡，由大营子、刘家营子和罗家营子三个自然村组成。提到村子的由来，需要从当年的李俊说起。因为他是三道营子的创建者和命名者。

李俊出生于崇礼县三道营子村（现清三营子），生卒年不详。李俊的父亲是清末捏泥人的手艺人，经常往来于崇礼和沽源、张北各地的庙会，在庙会上捏泥人儿来卖。

过去，沽源各地盛行赶庙会。四月十八是奶奶庙庙会，素有“农历四月十八，奶奶庙上祈娃娃”之说。农历五月十三，大二号等地就开始赶青苗庙会，祈求风调雨顺，青苗长势旺盛。到了六月六，坝头一带莲花滩、米克图和王保等地开始赶祈雨庙会。另外，在农历六月初三、初八、十三至十五等日子，石柱子庙、乌克河庙和玛拉盖庙等藏传佛教寺庙也会举行祭祀、跳鬼和送鬼等庙会活动。赶庙会期间，当地人会雇来戏班子唱大戏，买卖的、看戏的和逛庙会的聚在一起，人来人往，热闹非凡。庙会多则半个月，少则三五天，最少也会有一天时间。

庙会期间，李俊父亲的那些色彩斑斓、神态各异的泥人特别吸人眼球，引得逛庙会的孩子们纷纷购买。那时候孩子几乎没什么可玩儿的，既没有变形金刚，也没有电视电影网络游戏，赶趟庙会，买个泥人人玩玩儿，可能就是他们一年中最大的心愿。就这样，李俊的父亲凭借高超的捏泥人儿技术，通过赶庙会赚了不少钱。

转眼到了民国四年（1915 年）。这一年，隶属于察哈尔特别区兴和道的独石县，被命名为“沽源县”。第二年，沽源县首届政府实行清丈放垦，李俊用父亲捏泥人儿赚来的钱，买下了包括三道营子在内的大块土地。据说，当买地手续办完后，聪明的李俊把政府的卖地人员留下喝酒，并趁机将其灌醉，趁其睡觉的时机，骑着快马趁着夜色挪动界石，向东南西北四个方向扩展——向东挪到乌克河庙村南边，南到大脑包房后，西面一直延伸到韩家营子东边，北到大西洼南滩。这样，他就拥有了上百顷的土地。

当时，三道营子地势低洼，还是一片荒水滩。李俊相中了这块地方，第二年（1916 年）就开始招来长工、佃户，筑舍定居，这块荒水滩从此升起了第一缕炊烟。随后，无计谋生的佃户、雇农相继聚拢来，三道营子就这样形成了。到新中国成立初期，村里已有十多户人家，后来逐渐发展到一百多户。因三道营子人口较多，附近的人也管它叫“大营子”。

李俊创建了我们村，并以他的原生村崇礼三道营子村为之命名。用现在的话说，这就是村名复制。据说，李家的后人，有的搬到宝昌县永丰乡，并在那里建村，也用这种复制的方法，给那个村取名叫“三道营子”。

过去的三道营子，其实包括在李俊地盘上建起来的好多村子，除了三道营子现在的三个自然村外，还有小红石砬、五马驹和韩家营子等。所以，在稍微上点岁数的老人口中，三道营子还另有一个名字——李俊营子。这是因为李俊是村子的创建者，并且生活在这里的缘故吧。年轻人中很少有人知道这个名字，因为李俊其人其事离他们已经很遥远了。

三顺堂——大贵院

李俊选址三道营子定居，是听从了风水先生的建议。三道营子南面有一个小山坡（现称“小圆山子”），北面也有一个小山坡（现称“山药窖坡”），两个小山坡正南正北方向遥遥相对。风水先生认为，南面的小山坡是龙头，北面的是龙尾。也就是说，这是一条龙脉，居住在这里，会惠及子孙后代，还可能产生真龙天子。根据风水先生的推算，偏离龙脊一点的龙脉西侧，位置最为优越。于是，买下土地的第二年，李俊就依傍北面的小山坡，在“龙脉”稍靠西一点的位置建造庭院。对于后来投奔来的佃农、雇农，李俊只允许他们把房子盖在他家东面，不能在西面建房，就是怕他们抢走了好风水。

院子修建得很气派，有高高的院墙、高大的黑油大门。院子里还有缸坊、醋坊，自家用来酿酒、做醋。李俊给他的庭院取名“三顺堂”。“三”在古汉语中有“多”的意思，“三顺”的寓意就是诸事顺利。所以，“三顺堂”寄予着李俊诸事顺利平安的愿望。村里人则管这个院子叫“大贵院”，可能也包含着对李俊家的敬畏和仰慕吧。就这样，李俊开始了他在三道营子三十多年的地主生涯。

佃户中来得较早的，有我太姥爷王俊一家，还有乔家、梁家和郝家。我太姥爷做了李家的车把式，有点文化的乔先生做了他家的先生，梁疙瘩（外号，本名不知）当了他家的班头（即管家），郝家则做了他家的佃户。

李家的厨师杨大师傅，据说是个有点传奇色彩的人物。他武功高强，早上五更到大贵院做饭，从不叫人开大门，而是走墙头，一人多高的墙头，他竟如履平地。

据老人们说，李俊是一个开明的地主，招来的佃户中，没土地的租给土地，没农具、牲畜的，给提供农具、牲畜。到秋天二八分成，地主占“二成”，佃户占“八成”。分的是割倒后捆起来的莜麦个子，佃户总是挑小的给地主，李俊也是睁只眼闭只眼，并不和佃户较真儿。

每年县政府下派交公粮任务后，李俊总是象征性地跟佃户收一点儿，大部分由自己垫交。当地有“不够缴税，大户包”的说法。大户，在三道营子就是李俊家。交公粮时，李俊派长工王玉等人驾着马车，拉上用毛口袋装的莜麦，送往平定堡。王玉等人经常克扣交公的粮食，李俊心知肚明，却从不计较。

李俊家有自己的地主武装，用来看家护院。在那个民不聊生的动荡岁月，像李俊这样的大户人家，生命财产随时可能遭遇危险。新中国成立前夕，李俊一家撇下土地房舍，把洋钱装在煤油桶里，悄无声息地离开了三道营子，举家搬迁到了张家口。当时还是我太姥爷赶着马车亲自送去的。

新中国成立后，大贵院因无人居住、看管，逐渐破败，后来房屋的椽檩被拆下盖了大集体的碾房，砖瓦也逐渐被村民拆除。从此，三道营子不再有三顺堂大贵院，只有李俊打下的官井。

刚建村时，李俊曾打过两口井，但都不能正常使用。说来很怪，挖山药窖几米就出水，再往深里挖，却没有水，或者水质很差。于是，李俊就请来专门打井的灵丘人。打井人中有个经验丰富的井匠，因腿瘸人送外号“老贾拐”。他一眼就看出哪里有水且优质。在他的指点下，官井就在我村诞生了。因全村人都吃这口井的水，所以村民亲昵地称之为“官井”。“官”在这里应是“公共”的意思。官井的水，不仅甘甜可口而且水量充足，据说有一年汤二虎（东北军阀汤玉麟）的部队在这里驻扎，千军万马，人吃马饮，也没吃完过井里的水。20世纪八九十年代，三道营子盛行打压水井，家家户户院子里都有了自己的水井，但压出的水咸涩难吃，只好用来饮牲口、浇菜，人吃的水仍然要从官井里挑。

被风水先生称作“龙脉”的风水，还没等孕育出真龙天子，就被不懂风水的村民破坏了。龙头埋了死人，龙尾也打了山药窖。村子因地势低洼，平地上挖不了几米就出水，人们只好把山药窖打在北面的小山坡上，而且全村人的山药窖都集中在那里。李俊走了很多年以后，有一个过路的风水先生，仍对此深感惋惜。

改革开放后，三道营子青壮年大都外出谋生，村里人口越来越少。随着城市化进程的加快，很少有年轻人愿意回村定居。如今，只有留守老人们常聚在官井井房边，晒晒太阳，拉拉家常，偶尔谈及老李俊、大贵院和“龙脉”等话题，也只有在他们的记忆和话题中，这些陈年往事还是鲜活的。

也许在不久的将来，这个由李俊亲手创建、存在了一百多年、曾有八百多人口的大营子，也会因整体易地搬迁而消失吧。

太姥爷和大贵院

太姥爷名叫王俊，跟李俊同名不同姓。不知李俊俊不俊，王俊当年可是风流倜傥的俊小伙：身材魁梧，相貌堂堂。1897 年，太姥爷生于内蒙古临河县毛庆和乡大坝沟村（可能是今乌拉特后旗大坝沟），但是新中国成立后这里的区划几经变革，现在的地图上已找不到这个地名了。

有人传言，说独石县小河子一带粮食多得吃不完，用来烧火。1915 年，祖太姥爷——太姥爷的父亲就带着一家八口人，赶着花轱辘二套马车不远千里奔赴这个想象中的“富庶之乡”。那一年，太姥爷十九岁。

到了以后，才知道根本不是那么回事，小河子人跟他们一样吃不饱。他们先到黑土洼，又辗转到小河子、元房子，整整一年都没找到合适的营生。第二年，听说李俊招人开荒种地，就举家搬来，从此在三道营子安家落户，一住就是一百多年，子孙已延续至第六代。来了以后，第一件事就是帮李俊家盖房子，修建三顺堂。

有一年，李俊从草地买回一群马，雇来的蒙古马倌吃不惯莜面，日夜想着要离开，所以找个合适的汉人替代蒙古马倌，是李俊的当务之急。过去，大户人家的马倌不仅要会骑马，还要有过硬的马上功夫。恰巧，来自巴盟的太姥爷从小练就了一身漂亮的马上功夫。他去应聘，骑在马上从平地捡套马杆、捡洋钱等这些面试科目，完成得很完美。面试通过后，太姥爷正式成为李俊家的马倌、车把式兼保镖，并且一干就是三十多年，一直干到李俊一家搬离为止。太姥爷深得李俊信任，经常出入三顺堂内庭，没少接受东家的周济，也没少吃他家当干粮的卷罗子面（去皮黄莜麦面）拌红糖。在当时的坝上草原，这种面算得上是人间美味了。

姥姥家的顺山大炕

顺山大炕，就是按房山走向盘的炕。姥姥家就有这样的一盘大炕，顺着房子的东山墙，从南窗下一直延伸到北面的一扇小窗下。当时感觉姥姥家的炕真的好大啊，大到占据了堂屋一多半的空间。我和二十几个表兄弟表姐妹就是在这盘炕上闹闹哄哄、吵吵嚷嚷地长大的。

姥姥膝下有七个子女，四个女儿全部嫁到本村，三个儿子也都娶的是本村的媳妇。孙子外孙一大群，有事没事常聚集到姥姥家，在大炕上玩耍打闹，看留着雪白山羊胡子的太姥爷，挥舞着长长的蝇刷子，“唰，唰”地抽打空中飞舞打架的苍蝇，听他用西路口音讲过去的事情。

尽管有土地可以租种，太姥爷又在李俊家当差，可以经常贴补家用，可因为人口多，日子过得依然是捉襟见肘。接受远嫁宝昌的姑姥姥的建议，1942 年前后，太姥爷开起了车马大店。那时，姥爷、姥姥跟前已经有三个孩子，母亲刚刚出生。

据大舅描述，当时情况大概是这样的：姥姥家当时有五间正房，西边三间自家住，东边两间腾空，用来做客房。从东边的屋子进去，屋子中间有一根承重的柱子，右边东山墙下是那盘顺山大炕，左边是一盘通间大炕——相当于整间屋子都是炕（南北长约五米，东西宽约三米）。客人多的时候，头朝里外穿插着睡，可以睡好多人。北墙根下盘着连接两盘大炕的连二锅台，一口直径约一米的大铁锅稳在锅台上，上面盖着分为两半的木质锅盖，锅盖上放着几层笼屉，笼屉上顶着尖尖的笼帽。大锅旁边是一口稍微小一点的锅，同样盖着小一点的两半个锅盖。

连二锅台虽连接着两盘炕，却只与顺山大炕烟道相通，只能烧热顺山大炕。通间大炕则与门口左侧一盘锅台相连。大舅说天冷的时候，炕是必须烧热的，因为过去人们穿的盖的都很单薄，全靠大炕取暖。为了解决因炕太大、离锅台远的地方烧不太热的问题，两盘炕中部炕沿下都留有小灶，用来弥补炕大烧不热之缺憾。

那时的车马大店，炕上一般是没有行李的，行李都是过客自备，被褥外面裹块毡子或山羊皮褥子就很体面了。有人就随身带一件破羊皮袄，那就是他的全部行李了。

客人中既有拉骆驼、赶马车的商贩、手艺人，也有耍猴儿卖艺的、货郎和讨吃子，三教九流什么人都有，有住宿过夜的，也有短暂休息打尖的。

那时，张库大道上拉骆驼跑长途做买卖的人很多，姥姥家灶膛里烧的常是形如栗子的骆驼粪。他们一般都会几人或十几人结伴而行，骆驼背上驮着水果、干货和点心等，一边走一边卖。天晚了，他们就到姥姥家过夜，人吃骆驼喂都在店里，吃住掏饭钱、店钱，骆驼掏站钱（牲口住店钱）。当时有个不成文的规定：如果店主卖给客人喂牲口的草料，就不能再收取站钱。所以，太姥爷要想卖点草给客人，必须假借他人的名义——这里边的奥妙还挺多。

客商们有时要在店里住上几天，边休整，边卖货。有一年春节前夕，姥姥家来了一批大客户，院子里骆驼都站满了，足有二三十头之多。他们是在店里过的春节，人吃骆驼喂，盘费挺长时间。那一年，姥姥家收入颇丰。

如果天色还早，还须赶路，客人就只到姥姥家打尖，吃口饭，喂喂马或骆驼，短暂休息一下，就又上路了。从这个意义上讲，车马店更像是现在高速公路上的服务区。只不过，到服务区吃饭不用带米面，而到车马店吃饭有时要自带粮食。南方人吃不惯北方的面，就随身带些大米。带什么，店主就给做什么饭吃，只收少量的加工费；也有不带面吃店主家的，那样收费当然要高一些。

我们这块儿主食是莜面，蘸咸菜汤汤。当时是按照和起来的莜面收费。饶阳来了个劁猪的，常住店里，给人劁猪换莜面，一顿能吃三斤六两和起来的莜面。

姥姥通过长期磨炼，练就了一手和莜面的绝活儿：不用秤，只用手抓，就能和出客人要的面的数量，准确无误，从不失手；面多的时候捏一笼窝窝，面少的时候也能捏出一笼窝窝，不过是窝窝的高低薄厚不同罢了。人多的时候，姥姥一个人忙不过来，太姥爷就来帮忙，他也会捏莜面窝窝呢！客人走的时候，有时要带干粮路上吃，姥姥就给他们蒸荞面大（dài）王（荞面掺点白面蒸的馒头）。

姥姥家粮房里有一只两人合抱那么粗的大木桶，桶里通常是姥姥亲手腌制的芥菜疙瘩，那是过往客人及家人用来下饭或做莜面汤汤的。在那个年代的坝上农村，腌芥菜疙瘩是家家必不可少的。只要有咸菜，再难下咽的饭都可以把肚子哄圆。

姥姥家院子很大，有牲口棚、碾坊，还竖着几根拴牲口用的石柱子。院门口两边竖着两根石条，每根石条上竖排打着三个碗口粗的眼儿，用木棒两两对穿，就形成三条不太直的平行线，这就相当于大门了。这样的大门尽管挡不住人，却能圈住马和骆驼这样的大牲畜，既简单又实用。

姥姥家的车马大店一直开到1966年“文化大革命”开始前夕。之前，作为村里唯一的车马店，姥姥家一直是村里最热闹的地方。像开会、工作组入驻这样的事，一般都选在姥姥家。1958年时，姥姥家还做过大食堂。村里人都管姥姥家叫“王家店”，他们农闲时常聚到王家店的顺山大炕上，跟天南地北的客人侃大山。由于太姥爷人缘好，再加上村民同情姥爷早逝，留下年迈的父亲和七个未成年的孩子，虽已入高级社，却没人认真追究王家店继续开店的事，所以王家店能一直开到“文革”前夕。

姥姥家不开车马大店后，仍有一些老客户、老朋友常来落脚，也有顺便探望的意思，所以姥姥家的顺山大炕一直为这些人保留到20世纪80年代，太姥爷去世后好几年才拆除（通间大炕在不开店的时候就拆除了）。

作为店主，太姥爷一直很是宽和、厚道。客人中付不起住店钱、饭费的大有人在，太姥爷并不把他们赶出去。炕那么大，闲着也是闲着，只要有家人一口饭吃，也给客人拿一双筷子。灵丘井匠老贾拐走投无路的时候，就常投奔到王家店里，蹭吃蹭住。

有一年，赤城黑河姓卢的一家三口人，不知遭遇了什么困难走投无路，在姥姥家白吃白住四个多月，在顺山大炕上度过了整个冬天，过完年天气暖和了才离开。后来，这家人搬到宝昌，与姥姥家好多年保持着亲密关系。1968年，卢家父亲还特意从宝昌赶来，给已经十八岁的大舅说媒，虽最终没有成功，但其拳拳报恩之心可见一斑。

太姥爷排行老二，街坊邻居常喊他“二哥”，店里的老客户也喊他“二哥”，包括卢家父亲。王家店里的二哥虽已去世三十多年，但一些老客户仍对他念念不忘。2011 年，曾有山东货郎明知当年的二哥已去逝多年，却仍然不远千里前来探望，到王家店旧址寻找当年的记忆，看看二哥已经年迈的孙子。大舅讲到这里时，不无遗憾地说，最后悔的就是没请客人吃顿饭，当时正盖房，太忙了。

李俊和大贵院、太姥爷和顺山大炕的故事，已经被滚滚向前的历史车轮甩在后面，但讲情重义、宽和为人的处世之道，已经像三月的春风，浸润到村里的每个角落，成为备受推崇的家风、村风和民风，正潜移默化地影响着后世子孙。

我家的铁匠炉

昏黑的小屋里炉火烧得很旺，火焰像是跳动的心脏，而“呼呼”的声响则是风箱沉重的呼吸。年长的铁匠手持长长的铁钳子，不停地翻动着炉火中的铁料。猛然间，红红的铁料从炉中被迅速夹出，放在铁砧上，顿时把漆黑的屋子照得通亮。稍微年轻点的铁匠朝手心里吐两口唾沫，绷紧全身的肌肉，双手抡起铁锤，朝铁砧上那块通红的铁料砸去……

这样的一幕在 20 世纪二三十年代我家的铁匠炉里经常上演。年长掌锤的是我大爷爷，稍长抡锤的是我二爷爷，把风箱拉得“呼呼”作响的是我爷爷。哥仨是从山东过来的。因生活所迫，在 1926 年前后，有铁匠手艺的大爷爷带着两个弟弟到塞外谋生，在三道营子安家落户，开起了铁匠铺。那时候，人们的生产、生活是离不开铁匠的。庄户地里用的锄、耙、镢子、铁锹、斧头和犁铧等，生活中的菜刀、剪刀、锅铲和门环等，都是靠铁匠打制而成的，所以，那个年代铁匠自有其生存空间。

但是，当铁匠又是很苦的，又脏又累不说，还挣不了几个钱，连对象都很难找。那时，曾有《铁匠娶妻》的歌谣唱出这一悲惨情景：“有女不嫁打铁郎，成年累月守空房；正月初三打跑铁，出门带的狗干粮；临走缺少盘缠钱，跪了二叔求大娘；走了一载无音讯，愁得青丝挂寒霜；离家两岁不捎钱，家中老少炊断粮；出走三载无踪影，料定尸骨埋他乡……”

打铁

幸亏，爷爷娶到了赤城黑河的奶奶，不然，世界上就没有我了。二爷爷后来回山东娶妻生子，过上了不少炊也不断粮的日子。这样看来，那时铁匠炉的收益还不错。只有大爷爷，因错过了结婚最佳年龄，终生未娶，在给两个弟弟都成过家后，终是尸骨埋他乡，没能再回到他的山东老家。

新中国成立后，大爷爷去世，二爷爷回了山东老家，我家的铁匠铺就名存实亡了。但是铁匠炉却一直保留着，直到20世纪90年代初才拆除。父亲是我家铁匠手艺的唯一传人，也是最后一位。他从小耳濡目染，再加上聪明好学，自然就掌握了这门手艺。街坊邻居找父亲帮忙，他从不推辞。我小时候放学回家，常常看见铁匠炉燃着红红的火焰，不时发出“叮叮当当”的声音，那是父亲在利用农闲时间，义务为乡亲们打制刀具、铲子这类小东西呢。作为铁匠，父亲最得意的作品就是我家现在还在使用的菜刀——用上好的钢材打制，刀背呈弧形，刀刃锋利无比，比市面上买的刀好使得多——无论是造型，还是质地，这把刀都是世上独一无二的。

如今，年近耄耋之年的父亲，仍然生活在三位爷爷初来时筑造的院子里，当年做铁匠炉如今做柴房的小屋仍在，只是再也看不见三位爷爷的身影，再也听不到“叮叮当当”的打铁声了。似乎一切都变了，又仿佛什么都没变。

河 包 沟

张沫末

河包沟村是沽源县高山堡乡西壕堑行政村的一个自然村，位于沽源县城西北二十公里处，距乡政府所在地高山堡六公里。现有住户四十五户，人口一百五十四人，常住人口不足四十人。

民国初年，最早是胡姓及其娘舅李姓从坝下的阳原县迁入此地。李家祖上是大户人家，在清朝初年有先祖曾在朝廷为官。清末，为了佑护家族安全，躲避清廷覆亡可能给家族带来的灾祸，李家族长决定率领族人向北迁徙。一族人沿着坝上草原的车辙一路行走、一路寻觅宜居之所。在一个天高云淡的初秋，一行人在一处脑包山的北侧落了脚。放眼望去，山下是几十里的开阔草地，兰花草、马莲花、淡粉色的打碗碗花，一直蔓延到脑包山下。草地上，清澈见底的河流在自由欢唱。北面是连绵起伏的高原丘陵，丘陵上生长着郁郁葱葱的杏树。当时的风貌完全可以与《卡斯布罗集市》歌词中描写的“那儿有清香的芫荽和紫色的百里香，在青草茂盛的山坡有飞鸟掠过”的情景相媲美。

“背靠高山脚蹬船，辈辈出高官。”从风水学角度看，这里也是得天独厚的宝地。“好，就在此地安顿了！”李老太爷捋了捋胡须说。

为避匪患和防止前后山水及滑坡，他们选择了一块相对平坦且地势略高的地方作为村基，并在四周挖沟筑起了高达两米左右的围墙，李姓、胡姓一族人在此安居下来。围墙的筑建使得沟渠外的河流愈发饱满，呈现出一幅青山环抱、绿水绕郭的美景。李老太爷为新的村落取名为“河包沟”。几年后，阳原县金家庄乡的近亲张姓、池姓、刘姓和阳原同村的宋姓、贠姓、石姓等几个家族的陆续迁入，使得村落自西向东逐渐扩展，在新中国成立初期增加到二十余户人家。其中张家在阳原时世代是私塾先生，得益于家庭的文化教育，张荷老人精通自然地理，熟络风水民俗，在50年代就成了村里的风水先生。这一技艺也曾被笔者一度视为迷信的产物，待真正了解了自然界的生态循环和世俗民情后才明白，风水先生其实是用一半神秘的信仰和一半科学的理论维系着村落和族人的心态乃至生活起居的安宁。

生产队成立之初的20世纪50年代后期，河包沟村被编入西壕堑大队。整个西壕堑大队按地理位置的顺序，共分为八个生产队，河包沟是五队，村里的每位农民都是“社员”。河包沟生产队设有队长、副队长、会计、出纳、记工员，还有妇女队长。队长由河包沟社员推举或由大队任命，其他负责人以推举为主。当时队长、副队长、会计、记工员和出纳每年有适当的工分补贴。所有社员由生产队统一调度参加农业生产劳动。

生产队时期标准工作日一般是普通劳动一天八小时，颇似现在上班族的规律。作息时间依照季节由生产队管理人员自行商议调整。上午劳动时间多为8:00—12:00；下午劳动时间依照各个季节而定，春秋二季多为下午2:00—6:00，冬季1:30—5:30，夏季2:30—6:30。报酬以工分形式体现，生产队根据当年社员所获工分多少进行分配。工分标准的制定各地大同小异，工分报酬为两种形式，即针对普通农业劳动的标准工作日报酬和针对农忙时节或特殊劳动项目的定额报酬。具体到每个劳动者的工分档次由生产队负责人会议核定，当时的队部设在村子最南面的两间土房里。有时，对村负责人会议的核定出现异议的，则要通过生产队组织的社员大会集体审定。“普通劳动”指劳动强度不高，如饲养牲畜、食堂做饭等一般事务性的农业劳动。记分基准以每个标准工作日一个壮年男性劳动力为最高，多定为十至十二分，即有的生产队壮年男性劳动力报酬定为十分，有的定为十二分。学生，指高中或以下已经有劳动能力的孩子，利用周末或寒暑假参加生产队的集体劳动，十六岁以下孩子的工分以成年劳动力工分的二分之一计算。“文革”后期，还沿用了几年划道子的记工方法，一道子按十分计算，成人出一天工画一道子。“干活儿挣一道子”成了那几年社员的口头禅。

河包沟的土地百分之三十是坡梁地，位于村南脑包山东面的山梁上。最开阔的一块地叫瓦窑厂，因为 50 年代中期西壕堑村在这块土地上建砖瓦厂而得名。60 年代末期为预防国际交往中政治突变可能引起的争端，西壕堑大队组织民兵在瓦窑厂地下开挖备战防空地道约五公里。一直到 80 年代末期，这条防空地道依然保护完好。其余百分之七十是盐碱湿地，当地人也叫二阴滩地或下湿滩地。在 70 年代中期雨水丰沛的年份，每到初秋，田地里蓄满了雨水，水苇草、披碱草和小麦、莜麦混生，给田间劳作带来了额外的难度。那些顽固的水苇草和披碱草根系发达，缠绕相连，久旱逢雨会急速蔓延。水苇草长在水塘边是“微风初起，蒹葭苍苍”的风景与诗意，而混杂在庄稼里却有着“野火烧不尽，春风吹又生”般的顽固，这也是导致土地减产的主要因素。土地是庄稼人的命根子，河包沟村长达八十年的土地耕作史，也是持续和水苇草、披碱草争战的历史。直至村东的下湿滩耕地在 90 年代末期退耕还林还草，这些水苇草和小麦、莜麦等大田农作物才一起退出了历史舞台。披碱草却因退耕还草政策的保护，又春风得意起来，且大呈燎原之势。

每个秋末是庄稼人最繁忙和充实的季节，所有的农作物都分门别类地码在集体的大场院上。河包沟村的场院在村子的最南端，占地约四千平方米。秋季打场得夜战加班，工分同样按照加班时间折合成正常工作时间计算。大人们夜间加班脱粒，场院也成为孩子们在秋季首选的娱乐场所。相比冬春猫在有骡马粪便的马槽里和黑咕隆咚的磨坊中藏猫猫的游戏，秋季的大场院应该算作孩子们娱乐的天堂。也有玩儿至兴酣，从刚刚脱粒完的松散的麦秸堆上跌下来危及生命的事情发生。

对于年幼点儿的孩子们，最快乐的莫过于偷偷爬上垛顶，窝在新麦的清香中，抱一本《西游记》或《水浒传》之类的小人书，借着场院上空昏黄的马灯光和月光以及轰隆的脱粒机声幸福至午夜，然后和散工的大人们一起回家。

那位被村里六七十年代出生的孩子们都称呼为杨大姑的老妈妈现在已经八十三岁。她是村里生产队时期的干活儿能手，压粉条的技能在全村无人可比。生产队时期社员割地，她总是把其他妇女远远地落在身后；积肥、送粪、装车拉庄稼、场院里扬场等重体力活儿都不亚于一个健壮男人。这位胖墩墩、圆圆脸蛋上镶嵌着两团红云、弯弯眼睛里永远荡漾着笑意、走路如风般的杨大姑，在每年一进入腊月就忙得不亦乐乎，河包沟村家家户户灶台边都要转个遍。在水汽氤氲、热气蒸腾的简易厨房里，她用强壮的手臂把每家每户的山药粉和面压制成溜光细长的粉条。论粉条的柔韧和劲道程度，其他人是远远无法企及的。因此，杨大姑的繁忙，成了河包沟村新年临近的一个标志性的温馨符号。村里人为了能早一天邀请到杨大姑去自家压粉条，都提前预约，有的甚至偷偷把她的法器——压粉条的饸饹床子搬到自己家。不过慢慢的，在村里形成了一种约定俗成的习惯，人们自动排队，如候车一样，等着搭上杨大姑的压粉条列车，直通新年的盛宴……

河包沟村虽然只是一个小得不能再小的村落，但是就像一只麻雀，虽然小，却五脏俱全。正因为它的小，各个年代里的特殊故事和人物显得更加明朗。

河包沟村生产队队长张志瑞，在60年代至80年代初期近二十年的时间里，每年秋末都要带着全村青壮劳力去内蒙古太仆寺旗、白旗等自家亲戚所在的锡林郭勒草原（当时村里人称作后草地）打草。青草是骡马牛羊等家畜尤其是怀崽牲畜越冬的宵夜。河包沟村随着六七十年代人口的倍增，加速了耕地的开垦，草坡日益缩小。为了保证所有牲畜整个冬季健康安然，顺利完成来年的春播，后草地的青草是全村人对来年丰收的依赖与期盼。河包沟的打草车队每年白露前后都会出现在风吹草低的茫茫大草原上，往返一趟最少要半个月，途中多次遭遇过狼群袭击。

河包沟这座小小的村落在任何一个时代都没有迟疑过前进的脚步。村里在新中国成产初期就办起了扫盲班，由后来到公社信用社工作的池满老师教识字。扫盲班基本都在晚上，村里所有没上过学的或已超了学龄的人不分性别不论年龄都在扫盲班里认识了千八百个字。60年代后期，原来的扫盲班变成了小学校舍，由西壕堑民办教师付崇礼、李国歌、王凤兰等临时任教。70年代初期，张家口、宣化下乡知青侯宝林、王振武等人先后在河包沟小学任过教。这些知青让河包沟村有了正规的教学和清脆的普通话读书声。

60至70年代，各家各户迅速地添丁进口，到70年代中期，村里人口增加到一百三十多人。

90年代末期，国家实施退耕还林还草工程后，村子周围生态逐步恢复到五六十年代时期的景致。冬天的雪又格外殷勤了几分，尤其是2012年冬季，出现了五十年未见的大雪，草场平地处平均厚度达一米左右，村前的脑包山像是披上了厚厚的白色棉袍。次年春季随着气温回升，脑包山上的雪线次第下移。脑包山露出了黝黑的面庞，雪水在脑包山的足部汇合，在四月某个阳光无限好的日子里一股脑倾泻到村南的草滩之上。那条曾经丰润了小村60后、70后孩子们生命记忆的、神奇的母亲河再次奔流于滩涂之上。雪水漫过之后的2013年夏季，兰花草奇迹般地复苏。“那儿有翠绿清香的芫荽、迷迭香，紫色淡雅的鼠尾草、百里香，那儿还有我曾经真心深爱的人，请代我捎给她一份深深的祝福……”

温馨熟悉的旋律一定还在许多人的记忆里流转，歌声里包含着多少人对故乡母亲的怀念和祝福。村里的老井还在，胡家的老房子还在，但是随着农村蔬菜种植的大面积推广、乡村经济的日新月异，村南用了近百年的老井已经基本废弃，老井旁用来供给牲畜饮水的石头水槽已不复存在。天然溜冰场上拖着鼻涕与寒风共舞的孩子们多已天各一方。

2016年，河包沟村被列入沽源县扶贫搬迁计划名单，在不久后将并入西壕堑村。河包沟这个小山村将从沽源的行政区划图上消失，也终将成为回忆，成为无形的遥远，但是那些旧事，那些与村庄一起共欢乐、共奋斗的祖父先辈们的创业史却是这个村庄永远无法抹去的烙印。村庄无论搬迁还是消失，都不会带走这片土地。土地里早已与泥土融为一体的先祖的尸骨，滋润着这片土地上的万物，正在成为土地的一部分。或许某一天，你还会翻起关于这座小村的回忆，翻起你我不会老去的故事……

单 木 淖

樊桂云

单木淖村位于沽源县城北偏西十二公里处，是平定堡镇东坊子行政村的一个自然村。这个村的兴起与发展，都与盐的生产与买卖息息相关。据说，单木淖的村名就是一个蒙古族盐贩子起的。“单木”在蒙古语中就是“盐”的意思，而“单木淖”的意思就是“盐淖”。

早在宝昌、平定堡形成商业中心之前，单木淖这个地方就成了方圆百八十里食盐交易的集散地。有盐就会有市，有市就会繁荣。因为大量的食盐交易，单木淖陆续聚集了大批外地盐商，最有名的有福兴隆、余庆昌等几家商号。

但是，单木淖本地产盐量并不大，在这里交易的盐主要是来自内蒙古东乌旗的大青盐。自古以来，食盐的重要性都不言而喻，而单木淖能成为当时坝上地区的食盐交易中心，足以证明这个地方在当时的地位非同一般。

单木淖最早的立村之人叫岳寿山，是现在村里八十三岁老人岳普的太爷。清朝后期，岳寿山挎着一篮子烧饼来到这里，后来开起了点心铺，并兼营食盐生意。后来，岳寿山生子岳恒，岳恒生子岳永魁，岳永魁就是岳普的父亲。

单木淖有一家姓陈的老户，也是后来村里的大户。陈家来自阳原，主要以种地为生，户主可能做过大官，所以被人们称为“陈大官”。陈大官来到单木淖后，生了三个儿子，从大到小，分别叫陈进考、陈进玉和陈进玺。哥仨成家后，又生了八个儿子，从此陈家一直人丁兴旺，成为单木淖的大户。

现在村里陈祥的爷爷是位打铁的手艺人，也是最早来到单木淖的村民之一，人称“二铁匠”。他娶的媳妇是蒙古族人，生了个儿子叫陈万海，也就是陈祥的父亲。

村里还有一家姓陈的，叫陈占山，与前面两陈同姓不同族，但这三家陈姓对单木淖村的发展都起了重要作用。后来，苏家、于家与孙家也陆续来到村里，形成了如今单木淖村的格局。

因盐而形成村落的单木淖，也因盐而发生过许多故事。

清朝后期，英国人控制了东乌旗的大青盐交易。他们在单木淖设立独销局，控制并垄断了当地盐的买卖，从东乌旗开采出的盐拉到单木淖后，都被他们用竹席盖起来进行储存。由于单木淖周围全是草滩，没有像样的公路，加上其他一些原因，储存的盐整整三年没有运出去。就是在这种情况下，独销局也是一粒盐都不卖给当地百姓。百姓们忍无可忍，在高山堡的“老虎脸”和前山的“三牛鼻”二人的组织和带领下，一举抢了独销局的盐，并放火烧了竹席。

单木淖因为有食盐在这里集散，经常遭到土匪大帮们的抢劫骚扰。当时常来的有“漂亮二子”“西黄风”“曹马老四”和“柴字杆子”等人。村民们经常被土匪大帮暴打，个别村民甚至因受到惊吓而得病去世。由于兵匪猖獗，民国二十二年（1933 年），单木淖村绝大部分生意人远走他乡，这个重要的食盐集散地从此淡出了人们的视线。

单木淖产的土盐虽然差，但在吃盐十分困难时期，村民们也吃本地自产的土盐。单木淖天涝时就有水，天旱时水就干，每逢水干的时候，淖面上就会结出厚厚的白白的盐土。村民们把盐土扫回家去用水熬，再把熬出来的红水澄清亮，用来炒菜、腌菜。有的人还把盐水烧干，结晶成土盐颗粒以便储存。由于盐土里含有大量硝和碱，作为食盐吃起来口感很苦，但再苦也总比没有盐吃要好得多。

新中国成立前，单木淖村植被茂盛，水资源丰富，到处开着金莲花、黄花和马兰花。但是春天的单木淖干涸后，淖内就白茫茫一片了，一刮大风，天空如烟雾弥漫，白色就笼罩了整个村庄。

时光荏苒，往事如烟。如今的单木淖只是沽源一个普通村落，但关于盐的故事却一直被村里人津津乐道，代代流传。

（资料来源：岳普、陈福山、陈寿山、陈祥）

三 号 地

张爱莲

一

我多次请求已经七十多岁的父母离开家乡跟我们同住，父母总是用“去别的地方不想在”为理由推脱，直到今天我依然没能“请”动他们。那天采风，贾老师说：人和故乡是有“山水血脉”的。我幡然醒悟，父母离不开家乡，原来是因“山水血脉”。

我家乡的名字就像农村孩子的名字一样随意简单——三号地村。村后就是河北和内蒙古的交界，公路上方高挂着一个大牌子，从南面看是“内蒙古自治区欢迎您”，从北面看是“河北省欢迎您”。公路不是普通的公路，现在是国道 207 线，过去是驰名中外的张库古商道。村东半公里有片淖，古代名为“狗泊”。狗泊南北绵延近三公里，从高空俯瞰，如怀孕的母狗卧在草原，狗头冲北，小而椭圆，狗尾冲南，显得很肥硕，大腹便便样；狗头下边是延伸很长的狗脖子，我们村正对着狗肚子。晴天时，站在村口望淖，波光粼粼。村里老人说狗泊原有源头，20 世纪 50 年代红圪塄修水库时被截断，淖里蓄水只能靠夏季雨水，遇到大旱，淖底灰色的土裸露在外，波光不见，灰蒙蒙一片。

三号地是个穷地方，土地不是盐碱地，就是砂石地，庄稼产量很低；因为水质差，含氟高，口感咸涩，地下水位低，到现在村里也没有一亩水浇地。但是，再穷那也是“家”，也是我的“根”。这么多年我很少梦到我现在居住的小镇，更多时候梦到的都是故乡的景色。村东的大淖，村西的大井，村北的小山，村南的杏树林，总是源源不断地输入梦里。每次回村，去淖边散步都是我的必修课。站在淖边，生活在村里的每个春夏秋冬便奔跑而来。春天，草刚发芽，地边的“辣妈妈”吸引着村里的孩子们。他们抠挖一天，收获一把身材苗条、肤色白净的“辣妈妈”，无比兴奋，撸尽土吃一口，辣乎乎的。立夏后，村西地里的酸溜溜是小伙伴结伴寻找的“好吃的”，找见一丛又嫩又粗的，能幸福好几天。秋天，黍子地里结上了“米米”，吃得嘴唇黑漆漆的。冬天，水缸里结起的透明冰片——我们的“冰激凌”。还有——还有——鸡飞狗跳，猫来鸭往，牛走马跑羊咩；东家婶子正摸母鸡是否有蛋，西家大娘正挠着小猪脊背，南家姐姐正给小妹梳辫子，北家大哥正唱起一首“让我们荡起双桨”……而我却“蹴了底”，正被母亲“凶神恶煞”地吓唬，父亲把我护在身后假装骂上我几句，我知道这场“蹴底”风波很快就会过去……

二

故乡是一本永远读不完的书，需要用一生来阅读。我无数次写村东的狗泊，以至于看过我文字的文友很想目睹一下狗泊的风采，我和他约定，今年夏天带他去。

金世宗大定十一年（1171 年）正月，这片淖泊被正式命名为狗泊——金代官员们可能也知道淖形状如狗卧，才取名狗泊的吧。狗泊曾盛产硝盐，盐场设六品盐司，以西京盐判宋俣为使，顺圣县令白仲通为副；大定二十五年（1185 年），狗泊盐司更名为西京盐司，设正使、副使、判官、翻译和知法各一人，设管勾六人，司吏二十二人，抄章、公使四十人，为金代七大盐司之一。承安三年（1198 年）十月，开设榷场于狗泊。十二月，定西京盐司煎盐每石售价八百文……从这些数据看，可想而知狗泊曾经的盛况。

狗泊西南岸，三号地南两公里处，紧靠 207 线西，和狗泊唇齿相依、息息相关的是九连城遗址。九连城建于金代，时称昌州，与抚州、桓州并称金代“塞外三重镇”。抚州（今张北）是扼守草原南下的咽喉，桓州（今蓝旗四郎城）是通往上京（今赤峰）的要道，当年连接两者的昌州就是九连城。民国初年北方赫赫有名的“张库古商道”就从这里经过。古城遗址呈方形，南北长九百二十米，东西长七百六十米，占地近七十多万平方米。城墙宽二十多米，辟东、西、南三门，门宽十三米。城垣四周及城角共有角楼和城台残墩二十八个，每隔百米左右一个，从每个角度看，都有九个，故名九连城。当年为什么要这么建，至今仍是个不解之谜。

城内南北各有一处面积过千平方米的大型建筑遗址，城南还有大片肆井作坊遗址。遗址的土城墙长期受风沙侵蚀，正面临消失的命运。以前城墙较高，城里建筑遗址轮廓能看清楚，现在由于年代久远，风吹雨淋，冰雪冻融，农田耕作，里边的建筑轮廓逐渐消失，城墙、马面、瓮城和城门等也淹没在风沙中，除依稀可辨的几个土墩外，已经无法领略其本来面貌了。

遗址中有很多盗洞，有一些还很大。各种灰瓦、白釉黑边陶瓷碎片遍地。兰花、兔毫和流彩等各式各样的细瓷残片，都出自宋代定窑、钧窑和磁窑等名窑。另有大量古币出土，其中北宋钱最多。据《元史·顺宗本纪》记载："元朝末年，农民起义军自山西出塞，连下大同、兴和塞外诸城"，一举攻占上都，"焚宫阙"。关于九连城是否毁于大火，老人们说，城内曾挖掘出大量灰烬。我父亲还曾受命赶着三套马车，去旧城遗址拉过很多灰。如此看来，古城十有八九是毁于大火。

根据遗址占地面积、城墙和城内建筑布局，及出土文物，结合金元史料，可证实这里曾是一个集政治、军事、贸易、手工业和农牧于一体的重镇。据史料记载，金世宗出游沽源金莲川，昌州城是必经之地。皇帝驾到，山呼万岁，夜晚城内灯光通明，盛况空前。元朝时这里仍设盐务机构，由于地理位置重要，也是皇帝北巡西路的重要驿站。

1982 年，九连城遗址被定为"省重点文物保护单位"；2006 年 5 月，又被国务院核定为"第六批全国重点文物保护单位"。

三

写三号地窜到了九连城，实在是因为两地休戚相关。淼淼数里的狗泊，将三号地和九连城连在一起。三号地曾是过去的九连城乡政府驻地，三号地村和九连城村又曾是一个大队。

三号地的村名是因垦荒而得名。当时蒙古牧主在九连城周围划出三处需要开垦的土地，分别为一号地、二号地和三号地。一号地因在九连城边上，所以以“九连城”命名；二号地和三号地就这样成了村名。20 世纪 50 年代初，九连城、二号地和三号地合为一个大队，队部设在二号地，统称九连城大队；1978 年三号地独立为一个大队，辖二号地和南梁底。

三号地村张姓人居多，我们家的张姓和另一个张姓并不是一脉。我们家是小家族，另一个是大家族，三号地的起源和大家族张姓的祖先紧密相连。在清末以前，三号地一直是一片广袤的草原，狗泊鼎盛时期繁华的只是昌州城，和三号地无关。那么三号地是否居住过盐工？盐工当然住过，并留下了后代——不过这是后话。

我们可以想象到三号地及周边没开垦时的情景：漫漫荒草绵延无际，十里无人，狼嚎声偶尔传来，荒凉之景尽在眼前，留在这里的多是无奈之人。光绪元年，家住万全的刘福，单身一人，生活贫寒，听说坝上牧主招募垦荒壮工，便沿着古商道只身前往。他到了这里时正是沙扬千里的春季，风裹着沙甩在脸上生疼，开口还没说话，沙子就先入侵了。恶劣的天气给了刘福一个“下马威”，他在回与留之间犹豫了两天，才决定留下来，因为这里好歹有土地可以垦种，能活下去。当时刘福与牧主签订的合约是垦荒收入四六开，牧主六，他四，就这样刘福成了三号地的第一个村民。同年，也是万全人的张厚，因家里贫苦活不下去，听说了垦荒这码事，一路乞讨来到这里，同样和蒙古牧主签了“放丰收”协议，在三号地落了脚。几年后他在三号地站稳了脚跟，买上了地，接来了家属，和刘福一起成了三号地最早的村民。后来又陆续来了刘家、夏家、王家、孙家、周家和贺家，分别落户到九连城、二号地、南梁底和三号地，有的是来垦荒开地的，有的是晒盐、熬盐的。

盐淖在三号地留下的历史资料并不多。日本侵华时在三号地设立警察署，盖了炮楼，控制着狗泊的盐业，二号地刘启金为巡官。我小时候，有炮楼的大院是供销社批发站的收购点，我常去炮楼里玩儿。大院子的院墙比我们村里任何人家的院墙都高，四个角四座圆形炮楼，炮楼里四面挡风，太阳晒得楼里暖融融的，是我们那时候最爱去玩儿的场所。前几年一家加油站买了这片地，存在了六十多年的炮楼被商业大潮推倒了。

三号地曾繁华一时，1948 年解放后，归太宝市（今太仆寺旗）管辖，设立六区，辖红圪塄、白土窑；1952 年合并到张北大县，脱离了内蒙古；1956 年九连城乡政府设在这里，归沽源县管辖，后公社改为乡，三号地为乡政府驻地。当时三号地设有乡政府、邮局、医院、中学、粮库、信用社、检疫站、食品库、批发站、供销社、工商所、税务所、车站和磨坊，应有尽有，人口一度达两千多人，是远近闻名的旱码头。因工作迁到三号地的人也很多，这些人有文化、有知识，给三号地带来了“新鲜血液”，使得三号地人比别的村里人多了一份活泛和远见。改革开放后，三号地市场空前繁荣，服装店、理发店、缝纫店、照相馆、饭店和旅店应运而生，为方圆几十里的人们提供了各种便利。

1997 年，九连城乡与红圪塄乡合并为九连城镇，半拉山村成为九连城镇政府驻地，繁荣了半个世纪的三号地开始一天天萧条——只有当年的中学变成了寄宿制小学还在，其他单位都已人去屋空，当时占了整条街的供销社只剩下一溜空房子和偌大一个院子。

四

最早来三号地的刘家虽然也在这里扎下了根，但是人丁不旺，如今在村里虽然还有户口和土地，但是后人已不在村里居住。张厚的后代却人丁兴旺，占了村里人口的半数之多。张厚共有三子一女，三子分别为长子张全，次子张忠，三子张义。如今三号地村支书是张义的长孙张东，上届村支书为张全的孙子张青。张青是个经历丰富的人，讲三号地历史绕不过张家，讲张家就得讲讲张青。三号地人都是穷苦人后代，到 20 世纪 80 年代初，村里也没出几个文化人，而张青是为数不多的几个文化人之一，也是唯一熟知三号地历史的老人。

张青曾上过沽源一中，中苏关系紧张时，进过战备团步兵营，后来又当过小队会计、小学民办教师和多年的村干部，直到 2011 年在村支书任上退休。在任村主任期间，他带领村民们挖渠栽枸杞，治理好了狗泊周围的环境。当时我也加入了栽枸杞的“大会战”。记得村里有个妇女干活儿不怕苦不怕累，可挖出的渠如长虫找妈，曲里拐弯，怎么教也挖不正。张青急得直发脾气，村里人打哈哈：“差不多就行了，要那么正干吗，又不给发奖状。”张青说：“这是百年大计，不是儿戏，做不好，我们子孙后代看到，丢人。”他就天天帮那妇女挖渠，先挖出模子，再让那妇女挖，最后总算挖正了。

如今，当年指头粗的枸杞已是盘根错节，一排排整齐的如绿色墙壁。小绿叶密密匝匝地重叠在一起，形成了广袤的绿，小红果实坠在叶子中间，和绿形成了绝配。大片枸杞围在狗泊周围，天空蔚蓝，白云千变万化，一同倒映在水面，非常壮美。当年栽种这些枸杞的人，包括我在内，谁能想到小小的枸杞生命力这么强，还能带来这么好看的风景呢？夏季回家，在九连城遗址附近都能看到路过的游人停下车，钻进枸杞丛中，感叹之声不绝于耳，享受着自由采摘的乐趣。

进入 20 世纪 90 年代，青壮年外出打工经商渐成规模，村里人大多放弃土地、牛羊离开了村庄。开始只是短期外出，后来乡政府迁走了，更多的村民长年在外，村里留下的只有户口。到 2011 年，三号地行政村只剩下三号地村了，常住人口也只有一百一十多人，二号地和南梁底早在几年前就消失了。

张库大道周围很多村庄形成于“大丰收”的时代背景下，而今在城市化的滚滚浪潮中，不少村庄变成了“空心村”，并随着易地搬迁政策的推进，成为人们心中永恒的记忆和怀恋。

五

前年回村，我和朋友准备进淖玩儿，我母亲和她母亲一同嘱咐，不要下淖，淖里有盐井，曾经淹死过人。我俩不信，到了淖边便绾起裤腿下了水。微风荡漾着水面，阳光映照，每一道波纹都金光闪闪；水鸟“嘎嘎”鸣叫，成双结对飞起，诱惑着我俩一次次举起相机追逐；水刚好没过腿肚，我俩如儿时般“狂野”地搅浑了水的清澈。我俩兴奋呐喊，激动欢笑，母亲的嘱咐早已抛远，盐井到底在哪里呢？

1937 年，来自山西怀仁县的刘和走进了三号地村，成为三号地村第一个熬盐工。母亲们口中的盐井就是那个时候挖出来的。盐井一般并排挖两个，一高一低，井底铺防漏材料，进淖挖出盐土放在其中一口井，加水渗漏，漏下的水流进另一个稍低的井里，把颜色发红的水舀出，然后架大锅熬制，水干了，锅底剩下的就是盐。新中国成立后，狗泊盐经检验缺碘，政府禁止再熬，盐井便作废了。母亲说，她嫁过来时，淖边大大小小的堆还很多，都是当年盐工们用来熬盐垒起的灶台。据说废弃的盐井曾经淹死过人，但是我们从小到大就在淖里玩儿，四十多年的记忆里没有淹死人的事件，所以对母亲的嘱咐是不屑的。

刘和在三号地成家后，住在村最北边紧靠公路的地方。1950 年，他家开起了车马大店，两年后车马大店就归了生产队。传说他的妻子是个传奇人物，我见过其照片，那气质绝不是一般农村女人能有的。他们育有一儿一女，儿子刘元章出生在 1941 年，是村小学民办教师，也是我的启蒙老师。刘元章娶张忠长女为妻，因受母亲成分连累，当民办教师也是三进三出，前前后后当了二十一年，最后于 1985 年又当了农民。如今，他每月能领到国家给的四百多块钱补贴，和老伴儿种点地安度晚年。

每一个村庄有每个村庄的故事，故事生动着历史，晕染着生活。三号地村的故事我只讲了零星，检疫站的马匹还闪现在我眼前，食品库屠宰场里猪的号叫还回荡在我耳边，乡大礼堂放映电影的海报又张贴在了供销社门面上，医院里老中医的跟前排满了看病的人。还有，日本人建的炮楼里还有多少故事没有挖掘，张库古商道拉骆驼人的山曲传唱出了多少的心酸……

张家口乡土作家张立国写过这么一段话：“素日里，作为从乡村走出来的我，但凡听到‘故乡’二字，心中总有按捺不住的激动。可以说，故乡作为一个词，它一直都在温暖着我写作的情绪。”

是啊，每一个会写点文字的人，都写过乡愁。我也写过很多，偶尔一个触动，瞬间就能把童年的影像拉到眼前。我和丈夫爱说小时候的事，更多时候是我俩抢着说各自的童年趣事，女儿听见笑着说我俩幼稚，我俩相视一笑，心照不宣。

乡愁是说不完的话题，是写不尽的题材。“罗文峪口回头望，从此家乡是故乡。”诗人刘章的这句名诗，就是远离家乡游子心情的真实写照。我以为，地名文化的采写是对乡愁的一次蓬勃抒发，一次意义深远的撰写。

故乡，写多少次，我都愿意。

九连城村

张沫末

出九连城镇北行大约三点五公里，即到达九连城村。本来正值秋忙季节，但地里只有联合收割机在忙碌着，过去那种镰刀挥舞、热火朝天的秋收场面已经难得一见了。

进入村口，便有一股羊粪味儿飘入鼻孔。继续往村中心走，小巷内、村民家门口随处散落着羊粪蛋儿。当被采访的柳录老人提到20世纪六七十年代村里的二人台时，我忽然想起那首陕北民歌：“羊肚手巾三道道蓝/咱们见个面面容易/哎呀拉话话的难/一个在那山了上哟/一个在那沟/咱们拉不上那话话/哎哟招一招的手/瞭不见那村村哟/瞭不见那人/我泪个蛋蛋抛在/哎哟沙蒿蒿林……”

据沽源县相关史料记载，九连城村原来叫“纳零股房子”，原因是1923年最早来此地的村民是从张北县纳零股房子搬迁而来。当时附近十里八村都归属太仆寺旗管辖。1958年深耕地时，在村东一公里处发现了大缸、铜镜子和铜秤砣，还有无数人和马的尸骨。后经县文物部门鉴定，这里是金代的昌州城遗址，因曾经的九座城池根基依然存在，故命名为“九连城遗址”，纳零股房子也从此改称为“九连城村”。2006年5月，九连城遗址被国务院核定为第六批“全国重点文物保护单位”。

据史料记载，九连城建置于金初，有可能毁于元末的农民起义。因为《元史·顺宗本纪》中有这样一段话：“元朝末年，农民起义军自山西出塞，连下大同、兴和塞外诸城”，一举攻占上都，“焚宫阙”。或许，当时被焚的宫阙就有九连城吧。城内南北各有一处一千多平方米的大型建筑遗址，城南有大片肆井和作坊遗址。据村里老人讲，当地人家家户户都在遗址里拾到过铜钱，个别住户在解放初期还挖到过整坛的铜钱。20 世纪七八十年代，大人孩子农闲时便去遗址中捡拾人畜骨头，卖点零花钱贴补家用。

遗址与村落互相守望，百年以来，九连城村里的人习惯于将九连城的毁灭归因于天火。历史的纷争与悬疑成为史书与器皿残片上各种象形的符号，前赴后继的探究历史的脚步在这片城池上踟蹰着，不知在瓷器的碎片与深浅、弧度不一的纹路里，究竟哪一条能直通历史的真相……

民国初年，河北坝下与山西交界一带，不少人因饥荒流浪至坝上口外，这些人念念不忘家里亲人，人留在了塞外，也把二人台带到了塞外。九连城的二人台，就是从那时开始的。如今，不知当年村里的二人台名角张殿金，在半拉山收购蔬菜的繁忙之余，是否还保留着当年每年一次县、乡文艺会演时的激动劲儿。但无论是否还在舞台上，从九连城村走出去的村民，都不会忘了那悠长高亢的二人台曲调，还有那飘荡着羊粪蛋儿味道的农家小院。这一切都是浓缩在每个游子骨子里的乡愁吧……

九连城村最早的村民多来自于万全县，也有从张北、康保等地迁徙而来的。孟家、温家、柳家和辛家来得比较早（大约在民国年间）。最早来的村民都是租种三号地一个外号叫“小老三”的地主的土地。现年八十多岁的温家三奶奶，曾经嫁到崇礼一大户人家做童养媳，遭受了婆婆的百般虐待。新中国成立后，三奶奶争取婚姻自由，嫁进了温家，口外的日子虽然清贫，至少心灵和精神上是富足的，这就使得三奶奶迄今依旧耳聪目明，显得比村里其他老人健朗许多。

与九连城村紧邻的 207 国道（张北至多伦段），是日本人于 20 世纪 30 年代初修筑的。柳录老人 1942 年从康保迁来时，九连城村是日本人修筑公路的伙食基地。日本人物色了本地的地痞无赖，逼迫村民日夜劳作修路，多数村民受不了苦役和鞭打，偷偷把家里仅有的一点粮食或其他值钱物件贿赂给工头。1945 年，九连城村民清楚地听到张北方向传来苏蒙联军的炮声，被日本人残酷奴役的日子从此画上了句号。但是日子并未从此安稳下来。

1946 年 10 月，九连城村附近村落的反动地主、伪乡长及伪乡兵队长等带领二百多乡丁，将九连城农会主席赵志德、战勤队长王万玉、村长助手小刘活埋，制造了骇人听闻的“九连城惨案”。直至 1948 年沽源彻底解放，九连城村的人才过上和平宁静的日子。

九连城村因打不出深层水，地表水水质较差，一口井仅够一家几口人饮用，村民自搬来只能一直种植小麦、莜麦和胡麻等大田农作物。遇到干旱年，农作物不及膝高，刚进秋天便草草收割了。村里留给人们最久远的记忆，就是一个“穷”字。过去穷，吃不饱饭；现在穷，经济收入无法和大面积种植蔬菜的村落相提并论。因为穷，村里受过高等教育的文化人相对较少。村里小学的第一任公办教师辛文礼老师，在解放初期从丰宁县调到九连城村任教，使得这座古老遗址侧畔的小村落有了琅琅读书声。而今，因地质因素的限制，除了外出打工的壮劳力，一部分人还停留于农耕温饱状态，盼望易地搬迁的扶贫政策，能给这个古风浩荡的小村庄带来一抹春色。

2017 年年底，九连城村二百七十户五百四十余人，将全部搬迁至镇政府所在地居住，优美的居住环境、完善的公共设施和便利的交通条件，将给他们带来全新的感受。但是，许多村民仍留恋着这片弥漫着羊粪蛋蛋儿味的土地，时代的进步让多数人的乡愁与惆怅，表现为对断断续续飘在风里的《五哥放羊》的回味：“六月格里二十三/五哥（那个）放羊在草滩/身披（那个）蓑衣他手里拿着伞/怀来中又抱着（那个）放羊的铲//九月格里秋风凉/五哥（那个）放羊没有衣裳/小妹妹我有件哎小来袄袄/改来一改领（那个）口，你里边儿穿上……”

小宏城村

郑恒萍

小宏城村，是一个原生态的小村庄，因为一座城池、一段历史，让小宏城在历史上熠熠生辉，它像一枚印章，印在闪电河的西岸。在沽源，只要提到小宏城，就会想到忽必烈，就会想到驿站，就会想到西凉亭。据《口北三厅志》记载："西凉亭土人呼为红城子，蒙古语名诺海霍朔，亦曰五蓝城，五蓝话语红也。"当地人称小红城子，后写成小宏城。

小宏城村，就像古城墙基上的碑石，深刻厚重隽永、宁静古朴端庄，静静地安卧在岁月的深处、历史的尘埃里。历史是以文化传承的，村庄是靠血脉维系的，村庄的存在，本身就是一种文化，而厚重的历史，更增加了村庄的醇厚的人文底蕴。

任何一个村庄的形成，都有它独特的地理地貌的因素，必须满足人类的防御、繁衍和获取资源等方面的自然条件，慢慢形成聚集的模式，由迁移游牧过渡到农耕农业，在不断适应变化的环境中，获取生存所需的食物和其他物品，渐渐地定居下来，村庄由此而诞生。

闪电河乡小宏城子村，距离县城二十多公里，人口二百多，主要有冯、张、赵、王、刘、贾等姓氏。小宏城位于闪电河流域的金莲川腹地，四周地势平缓，起伏不大，西南紧靠草原湖度假村，东面为草滩，五百米外环绕着闪电河。北面二公里处是水泉淖，淖的东西两面是连绵的山峦。西南二公里处为囫囵淖，由于该地湖泊较多，形成很多湿地草甸。这里夏季凉爽，水草丰美，适合牛羊的养殖和蔬菜的种植；村民们主要种植菜花、生菜、西兰花、小甘蓝和大白菜等时令蔬菜，平常年景也有四五万的收入，遇到年景好的时候，一年收入七八万是一件很轻松的事情。村民们都说，感谢党的好政策，生活幸福而知足。

据村里的老人李风明介绍，1921 年，他的爷爷带着家人从丰宁一路奔波寻觅到此，看到此处三面环水的平原地貌（在古书上来说，是吉祥如意的风水宝地，宜居，宜耕，宜发展农业），于是带着家人安顿了下来。当时的小宏城，还是一片荒滩，杂草丛生，没有村庄，没有人烟，没有砖，没有瓦，没有石头。爷爷带着家人，用树枝搭了个窝棚，一家人挤在窝棚里，用铁锹一块一块、一亩一亩地开荒种地。经过一个春季的劳作，十多亩农田被开垦了出来，种下了粮食，从此，这片亘古的荒蛮之地有了耕种。种子一旦撒下，就等于撒下了遍地人烟，农耕文化在小宏城出现了。

小宏城隶属沽源县，当时沽源县的首富白玉山在县城周边拥有大量的荒滩和未租种的土地，从高山堡的葫芦峪沟、西山坡、千斤沟和六面井，到二道渠的头号、二道木头、榆树沟和大梁底，再到平定堡的河东、狼尾巴山，都有他家的土地。为了管理这些土地，白玉山在二道木头、宏城子、榆树沟、新地房子设立“地房子”，里面住着管家长工、勤杂人员，既管理土地又饲养马匹牛羊，小宏城的荒滩就归白家所有。随着土地的开垦、农田的种植，越来越多的人看中了这块土地，纷纷前来落脚，人慢慢多了起来，逐渐形成了现在的小宏城村。

1931 年，李风明出生。小时候的李风明经常和小伙伴在村庄后面的土围子里玩耍。那时候村庄后面这个方方正正的土围子，对孩子们说来，是一个乐园，跨过高三米左右的土围子，就可以进入这个城堡。他们在里面嬉戏，捉迷藏，打土仗，偶尔还会拿着残缺的砖块打来打去。这里的砖要比一般的砖坚实得多，有的砖头上甚至还有彩色釉印，孩子们只知道掂在手里重重的，打在身上生疼，却从来没有考虑过这些砖的来历。

“大跃进”时期，为建水利工程，小宏城遗址的城砖被派上了用场。当时，小宏城遗址城墙仍在（宽五点五米，高零点五米至三米），而且外有护城壕沟，但是因为岁月的侵蚀，有的地方裸露出大量青砖。村民们发现这些青砖不仅宽度适合，而且质地非常坚硬，就都挖了出来，在村庄周围打了十多眼井。这样一来，原来的城墙成了现在低矮的土围子，失去了原来雄伟壮观的城郭气势。

时光荏苒，1972 年的中国国民经济处于复苏时期，社会秩序逐渐恢复正常：人民公社统一经营、统一管理、统一劳动、统一分配；种植、收割、打粮，集体在场院里看护粮食。村子里没有太宽敞平整的地方，村民们就相中了村北这个长方形的大围子，经过几天的碾压修整，一块平平整整的场院出现了，村民们在上面打场、堆放粮食，晚上还有村民值班。据下夜的村民讲，每逢睡到半夜，身边似乎有千军万马，排兵布阵，人喊马嘶，走出去观看，夜色朦胧，寂然无声，村民们说不出所以然来，以为是幻觉；再换作三个人甚至四个人，人多值班时这样的情况也时有发生，每个值夜的村民都经历过这样的事情，口口相传之后，村民们再也不敢在土围子里打场，更不敢睡在里面了。后来，场院从围子里迁到村子南面，这种现象才消失。

李风明老人讲，“大跃进”的时候，村民从村子东北角的芨芨草包处往地里拉肥料，地里的肥料好像永远也挖不尽，总是越挖越多的样子，地里到处都是灰烬，有时候还能挖出黑釉瓷缸残片及缸沿，有一个村民还挖出器形巨大的瓷瓮，直径达一米五，还有大量的草木灰以及大量的牲骨。村民们不懂历史，以为村北只是早些年大地主的一个废弃的院落。

历史作为一种存在，不仅仅是总结和映射，还在于不断地发现真的过去，因为历史终归会被发现。小宏城特殊的地貌以及不断出土的文物，渐渐引起了县文保所的注意。1983 年河北省文物研究所派专家来此调查，1987 年沽源县文保所派人进行调查。随后，一大批中外学者将目光投向小宏城村，纷纷前来考察、取证、著文，察汗脑儿行宫的真实面貌渐渐被人们认识。原来村庄北面这个怪事迭出、瓦砾无数的巨大长方形土围子，就是七百多年前叱咤草原的大汗忽必烈的行宫。

以小宏城遗址为核心，包括分布在四周的东小城、芨芨草包等遗址群，呈长方形，南北长三百六十五米，东西宽三百零五米，面积十一点一三万平方米。东小城在小宏城遗址东，是察汗脑儿行宫的一部分，芨芨草包地面上散布着大量的素面砖瓦残块和少量的琉璃瓦片。

据史料记载，它建于元世祖至元十七年（1280 年），此时忽必烈登基的开平城已升为上都，燕京被兴建为大都，两都并雄。忽必烈在皇位上坐了二十多年，牢不可撼。为出行需要，忽必烈在上都东西各建行宫一座，称东凉亭、西凉亭。东凉亭在今多伦白城子。忽必烈当然不会忘怀初治漠南的藩邸、群贤毕至幕府的情景，于是在曾目睹他立宏图大志、整兵经武、夙兴夜寐、韬光养晦，为建立大元费尽心血的金莲川上，修建了壮丽辉煌的西凉亭，称“察汗脑儿行宫”。

在行宫东与北墙平行处，有一座近万平方米的小城，城中有一处四百八十平方米的建筑群遗址。这里黑赭或茶绿色厚沿广口大缸残片尤多，1978 年在这里挖出一个大型炉灶遗址，中间是相距丈余的两根线轴状生铁柱，高一米二，两端直径五十多厘米，四周地面用十八公斤重的铁砖铺就，两侧是一米多高的铁炉门。它是行宫的附属建筑——“云需总管府”，“掌守护察汗脑儿行宫及行营供办之事”，“酿酒以供上用”。

元初，从忽必烈定制起，各代皇帝遵循定期巡幸两都制度。忽必烈从此每年驻跸这一地区，举行诸王朝会。期间，政府诸司都分司相从，以处理重要政务。皇帝除在这里狩猎行乐外，蒙古诸王贵族的朝会和传统的祭祀活动都在这里举行。沽源县闪电河一带，是大都至上都的必经之路。察汗脑儿行宫便成为诸帝巡幸两都的重要活动之地，成为金莲川乃至北方草原上仅次于上都的统治中心。

小宏城遗址北距内蒙古正蓝旗境内的元上都约六十五公里，南距梳妆楼元墓五公里。遗址所在的湿地上生长着大量的金莲花，形成一条狭长的地带，故有“八百里金莲川”之称。

至正十八年（1358 年），关铎、潘诚率领的农民起义军掠大同、兴和塞外诸郡，攻陷上都，火焚宫殿，察汗脑儿行宫幸免于难。至正二十八年（1368 年）元惠宗北走上都时，因上都被焚毁，置行政枢密院于察汗脑儿。明洪武三年（1370 年）二月，李文忠率明军攻占察汗脑儿。

明朝建立初期，为了防止蒙古军队的反攻，在开平和察汗脑儿驻守了大批军队。明成祖死后，蒙古势力逐渐强大，明朝由主动进攻改为守势，加上运粮困难，宣德五年（1430 年）六月，将开平卫（元上都）移至独石口，明朝北部边防内移，察汗脑儿成为蒙古的驻牧地，行宫逐渐荒废。

如今，站在这残垣废墟之上，放眼望去，芳草萋萋，比较显眼的就是中间凸起的一部分，它应该是这座城池的政治军事中心、讨论军国大事的议政殿。四周是依稀可辨的城墙，南北东西各有一个气势恢宏的城门楼，七百多年前，忽必烈在这里或叱咤风云指点江山，或烈烈激风围场狩猎，或聚集大臣把酒言欢。这些断壁残垣下曾盛放着元朝的历史、文化、生活和梦想，这里曾是一个横跨欧亚的帝国驿站。

站在城墙之上登高远眺，青草覆盖的城垣清晰可见，城郭、东小城和芨芨草包，错落排列，这座由宫殿、草原和溪流构成的梦境般的驿站，是远去的元朝帝国在龙兴之地上留下的印痕；南面的小宏城村，红瓦土墙，菜园纵横。远古的文明与喧嚣，现代的宁谧与安详，都在这一时空中被定格。曾经的繁荣辉煌风烟散尽，曾经的帝王功绩、百姓悲欢都被时间碾平，一切，都会随着时间淹没。

如今，这座记载了忽必烈龙起朔漠、丰功伟绩的辉煌建筑，虽然只有断壁残垣了，但凭借史料和出土的文物，我们仍想象得出昔日元帝行宫的雄伟壮观，由此确定小宏城在历史中的重要地位，也为小宏城在历史上写下了泼墨浓重的一笔。

小宏城村，以其厚重的历史、响亮的名字，延续着一个民族在战乱中的文化之脉，文化也滋养着这个小村庄，让它有了更为亮丽的色泽。

只有文化和历史活着，这个村庄才会亮丽、鲜活、多姿多彩。

小后营子

刘文举

在丰源店乡蒙古营村西半公里处，有一个仅有十来户人家、最近又易地搬迁的小后营子。从建村以来，小后营子最热闹时，也不过八十多人。如今，村里常住的二十几人，也于10月份搬到了东面的蒙古营村。

小后营原来叫“白山营子”，是因为在民国年间，村子最西头住着白山（白成林）一家。他们是村里最早的住户之一。白山年轻时是外地来的货郎，经常徒步下北京进货，来回挑着货物卖，阅历十分丰富。他在小后营定居后，这里逐渐被叫成了“白山营子”。当时，白山营子的住民还有刘家、贾家和徐家等。因为从东面走，白山营子在蒙古营后面，又因为一直很小，所以“文革”以来又逐渐被叫成“小后营子”，并一直被叫到现在。

小后营子很小，也很偏僻，一直默默无闻，却承载了村里人满满的回忆。就在一个多月前，小后营子人的新房装修完毕，家家开着拖车，一趟趟地搬家。几天后，随着挖掘机铁臂的挥舞，这个小村庄变成了平地。村里的房屋、院落、老树和旧井，也将在明年春天复耕后的泥土中彻底消失，但村里人关于这一切的记忆却是无法磨灭的。

20 世纪 70 年代初，正处于鼎盛时期的小后营，全村也只有二十几户人家，八十多口人，是全大队最小的生产队。人们住在高低不齐、大小不一的土坯房里。大人们日出而作，日落而归，小孩子们扳着指头盼周末，盼放假，盼过年。有时捡鸡毛做毽子，缝布袋装沙包，磨石头玩儿抓子儿，用铁丝做滚环，立石头打阎王，还用药盒做扑克，跳腾得浑身是汗，不夜不归。大孩子们玩儿起来就惊险刺激多了，其中一种玩儿法就是滚车轮。

那时候，生产队的车多是木轮六辋（车轮周围的框）车。车轱辘是两个木车饼加一根木轴，简陋而笨重，却成了孩子们的玩具。第一次滚车轮，先是选好一处陡坡，胆大的孩子把头、脚分别伸进两端车辐，胳膊紧抱车轴，车轮被推下坡后飞快地滚动，在凹凸不平的地面上磕得“哐哐当当”，让人心惊肉跳。当车轮终于停下来，人从车辐里钻出来后竟然安然无恙时，大家的胆子顿时壮了起来，一个个学着样子滚了下去。

坝上的冬季寒冷而漫长，孩子们的最爱就是滑雪锹。有一年生产队还没完场，鹅毛大雪就从天而降，小后营子很快就被大雪吞噬了，整个世界白茫茫一片。大人孩子都钻在家里，守着煤油灯听刘兰芳的评书《岳飞传》。天晴后推门一看，整个村子半掩在积雪里，有的人家都被积雪淹没了。大人们挖雪救人，孩子们不能去上学，就堆雪人，打雪仗，小手冻得通红，却高兴得像过年，大人骂都骂不回去。大孩子们拿出铁锹或小簸箕，踩着厚厚的积雪“咯吱咯吱”爬到高处，玩儿起了“高山”滑雪。大家“一”字排开，坐在铁锹或簸箕上，喊声“一，二，三!”，就像离弦的箭一样，从顶上窜了下去，雪沫飞溅起一米多高，形成一溜白烟。那种刺激让当年的孩子们欲罢不能，现在的孩子们是很难体会到了。

小后营子孩子们常玩儿“过家家”。先找一处向阳的雪地，用铁锹、火铲盖房子。通常，我是总设计师，兼施工队长，别的孩子打下手。先把积雪切出立面，再向里掏洞，然后铲出土炕、锅台、柜子和水缸。房子建成后，大家都已汗气腾腾了。刘桂梅来分配角色：“你当爹，我当妈!”我没意见。“你当闺女!”徐凤却不愿当闺女，理由是她个子高。我提出“井盖锤”（类似石头剪刀布），谁赢了谁当妈。刘不干，说当妈要会生孩子，谁生出孩子谁当妈。我和徐傻眼了。刘扭过身去，变戏法似的，从衣服里“生出”了三个布娃娃。徐没有布娃娃，只好当闺女，做布娃娃们的姐姐。大家又各自回家，偷出些破麻袋、旧衣物、炒大豆和炒莜面，开始过日子了。刘把“孩子们”一字排开，放在“炕”上，又抱起最小的边转悠，边拍打：“噢，噢，睡觉觉，小猫来了逮耗耗……”“孩子们”睡着了，“老婆”开始收拾家、做饭，“爹”和“闺女”出去干活儿。我们就做磨盘，磨豆腐。两块脸盆状的大雪饼摞在一起，木棍上下一穿，上面再横插一根棍子，磨盘就做好了。“闺女”添“黄豆”，“爹”推磨，一圈一圈转起来。很快，“老婆”喊“爷俩”回家吃饭了，桌上已摆好大豆、炒面。“一家三口”刚拿起“筷子”（小木棍儿），就听徐凤妈大喊：“死丫头，都多会儿了，还不回家吃饭来？”话音未落，徐就被拽了回去……

当年，小后营子向东有一条小路，通往蒙古营，路北是耕地，路南是草滩。村西一片片沼泽地，葫芦河泛着水花，奔腾着，跳跃着，“叮咚，叮咚”唱着欢快的歌谣，顺着河沟蜿蜒西去。春天来了，草滩上小草顶出了嫩芽，金黄的蒲公英竞相开放，引得彩蝶翩翩起舞。沼泽滩上，水塘倒映着蓝天，野鸭在水中追逐嬉戏。孩子们脱了大棉袄、大棉裤，周六日时尽情地跳，尽情地疯，村前的小河、村后的山坡，都是孩子们的天堂和乐园。

有一次，孩子们成群结队到后阳坡下的庄稼地拔酸溜溜。地里有一处小山包，山包上全是碎石沙砾，除了一座孤零零的坟墓，全是鼠洞大小的洞穴。山包上不长庄稼，却长了不少沙蓬，大伙找不到酸溜溜，开始拔起零星的酸菠菜来。忽听崔占忠“哎呀”一声，只见他光着的双脚边，牛粪一样团着一条黑乌蛇，头担在当中，血红的芯子一吐一吐。大家都惊呆了。这时，白俊洋操起一块石头，狠狠地向蛇砸去，蛇受了伤一下子抻开身子，足有一米多长！它摆着尾巴想逃，却挪动不了。白俊洋举起第二块石头时，却见穴中又爬出三条蛇。不知谁喊了声“快跑!”，大伙飞也似的一口气跑下了山包。

后来听大人说，那里是“蛇地”，洞穴里全是毒蛇，它们捕食青蛙老鼠，又没有天敌，一年比一年多。雨后天晴时，常有一团团大大小小的毒蛇出来晒太阳。这儿的毒蛇还有灵性，你不伤害它，它就不会咬你，但一旦一条蛇被伤害，别的蛇就会纷纷爬出来报复，而且越打越多，所以村里人都不敢在这里打蛇。据说蛇地还有一种体形似蛇却长着四腿的动物，叫“长虫舅舅”，专门给蛇治伤。蛇被它治好后，就会向人寻仇。这些说法让孩子们提心吊胆了好长时间。

小后营子的孩子们都有过偷萝卜、烧大豆的记忆。在那个物资匮乏的年代，别说现在这样多的零食，就是饱吃一顿水果都是奢望。夏天，他们盼着大人们上山打草时摘回的山丁子、山梨、刺梨儿和托盘儿。秋季，他们会去偷地里的胡萝卜、大萝卜、豌豆角、大豆角和蔓菁疙瘩。

有一次，孩子们在河里洗完澡饿了，正好一个孩子衣袋里有火柴，于是大伙偷偷溜进河边大豆地，抱了几抱干透的大豆，找块干草滩上点着。大风吹得火苗“呼呼”直窜，滚滚浓烟老远都能看见。大豆很快被烧熟了，闻起来喷香喷香的。大伙七手八脚用树枝打灭余火，开始用鞋壳篓分大豆，一轮一轮地进行。忽然，队长怒冲冲地跑来了，大家撩起背心兜起未分完的大豆就跑，也顾不得肚皮被烫得钻心疼。跑回家一看，背心被烧了几个窟窿，肚皮也被烫出了水泡。但是，先要把大豆藏好，再编一套谎言应付父母盘问，因为烫坏的背心是掩盖不了的。

小后营子直到 1975 年才开始有自己的学校。当时生产队的三间土房，靠里一间盘着土炕、锅台，是饲养员焖猪食的地方。外面两间打通了，露出三根柱子，再摆些桌凳，墙上挂块涂了墨汁的三合板，就成了学校唯一的教室。白天学生在这里上课，晚上队长和社员在这里开会，安排生产，记工分，有时社员们也在这里学文件，读报纸，忆苦思甜，开批斗会。那时候，学生作业不多，村里开批斗会，会有小学生代表发言；在修扬水站的施工现场，会有学生表演节目；社员们热火朝天割麦子，小学生也去地里拾麦穗；他们帮烈军属扫院，还帮饲养员喂牛羊。在那些难忘的岁月里，孩子们慢慢地长大了。

随着农村的快速发展，曾经保守落后的小后营子，变化节奏也越来越快了。当年的牛拉犁、马拉磨，早就被现代化农业机械取代；当年的茅草房、马架屋已消失多年，取而代之的是宽敞明亮的砖瓦房。如今村里多数年轻人在城市买了楼房，而留在村里的人也都已喜迁新居。

曾经熟悉的小后营子越来越陌生，直到它从这片热土上消失，还没来得及让人重新熟悉。但这种变化又是喜人的，愿易地搬迁后的小后营子人过得越来越好。

大二号老村

杨占林

商贾重镇大二号

大二号也曾叫过“二豪镇”，从清代开始就是矗立在坝上草原上的商贾重镇。在二百多年的历史进程中，这里留下过回汉民族艰辛创业的足迹，也曾回响着旅蒙商人响亮悠远的驼铃声，但是最让人难忘的，仍是那眼古井，那棵老树，还有那间老屋。

老树与古井

大二号村有棵老榆树，就长在缺水的高坡上，粗有几搂，高约数丈，根深叶茂。它树心空洞，却又从中部发芽，长成二代大树。树的上部分是两大主枝，树冠如一把巨伞遮阴着地面。据老辈人说，此树是清朝乾隆年间最早来大二号开荒种地的任氏先人栽种的。据说自从有了这棵树，村里的农商经济才欣欣向荣，凡在树下居住的人家，都家境殷实，人才辈出。

离老榆树南约三百米处，有一百年古井——西井。西井水质甘甜，井底的泉眼长涌不息，在最干旱的年头也未枯竭过。方形的井台，用古老的青砖砌成。无论是炎炎夏日，还是数九隆冬，每到清晨，习惯赶早挑水的人们，都会用长长的井绳垂下吊桶打水。

正是这口古井，默默地用涓涓细流，涵养着无数生命。老榆树历经沧桑，还依然如此葱郁，也许就是因为它的根深扎进地下泉水，被西井水滋润的缘故吧！

坝上的夏季太阳直射，天气经常炎热干燥。近树的村民习惯了在树下乘阴凉、聊天、下象棋。老树陪伴着朴实的村民，过着安居乐业的生活。当时没有时钟，但村民们根据树影的长短和方向的变化来确定时间，通过蚂蚁上树等迹象预测气象，安排日常的生活和生产。

秋天庄稼收获后，他们更习惯在树下脱粒打场。巨大的老榆树背靠着小山般的莜麦垛，任作忠赶着三套马车来往穿梭，老胡运的石磙子在骡马的拉动下，“咕噜噜”地唱着欢歌，就连他家平时看家的大黄狗，也收起了往日的威风，跟在人后撒欢乱跑。老裴家好动的大公鸡和芦花老母鸡也不甘寂寞，领着孩子们在大树下会餐。“八月秋忙，秀女下场”，这句话一点不假。这时节人头涌动，一片繁忙，打场时风遂人愿，就连胡麻那细小的颗粒，也被扬得十分干净。

相传谁家小孩子要是有个头疼脑热不舒服，大人们偷偷在老榆树下许个愿，给树上炷香，拴缕红布条，孩子的病便能痊愈。由于老树的神奇和久远，自然令人生出对它的敬畏感。傍晚孩子们玩耍是不敢去树下的，代代沿袭的习惯，更增添了老树的神秘和威严。

随着老榆树的更加苍老，它的传说也越发神奇。有一年天旱得厉害，村民自发在老榆树下敲锣打鼓祈雨，不约而同地给老树上香，挂红，还去西门口关帝庙杀羊领生，搭台唱戏。祈完雨，有时候凑巧了，开台的锣鼓刚敲响，就阴了天，一霎时电闪雷鸣，大雨倾盆。这一年老榆树越发枝繁叶茂，榆钱挂满枝头。在“挣工分，分口粮”的时代，村民们打了榆钱，掺了莜面打苦累，老榆树帮不少人渡过了难关。

随着岁月的变迁，老树早已枯死，西井也被井房封存。此后，每年清明，许多上了年纪的远方游子拖儿带女回村，祭父母，访乡亲，驻足观老树，顺路看老井，成了一种习惯，而老树和老井的故事，也在一直流传着……

老村与老屋

过去，沿着从县城东去的大道直行，过了二道渠再越过一道缓缓的小山坡，就步入了大二号老村地界。首先映入眼帘的，是水草丰美的“大泡子”。因这块地地势偏低，自然出水加雨水汇集，形成了一个大水淖，大二号人习惯称它“大泡子”。

环绕“大泡子”四周，是一望无际的草滩。那时的草滩没有人为破坏，加上“大泡子”的滋润，草长得有一人多高。草丛中，火红的山丹丹、蓝色的小鸟花、一串一串的铃铛花，以及白色的芍药、粉紫色的火绒花，各色花花草草争奇斗艳。此外，草丛中还生长着各种不知名的植物。走进草丛，稍不注意就会被吓一跳，那是你惊起了在草棵下栖息的野兔。天空中时常有盘旋着的鹞鹰，百灵鸟和叫天子的叫声悦耳动听。散放的为数不多的牛羊，在水边悠闲地吃草，放牧的大人们在草地上铺一块羊毛雨毡，坐在上面抽旱烟聊天，或蒙头大睡，顽皮的孩子们则在草地上追逐蝴蝶，打闹嬉戏。每逢盛夏，雨过天晴，草地上就会长出很多蘑菇，一个蘑菇圈能采一大筐。采蘑菇的男男女女，忘了农活儿的辛劳，起早贪黑、争先恐后地去采蘑菇，一般都会满载喜悦而归。这种自然的场景，有着宁静的美、质朴的美，让人流连忘返——可惜这样的美景现在已经看不到了。

沿着大道直走，就是大二号的西门口。过去环村建有干打垒的土城墙，高有丈许，由于年代久远，经过风吹雨打，城墙早已坍塌。从我记事时起，这西门口已不复存在，仅存村西北角的半截炮楼，也已经成了残垣断壁。

过西门口，一条大道贯穿全村。路南是向北开门的关帝庙，路北是戏台，台口朝南。据说，此地的关帝爷非常爱看戏，因此大二号关帝庙向北开门，叫“老爷庙倒座”。这种盖庙方式，在方圆百里绝无仅有。

踏着脚下的土路，走进古老的村巷，环顾沿街两边的老屋，都是青砖青瓦，白灰勾缝，凸显着古朴和厚重。那斑驳的木门和许多特别的窗子，尤其是纯木制的窗棂，都工艺精湛，造型奇特。有“盘长”工艺的格子造型，有雕刻“云钩”“福寿”字样的图案，花纹精美绝伦。有时，你会受这些窗子的吸引，禁不住推开一扇高大的木门，但走进院落后，却发现长长的屋檐已经残破，木制的梁柱已经腐朽，岁月无情地印刻下了它们的痕迹。

你可以想象：昔日，街面上店铺林立，在繁华的街道上，有神态悠闲的老人在门口晒太阳，有无忧无虑的小孩在嬉戏，有淳朴厚道的生意人在做生意，有毡匠铺里此起彼伏的弹毛弦声，有铁匠铺里流光四溅的火星，更有“叮当”作响的锤音和钉马掌的繁忙情景，还有点心铺刚出炉的糕点香味弥漫而来，刺激着人们的嗅觉神经，不时还会传来货郎挑着担子卖针头线脑的叫卖声……

过去村子里确实繁华，人们各行其是，但彼此又十分熟悉关心。那些简陋而凌乱的商店里，都卖着与生活息息相关的物品，有些是现在超市里很难买到的。比如那些乡土气息浓厚的家做布鞋、煤油灯、火柴、糖枣、扒拉酥、提浆月饼、芙蓉糕、纯粮散酒、大柳筐、木制扁担和白铁桶，等等。现在这些东西好多已经不再使用，但仍会勾起很多人淡去的记忆，就是现在仍然在用而且超市有售的，也早没有了过去的质量和味道……

对于我这生于斯、长于斯的人来说，回忆起老村里的一切，都会油然而生几分温馨，使繁忙的身心不由自主地松弛下来。对老村的依恋之情，成为我心中解不开的情结，也给了我生命更丰富更深厚的体验和寄托。

大二号村还有一处很古老的旧屋，建于何时已无从查考了，只听村里老人说过，这房子曾是大户买卖人家的住宅，“土改”后充公成为公产房。一排七间的老屋，土木结构，红檩红椽，椽头外露，后装的房檐，方形嵌铆，整齐划一。房子坐北朝南，当年我家住三间，邻居住四间。

窗台下铺着一溜很宽的大石条，久经雨水侵蚀，形成一排排深浅不一的水窝。很小时，我就趴在窗台上一玩儿一天。记忆里，我的童年很孤独。屋檐下住过一窝燕子，我时常透过玻璃看它们垒窝筑巢，进进出出……

靠东的屋檐下开了一扇单窗，有一大块透明的玻璃。中间和西边是三行对称的棱格，装九块四方小玻璃。左上角和中间的小玻璃尤其特别，是带雕刻的，暗刻有山水图案，文字隐约可见，楷书的“平湖秋色”，字体娟秀工整。玻璃上有圆圆的太阳、飘动的浮云，有小桥、流水、游船、垂柳、亭台和楼阁，水中还有一对鸳鸯在交颈戏水。

每逢冬季的早晨，拉开窗帘，总看见玻璃上冻着一层厚厚的冰。这些冰形成了晶莹剔透的冰凌花。冰凌花的图案活灵活现，有的像群山峡谷，有的像茂密森林，有的像南国阔叶植物，但究竟像什么，又谁都说不清楚。

老屋的北门仍然开着，迎南的正门从我记事起就被封死了。从屋里出来，先要从北边后续的一间小屋通过，像上楼一样，踩着两级台阶走向院落。长条形的院子虽然不大，但向北看视野开阔，靠西墙建有鸡窝、兔窝，西北角是猪窝，墙西是菜园，门前是大道。墙头用石头砌成，简单地用泥抹了墙顶。

小菜园明显高出地面，在拆除房屋后的基础上改建而成，面积不大，却欣欣向荣。菜园西南角种有一畦碧绿的韭菜，排列整齐，割了又长，长了又割，总是透出一种生生不息的肃静与活泼；中间栽的几棵疙瘩白（圆白菜）都亮着白净的脸，肥胖的身躯宛若金鸡独立，仿佛要显示出永不走样的富态之美；墙边的几垄大葱在悄悄地，把不谙世事而又单纯的手，深深地插进泥土里，不动声色地拿出沁人心脾的味道；有几窝老南瓜，也放开胆子猛长，在阔叶圆伞的掩护下，各自伸展腰身去抢夺着孕育子女的地盘，不经意间，已是花开花谢，瓜大如盆。在那“割资本主义尾巴”的年代，鲜美、丰富的蔬菜确实少见，而这偏安一隅的小菜园，却在丰富着一家人的餐桌，也孕育着对美好生活的期盼。

人在愁苦的时候，看一眼这小菜园，内心就有了春色，有了因世道和人心的纷扰而丢失或减少的那种生的底色。这种生的底色也是心的底色，或者说天地生命的颜色吧。

20世纪80年代以前，回村后我还能体味到老屋的一些独特韵味，但现在是不能够了，因为老屋早已被拆除。不过，从一些遗留下来的残垣断壁中，还是可以回忆起老屋昔日的韵味，从中领略一番老屋的独特魅力。在我的心目中，虽然老屋已被拆除，但它从来没有倒，也永远不会倒。

老屋是什么？有人说过，老屋是不变的亲情，是家庭不死的灵魂，是村落历史的缩影。这话极其贴切。“梦忆深深深几许，一屋一园总关情。”当我见惯了现代城市的繁华，厌倦了眼前的热闹和喧嚣，总忘不了在自己的视线之外，曾有过在乡村小院中独守的那一处老屋。它挟着厚重的历史和沉沉的记忆，在继续呼唤着我内心的怀旧之旅。

野 马 营

李海宏

在沽源有一个地方，它面对李王山，枕着葫芦河，紧紧依傍着赤宝公路，由它东侧南行，只需三个小时的车程，就能到达北京。这就是野马营村。村子距沽源县城二十公里，隶属于小厂镇，下辖东沟、东坡两个自然村，村民以汉族为主，少数为蒙古族。

野马营的村名，有着深厚的历史积淀，有故事，有传说，是李王山的情怀，也是葫芦河的航标。村里的年长者听他们的老人说，这里曾经是一望无际的大草原，奔跑着一群群黄羊。蒙古族人将黄羊称作“野马”，后来便有了村庄的名字——野马营。

野马营地处内蒙古高原南缘，水草丰美，正是适宜黄羊生存的地方。夏季，黄羊在清晨和下午觅食，喜欢舔食盐碱结晶的地方。冬季，黄羊休息时先把积雪刨开，形成浅坑，然后成群地聚拢在一起，卧在坑中。如果是在十分寒冷的白天或者风雪交加的夜晚，更是彼此紧挨紧靠，大羊暖着小羊，小羊也温着大羊。依据黄羊分布的气候条件和地理环境判断，野马营因这些美丽的精灵而得名，应该是合理的说法。而且近些年生态环境变好，这一带也发现过黄羊的踪迹。除此之外，关于野马营村名的来历，还有两个传说。一种说法是，该村有一蒙古人叫六喇嘛，本名“馒头”，所以村子被称为六喇嘛营子或馒头营子，后因六喇嘛养了只一米多高的山羊（蒙古语叫“也玛”），于是人们习惯称该村为野马营子。另一说是，元朝开国皇帝忽必烈在此饮过马，因为野马营和饮马营只有一字之差，而且在坝上方言的发音中，“饮”和“野”很容易混淆，所以叫野马营。不管哪种传说都是美好的，都寄托了人们无限的遐想与希望。

每一个村庄，每一片土地，都是相似的。野马营只是沽源版图上的一点，但它的岁月不一样，年轮不一样，变迁也不一样。中华民族是一个讲究寻根的民族，根是人类的生存之源，村庄同样也是有根的。因为有了这条根，一个村庄才会一脉相承，口耳相传，最终留下来，拥有自己的历史。

野马营这片美丽的土地是民族融合的史诗，曾有匈奴、乌桓和鲜卑人用烈酒泡醉了的牛羊，也有契丹、女真和蒙古人用激情育肥这块草原的豪壮，更有满族人在这里留恋，汉族人在这里驻足。

元代，这里是上都通往大都的交通、军事要道，紧邻牛群头驿站（今石头城）。清代，蒙古察哈尔部迁牧于此，沽源成为皇家牧场基地之一，野马营由于水草丰美，成为蒙古王公贵族的牧马场。清末，蒙古部落贵族四楞甲居住于此，主营畜牧业，娶了汉人女儿为妻，是村里最早的皇室之家。之后，有馒头山宋家人将野马营东沟作为地房子，因此东沟当时也被称为馒头东沟。后来有邢家、刘家迁来，再后来有焦家从延庆来，贺家从保定来，王家从承德来，最后李家、裴家也都来了，再加上迁来的一些散户，逐渐形成了村落。这时，单一的畜牧业经济趋于解体，苍茫沃野放垦为片片良田，蒙古人也跻身于农桑之间，劳作在阡陌之中，农牧兼营。再后来，随着汉人的增多，草场面积减少，蒙古人北移到正蓝旗以北的烟屯庙一带。

民国初年设立垦务局，实行“清丈放垦”。由于此地土地肥沃，农业连获丰收，怀安、蔚县和丰宁等坝下流浪农民携儿带女举家迁入，有的靠给地主扛长活儿为生，有的自家有一些薄田。由于人口不断增多，这里的经济开始繁荣。

1922年之后两次直奉混战，这里哀鸿遍野，各业生产一蹶不振，村里百姓生活困苦不堪。男人为躲被抓壮丁四处“跑反”，女人远走他乡，或回娘家，或被迫改嫁，漂泊在外，流离失所。“察东事件”后，日军侵入沽源，野马营被分割到伪蒙疆统治区，大片沃土被强行种植罂粟，村里人的生活失去了着落。1948年秋沽源解放，野马营人终于迎来新生，开展了土地改革，消灭了封建土地制度，实现了耕者有其田。在有田的几家大户中，宋家迁回了馒头营，东沟李家把土地交出，分给了穷人。

野马营村的历史已达百余年，在多次行政区划变革中，留下了似曾相识的记忆。1950年，沽源县划分为四个区二十五个乡，东坡村属于一区石柱子乡。1952年，沽源县划分为六个区一百八十二个行政村，东坡村属于第三区。1956年，石柱子乡合并到小厂乡。1961年，在小厂公社中，第一次出现野马营大队。1984年，小厂公社改乡，野马营大队改村，野马营属于小厂乡（后改镇），至今。

岁月带走的是历史，留下的是传承。野马营，是一个看得见山，望得见水，记得住乡愁的地方。这方水土，不曾有过什么荣耀，却养育了这方人。

千百年来任岁月变迁，葫芦河一直缓缓地流淌，李王山一直静静地俯视，见证着野马营的平凡与变迁。葫芦河从平头梁大山深处走来，从村西穿过，流淌着多少代人的梦想和欢乐。春天，葫芦河苏醒了，河面如同一块无瑕的翡翠，在阳光的照射下，闪烁着美丽的光彩。夏天，水边长着绿绿的草蓬和开着黄色白色小花的水草，围绕着河边的是大片农田，随着季节的更替而多姿多彩。秋天，河水更显得丰盈，飘着馨香，河堤上只有曾被绿叶花朵遮掩的花枝挺立着。冬天，一片片雪花落下来，村里的房屋上都蒙了一层厚雪，小河也披上了白棉袄，河面显得十分沉寂。

葫芦河中游的石头城水库，就坐落在野马营村边上。在沽源积极兴修水利的那个年代，野马营人为水库建设做出了很大贡献，而石头城水库也成为当年留下的宝贵印迹。这座 1958 年开建、1989 年竣工的中型水库，以防洪为主，兼顾灌溉和养殖，是一项综合性水利枢纽工程。水库保护着沽源县城、平定堡镇、小厂镇和小河子乡共 5 万居民、12 万亩耕地，及两条省级公路等重要设施的安全，是葫芦河防洪的重要工程。水库中鱼种类很多，鲫鱼、鲤鱼、草鱼和鲢鱼等，都是我们餐桌上的美味佳肴，也为当地人带来不小的经济收益。夏季，人们结网打鱼，休闲垂钓。冬季，结冰的河面，是孩子们的天然溜冰场，许多记忆都在这冰面上，有寒冷，有饥饿，但更多的却是快乐。

李王山面向野马营，位于葫芦河西部石柱子与石头城交界，海拔一千六百七十米，属大马群山余脉。多少年来，野马营人一直与李王山相依相恋。老年人说这山是野马营的山，山上布满了他们的脚印；年轻人也说这山是野马营的山，山上有他们爱吃的山杏，有他们难忘的童年。山的周围是绵延的杏花沟，每到夏季，漫山遍野的杏花如霞似粉，还有成群结队的孩子在摘山杏。那个年代没什么好吃的，小小山杏成为他们一生的记忆，永远难以磨灭。

据传，李王山的名字源于一位蒙古王爷礼亲王。清朝康雍年间，蒙古王公牧场都集中在这里，沽源境域为正白、镶白旗牛羊马群牧地，野马营周围大片土地都是礼亲王的马厂，李王山也因此而得名（原为礼亲王山，后人为叫得方便，而且叫白了，就成了李王山），并像它的名字一样充满神奇色彩。离山不远的石头城曾是皇家驿站，一些蒙古贵族、王爷死后就埋在这里。因为这里有山有水，被认为是最好的地方。

事实确实如此。考古发现，这里有金元时期的墓葬群，现在已抢救性挖掘出两处古墓：一处是金代“八角墓”，一处是元代墓葬，墓中有定窑瓷器，说明墓主人身份很高。这些遗址遗迹是不可多得的瑰宝，证明这里有着古老的文明、深远的文化。千百年来，李王山在默默守候着，仿佛述说着遥远的故事，静待着后人的探访与聆听。

平凡与壮烈交织，朴素与绮丽对白。野马营人对家国的情怀，对故土的爱，在平凡岁月里的积淀，在危急关头的挺身而出，在生命的长河里激起了朵朵浪花。在这片土地上，小人物的血泪、壮士的悲歌，都不分庙堂之高，不论江湖之远，慷慨着、壮烈着、洋溢着生命的热情。

辛义老人就是这当中的一个小人物，如果健在，已经一百多岁了。他八岁时就父母双亡，十四岁跟着叔叔从怀安逃荒到野马营，给地主刘玉喜当长工。他身材高大魁梧，正直善良，因为尽职勤劳，深得刘家人的喜欢，刘玉喜还将死去丈夫的妹妹嫁给了他。他一生没有亲生子女，把老伴儿的三个孩子视为己出。然而，他死后没能回到故乡，也没能和老伴儿在一起，而是孤独地葬在东山丘上。他普通得像一根草、一粒沙，却留在了村里人的记忆里。在乡亲们眼里，他是一个正义的人，一个好人。战争时，他抬过担架，送过信，挖过战壕；新中国成立后大集体时，他做过生产队保管员，爱集体胜过爱自己。老人正如他的名字，辛劳一世，正义一身。

野马营还有一个人、一个事件，也留在了沽源的史册，那就是李全和西坡惨案。李全的祖上是馒头东沟的李家，从独石口迁来，妻子是西坡人。他耿直仗义，做过石柱子一带的保长，一直为八路军做事。1946 年 6 月，全面内战爆发，10 月国民党占领平定堡，长梁西坡村的一个地主听到消息，就网罗一伙流氓打手，将李全和西坡村干部吕元贵、东坡村干部李文选（李全的大儿子）绑起来，用铡刀残忍地将李全铡死，并扬言要将李全的妻子开膛破肚以斩草除根（李全的妻子当时已怀孕）。经群众想方设法掩护，李全的妻子才幸免于难。狠心的地主未找到李全的妻子，就用大石头将吕元贵和李文选活活砸死。这就是震惊全县的“西坡惨案”。烈士们已经永远地走了，留下的是他们对家乡人民深沉的热爱，对家乡人民苦难生活的感同身受，还有义薄云天的豪气。

历史的风云已经远去，2017 年东沟实行移民搬迁，迁到了沟外的野马营，从此过上了安定幸福的生活。野马营这片希望的热土，如今正走在复兴的路上。

大 河 堂

齐九燕

大河堂村是距二道渠乡政府所在地往北一公里的自然村，西与骆驼井村接壤，北与塞北管理区毗邻，东与西山坡村相望。整个村子坐落在一个半坡上，大部分人家居住在梁头，前面是一个大草滩，村里人称之为南滩。一条纵贯南北的大路把村子分为东西两部分。

据史料记载，大河堂村以前叫“担子洼”，因位于牛群头驿站（今小河子乡石头城）与明安驿站（今闪电河马神庙）中间，两个驿站就像一副担子的两头而得名。当时这里没有什么建筑，就是水草好，是一块洼地，向阳背风。过路的人走累了就在这里歇歇脚，吃点便饭，放放牲口。要是太阳还没落就继续走，天黑了就在背风处将就一夜。那时人们出门都赶车，随车带着食物和行李，以车为家是走草地的习俗。也不知从什么时候起，这里就没人歇脚暂住了，“担子洼”这个名字也逐渐被淡忘了。

大河堂在 1922 年前后形成村落。据说以前南滩有一条大河，宽约数十米，水草十分丰茂。这条大河发源于村东滩地里一个“大水泡子”，水泡子下有泉眼，流经骆驼井村，并入沙井子河后汇入滦河。先人们在大河后面半坡上建了房屋，坡底下河道处形成一个大水塘，村边有大河，又有水塘，大河塘村便因此而得名。后来有人把“塘”写成了“堂”，变成了“大河堂”。

紧挨大路东侧的坡底下有一眼老井，井台用四块很大的不规则的石板垒成，直径约有八尺的井口近似方形，深约三米，井水甘甜，全村人都饮这口老井的水，井水永无枯竭，一到夏天井水就往外溢。据老年人说冬天下去掏井时，发现井底下有三个泉眼，于是这眼老井被村里人奉为“圣井”。老井为全村提供了生命之水，养育了世世代代的村民。后来随着改革开放的春风，大河堂村包产到户，打了压水井（就是用柴油机缸筒侧面打个眼儿，焊根管子，成为“山寨”版压水井）。再后来，又打了机井安了水泵，地表水位急剧下降，老井久而久之随之干涸，现在已废弃不用。那方井台曾叫醒了村里无数个早晨，也曾开启了无数个家庭的希望。怀念老井！风干的井台静观经年的飞花落叶，雨雪风霜，淡看时光流逝，浮世沧桑，像一个孤寂的老人，默默地细数岁月的年轮，无助地诉说着无奈与忧伤。

村东北一公里有一处很大的洼地，叫“窝铺坑子”。传说民国年间有一户人家，为逃人命案从山东跑到这里，在地上挖了个约一米深、两三平方米大的方坑，四周用土坯垒起约半米高的矮墙，顶上放几根椽子，再搭上树枝编成的筏子，用干草和泥巴盖顶，就成了当地俗称的“地窝子”（可抵御风沙，且冬暖夏凉，但通风较差）。他们在周围培上土，高低与地窝子找平，上面再种上庄稼，这样从远处就看不到有人住在里面了。这家人因为是逃命来的，所以对外一直隐姓埋名，至今没人知道他们姓甚名谁。但是，他们却是大河堂最早的人家、最早的村民。这家人不知什么原因没有繁衍下来——举家迁到外地也未可知——总之村里现在没有他们的后人。后来乔姓、白姓和邵姓几家大户也迁到这里，在离窝铺坑子西南的高冈（梁头）上建了房屋，窝铺坑子里的人家也搬到了梁头，逐渐形成了现在的大河堂村。

1946年国民党挑起全面内战，宝源县委奉命撤城转入农村后，土匪、流氓和地痞烧杀抢掠，肆意横行，村里人为躲难又住回窝铺坑子。在那个战乱的年代，“地窝子”不知救了多少父老乡亲的性命。直到郎宝信政委率领的宝源县大队和武工队剿灭了杨锡壶土匪武装，大河堂村的人们才过上安宁的日子。

村东边的梁头上是过去的大河堂小学。三间砖包坯的平房中，里面一间是老师办公室，另两间掏空作为教室，三个年级共用。全校不足二十名学生，只有一位老师，名叫乔德。乔老师知识渊博，教学经验丰富，对学生也很和蔼，孩子们都很喜欢他。三个年级轮流上课，也就是说，一个年级上课时，另外两个年级上自习，这就是所谓的“复式教育”。为尽量减少干扰，乔老师讲课声尽量放低一点，朗读尽量少一些。尽管这样，偶尔还是有这个年级在上课，别的年级调皮的学生附和着瞎起哄的现象。这时，乔老师就会用去了皮的杨树枝教棍追打他们，哄笑吵闹声乱了整个课堂，也乱了整个学校。后来乔老师自创了一套科学的教学方法，即：一、三年级布置适当课前练习题，二年级授新课；检查了一年级的作业并授完新课后，再布置适量课后练习题，然后检查三年级作业情况；最后给三年级授新课，在给三年级授课的同时，还要随时检查一、二年级的作业。这种动静搭配的教学形式，不仅提高了学习效率，还形成了紧张而又活泼的课堂气氛。在这种复式教育课堂上，聪明的学生在自习时间学会了高年级的知识，还可以“跳级”（即不按正常升学秩序，从低一年级直接升到高一年级）。孩子们彼此很熟悉，就像一个班的同学，情谊特别深厚。课余时间，孩子们就玩儿跳格子、跑圈纺等游戏。放学后，吃过晚饭全村孩子们凑到一起，男一伙儿，女一伙儿，整晚地疯跑——到现在也想不通为什么总是在跑。有时月朗星稀，有时风雨交加，但那时快乐似乎和天气没什么关系，通常是玩儿到深夜，直到有孩子被家长死拉硬拽回去，大伙才不情愿地各回各家。

南滩里长满了狼毒花（又名“断肠草”，被看作生态恶化的标志性植物），村里人称之为“药鸡花”，意思是毒性很大，鸡吃了会被药死。狼毒花花苞呈红色，开花后却是雪白的。每到狼毒花盛开时，满滩满野一片花海，一簇簇明艳动人。在一簇簇灰绿色的草丛中，狼毒花在草尖上像火柴头般的红骨朵儿，在漫天灰尘和沙砾中，在落日余晖下闪烁着耀眼的光彩，就像过去大河堂村的孩子们，在恶劣的环境下顽强生存，并奇迹般开出生命的鲜花，结出事业的硕果。每到下雨天，滩里便很泥泞，形成一个个水坑，孩子们去水坑里玩儿，或抓蛤蟆，或相互搀扶着下到水坑里淌水。雨后的空气特别清新，泥土和青草的芳香直沁心脾。有太阳雨和彩虹挂在天上时的南滩最美，万物似乎在那一刻都停下了脚步，尽情诉说着沐浴后的欢悦。一场雨涤荡了青山，翠绿了田野，似乎也洗净了小村庄的铅华。夏天时，男孩子们还会到一些稍大点儿的水坑里洗澡——当然是女孩子不常光顾的地方——坑里的水经他们一折腾便浑浊不堪，与其说是洗澡不如说是玩儿泥。水坑里青蛙很多，夏天的夜总是蛙声聒噪。雨再大时整个南滩一片汪洋，不能行走，水稍退后滩里很是泥泞，但上下学的孩子们仍然跳跃着，快乐地一次次从雨后的滩里走过。

大河堂村不过是一个小小的村落，却见证了近百年来时代的变迁，经受了艰苦岁月的洗礼，如今正以崭新的姿态出现在沽源这片饱经沧桑的热土上。

石 柱 子

李富荣　肖殿尉

石柱子村是沽源县小厂镇的一个行政村，包括五个自然村，即乔家围子、蒙古营、坑坑、大南滩和小南滩，村委会设在乔家围子。石柱子北距县城二十公里，东南距小厂十公里。

石柱子村名的由来和一根石头桩子有关。据乔家围子村的老人说，在乔家围子南面、仁和堡西面、冀家营子东面的草滩里，原有一根石头桩子，是蒙古人的拴马桩。据此，拴马桩南面的村子被称为南石柱子（现在隶属于小厂镇脑包怀行政村），北面的村子（现在的乔家围子）被称为北石柱子。

其实，这根石头桩子并不是蒙古人的拴马桩，它的出现跟明朝时独石口的守将杨洪有关。明正统三年（1438 年），蒙古兀良哈三卫部频频兴师，屡犯明辽东、大同、延安等地边境。独石口守将都指挥佥事杨洪，在石柱子一带与其交战，激战中杨洪落马伤了脚，却仍然越战越勇，最终打败蒙古兀良哈军队，擒获部落首领夺栾帖木儿等九人。为庆祝胜利，杨洪在石柱子上铭刻记功立于旷野，以起到震慑蒙古各部的作用。这就是石柱子的来历。

然而，青山遮不住，毕竟东流去。再辉煌的业绩、再风流的人物都会在历史的长河中渐渐远去。二百多年后的 1644 年，清军入关，明朝灭亡。

清朝康雍年间，坝上牧业兴旺发达，大部分“官牧”和蒙古王公牧场都集中在这里。沽源境域为正白、镶白旗牛羊马群牧地。石柱子周围的大面积土地都是礼亲王的马场。那根极具历史意义的石柱子早就不知去向了，只留下一个既形象具体又神秘莫测的名字，带给后人无尽的想象和猜测。

雍正年间，由于蒙古王公放垦，小厂、莲花滩和丰源店等坝头地带吸引了内地汉民前来耕种，逐渐形成了农耕村落。

清朝末年，蒙古人单木灵（音译，不清楚和礼亲王是什么关系）居住在北石柱子。据说，此人小名二登噶（或许是不懂蒙古语的汉人给读白了，也或许是村民们私下里给他取的外号）。单木灵家主要以牧业为主，大量饲养牲畜，也招募汉民少量放垦。冯家和郭家的先人最先从赤城大水坑搬来，给单木灵当长工：种地或放牧、饲养牲畜。北石柱子自此成为蒙汉杂居的小村落。

民国初年，沽源县设立垦务局，公开以较低的价格拍卖土地。现在小厂镇长胜沟村乔姓财主，从单木灵手里买到了北石柱子附近的土地，从此成为当地的主人。单木灵则搬迁到羊群庙（又名会和寺，是一座藏传佛教格鲁派寺庙）所在地，即现在的内蒙古自治区锡林郭勒盟正蓝旗桑根达赖镇。

乔家接手土地后，开始大面积开荒种地。赤城等地百姓纷纷前来，与乔家合种分收地，二八或三七分成。于是，北石柱子的人口越来越多。

民国年间，由于军阀混战，散兵游勇窜至沽源，结伙为匪，祸害百姓。为防匪盗，民国十三年（1924 年）前后，乔家在大约二十亩见方的村子周围修建了高丈许、厚六尺许的围子（就是用泥土夯筑而成的城墙）。修围子是为了保护围子里边人家的生命财产安全，是乱世求生的无奈之举。后来，北石柱子就有了另一个名字——乔家围子，乔家围子也叫石柱子堡。

据《察哈尔省通志》记载，民国二十三年（1934 年），沽源县辖四个区，二十五个乡。石柱子曾被划为沽源县第一区治下的一个乡，下辖包括乔家围子、蒙古营、大道湾等二十二个自然村，共七百零四户人家，两千九百八十二口人。

1935 年 12 月，沽源县被日军侵占，原行政区被分割为两部分。第二、四区和第一区的石柱子、明沙滩、小厂等部分乡被划归伪满洲国丰宁县。石柱子乡邻从此过上了亡国奴的屈辱生活，被集甲并村到乔家围子，被奴役、被杀戮，开始了长达十年的暗无天日的“人圈”生活。直到抗战胜利，他们才重见天日。

1945 年 8 月，抗日战争胜利后，中国共产党成立宝源县，共设十个区，石柱子归第九区小厂区。1946 年 10 月，国民党占据沽源建立政权，县下设九个大乡。石柱子被划归复兴乡，乔家围子是乡政府驻地。1948 年 12 月，宝源县全境解放，废除国民党行政区划，恢复宝源县区划，石柱子仍归第九区。

1950 年，宝源县分治，恢复沽源县治。全县划分为六个区，石柱子被划为第三区。

1953 年，沽源县行政区重新划分，石柱子设乡，仍归第三区，乡驻地设在白庙洼村。

1956 年 6 月，沽源县政府将全县七十七个乡合并为二十八个乡和一个乡级镇，石柱子乡被并到小厂乡。1958 年、1959 年、1961 年、1965 年，行政区划又几经变化，小厂乡改公社，大公社变为小公社；1984 年，又由公社改成乡；1996 年，小厂撤乡设镇。不管如何变化，石柱子一直隶属于小厂，直到现在。

外界都知道小厂有个石柱子，却不知道石柱子实际上是一个集体名词，是几个村的合称。“石柱子”曾经一度取代“乔家围子”，但“乔家围子”也并没有退出历史舞台，在当地人的口中，“乔家围子”可能更多地被提及。

说到石柱子村，就不能不说一下石柱子庙。石柱子庙在蒙古营的北面，是一座规模很大、很雄伟的藏传佛教寺庙。寺庙盖在一个天然的黄土台子上，地势极高，有正殿和偏殿，从坝头下来，老远就看见了。村中老人只知道是蒙古人建造的，至于是什么年代由谁建造，已无从考证。寺庙的正殿里供着四大金刚泥像，至于还有哪些佛或菩萨，不懂佛教的村里人谁也说不清楚。

人们只记得每年的六月初五到初七，蒙古族群众会在这里举行祭祀活动。六月六是信佛人的一个节日，叫作“翻经节”。传说唐僧去西天取经回来，不慎将所有经书丢落到海中，捞起来晒干了，方才保存下来。因此寺院会在这一天翻检晾晒所藏经书。蒙古族群众在石柱子庙的这些活动可能也跟这个节日有关。当时，石柱子庙与乌克河庙（在今沽源县小河子乡乌克河庙村）、玛拉盖庙（在今太仆寺旗宫宝拉格草原）齐名。三座藏传佛教寺庙经常联合搞活动，六月初七忙乎完，六月初八又转到乌克河庙搞大型的祭祀活动，六月十三至十五则又到玛拉盖庙。十三那天的活动是跑马，就是赛马；

十四那天的活动是跳鬼，人们头戴牛头、马面等面具聚在一起狂魔乱舞；十五那天的活动是送鬼，庙里熬小米粥，粥里加牛奶，举行一个仪式把鬼送走，人们喝小米粥。

大 梁 底

马玉龙

大梁底村位于二道渠乡政府所在地东偏北十二点五公里处，距离沽源县城三十五公里。西、北毗邻塞北管理区，东接二道渠乡的糜地沟村。金界壕长城从村北穿过；发源于丰宁县苇子沟的沙井子河自村东南流过，蜿蜒流淌十几公里后汇入闪电河。

大梁底村原名五大家。1913 年，北京华兴公司开始在此放地。1915 年，贫苦农民李炳祥、张殿成、刘光有、孙万财、赵显林到此租种该公司土地，取村名“五大家”。因为该村位于附近的山梁之下，后又改名为大梁底，并沿用至今。大梁底村村民多数来自承德的围场、丰宁两县，有的为避新中国成立前热河频繁的战事而来，多数则是拖家带口逃荒而来。

大梁底村在历史上是游牧民族的重要活动区域，辽朝统和十年（992 年）颁诏，募民在旷野建廨，耕田种地，十年不交赋税。大梁底村的饮马井自然村内仍存的一口古井，曾经是供萧太后及辽国军队行军饮马的专用井。清朝末年一名叫郭靠山的放牧人发现了这口井，便在此搭建临时毡房居住。后来其他人闻讯也陆续迁来，逐渐形成现在的饮马井村落。

金与西夏联合擒获辽国的末代皇帝耶律天祚，辽朝宣告结束，大梁底所在的地域进入一个新的时代。金称闪电河流域一带为凉陉，称闪电河流过的绵延数百里的草原为曷里浒东川。大定初年（1161 年），金世宗游幸至此，见遍地盛开着一种野花，“花色金黄，七瓣环绕其芯，若莲而小”，遂曰“莲者连也”，取金枝玉叶相连之义，名之“金莲花”，后改曷里浒东川为金莲川。现在大梁底村周围草滩上依然遍布金莲花、口蘑等特色产品。滩里还有黄花菜，又名萱草、金针菜，黄花因色而称，金针因蕊而得。每当夏至，黄花盛开，碧波荡漾的草原上映衬着一抹金黄，非常漂亮。现在大梁底村年近八十高龄的老人就有六十多位，这与该村良好的生态环境、水域植被有着密不可分的关系。

金朝曾以沙井子河为依托抗拒不断进犯的蒙古人。金太宗天会年间（1123—1135 年）修筑的界壕是当时规模宏大的军事防御工程。工程别具一格，由外壕、主墙、内壕、副墙组成，主墙高五至六米，界壕宽三十至六十米，主墙每六十至八十米筑有一处马面，每五至十公里筑有一处边堡。现在残墙高一点五至二点五米，大梁底村子北面及正蓝旗境内的金界壕遗址，壕墙和边堡旧址清晰可见，仍不失磅礴之势。

元朝退守漠北后即历史上的北元时期，也曾一度在金界壕和沙井子河一线阻击北上的明军。

到了清朝康熙年间，实施了对口外的土地开垦政策。清政府有计划地招募汉民来沙井子河流域开垦农田。以沙井子河为界，分南五排、北五排，南北均按天、地、人字为序，即一号为天字号，二号为地字号，三号为人字号，四号又为天字号……依次类推。土地开垦政策实施以后，直隶、山西一带的商人、流民纷纷涌入，使得这片草原有了村落。

据温殿禄老人回忆，大梁底饮马井自然村在明国初年就凭借地理优势，筑围而居。围墙高两米有余，并在四角建有炮楼。如今村东北角的炮台基座仍清晰可辨。

大梁底村的土地属于沙壤质栗钙土，为草原腐化物沉积而成。1999 年全村部分耕地退耕还草后，农业生产开始向蔬菜种植转型。现在村里户均种植蔬菜二十五亩，年均收入每户达二十万元左右。

从历史烟云中一路走来的大梁底人始终秉承着勤劳的传统，乘着新时代政策的东风，一路前行！

北　　滩

田秀梅

北滩是黄盖淖镇的一个行政村，位于镇北偏东五公里处，东面与白土窑乡前山村、后山村为邻，南面、西面分别与义合村、林源、西大井村接壤，村北则紧邻一望无际的内蒙古大草原。村里最后一排房屋的后墙，就是与内蒙古的交界，所以盖房起屋只能选在村子东、西、南三个方向的地块儿。

说起北滩村的过往，如今了解情况最多的，就是杨进义、高云、李万金和李改荣等几位年过古稀的老人了。据他们讲述，北滩村原名张佃营子，至今十里八村的老人们还习惯于用这个村名。据《察哈尔省通志》和《沽源县地名志》记载，这个村始建于民国十二年（1923 年）。民国设察哈尔省后，官府大量拍卖坝上土地。这里土地肥沃，水草丰美，只要勤劳肯干，就能养家糊口。正是这个时期，山东、山西灵丘一带及坝下几个县（俗称“口里”）很多贫苦农民，携家带口从四面八方辗转来到坝上。当时张佃举家从阳原县西沙庄乡王沙洼村一路逃荒到现在的北滩落脚，在这里过起垦荒养畜的生活，从此这里被称为“张佃营子”。1962 年，因村子北邻一片大草滩，张佃营子改名为“北滩”。

张佃兄弟三人，他排行老二。老大张军、老三张金第二年也从老家追随而来，后来一些亲朋好友也陆续来村里落户（现北滩村百分之九十以上老户都是阳原籍贯）。张佃购置了大量土地和牲畜，过着丰衣足食的生活，直至 1947 年土地改革，张佃被定为富农，土地被村里平分。后来，他带着全家离开了张佃营子，有人说是回了阳原老家，有人说是去了别的地方，但究竟去了哪里，谁也不敢肯定。1949 年，老秀才孙生全在张佃住过的四间土房里设立了私塾（张佃营子第一所学校）。据杨进义老人回忆，孙先生管理严格，治学严谨，用戒尺惩罚学生时毫不留情。说到此处，老人下意识地缩回手去，显然他当年也被打过手。多年以后，杨进义到张北县狼窝沟买了头骡子，买的竟然是张佃二儿子张万山家的！这时他才得知，张佃两个儿子张万来、张万山都在狼窝沟，其父张佃早已过世。张军和张金一直生活在张佃营子，也已过世多年，后代有张富喜、张富义，而李改荣就是张军后代家的媳妇。

北滩村约百分之八十的成年人都有一手绝活儿，那就是捕捉百灵鸟的技术。据老人们回忆，从他们记事起，就有些大人以捉百灵卖百灵养家糊口，但大部分人捉百灵的技术，是于 20 世纪 80 年代初包产到户后在农忙之余学会的。

百灵鸟鸣声响亮动听，婉转优美，经驯化能模仿人言兽语，成为笼鸟后销往各大城市，甚至出口到东南亚。每年 5 月 26 日和 27 日，村里人就相互搭伴，五六人为一班儿，套着马车牛车于 6 月 1 日前分别赶到正蓝旗、白旗、东乌旗和锡林浩特一带，选择地势较高且平坦处搭起帐篷，安营扎寨一呆四十余天。出发前好几天人们就心红（兴奋）得不能入睡，准备着锅碗瓢盆、油盐米面和被褥衣物等生活必需品。途中几人坐在车上，边走边兴致勃勃地交流着各自捕鸟的经验。傍晚时分，牲畜摘缰卸套，融入大草原，人们支起锅灶解决旅途饥饿，小酌几盅以袪夜寒；晚上简单收拾后席地而睡，盖天铺地数着星星渐入梦乡，很快响起雷霆般的鼾声……

搭伴的五六个人分工明确，一人做饭，其他人捉鸟，并按捉到的百分之十抽取给做饭人。捕鸟人也盼着每天能多捉几只，做饭人多抽取几只，自己也能多些收获。如果一连几天没抽头儿，做饭人还会埋怨上几句。

每天早上四点左右，天刚麻麻亮，捕鸟人就带上前一天准备好的莜面锅饼、苦累和一两个小纸盒，凭各自的经验进入茫茫草原“对百灵”（寻找百灵鸟的巢穴）。百灵鸟每年 6 月至 7 月共出三窝，一窝两到五只幼鸟。芒种左右出的第一窝质量最高，所以人们都要赶捉头窝。“对百灵”大有讲究：仔细观察大鸟在空中飞翔的状态及叼食状况，即可判断幼鸟的大小。如大鸟在一片高空盘旋，鸣叫声也不急促，表明幼鸟尚未破壳。小虫在大鸟嘴尖叼着，说明幼鸟刚出壳。大鸟在空中转几圈才落地，这时不能前去，因为百灵也懂得自我保护，为预防受到侵害，降落在鸟窝十多米以外，然后再蹿过去或蹦跶过去，喂完食又急速穿入高空。这时，奔着鸟起飞的地方，一定会有惊喜等着你。看起不看落，这是经验之谈。如大鸟叼虫横在嘴中，并在低空急促鸣叫扇打翅膀，证明幼鸟刚好七天；如虫子竖着满口叼在大鸟嘴里，这种情况下就不要关注了，因为小鸟已出窝，是捉不住也养不活的。幼鸟出壳七天之内称“窝子鸟”。窝子鸟肯张大嘴，极易喂养，且驯化效果最佳。八天到十天称“趴窝子”。趴窝子还可捕捉，只是不在窝中好好待着，有“七在八不在”一说。捉到后喂食时必须用指头碰其嘴尖，并伴随着舌尖发出“啾啾”的诱食声，它才肯进食，可以养活。十天以外称“飞虎子”。飞虎子捉住后不张嘴不进食，绝对养不活。

百灵鸟吃食很特别，喂食也大有讲究。煮熟的豌豆晾干，磨成面，和熟鸡蛋黄按一比一的比例揉搓匀，再用水和成软硬适中的面团，搓成指头粗的条状。然后左手握住幼鸟，右手趁鸟张大嘴时，把一大块“美食”塞到幼鸟嗓子眼儿，幼鸟伸脖瞪眼才能下咽。这是为了从小给它撑嗓子，好让它长大后发出响亮的好声音。有时也把鸡蛋皮焙干碾碎，过滤成细粉掺到豌豆面里给鸟补钙，这样鸟才会长得更健壮。每年 7 月后，鸡蛋黄被提出做了喂小鸟的精饲料后，北滩村家家都会有大盆凉拌、热炒或炖熟的鸡蛋清来招待客人。

喂养过程中，需每天仔细观察鸟的变化。鸟嘴张开水乎乎的属正常，如果发干或微红，就得赶紧用小拇指甲蘸一点白糖水或绿豆汤，轻轻淋到它嗓子眼儿给它下火。如还不见效，用同样方法淋点庆大霉素药水即可。“最孝不过要鸟人，人不吃来鸟先食。”精心喂养到二十多天，鸟便可上槽自食。四十多天褪过乳毛后，价格也会相应提高。小鸟第二年开始学舌，平时周围发出的声音，如鸡、鸭、猫的叫声基本都会，还会模仿“丁零零”的电话声，并有了上台扇翅的本领。它们如同小孩争语一般，人声越多它越叫，电视声越高，它叫得声音越高。

幼鸟有幼鸟的价格，大鸟有大鸟的价位，各家根据自家情况，适时出售给来自全国各地的鸟贩子。也有亲自挑萝提笼到大城市出售的，仅为补贴家用，维持生活，此中滋味自不必说。

当年捕捉百灵鸟都是为了维持生计，现在提起来也只是对往事的追述而已。随着《中华人民共和国草原法》及一系列动物保护条例的出台，走南闯北、见多识广的北滩人很快转变了观念，认识到人类与大自然和谐相处的重要性，纷纷放下了鸟笼子，提起了菜篮子。村民们开始科学种田，用农家肥改良盐碱地，全村打井一百多眼，水、电、滴灌全配套，蔬菜种植达一千五百多亩，通过信息引导、辛勤劳作，种菜收入占到总收入的百分之八十以上。如今，村里新盖起一排排砖瓦房，造型别具一格的光伏板路灯整齐有序地矗立在南北中心街两侧，到处一派欣欣向荣的新农村景象。

西米克图

任立新

西米克图村是沽源县西辛营乡的一个小山村，位于西辛营村正南六公里处（两个村由一条山路相连），距沽源县城约四十公里。村子南、西、北三面环山，唯一一条出入大山的平坦道路在村子东面。

在1967年以前，村名叫西米力克图，是蒙古语地名，米力克图的意思是像帽子似的山。现村名简称西米克图。从村里向东望去，有一座山形状像帽子，村民们都叫它纱帽翅翅梁（在当地，人们常把山叫作梁）。山的那边就是沽源县莲花滩乡的米克图村（1967年前叫东米力克图村）。

西米克图曾是蒙古族牧民的居住地。想必当初建村时，选址的决定与村里那口井密不可分吧。井所在的位置，先前也许是一个泉眼，井最早是什么时候什么人挖的，已无从考证。这口井养育着村民，祖祖辈辈，世代繁衍。

一条东西走向的、村民称为河湾的沙石河道将村子分为南北两部分。在河湾的北沿，地面高出河湾三米有余，古井坐落在高处。井深约四米，井口直径约二点五米，井筒下面用混凝土水管垒起，上面用石头镶砌而成。用四块巨大石板拼成的井口近似正方形，井里显得十分宽敞。两个人可以同时用扁担勾着水桶在井里甩开打水，互不妨碍。

西米克图的老井

井水十分甘甜，涌量大而均匀，能从偌大的井口满溢出来。为了安全、卫生，聪明的人们在距井口向下约一米的位置，从井筒向外搭建了一条水道（后来用空心水泥电杆代替），和下方不远处的一个用巨大石块儿砌成的水池相连。这样，昼夜涌出的井水通过水道会哗哗不断地流入下方的水池里，再从水池流入河湾，永不停歇。

20 世纪 80 年代之前，每年夏秋季节，村里的妇女都会去池边洗衣服。你一脸盆我一箩筐的衣物，在妇女们的欢声笑语和声声槌敲（旧时用来捶洗衣物的木制短棒用具）的敲打伴奏下，一会儿便捶洗得干干净净了。水池也是村里饮牛饮马的最佳地点。每天早午晚，当畜群下山喝水时，洗衣服的人便会自觉让开水池，让畜群优先痛饮。在水池里洗土豆萝卜之类更是便捷。土豆盛在筐（或篮子）里，手握筐系子，将筐浸没在池水中反复摇荡一会儿，把筐提起，放到池边摇晃颠簸，让土豆互相摩擦。然后再浸入水中摇荡一会儿，再不干净的土豆也会露出白生生的真面目，一尘不染，可以下锅了。有道是为有源头活水来，因为池里的水一直是流动的，再加上从前人们很少用洗衣粉这类东西，所以洗衣服、饮牛马、洗土豆互不污染。

七月的河湾

从池里流出的水涓涓地沿沙河湾而下。人们隔一段距离就用沙土挡一个蓄水坑，不远不近的有十多个。水坑里自由地浮卧着村民家养的鸭子和鹅。这些地方同样是洗衣服的好去处。水坑边上放有平面的石头，被妇女们用作搓衣板。村民们还在这里洗鞋袜、洗脚。这些水坑还有另一种用场，那就是饮羊了。生产队的两大群羊在酷热的伏天喝水时，挨挨挤挤地把头扎在水面，一口气痛饮，你就是使劲儿拉它们也拉不走，直至喝饱方休。

还记得村里有一位年近九旬、身体健康、精神矍铄的吴氏老太太，她每天早晨都在家门前的那个水坑边洗脸。坑里的水经过一夜的流动，在早晨的时候，不但清纯凉爽，还有养颜护肤的功效呢！

沙河湾下游约三百米处，有一个人工挖凿的面积约二十平方米的圆形大水坑，人们叫它麻湟坑。在生产队的时候，这个水坑的用处非常大——沤麻。每年秋天，生产队种的大麻（也叫线麻）就成熟了，绿绿的，两米多高。社员们把麻拔起来捆成比碗口稍粗的捆儿，整整齐齐地投入麻湟坑内，上面摆木棒，然后在木棒上压好多大石块儿，使麻捆儿完全浸泡在水中，慢慢地、静静地在水中发生沤变。约一个月时间麻身已由绿变黑，说明麻皮（纤维）与麻秆可以分离了。人们把麻从麻湟坑里捞出来，立成一堆，像一座无窗的蒙古包，沥水风干。冬天，开始剥麻皮。这时的麻捆儿由黑色变成了青白色。（这里还有一个科学小奥秘：活水沤出的麻发白色而且结实，死水沤出的麻发青色，不结实。）阳光普照，人们聚在屋檐下剥麻，清脆的咔嚓声此起彼伏，白花花的麻秆堆到一边成为烧火柴。两米多长的白色麻皮一捆一捆地悬挂在生产队的库房里。挂在高处，一来防潮，二来防止老鼠咂咬。来年春天，请麻绳匠打出各种用途的绳子。

年复一年，这口古井流出来的水，为村民提供了各种方便。

到了冬天，沙河湾的水结冰了。冬三月里，河湾成了一片洁白的冰场，三百多米长、四十多米宽。冰面上热闹极了，可以玩儿好多种游戏。

溜冰的助跑几步后，双脚叉开，一溜老远。有的小孩子由家长或哥姐推着或拉着（孩子抓住大人的袄后襟）全程呵护，安全快乐地玩儿了一遭又一遭。男女老少皆宜，反反复复地溜，不亦乐乎。

“开火车”的孩子们后者抱住前者的腰或抓住袄后襟（长“火车”十多个人一串，短“火车”三五个人一串），大家往下一蹲，在首尾两个人的助力下，“火车”顺着平缓的坡度驶向远方，通力合作很是开心。

打陀螺的人则选择较平的冰面边缘。长鞭一甩，陀螺稳稳地飞旋起来。陀螺有的用砖块儿磨成，有的用木块儿削成，大小不一，但鞭鞘的力道都足以使它们旋转起来。木制的陀螺在下端接触冰面的尖部钉一个铁帽图钉，用以减小摩擦力，转速更快。装饰漂亮的陀螺在主人一鞭鞭的抽打之下，飞速平稳地旋转，旋转，旋转……

更有趣的是坐冰船了。起初，冰船是用牛现拉出来的粪便捏成的。把牛粪用适量的水和好，然后捏成正好能坐一个人大小的马鞍子形状，前后各有一个卡棱。前边的卡棱稍高，中间穿一个孔，从孔里拴一根绳子，用来在没冰雪的地方背着它，有冰雪的地方拉着它。捏好后冻上一夜，第二天撬起来，把底面朝天，均匀地淋水，使其结冰。一次一次淋，一层一层厚，到一定厚度就可以坐在上面滑着玩儿了。可以单独坐，也可以几个人手拉手组合花样坐。有点坡度时，速度快，蹿几遭很爽，过瘾。不敢单独玩儿冰船的小朋友，则由哥姐或爹娘拉着玩儿，玩儿得不想回家。后来，人们发明了用木材制作冰船，省得每天晚上给“船”底淋水了。用四根木棒钉成长方形框架，盘腿坐一个人大小正合适，上面钉满木条，坐着平整舒服，底部左右两根着地的长木棍儿则相当于车轮或雪橇的底部，分别穿钉一根粗号铁丝，用来接触冰面，减小摩擦面积，便于滑动。光有这木质冰船还不行，必须配两把冰锥。玩耍时每只手各握一锥，用以扎冰，向后拨动发出前进动力和掌握方向。冰锥用握在手里粗细长短都合适的一小段圆木棒，在一端钉入一个大铁钉做成。后来村里的孩子几乎人人都有木制冰船了，大家在冰面上穿梭自如，你来我往好不热闹。

冰上游戏还有一种叫“抠钱儿”。那时候有 1 分、2 分、5 分的硬币，孩子们每人拿几个，把它们一字排开平放在冰面上，每人手拿一个酒杯口大小的螺丝垫片儿，选好一段远近合适的距离，在冰上划一条直线。站在线外，瞄准硬币目标，投掷垫片儿。每人一次轮流投掷，谁抠住哪枚硬币，这枚硬币就归谁所有了。这个游戏难度较大，还需要“投资”，所以只有个别大点的孩子才玩儿。

还有一些叫不出名堂的冰上小游戏。不管是哪种游戏，都给这个村庄的冬天带来了生机。冰上游戏是免不了摔跤的，但即使是孩子，摔疼了也不轻易哭，冰面上一冬天都是欢声笑语。

数九寒天里，夜深人静的时候，河湾里鼓起的冰包发出啪啪声，像是迎春的鞭炮。除夕那天下午，全村所有人家都要把水缸挑满，寄托祈求幸福美满的心愿。挑水的人在街上你来我往，络绎不绝。虽然近些年，离这口井较远的个别人家在院子里打了机井，但每年除夕必定都要挑古井里的水以求一年的吉利美满。到傍晚时分，井里的水位要比平日下降很多，可是不等半夜，井水又恢复到了原来的水位，涓涓地流进水池流入河湾了。

就这样，西米克图村的这口古井养育着纯朴的人们，一代又一代。而今，时光推移，社会进步，随着人们种植养殖结构的变化和城镇化居住观念的增强，村里大部分人都外出谋生或到县城带孩子上学，村里只剩下为数不多的老人坚守着那片故土，坚守着那口古井。曾经的串串故事渐渐变成了悠远而挥之不去的缕缕记忆……

米 林 村

张沫末

初秋的米林村天高云淡，街道整洁，房屋敞亮，既没有收菜大车腾起的烟尘，也没有箍着头巾口罩包菜的女人，与其他诸多村落大不相同。村中心的小超市门前，聚集着十多个拉家常的老人。在收拾得一尘不染的村委会，村支部书记金建军和几位老人正在等候我的采访，让我对这个村庄有了一种特殊的亲切感和敬畏感。

米林村位于九连城镇政府西北五公里处。据相关史料考证，这个村建于 1922 年，迄今已经将近一个世纪，难能可贵的是，竟然有人能将村里的历史讲述得如发生在昨日一般！米林村人动情地讲述着自己的村庄，带着一种对已逝岁月的缅怀与自豪，似乎岁月又回到从前，仿佛最早来米林村放牛的那个名叫金库的老人，此刻正在村前面的草滩里放牛。而米林村最初叫“金库营子”，也是因为金库最先在这里定居的缘故。

米林村周围的土地适合种植谷粟。1964 年沽源县在此大面积种植谷粟，同时为了保护耕地植树造林，所以将金库营子改名为“米林村”。米林行政村北的两个自然村赵老四营子、刘磨官营子紧邻内蒙古太仆寺旗的村落。赵老四营子在新中国成立后河北、内蒙古划界时，被以村中心小路为界分成了两部分。其中一对父子两家分住在路的两侧，一家成了河北人，一家成了内蒙古人。赵老四营子与刘磨官营子已于 20 世纪 60 年代并入米林行政村。

当初金库牛倌来的时候，这里还是蒙古人的牧场。金库给蒙古人放牛，逐渐积累了一些经验，在高地处建起了牛场，大量承揽牧区寄养过来的牛群。金库逐渐从牛倌发展成为牛管头，使得许多从各地来坝上谋生的人多了一份新的营生。米林村的于家、李家等就是因为被金库雇佣放牛逐渐在米林村安家落户的。于德祥老人七岁那年（1936 年）随父亲到金库营子放牛时，这里已有三十多户人家。当时赵老四与刘磨官已从蒙古人手里购买了大量的土地。逐渐迁来的贫困户租种地主赵老四与刘磨官的土地，同时还能给金库放牛挣些口粮（当时以莜麦作为牛倌的劳动报酬）。

最早以放牛为生的于德祥老人说，当时米林村四周的草滩上，青草一人多高，牛群散落在草场里，静卧时在远处根本看不到。他用最直白朴实的语言解读着这片大草原“天苍苍，野茫茫，风吹草低见牛羊”的美好与神奇。在不到百年的时间里，处于草长莺飞的锡林郭勒大草原南缘的米林村及周边草场，目之所及多数只剩下低矮稀疏的芨芨草。由于生态环境的退化，目前米林村的饮水质量较差。为让米林的村民们今后能喝上放心水，村委会计划从附近的五间房村引入优质水。

金家在米林村算得上最富有传奇革命色彩的家庭，而这种传奇是金建军的祖父用生命写下的红色家族史。生长在和平年代的村民尽管已经渐渐远离了那段残酷的历史，但是当我们追述一个村落或家族的时候，仍不得不无奈地翻开那沉重的一页……

1946 年 9 月 20 日，对于米林村多数人来说，是一个黑色的日子。当村民们还沉浸在刚刚获得土地的喜悦中时，被清算了的地主和土匪武装却疯狂地反扑过来，将村里人围在大场院中。提前得到风声的村民把农会主席金子龙藏在了比较安全的地方，但是土匪势力抓住了农会的其他负责人和金子龙的儿子金忠（金建军的父亲，新中国成立后任米林村第一任村书记，一直到 1966 年“文革”开始）。金子龙主席说服了保护他的群众，抱着赴死的决心走向了已成刑场的村大场院……

金子龙被土匪头子用场院里的铁叉头一下下击碎了头骨，脑浆迸溅，壮烈牺牲，其他几位农会负责人也被当场枪杀。纯朴善良、深明大义的米林村民们趁着混乱，将年仅十七岁的金忠巧妙地用芨芨草围子囤起来，由于天满偷偷地连夜转移到张北亲戚家。阴晦凄惶的米林天空录下了这血腥悲壮的一幕，这就是后来被载入沽源历史档案的“四六年系列惨案”……

前几年一个冬季，米林下过一场大雪。雪停后，许多村子街道堆满了积雪，家家户户出门几乎寸步难行。金建军试着在村委会喇叭里广播了一下，通知村民集合起来去铲雪。不一会儿工夫，家家户户、老老少少拿扫帚的、扛铁锹的相继出动，全村人一个下午就把村里大街小巷的积雪全都清到了村子旁边的庄稼地里。金建军没想到，如今不少人以自身利益为上，而米林村民却仍然能这样和谐团结、齐心协力。这一点让他深受感动，他也深深地意识到自己为村里做实事更是责无旁贷。

米林村人的精神生活也是丰富多彩的。多少年来，米林村的二人台在周边村镇以至整个沽源都小有名气。米林村大约百分之七十的村民都来自万全县，他们在移民坝上的同时，也带来了坝下的各种民俗文化。二人台这个剧种正如民俗文化中的披碱草，一旦扎根于坝上的盐碱地里，就会不断拓展升华，成为移民村落精神生活中郁郁葱葱的原野。

米林村的二人台属于东路二人台（早期又称“玩艺儿”或“蹦蹦”），产生流行于集宁以东、张家口坝上一带，是蒙汉文化融合的产物，多反映苦难社会生活与青年男女对美好爱情的向往与追求。米林村的东路二人台剧目，明显凝聚了跑口外和走西口人的历史情缘。

米林村及周边村落在清朝时属于蒙古各部的世袭牧场。康熙年间，清政府开始小范围出租土地给汉民耕种，到了光绪年间，官方开始大量放垦，促使大批汉族人越过坝头和长城移民到坝上垦荒。就这样年复一年，沽源的九连城、红圪塄、黄盖淖和白土窑等地的村落成了打短工或长久垦荒耕种者劳作求生的地方。随着大量移民的迁入，一些汉族民间艺人也不断涌至，带来了内地的文化和艺术。在冬闲时人们以唱民歌和耍社火自娱，当时民歌和社火大为流行。每到春节和元宵节前后，米林村都有闹社火的传统，人们走街串巷进行表演，所唱曲调大多来源于本地民歌。后来艺人们在民歌基础上加以发挥，久而久之，借鉴并融进了一些社火表演的成分。

解放初期，米林村二人台进入了一个新的发展时期。那时农村贫穷落后，也谈不上什么文化生活，只有逢年过节，作为一种娱乐方式，村里自发组织演唱二人台。小班由五六个艺人组成，一般打地摊演出，丑旦角儿挥舞着彩扇、手绢和霸王鞭，边歌边舞，众人席地而坐围观欣赏。晚上演出时燃麦秸做篝火，有时通宵达旦，直到尽兴而散，所以，当地汉族民间习惯称它为“小戏”。随着时间的推移，“小戏”演出中添加了一些简单的故事情节，后来打地摊的小班逐渐增多，剧目也就丰富了起来。

米林村的二人台剧目有七十多个，大型剧目有《方四姐》《继母打孩子》等；中型剧目有《卖碗》《闹元宵》等；小型剧目有《挂红灯》《十对花》《五哥放羊》《打连城》《打金钱》《打樱桃》等。当时的演员主要有乔金、李玉河、杨喜、李田贵和刘进生等；乐队伴奏的有金海、金宝玉和刘兴民（如今刘兴民老人还健在）。杨喜的母亲坚决反对其唱二人台，恐唱戏唱得误了地里营生。杨喜白天帮家里干活儿，晚上趁母亲熟睡后，偷偷从窗户翻出练戏。他对二人台的痴迷多年来一直是米林村村民的趣谈。

米林村的晋剧和样板戏同样小有名气。新中国成立后，村民赵兰美、刘永娥等都曾在宝昌、沽源剧团正式拜过师，学过艺。米林村的二人台、晋剧和样板戏每年参加县里的文艺会演，多次拿过一、二等奖的好成绩。刘桃在《红灯记》中饰演的铁梅，高兰饰演的李奶奶，都在沽源戏迷心中留下了深刻印象。《智取威虎山》中赵云礼饰演的杨子荣，惠有饰演的座山雕，也让众多观众怀念至今。内蒙古及周边旗县的村镇每年夏末秋收前的农闲时节，也时常来聘请米林村的戏班去表演助兴，红纸洇湿后涂抹在脸蛋上的两片鲜红和被煤油灯熏黑的鼻孔，是米林村民几代人永远抹不去的记忆。

令人欣慰的是，在乡村民俗文化衰落的大气候下，二人台剧目因紧随社会形势，并结合了美丽乡村扶贫建设的内容，重新受到了村民们的欢迎。因此，金建军计划为村子再申请增添一些器乐音响设备，为村民茶余饭后搭建一处娱乐休闲平台。如今，米林村在促进二人台发展的同时，又增加了广场舞、太极拳等健身项目，村里的文化娱乐生活越来越丰富多彩。

采访结束离开米林村时，我的耳旁仿佛还在回响着二人台的声音：“正月那里来是新年，纸糊的灯笼挂在门前，风吹那灯笼‘呼噜噜噜噜’转，我和我那三哥三哥三哥过新年……”

七 一 村

郭秀萍

七一村位于黄盖淖村南十公里处，东南和西辛营相邻，西边越过一道山梁便是张北地界，北面紧挨着富河村，是一个有着五百五十多口人的村庄。这里有山有水，有湿地，有草场，耕地肥沃，村民安居乐业，日子过得蒸蒸日上。

20世纪20年代，这里还是“天苍苍，野茫茫”的草原。一个春天的上午，一位田姓国民党军官从独石口驻地骑马来到这里，开始了“跑马圈地”（即骑马跑着转圈，圈起的地就归他所有）。当时耕作条件差，圈了大约一千多亩后，这个军官就挺知足了。这个后来被称为“田官”的军官有两个儿子，长子叫田万义，次子叫田万全。他在新圈的土地上盖了几间土坯房，把土地交给次子田万全来经营。后来，这里形成的村落就被称为“田官坊”，村名一直沿用到现在。田万全不愿待在荒草野滩，就把土地租给佃农，交给一位姓常的人管理，自己每年只来收收租子。常家在这里生存繁衍下来，成了今天田官坊常家的祖先。当时，田官又把长子田万义派到白土窑一带的山沟里开荒种地，这条沟后来被称为“田万义沟”，而那里形成的村落也被称为“田万义沟村”。

后来，有个叫陈三疤的武装地主，也来这里开垦土地，同时买了一些地，加起来也有一千多亩。他在自己的地界（村子南边）建了围墙，被人们称为“陈围子”。这些围墙后来作为黄盖淖与西辛营的交界，并成为历史的见证。当时有一个叫孙万山的有钱人，来到西山开地并定居下来，因而西山山坡上的地被称为“孙家房地”。据老人们说，有一个叫“大白狼”的女土匪，也开垦了一些土地耕种，后来她留下的地被称为“白狼滩”。现在被称为“王老五沟”的土地，则是一个叫王老五的人开垦的。在这些最早开垦耕种的土地上，逐渐形成了“田官坊”这个村子，而村子里各家族的发展就由此开篇了。当时由于战乱频繁，很多外地人一个带一个，一家拉一家，陆续举家搬迁到这里。从怀安逃荒出来的王家、岑家等几大家，后来成了田官坊最早居民的重要部分。

1958年，为响应上级兴修水利的号召，村里轰轰烈烈地修起了水库。当时条件艰苦，工程基本靠人工来完成：在泥水滩里运草皮，不能用车拉，全靠人肩扛背背，民工们身上泥水汗水混在一起，没人叫苦喊累，工地上一派热火朝天的情景。指挥部从县里抽调医务人员，为民工防病治病，并派干部到工地慰问，带工干部与民工同吃住，同劳动。当时黄盖淖的公社书记王德、平定堡公社领导张春明等，也同民工一起下水背草皮。就这样，领导与民工同甘共苦，边修边整顿，历经二十多年，水库终于在1980年竣工了。工程总投资三百三十三多万元，有效灌溉面积约五千亩，1974年实浇地面积约两千五百亩，养鱼面积约七百三十五亩。

1977年秋天，田官坊与富河分家，并与脑包底合并，新成立一个大队——七一大队。为什么叫七一大队呢？据说当时是为纪念全县人民修建水库的功绩，加上水库是在7月1日党的生日这天动的工，所以，新成立的这个大队被命名为七一大队（即现在的七一村）。后来，七一水库的得名，也是同样的原因。

如今年近八旬的刘金老人，当年任七一大队书记时，因为把集体的钱袋子捂得太紧，成了十里八村有名的“铁公鸡”。20世纪80年代末90年代初，全县大搞农田基本建设，大规模平整土地，植树造林。当时好几个村来七一村支援，刘书记就用莜面苦累就咸菜棒儿来招待他们。有人说他太抠门儿，他说：“现在我们村还很穷，但莜面还是能管饱的，吃莜面苦累能多干活儿，干好活儿，等以后我们村富裕了，一定请帮过我们的乡亲来做客，尝尝我们水库里自己养的鱼。”

现在每到春夏季节，七一村的树木都郁郁葱葱，东西两面山坡上的花儿也竞相开放，引来无数蜂蝶在花丛中飞舞。而七一水库中的鱼蟹，也引得附近村民前来垂钓，收获大时全家都可美餐一顿。这也算兑现了当年刘书记的承诺吧。

如今的七一村正迈着矫健的步伐，阔步走在美丽乡村建设的大路上。2017 年，水库南岸建起仙露湖景区，开业当天，漂泊在外的游子们纷纷赶回庆祝，从此，七一村以崭新的姿态走进了远近各地游客的视野中。

椴 木 梁

温秀荣

椴木梁村是沽源县小厂镇的一个村，位于小厂去往赤城县的 241 省道右侧的一个山坳里，距离小厂镇约一公里。它的特殊之处是地处一个关隘坝口，村边的路夹在两座大山的谷地中，大有一夫当关万夫莫开之势，是从北京方向经过赤城、独石口出口外到内蒙古的必经之路。那里是典型的田园风光，四周是丘陵状的山梁。人们认为村名是因为村南的小山梁上曾经生长过椴木而命名为椴木梁。

然而，当地一位关注历史的老人说，他们村原本叫躖（duàn）马梁。相传在明代，这个村子以北几百里的地方居住的蒙古人的马匹管理松散，经常有马跑到这里或者更往南的地方。蒙古人追马就追到这里，不再往南继续追了，因为再往下走，就是独石口，是明朝的军事重镇，蒙古人不敢轻易涉足。北方方言把“追”叫作“躖”，此村因而得名躖马梁，后来叫成了发音相近的“椴木梁”。

历史记载，辽代统和四年（986 年）六月十八日，辽承天皇后，即萧太后与其子辽圣宗统军大败北宋，班师北上。萧太后、圣宗、诸王、公主在岭表（独石口外，今椴木梁一带）陈宋俘于军前，大宴二日。遥想当时，军旗猎猎，战马嘶鸣，这一队得胜的劲旅从独石口攀到这坝头之上，天高云淡，视野开阔，纵情豪饮间，江山已定。想必沽源人的祖先见过或者听闻过这一幕，萧太后的传说从此在此地域绵延不绝。

椴木梁村，因为地势居于山隘坝头，在以后的几个朝代里又屡屡成为军事重地。明朝洪武二十九年（1396 年）八月，朝廷在偏岭（今椴木梁）设置开平前屯卫，永乐元年废。这是一个军队驻防的机构。明朝正统六年（1441 年）五月，偏岭至栅子门（今赤城东栅子）设墩台五座。这是用于军事瞭望和传递消息的设施。清代，康熙皇帝亲征噶尔丹，军至独石口、石头城、小宏城，威武之师也从偏岭往返经过。民国至今，这一条由北京到独石口再到塞外内蒙古的主要通道仍然雄踞一方，为军事锁钥。2007 年，椴木梁隧道建成通车，使这条九曲山道变为京畿坦途。

因为地处隘口，椴木梁在战争或者局势紧张时期，可能造成人员滞留。也许一个人的偶然际遇，会影响一个地域的发展。据历史资料记载，果真有这么一个人。清代乾隆年间，椴木梁村里来了一位南方人，姓潘，当地人称他为潘先生，具体名字已经无人知晓。潘先生可能是赋闲归隐的官员，也可能是科举考场外的才子，他滞留椴木梁的原因已经无从查考。

潘先生有文化，在这个荒凉的小村教授过当地的农家子弟，播撒下了文明的火种。此后，椴木梁村人有了崇尚文化的古风，重视培养子弟读书，几百年延续至今。古风涵养之下，结出累累硕果，可以说此地人才辈出。比如当地的刘氏家族，在清代就出过巡按一级的大员，现代也有从中央到地方的多位各级各类人才。

潘先生也懂农业种植，他指导当地百姓种地，管理农作物，收成很好。那里的百姓勤劳耕种，敬畏忠诚于土地，附近村民都受其感染熏陶，至今农业生产都搞得像模像样、丰稔有余。潘先生是一位造福当地的贵人、好人。后来，他积劳成疾，一病不起，村里人自发为他募集路费送他回老家，但是他已经病入膏肓，来不及了。潘先生客死他乡，葬在了这里。

先生已经故去，但是，当地人的感恩之心常在。许多年、许多辈人都在讲潘先生怎么说，怎么做……

村里人把潘先生安葬完毕后，各家各户自发自愿，有钱出钱，有力出力，为他在村中央建造了一座祠堂，取名为“潘公祠”。祠堂高大肃穆，内墙上有壁画，言说潘公事迹。潘公祠是我乡我土纯朴先民对善良的传承，是对无私奉献、造福地方的潘先生的尊崇，是当地百姓感恩戴德美好品质的彰显，是我们民族厚道博大的传统文化结出的果实，也是一个时代人心和民风最美好的诠释。一座朴拙却高大的建筑，将一种博大广厚的美德和精神定格在沽源历史上。

关于祠堂，乾隆二十八年（1763 年）的史书有过记载。随着岁月的流逝、人事的更迭，知情人一代代逝去，潘公淡出了人们的记忆。但是祠堂还在，香火还在。

沽源这块土地本来就是游牧和农耕文明相伴生长的交叉地带，至今百姓仍延续着半农半牧的生活方式。

民国后，因为发展畜牧业，更发展农业，当地人在祠堂里供奉了龙王和马王以及其他神位，祠堂就变成马王庙、龙王庙了。庙的名字叫“德源寺”。那个时期，这座庙远近闻名，香火很旺，百姓每逢过年过节都到庙里上香许愿。每年农历四月十八组织庙会，庙下面有建好的戏台墩子，到时候临时搭台就可以唱戏。香客施舍的善款积存下来，除开支用度，用以买地，若干年下来，庙地发展到七百多亩，招租四方流民种地，吸引大量外来人口，对村落的扩大起了很大作用。庙会期间，四方百姓、商家都来赶会。可以许愿还愿，慰藉心灵，可以看戏，愉悦精神，可以买卖物品互通有无，饭棚酒馆食客盈门。庙，一时间成为那个年代这个地域物质文化和精神文明的双重载体。正房坐西向东，大三间，有马王、龙王塑像，还有一些其他民间庙宇里常供奉的神仙塑像。北房堆杂物。南房住和尚三人：大和尚姓刘，赤城县东卯人；二和尚姓王，独石口人；三和尚姓崔，本地人。他们都有法号，日常工作也很正规。那时期，这寺庙里的地出租给别人的时候都是骑马量地，很是财源广进，气象万千。独石口和小河子的奶奶庙都属于德源寺管理。

在 1956 年前后，德源寺被改造成了学堂，学生来自本村及附近几个村子。那时，三间正房里用泥土和石头垒着几排高台子、矮台子，高的用作桌子，矮的用作凳子。那个年代，许多地方都把庙宇改作了学校，社会性质的更替改变了庙的作用。但从宏观上说，它教化百姓、构建人们精神世界的功能并没有改变。文化，照亮了许多人的心灵，也改变了许多家庭、家族的命运，更推动了一个村、一个乡、一个时代的进步和发展。

椴木梁村里的这个高大的建筑，至今演绎了三个身份：潘公祠、龙王庙、学校。在跨越将近二百三十年的时间里，起到了弘扬美德、教化人心、优化地方民风民俗的积极作用；在它的空旷而幽暗的殿堂里，安放过当地人祖祖辈辈的精神世界。

1971年前后，“破四旧”的大风吹走了大庙的砖瓦残片，泥胎马王和龙王也灰飞烟灭，大庙只遗留下了一片地基，庙的种种都成为当地人口头的一个传说。

但是，历史确实真实而鲜活、丰富而庄严地存在过。重温历史，让我们感慨万千，追古思今。这些文化、文明的火种传之后世，就有了如下现象：

60年代，椴木梁大队是全县最大的大队，包括十七个生产队。其中，椴木梁村四个生产队，芦梨洼村三个生产队，水泉村三个生产队，五道沟村三个生产队，沟门儿村两个生产队，杨家营村一个生产队，榆树营村一个生产队。那时，这个地域的人们依然秉承着敬畏土地、勤劳务农的古风，悉心种田，祖祖辈辈耕种的黑土地上，莜麦、胡麻长得好，浩大的集体农业搞得生机勃勃。在60年代末70年代初，社员年底分红能达到每十个工分一元至一元三四角钱。大队和生产队干部一心为公，在百姓心里有威信，社员们也尽心出力，不是因为一人一时，而是因为民风使然。

在教育方面，椴木梁人传承了古老的尊重知识、重视文化的传统。他们因为前辈人口耳相传的价值观，深刻懂得德行美好、文化渊博方为人中俊杰。即使自己身为农民，倾力培育儿孙子弟也是家族的首要责任，如果子弟学业有成，就是自己的一世荣光。尽管当时大的时代背景尚有政治余波，但是，椴木梁人非常清醒而淡定地继续着他们古老的事业：耕田、读书。当时大队办的初中，在教师和家长的共同努力下培养了一批人才。当时的教师有谷万印、王海、石宝山、宋生海、王占林、侯忠等。

从这所大队初中走出去的比较有成绩的学生有谷连昌、裴志国、魏广月、常世功、石玉山、刘贵明、李树平、刘忠、武岩峰、王玉、杜延国等。二十年后，这些人活跃在县内外的各行各业。他们同一乡同一校的学习和成长背景引起了全县人和教育界的关注。

究其原因，不外乎椴木梁行政村，包括芦梨洼村和水泉村，到现在仍然秉承着“读书、耕田”两大古训，至真至美，智慧淡定，继续着农业文明里最伟大的事业。

近些年，整个行政村走出去的一本和二本大学生有四五十名。家长夙兴夜寐、摸爬滚打、精心种田、努力打工，心中有希望，精神有支撑；子弟理想远大、榜样具体、发奋读书、努力成才，已经成为风气。

椴木梁，这个古风依存、正气贯通的村庄，它的荣光和幸福在延续。

西 大 井

王金虎

西大井村隶属于沽源县黄盖淖镇，距沽源县城四十六公里，位于黄盖淖镇政府所在地西北七公里处，东临北滩村，南接林源村，西、北与太仆寺旗的南地房子、小营盘、张老四营子、小淖儿、黄马群（其实叫花马群，汉人叫白了，叫成了黄马群）相邻。该村地势平坦、水草丰茂、环境优美，与一望无际的内蒙古大草原融为一体。草场面积较大，以牛、羊、马为主的畜牧业占据村民收入的半壁江山。

西大井行政村辖五个自然村，分别为西大井（本村人习惯称大营子）、新营子、五间房、十八台、张英地房子。（羊场子村在 2007 年已搬迁到五间房村北。）大营子是其中面积最大、人口和户数最多的自然村。大集体时代，大营子有四个生产队，其他几个自然村都只有一个生产队。现在，人们有时仍把羊场子叫五队，五间房叫六队，张英地房子叫七队，十八台叫八队。张英地房子是 1930 年左右黄盖淖的大地主张英建立的牧场，就是放牧坐场的地方，后来形成了村落。

西大井村有两个曾经建立过但后来撤并了的自然村高财旺营子和苏鹏营子。高财旺营子，也叫后营子，建于 1923 年，1978 年整村搬迁。苏鹏营子，1950 年建村，有十八户人家，由于不善经营，分红远远低于别的村，于 1974 年四散搬迁至其他各自然村。现在两个自然村的原址已经变成了耕地和林草地。

西大井（大营子）自然村 1926 年建村，原名为赵祯营子。崇礼县贾麻沟村的赵祯，为谋求生计，赶着牛车第一个来到这里，从蒙古人手中买下了这片草原，并且进行开垦。那时主要种植莜麦、胡麻、土豆，养殖牛、羊、马。出门就是广阔的草场，以放牧为主。几年后，也就是 20 世纪 30 年代，相继又有几家搬迁到这里。赵明从张北县战海乡，鲍文、鲍海从张北县战海乡车道沟村，王官从沽源县西辛营乡艾蒿沟村，王文昌从山西省灵丘县，胡银、胡金、胡玉等从张北县大圐圙乡红山滩村陆续搬迁到这里。这些人刚来时，租种赵祯的土地，后来也从蒙古人手里买地开垦。此时，已有十多户人家在此居住。民国十七年（1928 年）南北统一，改特别区为察哈尔省，下辖十六县（其中有沽源县）、三个设治局（崇礼、化德、尚义）。民国时期，沽源县辖境基本沿袭清时独石口厅。根据《察哈尔省通志》卷十三户籍篇载，现在的白土窑乡、黄盖淖镇、九连城镇属宝昌县第三区。因此，西大井村建村初期隶属于宝昌县第三区。

西大井村西，在建村之前就有一口石头砌成的直径两三米的水井，是蒙古人放牧饮马的地方，名为塔拉忽洞，意思是蒙古人的饮马井。1963 年，赵祯营子更名为西大井。“文革”期间，抓革命促生产，打井灌溉。开展这一系列轰轰烈烈的运动，西大井村耗费了大量的人力和物力，在村子西边又打了一口大井。大井的面积二亩多，长方形，长约二十米，水深二米多，最深处可达三米。那时因为接通了地下水源，水量充沛，井水清澈，所以这个人工形成的大井看起来像一个湖泊。有人以为西大井村的名字是根据这个湖泊似的大井而得名的，但据村里的老人讲，在有这个大井以前已经有了西大井村名了。不过，村西的大井从此便成为西大井村的主要标志物了。

西大井村西南面有个西格梁，“文革”期间（1970 年左右）倒土垫地，人们就在这里挖土，然后将土运到其他耕地里。当时挖得很深，据村里的老人回忆说有几丈深，挖出了许多被风沙深埋的历史遗迹，还有大缸、制钱、骨头、磨制石头和好多坛坛罐罐等。那时村里的人都去挖，所以家家户户随处可见这些东西。其中制钱就是孩子们经常玩儿的物件之一，最常见的以宋朝、元朝和康乾、道光年间的制钱居多，其他不认识的也有，那时也没人去考证研究，现在见不到几枚了！

元朝实行两都巡幸制度，为了方便两都的交通，在大都和上都之间开辟了四条驿路，其中的西路孛老驿路经宣化、张家口、张北、沽源直达上都。进入沽源后，经昌州城（今九连城镇北）、怀秃脑儿驿站、明安驿站（今闪电河乡马神庙村）后，北入上都。依据地理位置和出土的文物以及历史资料记载，沽源县文保所已将西大井村西格梁这片遗址确定为元代怀秃脑儿驿站。遗址呈不规则长方形，东西宽三百米，南北长五百米，遗址内高低不平，南部有明显的建筑遗迹，地表散落有大面积的素面瓦片、畜骨、瓷片、陶片等。西大井遗址现已开垦为农田。

改革开放以前，村里没有什么文化事业。当时没通电，也没有电视机等家用电器，最多就是听听广播，其中最吸引人的当属评书了。人们闲下来就围在收音机周围一起听刘兰芳的评书《岳飞传》《杨家将》《契丹萧太后》等，每天收听一回，之后会以“欲知后事如何，且听下回分解”结束。然后就是听老人道古，度过漫漫长夜。人们一年看三五次电影，最大型的文艺活动就是村里的二人台了。西大井村的二人台班子始建于解放初期，红红火火地唱了二十多年，直到改革开放初期才逐渐淡出了人们的视线。那时候，村里的二人台演员就有二十多名，节目也丰富多彩，那阵式可以和现在的县剧团相媲美。在人们心中印象深刻、唱得好的演员有胡占仁、刘星、王登文、庞莲香、赵国花、吴佃荣、胡占功、赵富花等。主要剧目有《挂红灯》《走西口》《打樱桃》《五哥放羊》《白山卖老婆》《卖菜》《打金枝》《光棍哭妻》等。每逢年过节，二人台都要伴着村里的喜悦氛围大唱大跳几天几夜。尤其是每年正月，白天唱了晚上唱。晚上点着用麻缠着棉花、蘸了柴油制作成的火球，用铁丝和木棍儿高高地挑着，挂在半空，像个小太阳照亮一大片区域，全村的人们不论男女老少全都挤在熙熙攘攘的人群中，嬉闹着、欢笑着……演员们简单地画了脸子，穿着古朴的戏装，没有麦克风，扯着嗓子唱，卖力地扭，乐队拼命地敲着锣鼓，鼓匠师傅憋红了脸，两腮鼓鼓地吹着唢呐。没有华丽的灯光和高贵的舞台，就在那一片空地上，几百人围成的一个大圈子里，村民们共享着节日的快乐。就这样热热闹闹地能折腾近一个月！

西大井建村近百年，虽然历史上没有出过名声显赫的风云人物，但是当代全国知名作家胡学文可是土生土长的西大井人。胡学文 1967 年出生于一个普通农民家庭，从一名中学教师一步一个脚印地取得现在的辉煌成就。胡学文现为河北省作家协会副主席、中国作家协会会员，著有长篇小说《私人档案》《红月亮》《血梅花》等四部，其中《血梅花》获第十四届精神文明建设“五个一工程”优秀作品奖。著有中篇小说集《麦子的盖头》《命案高悬》《我们为她做点什么吧》等九部，中篇小说《从正午开始的黄昏》获第六届鲁迅文学奖。曾获《小说选刊》全国优秀小说奖，《小说月报》第十二、十三、十四、十五、十六届百花奖，《十月》文学奖，《北京文学中篇小说月报》奖，《中篇小说选刊》奖，《中国作家》首届“鄂尔多斯”奖，青年文学创作奖，第二届鲁彦周文学奖，《钟山》文学奖等。他的小说入选中国小说学会 2004 年、2006 年、2011 年全国中篇小说排行榜，《婚姻穴位》《大风起兮》《奔跑的月光》等先后被改编为电影《心急吃不了热豆腐》《跟踪孔令学》《一个勺子》等，《命案高悬》出版英文单行本。他的作品不仅在国内有相当的影响，还走出了国门，走向了世界。

老人们常常提起在村民心中颇具影响力的人物郝忠，抗美援朝时期任炊事班长，曾立三等功。胡凤花，70 年代的老教师，中师学历，是人们公认的好教师。赤脚医生王有是村民们认可的好医生，几十年来服务到每家每户，救死扶伤，为百姓去除病痛。

村里的老支部书记白占祥，老会计王登文，老生产队长陈维、白占喜、曹印秀，他们这批中华人民共和国成立初期村里的领头人经历了大集体 60 年代连年丰收的喜悦、70 年代（1971—1976 年）大灾之年的困苦、“文化大革命”时期的洗礼和改革开放联产承包责任制思维以及经营方式的转变……这些经历造就了他们这代人吃苦耐劳的精神、艰苦朴素的作风和非凡的才干。他们文化不高、学历不高，但是可以将村里的一切事情安排得井井有条，将所有账目记得清清楚楚，将各项工作谋划得细致超前。就是在他们的带领下，村里的面貌不断发生着变化，村民的生活水平逐步提高。

现在西大井村西的大井由于多年失修已经干涸，那个叫塔拉忽洞的小口井的砌井的石头已被人搬走，井也被土填平。西大井村的大井和小井这两个标志物虽然消失了，但是时代总是要进步。随着精准扶贫战略的实施和城镇化建设步伐的加快，2016 年，西大井村被列入了整村易地搬迁的行列，到

2017年11月，西大井行政村所属的五个自然村全部搬迁到黄盖淖镇黄盖淖村。镇政府在黄盖淖村总体规划建设了平房和楼房安置区。在黄盖淖村西侧规划建设了砖木结构的平房，分别设计为两间房一户、三间房一户的户型；在黄盖淖村东侧建设了小二楼独院、五层住宅楼等面积不同的多种户型；还在公路两侧建设了二层楼底商。根据不同的价格，易地搬迁的村民可以选择住楼房，也可以选择住平房。易地搬迁让百姓的住房条件得到了提升，同时也让村民彻底离开了祖祖辈辈居住的老屋，离开了那个有近百年历史、魂牵梦绕的故乡。至此，“西大井村”这个村庄便永远消失在历史的长河中！

大 井 沟

郭秀萍

在沽源县黄盖淖镇东南五公里处，有一个小山村叫大井沟。它三面环山，只有北面一条平坦的“村村通公路”通向外面的世界。虽然叫“大井沟”，但村庄并不大。听村里八十来岁的老人们讲，之所以叫“大井沟”，是因那时村里的四十多户人家，都围着一口大井居住着。

那时每到雨季来临，井里的水就会溢出，吸引北边不远处的驼队前来饮水，村里人也非常欢迎驼队的到来。村里人一直以种莜麦为主，经常把自家产的莜面送给赶骆驼的蒙古族牧民，驼队也常把一些奶食品带到这里——这不禁让人联想到“丝绸之路”上的情景——但牧民们带来奶食品并不是为了买卖，而是为了答谢热情好客的大井沟人。

村子东头有一块地，叫“石家阳坡”，沿着这块地往东走到尽头，紧挨着就是白土窑芦草村了。村子南面的山最高也最陡，百年沧桑的印记都雕刻在这里，天降暴雨后水从山上流下，久而久之留下了深浅不一的条条沟壑。其中有两条最为明显，一条叫“刘家沟”，一条叫“韩家沟”。这里的春天似乎来得很晚，到了盛夏时节，大山上才长满各种异草奇花。有山韭菜、臭葱和羊蹄蹄，有红彤彤的山丹丹花、雪白的芍药花，更有当归、黄芪等药材。翻过南沟的大山，就是西辛营的艾蒿沟村了。村子西面的山不高也不陡，却东西走向连接着整个地域。山坡上栽满了榆树，初夏来临，淘气的孩子们总爱爬上树去摘榆钱吃，甜甜的、淡淡的，回味起来犹如昨天。山那边便是同属黄盖淖的富乡村。北面二点五公里处的小井沟村，是大井沟人出行的必经之地。

通过这些沟壑和地块儿的命名推测，最先来这里的应是石姓、刘姓和韩姓——只是不知他们何年何月从哪儿而来。事实上，在他们来之前的岁月里，也可能有人在这里繁衍生息。听村里的安文德老人（1964—1975 年任大井沟大队书记）讲，1958 年村里盖大队部挖地基时，曾挖出三件东西：一件是农民用来耕作的大锄钩，另一件是一面铜镜，还有一件是直径五六十厘米、厚度五六厘米的双耳行军锅。这口行军锅后来被拿到县文物局鉴定，说是元代行军打仗时炊事兵做饭用的。可见，大井沟的历史是比较悠久的。

村子西南约二三公里处有一条横贯南北的沟，叫“孩子沟”。孩子沟最深处有四米多，浅处也有一人深。沟底有一眼清洌的泉水，无论严冬酷暑，都在缓缓流淌。传说许多年前，沟东沿上住着一户张姓人家，夫妻俩和一个可爱的女儿。一家人在沟西边山坡上以种几亩地为生，与他们相伴的还有一条白狐，每日都到沟底溪水边喝水并梳洗打扮。就在他们的女儿五岁那年，有一天天降暴雨，洪水眼看就要冲垮他们的小屋。这时只有女儿一人在家，夫妻俩如果去救孩子，那就意味着不但孩子救不了，自己也会被水冲走。就在这时，只见一道白光闪过，白狐不知从哪儿跑了出来，冲进即将倒塌的小屋，背起女孩跑了出来。他们这才知道白狐是位“狐仙”，但从那以后再也没见过这位狐仙。为表达对狐仙的感激之情，他们把这条沟叫作“狐狸沟”。但后人只知这里有个孩子，在发洪水时被救了，所以这条沟又被称为“孩子沟”。

不知从什么时候起，村子东北长起一片茂密的树林，像绿色海洋一样。每到夏天，林子里遮天蔽日黑压压的看不见太阳，还有许多奇怪的鸟叫声，像哭又像笑，很吓人——现在想来应是猫头鹰的叫声吧。等到秋风起，秋叶落成堆，林子里才能照进阳光，小伙伴们推上父亲做的小手推车，拿上几条麻袋去林子里扫落叶，工夫不大，个个满头大汗，满载而归。

村子东南的山是一个独立的山丘，一个普通人从山脚走到山头是没有任何困难的。山脚下有几块大石头，就像围着桌子吃饭的一家人。小时候只觉得好玩儿，却不懂为什么把石头这样摆放。后来父亲说，这些石头叫“淡羊石”，把炒熟的麸皮和盐按比例掺起来，再拌上些麻油让羊舔食。每年惊蛰是淡羊的最佳时机，错过这个时间，一整年羊都吃不起膘来。淡羊石上面的山腰上有一间小房子一样的建筑物，用土坯和石头砌成，很矮也很小，就像传说中小矮人的房子。据说，这里面埋了一个人，因为去世时正是大年夜，按照村里的风俗，死了的人不能在家过年，寒冬腊月的又不能及时挖墓穴，就做个临时坟墓暂时埋在这里（当地叫“寄埋”），要等后来家里有老人去世才能一起埋进祖坟。

大井沟的地形南高北低，南面都是大山，而且那时候大雨、暴雨频繁，洪水会顺坡流经村子涌向村北的耕地，把正处于生长期的庄稼毁于一旦。1967年，县水利局来人勘探后，决定在村北修一座缓洪水库，通过水库把滚滚大水慢慢放行到北面地里，以免庄稼被淹，还能有效利用水资源来灌溉。在县水利局的帮扶下，当年的安文德书记带领全村的劳力齐上阵，年轻力壮的男劳力用马车、牛车从南沟山上运土，老人和妇女从附近小山丘上用筐抬土或担土。第二年夏天，一条长五百多米、高约五米的东西走向的梯形大坝终于修成了。这只是水库的一部分——土坝。土坝从中间分成两部分，用钢筋水泥板块儿连在一起，上用红漆写着八个醒目的大字——“水利是农业的命脉”，北面中间的就是引流建筑。这些是七一村工匠范文占完成的。引流工程由两道平行的虎皮墙组成，顺南北而筑，高近四米，长约十米，西面墙上写着“缓洪”，东面墙上写着“水库”，共四个大字。两道墙体中间安了闸门，水蓄满大坝时就开闸，让水慢慢流入农田；水不大时就不用开闸门，把水蓄在坝上，干旱时再打开闸门，以达到旱涝保丰收的效果。那个年代没有任何机械，全部工程都是人工完成，所以，当年大井沟人给后人留下的，不仅是一项水利工程，还有不怕困难、艰苦奋斗的伟大精神。从那以后，村北的耕地再没被水淹过，相反却越来越肥沃，每年向国家交的公粮大大超过上面下达的任务。

粮食增产农民增收，幸福生活在向大井沟人招手。1975 年春天，为响应中央“村村都搞俱乐部”和“农业学大寨”的号召，村里开始盖大礼堂。这年正好是武占军接替安文德担任大队书记，盖礼堂成了武占军上任后的第一件大事。人力物力充足，干起来得心应手，还没等大地完全解冻，大井沟人就开始动工了。在工匠范文占的鼎力相助和父老乡亲们的齐心协力下，大礼堂终于在国庆节前竣工了。国庆节这天村里张灯结彩热闹非凡，还特意请米克图的戏班子来演出，既是为国庆献礼，也是为庆贺大礼堂落成。大礼堂坐落在大队部院子里，坐西朝东，有十一间房子大，能容纳一千多人，有舞台和灯光，还有一个供演员化妆用的单间。

1976 年 9 月 9 日是一个特殊的日子，这天人们个个面容严肃，和平时大不一样。那时我刚刚记事儿，跟着一些哥哥姐姐随着人群走进大礼堂，他们胳膊上都挽着一块黑布。大人们都在哭泣，有的甚至放声大哭。不知道人们这是怎么了，见他们哭，我也跟着哭。后来才知道，是毛主席老人家去世了，全村人在为他送行呢！

后来不断有剧团来大井沟演出，有赤城二堡子的晋剧、兴和县的二人台，还有沽源的晋剧团，一时间大井沟成了全公社甚至全县的焦点，三里五村的人都来看戏。礼堂建成后的几年里，每到农闲时节，村里都从张家口文化局定影片，先由班车捎到公社，再由放映员骑自行车取回，每天晚上放映，而且每晚不重复。那时村里还没通电，全靠村里发电机发电，等人们回家睡下了才熄灯。当时村里担任放映员的是赵玉林和安珍，当年的小伙子现在都当上爷爷了。

大井沟富裕起来后，还设了一个公积金，用于建立大队卫生室，实行大队合作医疗。社员们不用交一分钱，有个头疼感冒的，在卫生室打针吃药全部报销。如果得了大病，只要大队开了证明，患者在大医院看好病后，由主治医生签字，回大队还能报销一些。1977 年，大队买回一辆 75 型东方红拖拉机，拖拉机头上戴着大红花，而我父亲就是驾驶员，坐在拖拉机上显得很风光。有了这个大家伙以后，大块的土地都由它来耕种，只有部分坡地仍用牛马耕种。

大井沟富裕了，不少外地人投亲奔友，来这里安家落户。村子里人口多了，牲口也多了，遇上干旱之年，这一口大井已满足不了村里人畜的需要。改革开放后的1985年，时任县水利局书记的安文德做了大量工作，在村东头打了一眼深七十多米的机井。在当时井深七十米已很少见，水位深，水自然甘甜。为了吃水方便，好多村民把房子盖在村东，一户，两户，最后发展到几十户，被称为“小东营子”，实际上它是大井沟一个自然村。

现在年轻人多数外出，大井沟村只剩一些老人，有劳动能力的还在经营着几亩地，古老的大口井依然完好无损，供应着村里人畜的饮水。老人们常坐在大口井旁的石槽边，回味和絮叨着年轻甚至童年时的故事。

“十三五”期间，大井沟村被列为“易地扶贫搬迁村”。得知这个消息后，村里人心中又喜又忧。是啊，故土难离，谁能挡得住故土的召唤呢？这片土地上每一块石头，每一片落叶，都印在了他们的记忆中。那些沟沟坎坎，那肆虐的洪水，还有养育了多少辈人的井水，还有大礼堂、大坝……所有这一切，都让村里人无法忘怀。

以后，大井沟这个村子将不复存在，这里将变成平地，最终成为良田，但大井沟人勤劳吃苦的精神永远不会变。搬迁后的生活条件要比原来村里好得多，但是不管将来到哪里生活，大井沟人都会挺直腰板，去迎接美好的未来。

高　山　堡

张占峰

高山堡村是沽源县高山堡乡人民政府所在地，位于县城西北偏西十五公里处。全村有五百四十四户，户籍人口一千零五十七人，常住人口五百六十一人。

建于1968年的战备公路老赤宝线，横贯村子东西然后直奔西北而去。20世纪90年代之前，绝大多数的住户都在公路以南居住。路北从东至西依次为高山堡村小学、高山堡乡中学、贸易批发站和铁匠炉。2004 年，省道赤宝线改建为国家二级公路，并选了新路线，从村子南面通过，绕到村西一路北去。这条连接冀、蒙的大通道给高山堡村来了个半包围。原来的老公路废弃多年后，在 2013 年夏季修筑了水泥路面，现在可供小型车辆和农用车通行。新老公路每天车来车往一派繁忙，极大地方便了当地人出行，促进了该地域经济的发展。高山堡村距离内蒙古界三公里，处在沽源县城连接内蒙古锡林郭勒盟太仆寺旗最近、最便捷的通道上。沽源和太旗在新中国成立前同属宝源县，位于交界处的高山堡村是连接两地的纽带，地理位置十分重要。因为紧靠内蒙古，高山堡村也为附近内蒙古一些旗县的人们所熟知。

高山堡村前面丘陵绵延，丘陵中段正对着村子的部分突兀而起，形成一座高山，一百多年前活动于附近的人们都叫它高个尖山。位于山北的高山堡村，最初顺理成章地得名高个尖营子。

“营子”这个称谓在坝上比较多见，民俗研究者们多有探讨也多有争论，比较能够站住脚的说法是营子即营盘的意思，是游牧民族晚上宿营的地方。高个尖营子这一带作为养牧者的宿营地也颇为理想。它的南面是高个尖山向下的延伸部分，形成了一片宽两三公里的草坡，东、西、北三面都是大草滩。一百多年前，这里人口稀少，植被保护完好，如果是雨水丰沛的年份，草有一人多高。村子东北不到一公里的那个方圆几百亩的大淖为天然水源，可谓水草丰美，放牧、歇脚自然不在话下。

有文字记载，高个尖营子形成于清朝末年。有个叫李建喜的人从山西阳高逃荒到沽源，先落脚到平定堡的白玉山家，给白家扛长活儿，至壮年时从白家分得一头牛。李建喜赶着花轱辘牛车到处做买卖，后来又发展到有多辆马车，经常进出后草地，和蒙古人做生意。有了足够的资本，开始在高个尖山北面开荒种地。后来土地越来越多，自家耕种不过来，就出租给他人。这样，高个尖营子的人口逐渐多起来，由最早的四五户人家，发展到几十户百余口人。

1919 年，村民为防匪患，在村子周围修建高约两丈的城墙，四周护城河环绕。城堡北门的门楼上刻有黑体大字“高山堡”，从此高个尖营子正式更名为高山堡。高山还指高个尖山，堡则含城堡之意。

中华人民共和国成立初期，不知道出于何种考虑，县公安局的几个公安来到高山堡和村民一起将门楼拆除了。当初的城墙，现在只存有几处残垣断壁，昔日辉煌不再，只留下些许岁月的斑驳记忆。

从 1919 年建城堡更名高山堡到新中国成立前这一段时间，村里的大户人家有李家、胡家、孙家、刘家。李建喜家业最大，开有油坊、酱醋坊、缸坊，并在宝昌、多伦等地设分号。鼎盛时期，家丁长短工有几十号。李家的畜牧业更为壮观，有上千匹马，牛羊不计其数。现在太仆寺旗的马房子村就是当年李家的养马场，其资产丰厚可见一斑。

1925 年夏天，一个礼拜日上午，李家的马群在高山堡村后的淖边散放着。不知什么原因，马倌那天没有跟着马群。十多个土匪骑马从内蒙古一带下来，其中的两个赶着马群往北狂奔，其他的土匪端着枪瞄着高山堡城门楼。在高山堡城墙上闲逛的村民发现了这一情况，飞奔到李家报信。李建喜出于安全考虑，只是让家丁在城墙上对着赶马远遁的土匪打了几枪，奢望土匪胆怯，能留下一部分马。可这帮土匪显然有备而来并且贼胆十足，赶着马群，渐渐逃离了家丁的视线。李家从此家道中落。李建喜看着余下的家产和已经长大的五个儿子，决定分家。声名显赫的李家从此分成了几支。李建喜于 1927 年去世。

“土改”前，高山堡的村民们都是靠给几个大户人家扛长活儿维持生计。据已过古稀之年的高山堡村老人讲述，给大户人家干活儿，报酬的取得一般有以下几种形式：秋天分得一些粮食，或按收成提成，或以报酬为租金，租得几亩耕地，来年自己耕种。1936 年天主教堂建成，也有部分村民租种教堂的土地。高山堡于 1948 年解放，1 月 8 日至 4 月 10 日进行“土改”。

高山堡村从新中国成立起就是该乡的政府所在地。在大集体时代，粮库、信用社、卫生院、供销社、兽医站、拖拉机站、中学一应俱全。那时的高山堡村从规模到人口都是它最为鼎盛的时期。

那时人们的精神生活比较单调，除了看露天电影（固定的几部样板戏），就是看文艺宣传队演出。宣传内容以阶级斗争为主，也有反映当时农村大集体生活的短剧，比如打机井、植树等火热的劳动场面。文艺为大众服务，紧扣现实生活，从这些主题派生的快板儿和小合唱，成了人们主要的精神食粮。

大集体时代，高山堡大队辖十个生产队：高山堡村一至六队，天兴元村七至十队。1976 年春天，县“三干会”以后，高山堡和天兴元被分成了两个大队。

高山堡的经济发展和其他乡镇的经历大同小异。大集体时代的大田种植，先是莜麦、胡麻、土豆老三样，后来又增加了小麦种植。由于经营单一，基本是靠天吃饭。再加上吃大锅饭的弊端，村民虽然每天起早贪黑，但生活水平一般。改革开放以后，分田到户，村民积极性提高了，但种植结构没有多少改变，依然是靠天吃饭。村子东头的几眼机井，打了坏，坏了再打，水浇地没有明显经济收益。直到 2003 年，种植结构开始转变，由单一的大田种植向蔬菜种植过渡，机井也多起来，机井的利用率大幅度提高。由于蔬菜种植受市场经济的左右，村民逐渐学会了科学种植，在选种、施肥、蔬菜品种的选择等诸多环节严格把关，反复调研，不断积累经验。经过十多年的不懈努力，西蓝花、大白菜、香菜、菠菜的种植规模和质量已经远近闻名，冷库也应运而生。有的村民搞起了蔬菜贩运，蔬菜产销一条龙在该村已经初步形成。村民的钱包都鼓鼓的，大多数在县城买了楼房，出门轿车代步。他们农忙时回村里打拼几个月，农闲时回县城照顾孩子上学，享受城市生活。

近几年，随着蔬菜种植的规模化和旅游业的兴起，原来老赤宝线的两侧又热闹起来，先后建起了忠海大酒店、小姚饭店、李海旅游饭庄。每逢夏季，游客和蔬菜客商络绎不绝，餐饮业呈现出一派繁荣景象。

村民们都找到了适合自身致富的路径，整个村子将以更稳健的步伐迈入新的时代！

四 人 洼

李海云

四人洼村在沽源县城东偏北六公里处，是由最先来这里开荒种地的四大户人家和村子的地形而命名。

四人洼村的四大户是张俊、王三拐子、李俊、任福昌。在光绪八年（1882年），他们为了扩张自己的土地（据说他们在别的地方都拥有大片土地），来到这广阔无垠的荒草野滩开垦耕种。这四户人家到来之后，从蒙古人手里买下了大片土地，雇一些长工干活儿。这些长工主要是流浪汉或者外出逃荒的人员。这四大户人家很善良，对待长工很随和，从不打骂虐待穷人。“土改”以后，他们回到县城过上了普通人家的生活。

当时村子的正中央是一处波光粼粼的水洼，村子的南北各有一段横贯东西的高土梁，村民称之为南梁和北梁，是传说中的两条土龙。四人洼的先民们说，这种地形叫“二龙戏水”，决定了四人洼是一块风水宝地，不管是先来开荒者还是后来居住者，都能把日子过得风生水起。当时的四人洼，住户有四十户左右，二百多口人，过着半农半牧的生活。

1958年“大跃进”时期兴修水利，为了把闪电河水库的水引流到四喇嘛营子村后的淖里，挖了一条水渠，从四人洼村中穿过。这项工程，极大地改善了四人洼的灌溉条件。在我小时候的记忆里，人们经常到渠边洗衣服。清凌凌的水就像一个欢快的孩子，不分昼夜地奔流着，鼓舞着村民们奔向幸福生活的干劲儿。1974年，村民又在南梁上建了一座扬水站，引水灌溉村子南面的土地。后来，水渠不再输水。因为近年来村民用水量大，村中的水洼也已经干涸，旁边盖了一排排的库房。

水洼的北面，曾经有一片高大的榆树，其中的一棵，原来在四人洼四大户之一的王家的院落里，是镇宅之树，传说这棵榆树会招财来运。20世纪

80 年代，这片树林全部被砍伐，现在只留下成片的树桩。

“文革”时期，四人洼村被改称“五七村”，后又改称“光复村”。由于“光复”和“寡妇”谐音，听着不吉利，村民们不喜欢，便弃之不用。“五七村”也没有叫得广泛。最后，村民还是选择了传统的“四人洼”这个称谓。在 1980 年与南沟村分治后，政府文件中正式恢复了“四人洼”的叫法。

20 世纪 80 年代中期，四人洼村民的生活蒸蒸日上。这时，村民李公福做出了榜样。他头脑灵活善于钻研，买了一百二十头小猪，科学养殖，一年净赚一万。这在当时可是了不起的万元户。第二年，他把土地都上了猪粪，秋后小麦亩产有六百斤，大豆也有五六百斤，土豆竟然上到了三千斤。破天荒的收成，在村里引起极大反响，于是，部分村民也跟着养起了猪，引领着大家向富裕的路途阔步迈进。

现在的四人洼，交通便利，集丰公路由村西通过。近几年，由于菜花基地的建立，村民们大部分都收获颇丰。部分村民还养着大批的牛羊，个个都把日子过得红红火火。

西　坝

张沫末　贾淑丽

在蒙古语中，“坝”是山岭的意思，蒙古人以山为坝。与平原处的大坝和堤坝不同，西坝正是以山为坝，符合蒙古语中“坝”的含义。西坝村属于莲花滩乡，在莲花滩西偏南九公里处，正处于坝上与坝下地区交界的坝头一带。它缱绻于大马群山环抱之中，四周山高谷深，平均海拔超过一千五百米，南接坝下赤城、崇礼的丘陵山地，村西二点五公里处与张北县战海乡相邻。因为独特的地理位置及四周山上丰富的泉水和动植物资源，西坝村比沽源其他村落形成时间较早一些。据沽源相关史料记载，西坝村在清康熙年间就有人居住，因紧依沽源、崇礼交界的西坝头而居，故取名为“西坝”，村名沿用至今。

迄今为止在西坝村已经繁衍五代以上的老户人家有阳原县迁来的赵家和来自蔚县的王家等，后来他们的村邻、亲戚也逐渐迁徙而来。在民国时期，早来的住户在西坝村拥有的土地已小有规模，陆续迁移来的住户就以租赁土地或做长、短工为生，养家糊口。从民国至新中国成立初期四十年左右的动荡岁月中，从坝下赤城、崇礼等邻县迁到这里的住户相对多一些，多为躲避坝下战乱而迁至西坝，在西坝周围漫坡上垦荒开地。

西坝村东南有两道长城沿山脊而过，这里曾是历代汉族政权抵御不断进犯的草原部落的一道坚固防线。为了抗击不断进犯的草原游牧民族，秦时在大马群山的险要位置，依托地形，就地取材，以干插石垒的方法构筑了长城边防（当地百姓也叫“边墙”）。位于西坝村正南四公里处的刀楞山上的秦长城，绵延向东一直到丰源店乡南坝头处。这段长城在西坝村附近依然存有两米高的土埂和石埂，有些地段保存较完好。在秦长城南三公里处，有北魏修的另一道长城，明朝加高包砖后成为明长城的一部分。因西坝村通往坝下的道路相对开阔，明代朝廷派骑兵在村附近驻守，村南的烽火台一直修筑到马营。据村里老人说，明代修固长城时，除了附近的居民，还有一些靠近坝头的草原游牧人，这些人来修长城有的是为了生存挣点口粮，有的则是明朝戍边守兵抓到的游牧壮丁。从西坝部分村民供奉狼神的习俗可见，虽然这里现在户籍上登记的都是汉族，却不排除村民中有蒙古族后裔的可能性。狼是蒙古族的图腾，是草原人世代供奉的神，在蒙古部落里也象征着权力、征服和至高无上的荣耀。西坝村世代供奉狼神的习俗在漫长的岁月更迭中，逐渐演化为一种祈福，寄托了与动物和平相处、互不伤害的一种心愿，同时也期望狼神能保佑村落风调雨顺，生活幸福平安。

西坝村因大部分村民来自于坝下的阳原、蔚县等地，所以每年正月村里有多种多样民俗娱乐活动，如唱小戏、扭秧歌、踩高跷等，而且西坝村还有周边其他村落所没有的一项娱乐竞技活动——赛马。每到正月，村里集中推选出青壮年小伙儿，并指定赛程场地，按照到达目的地的时间长短来确定胜负。这一娱乐赛事和建村后一直延续着的祭祀狼神的习俗一样，都是蒙古族文化习俗的重要组成部分。

每年大年初一早晨，西坝村的家家户户还要拿上香火、纸钱和供品，赶上牛羊去村东迎接喜神，白日里则组织二人台演员挨门挨户拜年演出。每到一家拜年，村民都要拿出豆腐、粉条、年糕和麻花之类的年货作为表演酬劳。每年夏季的农历六月初六，全村人都要集中到村后山上的龙王庙，贴对联、杀羊祭祀领生，祈求一年风调雨顺，有个好收成。

西坝村因跨四县、沿坝头的特殊性，在古代不仅仅是游牧民族南下的跳板，也是历代中原王朝严加守卫的最北防线；不仅是天然的分水岭，也是战争与和平的桥梁。

抗日战争期间，西坝村属平北抗日根据地。1941 年 8 月初，平北六中队近百人，在参谋江文的带领下，进入西坝一带，收集民间枪支，开展抗日斗争，后南下。西坝村现今八十四岁高龄的共产党员睢占先老人，在抗日战争时期就参加了地方小分队，负责抬担架转移伤员的工作。据从赤城县三道川迁移来的冯国志老人讲，西坝村在解放战争中有多人参军未归，成为战争中的无名英雄。如今，西坝坝头上那一株株绿色的树木和一丛丛火红的山丹花，似乎仍在无声地缅怀着革命先烈们的功绩……

虽然隐藏在大山深处，但是在沽源县的村落中，西坝村却是较早接通自来水的村落。20 世纪 90 年代初期，西坝村将西山泉水引入村后山上的水塔，村里第一次通了自来水。90 年代末期，国家开展的塞北防护林工程建设，给西坝村南的山坡上筑起了一道绿色长城。西坝及莲花滩其他村落所属的塞北林场，在十几年的植树造林过程中，也打了一场绿化荒山的“人民战争”，广大群众积极投身林业建设，走出了一条生态与经济效益双赢之路。十几年过去了，这里的森林覆盖率提高了十倍，年降水量增长百分之四十六，森林资产总价值超百亿元。2017 年，村里又重新疏通了水管，并整修了山上泉水管道，使得这座小山村多了一分现代气息。那静止于矮墙上的橘黄翠绿的倭瓜、盛开在七月阳光下的黄色喇叭花、挺直的藤蔓串联起的一道碧玉般的篱笆，让人不禁想起陶渊明的诗句：“结庐在人境，而无车马喧。采菊东篱下，悠然见南山。山气日夕佳，飞鸟相与还……”

西坝村祖祖辈辈与大山为邻，山上的一草一木、一禽一兽，都被村民们格外珍爱着。5 月，粉白的山杏花压满枝头；6 月，蕨菜、山韭菜和黄花疯遍了山野；7月，雨季一到，天晴雾散之后，重重叠叠的密林中，陈年的腐叶下就会生出白白胖胖或褐色的蘑菇，而那崖石或密林的背后，却是狍子、獾子、狐狸和野兔等动物们放纵的天堂；10月里，红彤彤的秋海棠便闪耀在大山中；整个冬天，山鸡、半翅和锦鸡等便神出鬼没般地出现于山石或林间小路上，各自给银色的山坡画上满意的素描。

如今，与张承高速近在咫尺的西坝村，与崇礼桦皮岭相距不足十公里，站在西坝村山顶，桦皮岭上气势恢宏的风力发电装置与高耸入云的转播信号塔清晰可见。乘着2022年北京-张家口冬奥会的东风，西坝村有可能迎来沽源绿色冬奥长廊中的第一缕亮丽曙光。这个村庄正一面独自哼唱着农耕文明里的悠长小调，一面享受着开放与快速发展带来的交通便利。天路从西坝南缘山上攀山而过，不久后的西坝村即将成为莲花滩乡乃至沽源生态旅游的一个窗口。

立于莜麦、土豆和林木交错辉映的7月的西坝村山坡上，我们不禁想到：西坝村虽然不能像沽源许多村落一样走大规模土地流转、快速致富的道路，但西坝就是西坝，它应是许多游子寄存乡愁的最后一粒珍珠。留住它，就留住了原生态，也留住了农耕文明中最后的怀想与温存……

老 米 沟

李富荣

米脂盛产美女，绥德盛产好汉，山东章丘盛产铁匠，河北吴桥盛产杂技，而沽源县莲花滩乡东南约十五公里处有个叫老米沟的地方，却盛产故事。令人匪夷所思的是，老米沟的故事似乎总也绕不开康熙皇帝。

据说老米沟村名的由来就与康熙皇帝有关。传说中康熙十年（1672年），康熙皇帝陪同祖母孝庄皇太后到赤城泡温泉治疗老寒腿，某一日闲来无事，便带着几个随从到附近村落边看风景边微服私访。一行人口渴了，便到一户许姓人家讨水喝，这家夫妇外出未归，只有独生女许彩凤在家。许彩凤从门洞递出一瓢水来，康熙看见她那双莲藕般的纤纤玉手，顿生爱慕之情，当即许诺回宫后即派人接她进宫。许彩凤喜出望外，当即跪下磕头谢恩。然而，康熙回宫后却把这事忘得一干二净，可怜痴情女子许彩凤等啊、盼啊，最终也没等来迎亲的花轿，只能终老闺阁。从此，这个村被称为“老女沟”，后来叫白了，就叫成了“老米沟”。

老米沟另一个与康熙皇帝有关的是柏匪的故事。传说康熙年间，老米沟有一个妇女到山上采黄花时拾到一个石头槽子，就拿回家当猪食槽，结果发现猪食槽里的猪食总是满的，猪吃了还有，吃了还有，于是就把顶针放到猪食槽里，竟然收获了满满一石槽顶针。妇女大喜过望，知道这就是传说中的“聚宝盆”。她冷静地想了想，如果自己无福消受，这样的宝贝反而会带来灾难。于是，她就把石槽埋到村边山上一棵柏树下。第二天，妇女再到山上去找那棵柏树，却发现漫山遍野都是柏树，再也找不到那棵埋着“聚宝盆”的柏树了。又过了几年，村里一个傻子到柏树林中割草喂毛驴，一棵柏树下的草割了还有，割了还有，总也割不完，而且寒冬腊月也能割到鲜嫩的青草。后来，毛驴下了驹，此驹非骡，非马，非驴，叫起来声如洪钟，跑起来疾如旋风，是一头世间罕见的怪兽。后来听一位过路僧人说，这就是传说中的上古神兽，名叫“柏匪”。老米沟人知道此兽非凡人可以降服驾驭，就把它献给了康熙皇帝。据说康熙就是骑着它才打败了噶尔丹。

沽源县关于康熙皇帝的传说，说明了老百姓对他近乎神化的崇拜，也从另一个侧面说明，康熙年间包括老米沟在内的土地肥沃的坝头一带，已经有人居住，而且形成了村落。

在口耳相传的说法中，老米沟第一户人家姓史，在村西一条小沟里筑屋定居，后来，薛家、张家、郝家和王家等相继迁来，老米沟村就这样诞生了。后来因这里住不下更多人，就逐渐搬到了现在村民们居住的位置，而旧村则被称为小老米沟。

民国时军阀混战，外族入侵，民不聊生，老米沟经常受从独石口流窜过来的散兵、土匪的侵袭和迫害，村民过着朝不保夕的痛苦日子。1946 年 6 月，国民党发动全面内战，向解放区大举进攻；10 月国民党黄桂馥部和杨锡壶匪部占领平定堡，中共沽源县委机关战略撤城，转入地下斗争。从此，老米沟人开始了最受煎熬的黑暗日子，直到 1947 年 2 月张宝联合县公安局秘密入驻才宣告结束。

那时候，老米沟作为张宝联合县公安局驻地，专门负责看管俘虏、担任警戒等任务。当时，担任局长的先后有赵申洲、许进发等人。据当时的民兵小队成员、现已八十六岁的老党员王忠老人回忆，当时公安局有个负责人姓马，还有一个姓宋的、一个姓杨的，至于什么名字、什么职位，他们民兵小队的人也不清楚。

当年只有十八岁的王忠，与村里岁数相当的郝深乡、薛长瑞、王殿奎、李广源和裴怀玉等人组成民兵小队，主要任务是传送情报和负责警戒。据说，当时的情报都是一级一级从平定堡传出来的，主要是平定堡内敌兵部署、换防等情况。比如说，有几个人从东城门调到西城门了，又有几个人出城去了，等等。知己知彼，方能百战不殆，他们传递的情报，为解放平定堡做出了很大贡献。另外，民兵小队还负责白天全村的安全警戒。他们在村南梁上放哨把守，如果敌人从东面来，就把提前设置好的“消息树”推向西边；如果敌人从西面来，就把“消息树”推向东边。村民们根据树被推倒的方向，紧急疏散到安全的地方。稍小一点的孩子，如郝神云、石秀荣和张玉等，则参加了儿童团，手拿红缨枪负责巡逻，一有情况，马上报告。有时，他们也会到高家窑子、丁庄湾去送信。

当年作为革命老区，老米沟家家户户都住过当兵的。村里人拿出最大的诚意和热情来支持革命，尽管自家都缺吃少穿，温饱不济，但是只要自家有的，总缺不了子弟兵的。由于斗争需要，战士们经常是白天出去，夜晚回来，冬季严寒时，村民们把烧得热乎乎的炕头让给他们，并为他们端上热气腾腾的饭菜。由于耳濡目染、受革命思想的影响和熏陶，村民薛桂英和李照明积极投身革命，于 1947 年加入中国共产党，成为老米沟最早的共产党员，随后，王万福、石海贵、宋玉和刘满贵等人也相继加入。

人民的军队来了，老米沟发生了翻天覆地的变化。1947 年，老米沟就进行了土地改革，平分了地主的土地，实现了“耕者有其田”。1948 年沽源县全境解放，老米沟人彻底告别了兵灾匪患，过上了安居乐业的日子。

如今，随着国家精准扶贫力度的加大，老米沟作为易地搬迁村，将整体搬迁到村委会所在地丁庄湾。现在，一排排新房已经建成，明年老米沟人将喜迁新居。

长　梁　村

高世玲

这里没有过多的喧嚣，也没有大起大落，但是这里的历史从滦河源头五女河开始，就已经有了一次飞跃和升华。这就是我的故乡——长梁村。它位于沽源县城东南偏西约二十二点五公里处。这里分布着众多丘陵，轻壤质黑黏土十分肥沃。因为这里的后山有条很长的山梁，绵延长约零点六七公里，所以，这里被称为“长梁”。

一

元朝时，赤城以北都是蒙古族地区，当时长梁村还没形成村落。因为这方水土山清水秀，东西南北都环绕着绵延的山丘，所以这里设立了一个盐律局（管理官盐的机构）。

相传当时有一位武将军，因被小人算计，被指派到这个偏远的盐律局来上任。他的妻子担心丈夫无人照料，决心跟着他一起来到这里。第二年，这对夫妇就喜得千金，后来又生了一个女儿。转眼十几年过去了，两个女儿都已长大成人，不但美貌而且聪明伶俐。她们既秉承了母亲的落落大方，又遗传了父亲的刚毅坚强。

后来，一个恶霸来到这里，看上了这对姐妹，要强娶她们。面对恶霸的威胁强迫，姐妹二人坚决不从。最后，恶霸用她们父母的生命相要挟，她们才含泪答应了亲事。就在迎娶的当天，姐妹二人攀上山巅，毅然决然地跳了下去，尸体落到了山下一条河里。

看着死去的两个女儿，夫妇二人心中充满了痛苦凄凉，他们把女儿的尸体埋在河水旁。也许是怕后人盗墓吧，他们为两个女儿建了五座坟。从那时起，与五女河、五女坟相关的故事就流传下来，并出现了不同的版本。传说的真实性是无从考证的，但五女河与五女坟的传说却代代相传，使这片土地具有了浓厚的神秘色彩。

二

元朝统治覆灭后，盐律局被撤销，长梁村一带一度少有人烟。到清朝时，这里成为从喇嘛庙到蒙古草地和俄国的交通要道，很多南来北往的商人都经过这里。在当时，长梁这片土地远比沽源要出名得多。

1900 年，从山东逃荒来的年幼的吕广忠在此耕种定居。后来，薛家、杨家和江家陆续在这里落户，逐渐形成村落，因后大山有一条较长的山梁，他们将村子命名为“长梁”。

后来，一个养骆驼的商人来到这里，觉得这里风水好，就在这里开了个骆驼场子。当时的骆驼场子，就在现在长梁村的后大山脚下。因年代久远，人们都忘了养骆驼人的名字，只记得当时南来北往的人都叫他“骆商”。骆驼在这里原本养得很好，但第三年头儿上，却得了一场大瘟疫，一百多头骆驼，不到一星期就死了约五分之一。骆商四处求医，可当时医学不发达，没人能医治这种瘟疫。后来骆商觉得这是天灾，是他无意中得罪了天上的神仙，于是修建了一座大庙。因为这座庙里面供了九位神仙，所以取名叫“九神庙”（在原长梁中学旧址）。九神庙的中间是三间正堂，两边是六间小屋，最前面是一座戏楼，曾是长梁人看戏听曲的地方。

对于当时的九神庙，人们最常去的，就是一个供着奶奶女神的奶奶庙和背着小孩的娘娘庙。当时不能生养的，都去这里拜神上香。九神庙有东西配房，里面常年有老道诵经。修建九神庙时，骆商用了三十六根石条和上百根松木，当时算是不小的工程了。也正因如此，为修建这座庙，骆商几乎耗尽了家财。但是，骆商的骆驼还是死绝了。后来骆商离开了长梁，只留下那个大庙。那时长梁也不过二十几户人家。

三

1937 年，抗日战争全面爆发，长梁村青壮年男子都去当兵，保家卫国。在战争中牺牲的有孟西和顾青山等人。因时间久远，他们部队的番号已无从查证，只知道他们是在和日本人拼命的时候牺牲了。

当兵的走了以后，长梁村留下来的除了老弱妇孺，就是伤残人士，加起来也就二十几人。日本人的侵略蔓延到这里后，九神庙被无情地摧毁了。日本人搬走了能搬走的一切，只留下那浓浓的黑烟和孤零零的三十六根石条。

后来日本人为方便控制村里人，就把周围各小村的人都围在这里，形成一个大围子。那时长梁已经涌进了四面八方的人，有山西的、山东的，还有邯郸的。当时人口居多的是田家、王家和杜家，已经有四十多户，将近一百三十人了。

四

20 世纪 60 年代，长梁村已达二百多户；到 90 年代，增加到二百七十多户；如今，已达三百四十多户。从原本只有二十几户人家的小村，到今天的乡政府所在地，长梁村的变化不可谓不大。尤其是改革开放后，长梁村更是有过不少出色的表现。

20 世纪 80 年代初，在当时工业和经济都很落后的情况下，从怀安迁到长梁的高家三兄弟就买了一辆大型拖拉机。正是这辆天津出厂的铁牛牌 55 拖拉机，让长梁人看到了发家致富的机会，从此他们开始走向外面的世界，尝试着走上了经商的道路。

这辆 55 拖拉机辉煌了八年之久，高家兄弟也因此而富裕起来。到 20 世纪 90 年代初，拖拉机开始普遍，高家兄弟又一起买了长梁第一辆汽车。这在当时的长梁村，更是一件破天荒的大事。当一辆头戴大红花的解放 142 汽车出现在长梁街头时，所有长梁村人都沸腾了，那种热烈的场面至今让很多老人记忆犹新。

进入 21 世纪后，长梁村开始有了二层楼，有了柏油路，沿街商铺更加繁荣兴旺。如今，整个长梁村的街道都在按照乡政府驻地的要求，被规划着、建设着。

长梁村虽大山环绕，地处偏远，却人杰地灵，不少孩子考进大学，其中不乏清华、北大这样的名校。杨迎千的女儿杨爱莲，是北大博士，现在人民教育出版社工作；李显廷的儿子李艳东，是清华博士，现在中石油工作。这些从村里走出的优秀人才，成了长梁村人的骄傲。

五

长梁村人有着和善热情的天性。邻里乡亲之间和睦相处，极少发生纠纷，甚至当年各地都在斗地主、分田地时，长梁村也没出现过地主被打死的现象。逢年过节时，亲朋好友、街坊邻居们经常把好吃的东西拿出来一起分享。大家坐到一起，吃着唠着笑着的场面，一直是长梁人心中最温馨的画面。尤其是在近些年的发展过程中，长梁村在沽源诸多村落中脱颖而出，成了有名的和谐乡村。

石　头　坑

鲁继香

石头坑行政村属闪电河乡，辖前石头坑村、后石头坑村和新房村。村庄东与丰宁接壤，南与长梁毗邻，北面紧挨二道渠，西距县城二十五公里，村庄临近 244 省道，距乡政府十公里，是沽源东南方向最边缘的一个村庄。村里的民风民俗、生活习惯和语言都有别于沽源西部地区，而更接近于承德的丰宁。土生土长的石头坑人，说着清晰纯正、接近普通话的语音，只是偶尔掺杂些方言土语。

石头坑村被连绵的群山环抱，处于平整且低洼的山坳中。山不高耸也不险峻，也没有显赫的名字，是典型的坝上丘陵，被当地人称为东坡、西坡、南坡和北坡。村子四周山上盛产石头，多为板状大青石，适于垒墙建房打地基。石头坑从前的老式住房和院墙、种菜打场的圐圙、牛马羊圈、猪鸡鹅狗窝都用石头垒成，家家户户屋门口的台阶也由大石板砌成，有的连屋地都铺着光光的石板。山上的石头容易开采，挖开山坡上的土层，就露出石头层，越深挖材质越好，都是清一色石头板。石板和石板紧挨着摞着，只要打开一条通道往里挖，越起（当地人管刨石头叫“起石头”）越深，慢慢就形成了很深的石头洞。

石头坑的石头远近闻名，世世代代，不知被多少百姓垒在遮风挡雨的屋墙上。那时没有砖，垒墙主要用石头和草坯。现在村子里盖房子垒墙全用砖，但打地基还是喜欢用质地上好的石头。这样，一支农闲时节专门起石头、卖石头的队伍便应运而生了。他们每天日出上山，日落下山，虽然辛苦且危险，却也有着可观的收入。刨石头是又危险又累的活儿，就像煤矿工人一样，为刨到好石头，洞挖得很深，要从又窄又长的洞里，把石头一块块背出洞外，大石板还要用大锤砸成小块，才能一块块运出来。他们整天与坚硬的石头为伍，手持钢钎，挥舞着大锤，汗流浃背，非常辛苦。为了生活，刨石人年复一年在狭小的空间劳作，石头松动塌下来时，如果躲闪不及后果十分严重。或许是在采石中受到磨炼的缘故吧，石头坑人的性格就像石头一样平凡质朴、坚忍顽强。

石头坑村名的由来与先人们的生存状态密切相关。最早来这里的人们，没有房屋，都是住“地卜坑”，就是依山挖一个坑，上面搭些柴草，作为栖息之所。坑里阴冷潮湿，上面还透风，遇上下雨天气，山上流下的水全灌了进来，既不遮风也不挡雨。后来他们发现后面大山上裸露的全是石头，而且大大小小全是板石，非常适合垒墙，便在坑的四面垒成干插墙。后来觉得还不够结实，又坐了泥垒成更牢固的土石墙，然后在上面盖上柴草，这就成了村里最早的房屋。因为周围山上都是石头，刨过石头的山上有很多坑，或者因为周围都是山，而中间住人的地方是坑，所以“石头坑”这个名字便被叫开了。

追溯石头坑建村的历史，已有一百多年时间。村里年龄最大、九十五岁高龄的张建忠老人说，他出生在民国十年（1921 年）的前石头坑村，而在他出生前十年左右，是他的大爷张魁明（赤城后城人）第一个来到石头坑居住的。按他们二人的年龄推算，这片土地上最早有人烟在 1911 年前后。当年只有十四岁的张魁明，因为老家连年灾荒，家中兄弟姊妹又多，无法生活，只好一路逃荒要饭来到位于现在的前石头坑村南面与丰宁交界的山坡上一个叫“五塘坊”的小村。这个小村只有三户人家，为李家、赵家和孟家。他们来自赤城独石口和黑河，在闪电河畔的山坡下起房盖屋，开荒种地，置买牛羊，成了小有名气的财主。只因同是赤城人，张魁明投奔他们而来，给他们扛长活儿，种地放羊。据说张魁明的拿手绝活儿是点羊数，一鞭子下去，说五十只就五十只，说一百只就一百只，一只不多，一只不少。几年后，张魁明熬成了羊行当家的，手中掌管着四群羊，每群有四百多只。

民国初年因土匪（当地称大帮）猖獗，几家财主屡遭抢劫，纷纷破产。张魁明经手将他们的地产卖给平定堡富户白玉山后，只身翻过山坡来到距五塘坊仅一公里半的石头坑（现后石头坑村）前面，准备在地势较高的高冈落脚安家。但因此处打井挖不出水，无法生存，便找风水先生观测，然后在往前挪了半公里多的低洼处打井。结果只挖了两丈深，清水便汩汩涌出。水是生命之源，张魁明挖出这口井后，便移至此处安家落户，起名“前石头坑”。这口水井是前石头坑村第一口井，一直到 20 世纪 90 年代末，村民们还在吃这口井里的水，并用井水饮牲畜。再到 2000 年以后，村民陆续在自家院里打了压水井或深水井，这口井才完成它的历史使命。现在这口井已被张魁明老人的孙子盖在自家房子里，留作了永久的纪念。

前石头坑是村委会所在地，近些年人们习惯把“前石头坑”中的“前”字去掉，直接称为“石头坑”。前石头坑的“前”字是与后石头坑的“后”字对应而来的。据张建忠老人讲，是先有的后石头坑村。这个村最早的住户，是从山西逃荒而来的薛姓和李姓两户人家。他们依山而居，村东是薛姓，以种地为生，所以村后的土地和山坡叫“薛家后沟”；而李姓住村西，牧羊为生，西坡就被称为“李羊倌山”。当时先人们各据一方，农耕文明与草原游牧文化紧密结合，形成了半农半牧的地方特色。

张魁明在前石头坑自己挖的水井旁落脚后，起初也是挖地卜坑居住，后来见后石头坑的人用石头垒墙盖房，也学着到后山上起石头盖房子，逐渐安定了下来。张魁明共有兄弟四人，他在这里稳定下来后，又把四弟张元明及其妻子从后城老家接来居住。张元明是张建忠老人的父亲。张建忠出生时村里只有张魁明、张元明哥俩居住，随后又陆续来了几户人家，都是从山东逃荒来的，有祁家、秦家和李家，他们紧挨着张魁明家住了下来。这就是前石头坑村最早的住户。张家在前石头坑至今是大户人家，人烟旺盛，已有第五代子孙。张家有一位叫张建茂的老人，是张建忠老人的弟弟，当年是大二号八路军区小队干部，口里关外，南征北战，在抗日和解放战争中多次参加过大战役，新中国成立后曾任张家口市公安局长（现已去世）。

当时前后石头坑附近的土地都归白玉山所有，村里人以租种白家土地为生，秋天二八分成，割倒的莜麦捆成个子，五十个一码，其中十个归白家，白家派人赶牛车拉走后，剩下的四十个归自己。随着时间的推移，前石头坑人越聚越多，大部分是逃荒或躲避战乱，一路辗转投亲奔友而来。这些人多数来自山东、河北的丰宁和赤城。新中国成立后村里已有几十户人家，形成了石头坑村现在的格局。新中国成立初期只有前后石头坑两个村，新房村以前归二道渠乡头号村，后来划给了闪电河乡石头坑行政村。

石头坑村的鲁守廷老人，是石头坑第一任大队书记，在这个职位上干了三十多年。他是山东费县人，十一岁时跟随父母逃荒，1943 年来到石头坑，从此定居下来。抗战胜利前夕，驻平定堡的侵华日军派汉奸到石头坑打探消息，勇敢豪爽、正直倔强的鲁守廷听说后，从门后拿出锛子把汉奸追打得屁滚尿流。汉奸逃回平定堡，向日军报告说石头坑藏着八路军。日军马上派飞机到石头坑上空轰炸，所幸没有人员伤亡，只炸伤两头牛。

鲁守廷的举动虽然引来敌机狂轰滥炸，但他的英勇行为却被村里传为佳话。新中国成立后在村里的生产和建设活动中，他也屡有突出的表现。当年挖大口井时，积水很深，需要边排水，边垒砌。但当时天气已冷，雨裤不够，六十多岁的鲁守廷果断纵身跳入井底，带动村民一起排水。当时我还是小学生，学校组织我们去工地慰问，目睹了这一幕。那天他回到家后，湿透的棉裤连水带泥都不能要了。当年石头坑连根烧火棍都找不见，如今农田林网郁郁葱葱，高大挺拔的白杨、绿叶葱茏的榆树，都是他们那一代人亲手栽种的。“八十亩片林”“九大林带”更是早已成材，连补植的树木也有碗口粗了。

石头坑村也是长寿之乡，村里九十岁以上老人就有五位，健在的有三位，张建忠老人就是其中之一。虽然已是九十五岁高龄，但他精神矍铄，头脑清醒，行动自如，是当之无愧的老寿星。石头坑人长寿的秘诀，主要在于无污染的生态环境和纯天然的饮食。村里人的主食莜面（莜麦又称裸燕麦），在禾谷类中蛋白质含量最高，含有人体所需的八种氨基酸，富含膳食纤维，有降脂、降糖和降胆固醇的功效。一方水土养育一方人。呼吸着纯洁清新的空气，喝着一尘不染的深井水，吃着营养丰富的莜面和纯天然蔬菜，石头坑人怎能不长寿？

如今，有些外出拼搏的年轻人，回村投资搞起了旅游开发。郑海峰在村西建起了“沐野农庄”，每年夏季外地游客络绎不绝。邵林在原村供销社和大队部旧址建了“石枫雅舍”，给沉寂封闭的小村带来了勃勃生机。

回望石头坑村的百年历程，无论是山东人的勇敢、耿直和倔强，还是赤城人的温顺、勤俭和精明，以及他们共同的特点——勤劳善良，都在后人身上得到了传承。村民们深深扎根于这片热土，用勤劳的双手建设着自己的家园，并以崭新的姿态走向幸福美好的明天。

小 厂 村

张沫末　李　静

小厂村位于沽源县城南偏东约三十公里处，为赤宝公路（赤城至宝昌）与小白公路（小厂到白碱滩）交叉处。村庄距沽源坝缘处的大马群山不远，南通古代军事重镇独石口，北通辽阔的锡林郭勒大草原，发源于东南方向的葫芦河从村庄南部缓缓流过。

小厂村十字街曾立着一石碑，上刻："清代，有蒙古族人在此放牧骆驼，后在此定居，建起骆驼厂子……"石碑在20世纪60年代末拓宽街道时不知去向。但是，小厂村东北坡上清代建的大殿遗址还依稀可辨。大殿由前殿、正殿和后殿围成的两个院落组成，正殿东西两侧各有耳房两排。60年代村民翻地时，还翻出过大殿院落内铺地的青砖数块。至于大殿何人所建、什么时间被毁，目前已经没人能说得清，更无历史资料可查了。作为坝下与坝上之间的交通重地，小厂村在元代是经望云驿道出塞外的必经之处，也是黑谷路（经老掌沟一线）与望云驿道的交会处。

据沽源相关史料记载，小厂村形成于清朝末年。据曾任小厂村书记、年近七旬的赵广生回忆，小厂村最早几户人家是民国初年从蔚县、沙城和延庆等地逃荒而来的，有来自蔚县的赵家、沙城的王家，和来自延庆、安国等地的安家、曹家、侯家和纪家等十余户人家。当时的小厂村四周建有围墙，所以又称"小厂围子"。围墙高三丈二，四角建有炮楼，围子东西长约二百五十米，南北长三百米左右。在东西围墙上开门两处，门楼高三丈六（东门在今小厂村十字街路口，西门在今小厂医院附近）。如今，小厂村原供销社后院仍留存着当年高两米左右的围墙的根基。

据幼年时从延庆迁到小厂的王殿清老人回忆，小厂村在抗日战争时期是日本人的据点，1943年12月，日伪军在小厂、长梁和丰源店搞"集甲并村"，推行"固边"政策，小厂很多民房被拆除。1945年11月，赤源县委委员兼独石口区委书记马振勇和区抗联主任张正带领全区干部和民兵，收复了小厂日伪据点。王殿清随父亲在新中国成立初从延庆迁来时，就暂居于当初日本人修建的岗楼内。

小厂村1950年属沽源第三区，1958年属于小厂红旗公社（1965年改为小厂公社，1984年改为小厂乡），1995年小厂建镇后一直归小厂镇管辖。在生产队时，小厂大队共有十四个队，其中小厂两个生产队；田家营、馒头山七个生产队；大白菜沟、小白菜沟、白菜沟沟里、小小厂五个生产队。实行联产承包责任制后，田家营、馒头山划出小厂大队。2014年，小厂镇政府落实沽源县美丽乡村建设政策，白菜沟三个自然村实行了易地搬迁，迁入到建在小厂村的新民居。

20世纪60年代末，在中苏关系紧张时期，小厂公社在小厂大队成立了战备团（小厂公社武工队）。武工队共分为三个小队，包括两个男班和一个女班。男班每班十二人，女班每班二十人。集训基地设在距小厂大队约二十公里的老掌沟革命老区，由1754部队派出战士对武工队员进行正规训练。武工队不参加村里集体劳动，平时除了日常训练便在小厂大队南的水泉协助部队挖防空洞。武工队员都是各大队选出的精明强干的人，也有个别下乡知青。部队每年统一为每人发放三套服装，他们一旦接到命令马上出发。武工队还和部队搞过一次军事演习，队员头上戴着树枝编的帽子，匍匐在树林里，演练坦克一过来就开始进攻。演习中还用了炸药包，参加演习的队员至今难忘当时激烈对抗的情景。

因小厂村交通便利，客商越过坝头后习惯在此打尖休整后继续赶路。1947年，一个叫李富元的南方商人路过这里时看到了商机，便在这里开了小厂第一家旅店。老人过世后，李家店由其儿子李明月继续经营。小厂村既是行政村又是镇政府所在地，早在新中国成立初期，十字街两侧就有旅店、肉铺和小饭馆等；20世纪六七十年代又陆续建起供销社、粮库和铁匠炉等。这里逐渐发展为小厂、丰源店和长梁一带的商业、粮食、医药卫生和教育区域中心。到20世纪80年代初，小厂商业批发站成为沽源县南部三级批发站，直接从张家口茶坊区进货（主要是布匹、鞋帽、农机和五金配件等），然后批发到各个乡供销点。此外，小厂村还有供销批发站，主要供应油盐酱醋茶糖等。

说起小厂村的医疗卫生，很多人会想起当年的老安先生。老安先生名叫安广仁，是安国人，新中国成立前因家乡发大水，随父亲辗转迁徙至小厂。安先生出身于中医世家，从小对中医中药耳濡目染，是一名医道很好的老中医。那时候坝上一带医疗条件差，特别是在偏远乡村，一些常见病也得不到及时医治。安先生在小厂落脚后，便为村里人扎针配中药，并逐渐取得了乡亲们的信任与爱戴，三里五村的人们生灾害病都来找他。后来为出诊方便，安先生买了头毛驴，驴头上挂一个铃铛，每当人们听到铃铛一响就知道安先生来了。因为安先生常常骑着毛驴走村入户，为附近村里人们治病，所以人们又亲切地称他为“跑野先生”。

老安先生对妇科病很有研究。有些妇女不孕不育，寻访到了老安先生，开始抱着试试看的态度，没想到几番针灸推拿，加上中药调理，半年后就有了喜。长梁有一个姓彭的，结婚好几年媳妇都没有动静，经过老安先生把脉诊疗后，一连生了两位千金。过去妇女有一种病叫“倒血”，没条件去大医院看只能等死。小厂村就有一个薛氏妇女倒血，人都快不行了，后来老安先生按自己的秘方给她配药，吃了一个月便好了。为此，方圆几十里人都互相传告，小厂有个“神医”老安先生。

老安先生扎针把脉也很拿手，不管什么人去看病，把脉后都会明确告诉病人什么病，然后对症下药，通常一个半月一个疗程，病人先熬草药吃，病情好转后，再吃他自己碾压配制的丸药，直至病愈。老安先生靠着把脉准、治愈快，美名传播几十里，锦旗挂满了整个墙壁。好多病人病好了无以回报，就和老安夫妇认了干亲，逢年过节都要来看望走动。

老安先生用的中药有的来自安国老家，有的是随时令在小厂的山间地埂自采，像黄芪、芍药、苣苣菜根、艾蒿、金银花、蒲公英和车前子等好多中药都靠自采。小厂山上随处可见的委陵菜，就是当时老安先生常用的中药。委陵菜根部富含鞣质，可提取栲胶，全草入药，能清热解毒，止血止痢。

安先生悬壶济世，行医一生，直到九十二岁高龄去世，也没有积攒下多少钱财，但他医德高尚、医道高深，一生不知治愈过多少病人，解除过多少人的病痛，一直受到人们的交口称赞。

近几年，随着美丽乡村政策的实施和临近村落的陆续迁入，小厂已发展为集贸易、餐饮和旅游为一体的现代化小镇，目前已有饭店二十多家。小厂又是从北京出发沿赤宝公路北上的必经之地，那些自驾游客往往先在小厂休憩观光一番，然后继续驱车北上。

每年一进入 6 月，小厂附近山上的山丹花、鸡蛋黄花和金莲花相继开放，芍药花也不甘落后，6 月末的坡梁被装点得一片锦绣；8 月一到，紫色、金黄的野菊花便任性地开遍了山野林间。初秋渐渐柔韧起来的各种野草，蓄意地淹没了林间的小路，山雀和野兔等便乘机游离于山林间，采集各自越冬的食物，而整个村落也在这种和谐的氛围中，平静地迎来坝上又一个漫长的冬季……

老 掌 沟 村

王 强

老掌沟位于沽源县丰源店乡东南部，处于沽源与赤城交界地带，是坐落在山沟里的一个村庄。这个美丽的村庄临沟而建，与大山为伴，两边都是山路，平地很少。清清的山泉汇成一条小河，从村边"哗哗"流过，黑河就是从这里发源，一直流到密云水库。

老掌沟村最早形成于清光绪年间，至今已有一百多年历史。当时实行"放地卖山"政策，一个姓张的人买下了这里的地，随后带着几个长工，在这里耕种并定居下来。第二年，张家放出口风，要雇佣长短工，一时间很多人从四面八方赶来。他们在这里耕田种地，落户定居，娶妻生子，逐渐形成一个民风淳朴的村落。关于老掌沟村名的来源，一直有几种不同的版本。有人说是因为这里的后山有一块巨大的形似脚掌的石头，所以取名为"老掌沟"。也有人说，是当时一个光着脚的人，为这里取名叫"老掌沟"。但是据零星的史料记载，20 世纪初，来这里的第一批人姓张，所以最初取名为"老张沟"，后来随着时间的推移，人们口耳相传，叫成了现在的"老掌沟"。

民国初期，老掌沟发展到了三十多户，一百二十多人。当时人们居住的都是"马架子房"(用木头简单搭成的中间高、两边低的棚子)。后来随着生活水平的提高，村里人开始翻盖房屋，盖起了"地卜坑房"。他们选择一块不犯水的地方，挖个大约一尺八深、八九尺见方的地坑，沿着坑的四周用黄土或石头垒起五六尺高的围墙，并留出开门的地方，上面用木料和柴草搭起一个棚子，再抹上泥巴，就成了"地卜坑房"。这种"地卜坑房"与"马架子房"相比，当时已经算是不错的房屋了。

20 世纪 30 年代，日本人侵入了老掌沟，为加强对村民们的控制，就用高高的土围子把村子围了起来。1948 年春天，老掌沟开始搞"土改"，村里穷人站出来斗地主，分田地，到第二年春天种地前，地主的土地、牲畜、农具和籽种，都按人头分给了村里的穷人。从此，老掌沟村人人都有地种，家家都有饭吃。为了庆祝翻身得解放，村里自发组织了秧歌队，男女老少穿起花花绿绿的衣服，画着两个红脸蛋儿，跟着鼓点扭起来。此后每逢过年，家家户户张灯结彩，扭几天秧歌以求喜庆。当年，扭秧歌成为村里唯一的娱乐活动，给村里人带来了很多快乐。

20 世纪 70 年代，老掌沟遭遇了一场罕见的大雪。那年 9 月，大雪整整下了三天三夜，白毛风呼啸而过，街道上冷清而凄凉，家家户户都蜷缩在炕头上，不敢出门。大雪下了一米多厚，踩下去齐腰深，庄稼都被覆盖了，牲畜也冻死了。男人们一脸阴沉，女人们哭天喊地，嚷着日子没法过了。那一年冬天，老掌沟村民聚到一起，在村长何凤礼的带动下，把仅有的粮食拿出来，为的是能一起渡过难关。当地政府也积极开展赈灾救济工作，使人们能够熬过那段困难时期。

相对沽源西部北部的平坦地带，过去的老掌沟因高山环绕、偏远闭塞而少有人来，但近些年却成了风光独特的旅游景点。这里有着大片的原始森林，千百年来人迹罕至，是一个神奇的所在，因为山高林密，没有任何工业污染，空气异常清新宜人，被誉为“天然的氧吧”。每一个来过这里的人，都会流连于这里的天然翠绿、清新空气，以及静心凝神的魔力。这里的林场海拔一千七百米左右，夏季气温最高时，也同样凉爽宜人，每年有大批游客来观光避暑，亲近大自然。

老掌沟林场就像多彩的画卷，在春夏秋冬中呈现着四季交替之美。这里的春天来也匆匆，去也匆匆，似乎前几日还数九寒冬、冷风刺骨，转眼就春暖花开、鸟语花香，没有几天的时间，又艳阳高照、绿树成荫，迎来了夏天。放眼望去，一山浓绿、一山黛青，像连绵的画卷，一直延伸到山顶，到白云深处，与天相接。森林里的地上长满了野草，有臭牡丹、金弹子，最多的还是蕨草，小溪旁、石缝里，到处都有它们的身影。

秋天来了，站在老掌沟森林深处，近看满地落叶，像给地面铺上了金黄的地毯；远看连绵的群山，真是“横看成岭侧成峰，远近高低各不同”。冬天进入老掌沟的森林，会有一种奇特的体验。你会看到一些落叶乔木褪去绿装后真实的样子，树干或笔直，或弯曲，或苍白，或黝黑，有着数不清的大大小小的“眼睛”，似乎在出神地凝望。松柏尽管穿着雪袍子，但仍旧腰板挺直，挺胸抬头，舒展身躯，高傲地俯视着一切。这些树像士兵一样，你挨着我，我挨着你，一动不动，似乎在忠诚地守护着老掌沟这片神奇美丽的土地。

段 家 营

樊桂云

段家营村位于沽源县城东南十公里处，是平定堡镇常铁炉行政村的一个自然村。

段家营的村名源于民国时期沽源四大家族之一的段家，即段成美的土地。当时，坝下地区常年混战，天灾人祸，民不聊生，为了寻找一条生路，人们纷纷举家逃往口外。还有扛长活儿和乞讨到口外的。坝上沽源地广人稀，成了这些移民的主要选择之地。

当时村里的移民主要来自阳原、蔚县、丰宁、多伦、山东、山西等地。他们租种段成美的土地，为了耕种方便，就在耕地的旁边盖了房子，当时大家都称段家地房子。后来人家多了，形成了一个小村庄，就叫成了段家营。

当时村里最早的住户有来自阳原的樊爱、樊玉山、薛大科、李银，来自蔚县的周起、周发哥俩，来自丰宁的魏九龄、武风明、戚文慧（满族）、史振海，来自赤城的詹银元，来自多伦的郅海、郅河，来自山西的杨贵、杨民，来自沽源东部十三号的王进禄、王进福、王进财。

1933 年，日寇侵犯沽源，段家营归属伪满洲国。日本人为了“匪民分离”，建立“绝缘体”，实行“集甲并村”，段家营的住户全部拆迁，村民全部集中到常铁炉围子。

1945 年，日本投降后，段家营住户逐渐回迁，段家营村又重新建立起来，当时隶属国民党统治的民生乡。

1948 年，沽源解放后，段家营隶属第一区平定堡，区长叫刘进山。此时，段家营又来了一批移民，他们大多是到此地扛长活儿的。当时有来自丰宁的康伯珍（满族）、康伯玉（满族）、张发、于成林，来自阳原的吴枝，来自山东的修国盛、吕宝昌等。

解放初期，段家营村由于外来人口增多，大家开始抢荒压地，谁的牲口多，谁就压青地多，谁的土地就多。

村民们除了耕种段家的土地外，还种了南滩和西南滩宋、常两家地主的地，南沟张五地主的两块地（即东张五沟和西张五沟）。

1953—1958 年，沽源县乡村行政区划变更快，段家营村先后隶属于新农乡、新丰乡和扇子梁乡。段家营村的李有昌曾经任扇子梁乡的乡长。

从 1958 年到“文革”前，段家营村归属平定堡人民公社。“文革”期间，段家营又归属平定堡人民公社燎原大队管理委员会，时称燎原第二生产队，简称燎原二队。

20 世纪 70 年代，由于修建闪电河水库，需要居住在水库西边的黄土坑村全部搬迁。于是，黄土坑村的三十一户九十八口人，全部搬迁到段家营村。段家营村为这些移民在村南建了一个自然村，当时叫南滩村，是段家营村的一部分，村庄容量进一步扩大。

当时县里先后几次修建水库。每次修水库，段家营村的农户都要腾出一间或两间房给修水库的民工居住。甚至有的村民搬到别的村去住，把房子留给民工住。

1984 年，原平定堡公社又增设常铁炉乡，段家营成为常铁炉乡常铁炉行政村的一个自然村。1996 年沽源撤乡并镇，常铁炉乡又并入平定堡镇，段家营隶属平定堡镇至今。

段家营村应该是全县发展农业机械化最早的一个村，先后购进东方红 75 拖拉机两台（俗称链轨车），大胶轮拖车一台，小型拖拉机两台，柴油机六台。

由于段家营村管理科学、机械化作业、实行轮荒压青，土地肥沃，几乎年年丰收，每年都是全县上交公粮的典型。1976 年上交公粮十七点三万公斤，一个小小的自然村抵得上当时莲花滩一个乡的任务。为此，《张家口日报》进行了全面报道。

1972年，段家营开始用柴油机发电为全村照明，发电员是杨庆发和刘玉虎，一直发到1981年。1986年段家营通电。

段家营有一处值得人们怀念的地方叫小礼堂，是1974年盖的八间掏空大房，是村里的文化活动中心。冬天，村里号召社员积极参加文化娱乐活动，每人每天晚上补助两个工分，大家兴致很高。村里组建了自己的文艺宣传队，当时樊治国任队长，梁永和和薛金山任副队长。演出的剧目除了《挂红灯》《小拜年》《夫妻识字》《兄妹开荒》《卖碗》《逛新城》《绣金匾》《墙头记》《三打白骨精》外，还歌唱村里各行各业的劳动模范，深受村民的喜爱。段家营的文艺宣传队比较出名，附近的村落争先恐后来邀请去演出。

1978年，常铁炉大队购买了一台电影放映机，大大丰富了常铁炉和段家营村民的娱乐生活。每年播放的任务量是一百部电影，像电影《一江春水向东流》《咱们的牛百岁》《月亮湾的笑声》《上甘岭》《平原枪声》《喜盈门》《牛郎织女》《瓦尔特保卫萨拉热窝》《桥》，村民们至今记忆犹新。

大集体时期，段家营村的李有昌是常铁炉大队最为德高望重的一位书记。他是解放军战士复员回村，曾参加过新保安战役，作为一名骑兵师战士，在第一次开国庆典上，接受过毛主席的检阅。修闪电河水库时，李有昌任民工团团长。

段家营村的队长叫尹风义，也是一名解放军战士复员回村。他敢想敢干，有魄力有威严，人称“大老尹”，当了四十多年的生产队干部，对段家营村的发展功不可没。

段家营，一个几乎四周环山的村落，历经一百多年的时间，通过几代人的不懈努力，从弱小发展到壮大。深深祝愿这个平凡可亲的小山村早日实现美丽富裕的新农村梦想。

（本村的资料提供和核实人员：薛玉亭、樊桂清、康文信）

牛场圐圙

任立新

在沽源通往张家口的242省道（俗称前道）途中，距沽源县城三十公里处的公路右侧，有一个八十六户三百二十口人的村庄，因蒙古人游牧时曾在此地建圐圙用以圈牛，所以村子取名牛场圐圙。

据年近八旬的王金宝老人讲述，这里最初是蒙古族牧民每年来下场放牧的地方。那时，村左边的大片平滩草青水碧，百鸟聚集，蛙声起伏，是一片天然的好牧场。水葱半人多高，其他矮草的高度也超过了大人的膝盖。黄花遍地都是，盛开时节，满滩金灿灿的，加上各种不知名的野花点缀，整个草场宛如一张宏大的绿底儿织锦。

有一些现象可以证明蒙古人曾经在此居住放牧。1971年，一个姓王的村民在挖土豆窖时，挖出了一个带着犄角的骨骼，像是牛的头骨，但比现在牛的头骨大得多，而且很坚硬，像化石一般。由于那个头骨周围的土质疏松，容易塌陷，不能立窖筒子，王姓村民就把挖出来的土连同那个不认识的大个儿头骨回填到原处，挪到别的地方挖土豆窖了。

1990年，村里的王老师挖土豆窖时，挖到将近两米深的地方，出现了一截木头。出于好奇，他叫来两个亲戚帮他小心地继续挖，想看个究竟。木头基本上全部露出来以后，他们发现木头已经严重腐朽，就用工具撬开了一块。结果让他们大吃一惊，里面居然是一具人的白骨。也就是说，挖出的是一个“树葬”——一段巨大的圆木，平锯成两半，中间掏空，安放逝者，再用两根很宽很厚的铁条箍成一个整体后下葬。出于对这位遥远年代的逝者的尊重，三个人又将棺木原地掩埋。

蒙古人不知在此游牧了多少个年头，带着他们的牧群从岁月里北去了，留下了这依稀零星的物证，留下了带不走的丰沃大草滩。20世纪20年代，独石口人高玉堂、高玉喜二兄弟先来到牛场圐圙村以南二点五公里的西辛营村居住，后又来到牛场圐圙“设土方子”（相当于买地开荒）定居，雇一些长工和短工，招一些佃户“打分收”。打分收就像现在的土地承包，双方协议好收成三七开或二八开，然后由佃户耕作。最早的佃户是从赤城县马营附近的水沟村迁来的，姓史。后来陆续又从马营附近的小史家沟村和小沙沟村迁来了王姓和石姓一些人。这些人定居后，渐渐地形成了牛场圐圙村。

直至1946年前后，牛场圐圙周围的环境还是从前那水清草茂的盛景，鸿雁、野鸭和叫不出名字的各种水鸟居住其中。夏天，鸟儿们产卵的旺季，人们在水草丛中不用多大工夫就能寻找到一帽壳子大小不同、颜色各异的鸟蛋，端回家给孩子们美餐。

老人们还清楚地记得，最有趣的是一种叫水槟榔的植物，其果实就像孩子们玩儿的玻璃球大小，成熟前是绿色，成熟后外皮十分红艳。果肉是洁白如玉的，可以食用，但口感味道不佳，只有好奇的孩子们偶尔尝尝，绝无毒性。水槟榔生长在疙瘩滩里。疙瘩滩就是被大小差不多的、长草的土包均匀布满的草滩，有人说是天然形成的，有人说是长时间牲畜的踩踏形成的。水槟榔的果实是养猪的上好饲料。猪倌把猪群赶到这水草丰茂的疙瘩滩里，便听到猪们咔吧咔吧吃水槟榔的一片响声。水槟榔果实累累，猪们吃饱后就地饮水。在这个季节，猪不必吃其他食物，但长膘最快，可见这种果实的营养价值还是蛮丰富的。

曾经“风吹草低见牛羊”的草场绝大部分或者被周围各个村庄的农民开垦成为农田，或者在响应“植树造林，绿化祖国”的号召下变成了一片片林地。它们在沧海桑田的过程中留下了时代的印迹。

转佛庙村

郑恒萍

转佛庙村位于闪电河乡马神庙行政村的西边，坐落在转佛山东北的山脚下。闪电河的东岸、转佛山的西边有一处寺庙叫转佛庙，山和山村都因寺庙而得名。

据资料记载，原来转佛庙不在现在的转佛山下，而是在村子东面的山坡上，于康熙四十九年（1710 年）由查干固什喇嘛所建，朝廷赐“镇远寺”匾额。因为该寺庙里有转佛殿，所以俗称转佛庙。大殿供奉三世佛，即释迦牟尼佛、药王佛和燃灯佛，西配殿供奉各种佛六十多尊。当时寺庙香火旺盛，周围的牧民都来上香许愿。

乾隆五十二年（1787 年），因闪电河一带的公私牧场大面积放垦，牧民北迁，此庙随之也北迁到正蓝旗的骆驼山，后又北迁到哈巴嘎，改名为“惠来寺”，就是人们常说的羊群庙。佛像北迁后，寺庙的房屋被民间所用，后民国时期毁于战乱。现在的转佛庙是在 2012 年重建的。

转佛山的高度大约一千五百米，山坡不是很陡峭。山顶有一处用石头垒起来的多层的祭坛，每层往里收缩，留有约六十厘米宽的平面，每层都是规则的圆形。祭坛约建于五千年前的石器时代，祭祀对象为天地日月、社稷和先农等神，祈求神灵保佑一方风调雨顺。

据说祭坛很有灵气。金朝天宝三年，太宗下诏进攻北宋，以完颜杲为元帅。行军至转佛山下，完颜杲看到这里风景秀美，就连流经此地的河水都留恋不舍，千回百转不肯离去，于是就登坛祭拜，祈求此战大捷。拜完上马开拔时，完颜杲发现自己的马鞭子遗落在了祭坛边，于是又上山寻找，这才有了后来二围开封、俘获二帝的事件。

传说忽必烈主持漠南时，他和汉臣刘秉忠离开白海行宫信马由缰来到转佛山下。二人登山远望，只见碧水蓝天，草原如缎，远山如黛，不禁感慨这里的灵山秀水。忽必烈看着弯弯曲曲的闪电河，遐想无限。这时，刘秉忠说这弯曲的河流更像一条龙，从而激发了忽必烈争夺汗位的雄心。他命刘秉忠在现在的正蓝旗东北滦河北岸的龙岗营建营室房屋，三年后建成，称开平(即元上都)。此后每年三月三，忽必烈都带领人马到转佛山举行正式祭祀仪式。

转佛庙村是一个拥有五十来户人家的自然村。据村民讲，村子原来叫修家营子，是一个姓修的外地人，辗转来到这里，见此地土地肥沃、水草丰美，就定居下来。原来的修家营子人口不多，也就四五户人家。后来逃难的、投亲奔友的逐渐来此生存发展，村庄人口渐渐多了起来。因为山前的寺庙，村名改为了转佛庙。

山不在高，有庙则名；庙不在大，有佛则灵。守着得天独厚的资源，村民们顺应市场经济，开动脑筋，大力发展旅游、餐饮、住宿等产业项目，发展自然生态旅游，转佛庙村成了旅游致富的典范。转佛庙村，这个隐于闪电河流域的小村庄，因为独特的地理环境和深厚的历史，让中外游客纷至沓来，静谧的村庄变得喧嚣起来。

转佛山下就是著名的滦河神韵风景区。站在山顶之上极目远望，天地相连，原野苍茫，滦河河道千回百转，逶迤如带。想象着千百年前，鲜卑、回纥、突厥、沙陀曾在这里繁衍生息，匈奴、羌、铁勒、柔然等民族曾在这里征战厮杀，辽、金、元历代帝王曾在这里避暑游猎。俱往矣，铁马金戈、猎猎战旗。如今，这里绿草如茵、鲜花烂漫、河水潺潺。阳光之下，溪流闪烁、波光粼粼；阴雨时分，河道弯弯、静默如画。正是这种独特的景致，内敛沉稳的气质，让这片土地在不同的历史时期，先后接纳养育了多个民族。

如今的转佛庙村，静谧与喧嚣同在，朴素与缤纷共存。

清晨，大地微明，薄雾弥漫，山川、树木、田野笼罩在晨曦中。大自然像一位丹青妙手，用不疾不徐的手笔把转佛庙村涂抹成一幅美丽的水墨画卷。大片的油菜花和亚麻花散布在辽阔的碧野，形成一道道黄、紫、绿的色块，像农人精心编织的地毯，到处弥漫着特有的清香。

中午，各种旅游车辆川流不息。景区外，商铺摊点规划有序，本地各种土特产琳琅满目；景区内，游客人头攒动，拿着手机、相机频频拍照，赞美滦河的九曲回环，惊叹大自然的鬼斧神工。

傍晚，荷锄而归的老农与衣着时尚的游客同行于田间小径。农家院里，游客们品尝着地道的绿色农家饭，呼吸着新鲜的空气。现代的活力注入了转佛庙村，而转佛庙村也回馈游客以淳朴的乡情。

山水之间，村庄便有了灵气。这里是上帝的调色板，这里是摄影家的天堂，转佛庙是一个宜居宜商宜旅游的村庄。

新 华 村

刘树仁

新华村位于沽源县白土窑乡西北端，包括韩家营子、刘家营子、董家营子和上店四个自然村。村西南边、南边与太仆寺旗贡宝拉嘎苏木的黑沙图、黄马群和南场子相接；村北、西北与太仆寺旗千金沟镇的察布淖村、胡家营村仅隔一条公路；村东北、东面与西山坡接壤；东南、南面是四道营子。

村名溯源

新华村原名韩茂围子，因万全人韩茂来此建一土围子而得名。1918 年，韩茂来到此地，看中了这块“风水宝地”，在距现在韩家营子西约半公里处，建起一座土围子，以保护他的家人和财产。建围子时施工的全是蔚县人，他们打土墙技术高超，干活儿卖力，进度也快，一丈多高的墙头，全用条形铁锹把土“飞”上去，根本不用箩筐往上吊，场面很是壮观。

土围子长方形，南北长一百二十步，东西宽八十步，占地四十亩，围墙高约一丈八尺，设有碉堡（也叫“炮楼”）和射击孔。碉堡内有房屋六十多间，住着韩茂家人和护院人。围子仅设南门，据说是为防御从康保、张北方向来的土匪。韩茂是武装地主，有十几条步枪，数十人护院。

围子建成后，韩茂雇了长工短汉，开始开荒种地。怀来、怀安、蔚县和万全等地陆续有人逃荒过来，给韩茂当长工，他们吃大伙房，和家人住窝棚。窝棚一半在地上，一半在地下，地上用泥垒墙，用柴草盖顶，十分简陋。后来，这些人改为租种韩茂的地，韩茂按三七或二八比例收租。韩茂的佃户聚居在一起，形成了韩家营子的雏形。最早在村里定居的有田亮、田青、赵元、路万福、张德金、张鸿荣、杜有福、杨茂奎和左延乎等，另外，还有从保定曲阳来的牛孟双、陈文富和陈文荣等人。

后来，从张北来的刘文汗在距韩家营子西北半公里处落脚。刘家家境并不殷实，但节衣缩食，开始开地、买地，并逐渐扩大规模，这里逐渐形成了后来的刘家营子。那时，张永隆、周玉、王万魁、王万选、郑昌录、赵有和王有等纷纷迁来给刘家当长工，几年后也开始租地，置产盖房，成为刘家营子最早的住户。

距刘家营子西北一公里处，是块四面高、中间低的洼地，被董兰生看中，他在此开地、买地，租给赵全善、刘元、杨万、杨彪和赵光茂等人，这些人在这里定居下来，逐渐形成了董家营子。

上店形成要晚一些，因最初村中有店，故名“上店”。村里住户多是韩、刘、董三家的佃户，最早有郭玉、陈权、张贵生、贾玉山、二老黄和戈家等人。

1956 年，韩家营子、刘家营子、董家营子和上店共同成立新华高级社，社长刘元（别号大刘），“韩茂围子”被“新华”取代，从此退出了历史舞台。

知青岁月

新华大队于 1969 年、1970 年两次接收了来自天津和张家口的二十五名知识青年。

那是 4 月份的一个下午，风尘仆仆的三名知青来到七队，住进了生产队的饲养房。这里不但是饲养员食宿的地方，还是社员开会、学“毛著”、批斗“四类分子”的地方。屋子很简陋，一扇里外透风的木栅栏门，钉着几根木棍儿，上面用胡麻柴拧成的绳子缠绕着，用来遮风挡雨，一个小方格窗户透不进多少光亮，屋里杂乱无章，屋顶、墙壁被烟熏得乌漆麻黑，还有一盘土炕。4 月的坝上寒气仍重，所以屋里还有一个铁火盆。

屋子虽然简陋，却有一“亮点”，就是炊具齐全，因为这里也是生产队干部开小灶的地方。生产队找了一个五十岁左右的妇女为他们做饭。当天做的是蒸莜面熬山药。蒸好的莜面窝窝被端上炕，每人一碗熬山药，三个人端着碗，拿着筷子，面面相觑，不知如何下手。炊事员说“蘸着吃”，他们立刻齐刷刷站了起来。当时我也在场，告诉他们：“不是站起来，是把窝窝夹起来，放到碗里和菜汤搅拌后再吃。”这是他们第一次见到和吃到莜面，说很好吃。后来他们给莜面窝窝取了个别致的名字——“空气”，一直叫到他们返城。

吃完莜面，他们好奇地问我，这种排列有序、中间充满空气像蜂窝煤一样的吃的是怎么做成的呢？我说：“慢慢你们就知道了。”因为我愿和这些知青交流，当晚就去了饲养房。说到莜面，我说：“莜面是坝上人的主食，和你们那儿的大米、白面一样。莜面从收割到端上炕吃，要经过‘三熟’，秋收是一熟，还要‘炒熟’和‘蒸熟’。我们这里是高寒地带，十年九旱，无霜期短，适合莜麦、山药生长，是莜面哺育了我们一代又一代坝上人。山药、莜面、大皮袄，被我们称为‘坝上三件宝’。”

第二天，他们就开始了在广阔天地的“大有作为”。生产队开始给他们派活儿，让他们去“打磙子”（用“磙蛋子”把垄眼儿抹平）。当时坝上正播种小麦，耕作方式十分落后。两头牛或两匹马拉一张犁，扶犁人驾驭牲畜犁出垄眼儿，后面一人把籽撒到垄眼儿里，最后“打磙子”。“打磙子”一般由劳力不强的人来干，知青们刚来，什么也不熟，就被安排“打磙子”了。队长让他们使一头三岁小牛拉磙蛋子。那是一头黑色的小牛，膘满肉肥，知青们费了九牛二虎之力，才把它拉到地里。扶犁的人帮他们套牛，小牛可能知道要让它干“苦差”，就是不让人靠近，还低着头，瞪着眼，乱蹦乱跳，似乎随时准备冲向“冒犯”它的人。人们急了，用鞭子抽它，用石头打它，仍无济于事。后来，它干脆卧在地上一动不动，再也不肯起来。三个知青累得满头大汗，口罩掉了，手套也掉了，样子十分狼狈。僵持了两个多小时，也耽误了种地，大家只得偃旗息鼓，准备回去听队长训斥。可大家一走，小牛就站了起来，甩甩尾巴，若无其事跟着人们上了路，似乎成心要给知青们个下马威。三名知青第一次劳动宣告了结束，也宣告了失败。

新华知青的生活是清苦的。那时，每户每年只能分一点小麦，全家吃一顿馒头都很难得。当时人们发明了“金裹银”（用玉米面裹一小点白面蒸馒头）。有时家里来客人，蒸莜面时箅子边蒸一小块白面饼给客人吃，端上饭桌后孩子们看着饼，眼睛瞪得大大的，直咽唾沫。所以，知青们吃的基本上是蒸莜面，熬山药，最多炒个山药丝——当时谁会想到，现在莜面金贵了，白面却成了家常便饭。

大队对知青们还是比较照顾的，让他们集中起来生活，找了两名炊事员照顾他们，还开始为他们盖房子。坝上盖房缺椽子檩子，赤城有，可大队没钱。后来，大队决定按陕北窑洞的结构，用尽量少的木材，给他们旋一排窑洞。

新华大队南面滩里有优质白碱土，适合盖房垒墙，建窑洞也离不开。全大队“能工巧匠”被集中起来，有四队的左进科，七队的刘蔼、刘旭，八队的刘昶等，还配备了精明强干的社员，木匠高明友为总监工，开始了村里这项史无前例的工程。

首先要脱土坯。脱土坯要求很严格，从垒后墙到腰墙，一律要用白碱土扎成的土坯（当地人盖房垒墙多用黑泥土坯，可见对知青的重视）。如果和的泥够好，扎出的土坯相当结实，不亚于水泥砖。四面墙壁用的土坯长三十六厘米，宽二十厘米，厚六厘米。窑顶用的土坯呈弧形，土坯长四十厘米，宽二十四厘米，厚六厘米，弧度大约一百五十度，制作难度很大。头天和泥时，掺一定比例的碎麦秸，加水浸着。第二天，用三股钒子在泥堆上来回扎，把泥和碎麦秸扎均匀，直到完全融合到一起，达到一定韧度才可脱坯。土坯要有棱有角，底部平坦，表面光滑。这样的土坯，一个壮劳力一天最多能脱一百五十块。

知青岁月

垒窑顶有一定技术含量，是个既细致又费力的活儿。垒好后墙后，窑顶和腰墙要一起垒。首先在后墙抹一层泥，然后把网集紧紧贴上去。十五间窑依次贴好后，先贴的第一间窑已经黏合得差不多了，然后在第一层网集上抹泥，随后贴第二层，窑顶和墙里面都要抹好泥，以便让两层土坯牢牢黏合在一起。贴的时候，每天只能贴两层，必须干好、牢固了才能继续干。流水作业，工序相同；接着，第三层、第四层……一直贴到第十层，滚雪球般越贴越厚，如一块整石，厚重而结实。第十层贴完，要歇息三五天（当地叫“歇墙”），再继续加长（每间窑入深约五米，宽二米七）。

经过三个多月奋战，十五间窑顺利完工。盖窑的人也是第一次干这活儿，没经验可借鉴，但干活儿一丝不苟，监工更是严把质量关。所以，五十多年过去了，新华的窑洞仍十分坚固，而那些建造者们也留在了人们心中。

知青们集中后管理方便了，新的问题又出现了。张家口的知青和天津的知青不团结，常因琐事吵架甚至动起手来。大队只好再次把他们分到各生产队，窑房就让公办转民办的教师住了，赵普成、尉步廷、杜明和郑子善各占三间。后来，他们恢复了公办教师身份，就搬出窑房住进自己盖的房子。再后来，赵振宝、郭满、任万银和杨永等又住进了窑房。

知识青年离开父母，离开都市生活，来到陌生的地方，开始很不适应，非常想家。“家书抵万金”，一封家书就像旱田里的清泉，慰藉着他们焦灼苦闷的心。那时，县邮递员每逢星期一、星期三、星期五来一趟新华，每到这几天，知青们就像盼亲人一样，到大队办公室等着自己的信件包裹。有一天，王家驹收到父亲的信，打开信封却空无一物，他急得直跺脚，眼泪禁不住掉了下来。大家哄堂大笑，笑声中饱含着辛酸。大家都猜得到，他父亲一定是思子心切，写完信后还沉浸在与儿子的对话中，信封里忘了放信就急急忙忙地邮走了。

有一天，张红星的爸爸从天津乘汽车来看望他，一路风尘仆仆到新华，见孩子好好的不由满腹疑惑。他找到队长，问起知青们的生活起居。队长说，他们适应了这里的生活，都很好。“那你们为什么每天让他们吃苦力?”见队长听到这句话丈二和尚摸不着头脑，不知发生了什么事，他就掏出儿子的信，信中写道：“我们来坝上生活不习惯，每天吃苦力……”大家也很奇怪，后来一分析，加上张的解释，才知道是一场误会。原来张文化不高，本来想写每天吃莜面苦累，因为不会写“苦累”这两个字，又不好意思问别人，就写成了“吃苦力”，结果闹了一次笑话。

1973 年过完春节知青返村后，一个个整天闷闷不乐，也不经常参加生产队组织的学习和劳动了，还聚众喝酒，一喝就喝到深夜。一天晚上，我下晚自习路过他们住的地方，发现灯还亮着，他们在低声唱着：“大草原啊大草原，大草原一眼望不到边，我们是天津的知识青年，为什么来到这片荒滩……吃的是……睡在……离开娘的孩子多么可怜……”在当时，这几乎等于是“反动歌曲”，而且调子悲伤、声音低沉，显然“中毒”很深了。当时，我想到要帮助帮助他们，免得将来犯大错，但学校和家里都太忙，把这事疏忽了，后来果然出了“大事”。

当时村里总是丢鸡，人们议论纷纷，说是看到太仆寺旗贡宝拉嘎苏木黑沙图嘎查的知识青年，每天骑着马来村里，半夜才走，说不定就是他们干的。大队悄悄派了民兵夜间巡逻，一天夜里把偷鸡人逮了个正着，竟是新华知青和黑沙图知青“团伙”，共六个人。

这种现在看来“偷鸡摸狗”的小事，在当时如果上纲上线，就成了大事。他们连夜被带到大队办公室，第二天县公安局接到报案，来新华后也感到很棘手。当天，三个黑沙图知青被带了回去。新华知青被带回县里后，第二天也被送了回来。他们接受了批评教育，被警告以后不可再干这样的“傻事”。

后来才知道，知青们春节回家后，接触了从全国各地回家过年的知青，那首歌就是跟这些人学的。据说一个上海知青被下放到北大荒农场，不满上山下乡政策，编出了他们那天晚上唱的歌，并很快在全国知青中流传。支部书记对他们说，你们正是在这首歌的错误引导下，才干了这种事，犯了错误。知青们表示今后一定走正路，虚心接受教育，争取进步。第二年春节，他们从天津返回新华，说那个编歌的上海知青被判了二十年，这给他们上了刻骨铭心的一课。

历史的长河浩荡前进，谁也无法阻挡向前的步伐。日复一日，年复一年，知青们在新华生活、学习、劳动，朝迎旭日，晚送彩霞，在平淡而又富于变化的生活中认识社会、感悟人生。他们适应了坝上的山药莜面，适应了这里的风土人情，尽管仍然盼着回到大城市，但无论怎样，当时他们只能生活在这片土地上。

这期间，国家的形势也在发生着变化，知青们在报纸、广播中搜寻着改变命运的线索。有一天，一个惊人的消息传遍了神州大地——国家恢复高考了！这一年是 1977 年，全国各地上山下乡和回乡的知青、复员军人、干部和应往届高中毕业生欢欣鼓舞，一个个摩拳擦掌，跃跃欲试，纷纷寻找参考资料，忙得不亦乐乎。然而，新华知青却既不激动，也不学习，因为他们知道自己底子太薄，才是初中文化，即使是高中生，十多年没摸书本，也快忘光了，哪有勇气去参加高考？

大队倒是很重视，派出两辆马车送他们去沽源一中考试。分数公布后，考上的人敲锣打鼓放鞭炮，奔走相告，欢庆命运从此改变，新华知青却一个个名落孙山。尽管都没考上，他们还是陆续返城，回到了自己的城市。只有一名女知青，嫁给平定堡镇一个社员，成了沽源版的银环，一辈子留在了这里。

对当年的二十五名知青来说，新华村的经历无论是一种折磨，还是一种历练，如今都已随风而去。但是，对于他们，对于新华村人来说，都是宝贵的缘分，彼此的音容笑貌、相处中的理解与关爱，都在共同走过的那段岁月中刻下了深深的印记。

平 定 堡

张瑞明

平定堡这个地方，从一片没有人烟的草原，变成如今高楼林立、车流穿行、拥有六万常住人口的县城所在地，历经了一百一十多年。这座城镇的前世今生，留下了许多动人的故事，也成为历史演变的缩影。

沽源县境，因其独特的地理特征和自然环境，在清代以前，一直是少数民族的游牧区，几乎没有村落。清雍正年间，在垦荒热的大背景下，越来越多的汉民来到坝上，一部分落户沽源境内。当时，这些居民主要居住在沽源境内的西南部，形成了以丁庄湾村为中心的二十九个自然村，行政区划归属独石口理事同知厅。而平定堡所在的地方，当时依然是一片草原，为太仆寺旗左翼牧场的一部分。随着居民逐渐北扩，到光绪二十九年（1903 年），在现在的平定堡这一带建成了一个村落。因为这个村西南的平地上有一个凸起的土丘，村落取名平定脑包。

民国初年，平定脑包被天主教传教士选中，在这里建立了一座教堂，整个小村顿时热闹起来，一些天主教徒纷纷慕名前来，到村中落户。信奉天主教的沽源当地工商富户到平定脑包落户后，更是让这个村庄逐渐成为远近闻名的商业中心，俨然成为那时沽源境内的一座小城。

民国十五年（1926 年），为了抵御活动猖獗的匪盗，富户白玉山、南文明出资，率领平定脑包的天主教徒在村子周围筑起了古堡围子。古堡围子为黄土筑成，面积二百余亩，正方形，墙高一丈三尺，厚七尺许，东南西各有一门。

古堡围子建成后，平定脑包更名为平定堡。

到了民国二十三年（1934 年），由于大量河北、山东、山西的移民涌入，沽源人丁户口已初具规模，为便于管理，行政区划实行了区乡制。沽源县辖四个区，二十五个乡，四百九十三个村，一万八千九百三十七户，八万八千六百三十五人。平定堡设立为镇，属第一区管辖，共七百一十五户，三千四百一十五人。民国二十四年（1935 年），沽源沦陷，平定堡成为日伪宝源县下辖的平定堡镇公所，平定堡镇公所驻东围子，同义乡驻西围子。

水深火热的战乱年代，平定堡作为战略要地，经历过无数次伤痛。各种势力角逐于此，给这里的人民带来了深重的灾难。我党为了争取平定堡这块风水宝地，挽救这里的百姓，建立了革命根据地，与各种势力开展了艰苦卓绝的斗争，组织武装力量夺取政权，仅大的战斗就进行过三次，史称“三打平定堡”。

民国三十四年（1945 年），平定堡第一次解放。1946 年，内战全面爆发，国民党的一部分兵力大举进攻察哈尔省，仅有我党地方武装的平定堡危在旦夕。为了保全实力，宝源县县委下达了撤退命令。10 月下旬，我党的地方组织和武装力量撤出平定堡，转入莲花滩一带。八路军撤走后，国民党 85 军 72 团在团长陈忠甫的带领下占领平定堡，并将天主教堂作为临时指挥部。72 团在平定堡驻守了短暂的八天后，被调往其他地方。10 月 25 日，被任命为“察北收编司令”的杨永新组织人马接替 72 团，进驻平定堡。平定堡历史上最黑暗的时期已然来临。

杨永新本是多伦一带的痞子，以补焊锡壶为生，因其是多伦县县长的外甥，就被派遣到平定堡临时执政，并被任命为司令。杨锡壶仗着有人撑腰，到平定堡后，网罗了土匪、流氓、地痞四百多人，组成了一支武装力量，打着国民党的旗号，烧杀抢掠，干尽了坏事，将当时的平定堡变成了人间地狱。

为了尽快铲除这股恶势力，将平定堡人民从苦难中解救出来，我党周密部署，对平定堡展开了大规模的围攻。战斗采取南北夹击的攻势。我军骑兵第二团和步兵独立第五旅的一个加强营及炮兵连作为主攻部队，经赤城县北上，快速向平定堡挺进。另一支部队是由郎宝信率领的宝源县大队和武工队，作为策应由宝昌去往平定堡。两支部队在深夜时分汇聚到平定堡一带，并设下两道包围圈。战斗打响后，炮火连天，枪弹齐发，匪徒抱头鼠窜，鬼哭狼嚎，纷纷缴械投降。天亮之后，我军攻入平定堡城中，挨家挨户搜捕敌人，并将可疑人员全部集中到一个大院中，仔细盘查，让本地百姓辨认匪徒。早就对匪徒恨之入骨的平定堡百姓，很快将藏在人群中的匪徒一个个指认出来。这些匪徒被押赴刑场正法。

这是一打平定堡。杨锡壶拼凑的这群乌合之众被剿灭，但他本人因正好那天到多伦开会，成了漏网之鱼。然而，这个恶贯满盈的匪首终究没有逃脱正义的审判。新中国成立后，用炒熟的豌豆毁了容的杨锡壶，还是被认了出来，得到了应有的下场。一打平定堡，显示了我军卓越的军事才能，救民于水火之中，让平定堡人民看到了希望，当地百姓从此与共产党人结下了深厚的友情。

这次战斗之后，我军正确分析了当时形势，考虑到国民党不甘心失败，一定会继续加大对平定堡的争夺。为了便于日后再次有效打击敌人，郎宝信等人做出决定，建议当地百姓拆除古堡围子。正如我军所料，国民党很快派遣 251 团反扑过来。在敌强我弱的形势下，我军再次转移，平定堡随后被敌军占领。251 团占领平定堡后，官兵强占民房，将百姓赶到牲口棚子里居住，平定堡人又一次过上了备受欺凌的苦日子。一个月后，国民党部队换防，251 团撤离，由 14 总队接替了平定堡的管辖权。

1946 年，国民党设沽源县，平定堡始为沽源县城。1947 年初，国民党保警团入驻平定堡。在县长韩瑞风和保警团长李殿士的强制下，当地百姓被迫重新修筑了围子。

1947 年 4 月，我军统一部署，同时发动了攻打平定堡和独石口的战斗。参加这次战斗的是察北骑兵 1 团、2 团与步兵 13 旅的一个团。担任主攻的步兵 13 旅的这个团从平头梁出发，一夜急行军，于 4 月 8 日天亮时分到达平定堡北面，对盘踞在平定堡的敌军发动猛烈进攻。敌军得到我军攻打平定堡的消息后，迅速派出兵力从张北方向赶来增援。我军在取得毙伤敌军二百余人的战果后，撤出战斗。

这是二打平定堡，是我军在沽源一带组织联合作战的一次战斗。这次战斗虽然没能攻占平定堡，但给敌人以重创，有效打击了敌人的嚣张气焰。

1948 年，国民党反动派已成强弩之末。9 月 10 日，我军开展了又一次大规模军事行动，派遣独立 7 师 19 团、独立 27 团和察北骑兵团，联合县武工队，攻打平定堡。这次战斗，我军取得了决定性胜利，歼敌七百余人，缴获六零炮一门、机枪十四挺、步枪五百八十六支。

这是三打平定堡，也是平定堡第二次解放。

1950 年，宝昌与沽源分治，平定堡成为沽源县委、沽源县人民政府驻地；1953 年平定堡建镇；1958 年改为平定堡公社；1965 年 4 月重建平定堡镇；1969 年 7 月再次并入平定堡公社；1975 年恢复镇的建制，一直延续至今。

新中国成立前的平定堡，仅有一条大街，黄土路面坎坷不平，仅四十余家店铺错落于大街两侧，街面上几乎没有什么行人，整个市面萧条冷落。新中国成立初期的平定堡依旧十分萧条，给 50 年代来到这里的著名作家汪曾祺留下了深刻印象。他在《沽源》一文中写道："这城真够小的。城里只有一条大街。从南门慢慢地溜达着，不到十分钟就出北门了。北门外一边是一片草地，有人在套马；一边是一个水塘，有一群野鸭子自自在在地浮游。城门口游着野鸭子，城中安静可知。城里大街两侧隔不远种一棵树——杨树，都用土墼围了高高一圈，为的是怕牛羊啃吃，也为了遮风，但都极瘦弱，不一定能活。在一处墙角竟发现了几丛波斯菊，这使我大为惊异了。"在汪曾祺的叙述中，当时的平定堡虽然淡然清新，有几分田园色彩，但少了许多城镇的繁华，是新中国成立初期的许多百废待兴的城镇的缩影。

随着国民经济的发展，平定堡经过历年修建，面貌发生了巨大变化，成为全县政治、经济、文化中心。到了七八十年代，全城已呈棋盘式格局，大街小巷整齐划一，街面道路笔直平坦，现代建筑群错落有致，商店门脸、个体摊点排列大街两侧，井然有序，一派生机勃勃、蒸蒸日上的景象。

改革开放之后，这座草原小城开始突飞猛进地向前发展。尤其是近年来，县城面貌发生了翻天覆地的变化。大型商场、豪华饭店、健身广场、水上公园相继出现，初步具备了现代城市功能。在 2017 年的政府工作报告中，我县城镇居民的人均可支配收入已达两万两千六百六十七元，年均增长百分之十二。

平定堡镇最显著的特征是位于县城中央的青年水库。水库将县城分成东西两个部分，东城称为“东围子”，西城称为“西围子”，一直沿用着历史称谓。近几年在青年水库上新建了三座大桥，成为连接东、西围子的交通枢纽。经过历年的建设发展，西围子成为全县的政治、商业中心，政府机关、事业单位、商业单位大都集中于此。

目前，棚户区改造工程正在实施，旧城面貌很快将得到更大改观。勇敢、勤劳、质朴、善良的平定堡人，在为建设美丽的家园而不懈奋斗。一座崭新的草原小城，正在新的征程中阔步向前！

红　泥　滩

关继花

从沽源县城沿赤宝公路南下，过了椴木梁隧道就是红泥滩村。红泥滩东与椴木梁相邻，北和喇嘛洞接壤，是一个依山而建的东西向山村。据说该村原名红泥湾，因沟里蕴藏着一种红色泥土得名。后因人口渐增，所建住房向村前扩展，又改村名为红泥滩。村中住户魏姓居多，所以村名又叫魏家营子。

1731 年 10 月，侍郎阿山率员到本县查丈民垦地亩，拉开了坝上农耕文化的历史序幕。从那以后，红泥滩这里开始有人居住、建村。据说最先到来的是梁、齐、郝三户人家，后来又都迁走了。

清朝乾隆时期，魏姓的先祖魏榜英携家带口从山西大槐树外迁，最初到赤城县的马营一个叫红石崖的村里当长工，后来又搬到头堡子给吴家干活儿。后人魏有富、魏有兴哥俩在清朝末年跟着父亲来到红泥滩落户。开始时，父子三人租地种，后来买地、开地，自家种。由于举家勤奋耕作，管理有方，家境渐渐富裕，数代相传至今，不但人丁兴旺，且礼仪传家，可称人才济济的书香门第。李姓住户原籍延庆县红旗店，1925 年迁来此处。李全生夫妇初来时住在北沟里的碴底下村。李家在革命时期是村里的堡垒户（坚定支持革命的人家）。张家的先祖属满族八旗兵的亲随人员，职业是铁匠，随军负责制作马鞍、马蹬和钉马掌等事宜。张家在清末落户独石口的东栅子村，1940 年迁到红泥滩。任村书记多年的张金荣的父亲张万青，是新中国成立前我县的首批党员之一。刘斌的老家原住椴木梁，清末搬到红泥滩，在碴底下建房居住。刘姓家族不乏栋梁之材，先辈有在坝头一带大名鼎鼎的刘团总，现在仍有本家侄儿在中纪委工作。后来又有伊、郑、王、姚等户相继迁来，其中伊贵伦从北栅子迁来，王珍从羊坊迁来。红泥滩的户数增多，成为比较大的山村。

红泥滩地处坝下山区，民风淳朴。在兵灾匪患的岁月里，曾有刘团总正义剿土匪、堡垒户掩护区干部这样可歌可泣的故事。

民国初年匪患猖獗，大小杆子搅扰得百姓不得安宁。汤二虎、刘桂棠、冯七点、白三阎王等大股土匪绑县长、杀百姓、抢财物，无恶不作。小帮的土匪进村抢劫，胡作非为。当时，刘登元（估计在清末当过官差，据说家里有顶清朝的官帽）住椴木梁村，当局请他出任剿匪团总。刘登元心里明白情况复杂，没有答应。不久以后，当局再次请他出任剿匪团总时，他提的条件是要有剿匪处决权。他说：“如果没有处决权，我今日抓，你明天放，我何必徒劳招祸?”为此，当局授予他先处决后报告的权力。到任之后，为了做事方便，也为了安全，刘登元把家搬到了红泥滩碴底下村。

刘登元性格果敢，枪法精准，据说百步之外，能打灭香火。他的两个副官，一个名叫刘登魁，一个人称魏三疤（麻脸），也能百发百中，都是让土匪闻风丧胆的人物。刘登元出任团总以后，曾多次带兵剿匪，土匪对他们恨之入骨。有一次，副官刘登魁因公到单木淖村住宿，晚上被一个绰号野狼的土匪带人捉了“孤雁”（落单的人）。土匪们把他绑在树上，用刀从头到脚往下剐肉泄愤，三天折磨致死。刘登魁一世剿匪，最终遇害，人们为之惋惜。

新中国成立后，政府审查在旧政府任过公职的人，刘登元也被传到沽源县拘禁审查。百姓知道后，联名向政府申请保释刘团总这位保护过地方百姓的人。很多人亲自找县领导，说刘登元保护百姓，剿匪有功。经调查证实，刘登元无罪，十七天后被释放，回家安心养老。刘登元去世以后，葬在椴木梁刘家坟地，但刘团总的故事却留在了红泥滩，被后人口耳相传。

1945 年，沽源县第一个农村党支部在莲花滩的缸房窑子村建立。当时小厂属宝源县九区，区干部刘文寿（称刘指导员）深入农村开展工作，得了伤寒病。敌人侦知情况后，就派兵四处搜查，要抓骑白马的共产党指导员。小厂一带地形开阔，不利于养病，组织就安排刘文寿转移到红泥滩。一是山区方便隐蔽，二是离独石口较近，方便请医抓药。红泥滩的北沟当时还有三个小村，分别叫半沟、碴底下和三角地。这三个村都在草木茂密的山沟里。伊贵伦、张万青、魏永和三人是刘文寿在养病期间发展的党员。

为了不让外人发现白马，王珍等青年人砍棠梨树锯开煮水，将黄色的棠梨水刷在马身上，白马就变成了黄马。请医抓药一般是过南山走东栅子到独石口。抓药的人回来时，手里拿着劳动工具，避免引起怀疑。刘文寿大多时候住在魏长荣家或张万亮家，几个堡垒户轮流为他做饭，并送到他的住处。

平时，村里每天派人出村，在割草放牧的同时观察敌人动向，必要时，让刘文寿转移住处。一次，负责在北山上放哨的李扁嘴（名字记不清了）看到敌人骑马过了芦梨洼村，直奔红泥滩而来，便飞跑回村，上气不接下气地报告说："刘指导员快上马，敌人过了芦梨洼。"在场的张万亮、魏长荣和李扁嘴，很快把刘文寿送过了南山。敌人进村挨门逐户搜了个遍，也没找到刘文寿。事后，村民们说笑时，总爱学李扁嘴跑回来报告时那句像背诗一样的话。还有一次，敌人从沟外来，刘文寿正在党员伊贵伦家休息。伊贵伦得知敌人来了，马上背起刘文寿跑进了北沟，把他藏到堡垒户李全生家。敌人又扑了空。就这样，在党员和群众的掩护下，刘文寿在红泥滩养病半月有余，直到病愈离开。刘指导员在红泥滩活动的时间不长，却把红色的种子留在了山村人的心中。

1946 年到 1948 年的风云变幻中，敌军和土匪常来搅扰。在那种白色恐怖环境里开展地下工作，真可以用危机四伏、险象环生来形容。但是，当时的党员和村干部一直冒着危险秘密开展工作，因为他们有党的领导和群众的支持，更有带领百姓翻身走共产主义道路的信念。当时红泥滩和喇嘛洞同属一个行政村，第一届村干部有书记魏永和、村长任连生、粮贸史连秀、文书魏永胜。

大山深处，历经沧桑。红泥滩里的红色情感，不老青山中的悠悠往事，就像那巍巍山脉和蜿蜒的长城一样在山区人心中永驻。经过了初级社、高级社、人民公社直至1982年实行生产责任制，老区人民一直紧跟党的路线。

如今血雨腥风散尽，铮铮铁蹄消逝，但山区人对这片热土充满了眷恋，不论是春种秋收的安逸生活，还是柴米油盐的平淡日子，这儿的山山水水、花草树木，都是他们情感上不能割舍的一部分。他们在山花烂漫、空气清新的山区里坚守的就是那份深深的故土情。

大 营 子

韩文远

一

大营子村是丰源店乡的一个行政村，位于丰源店乡政府以西四公里处，地貌以山地为主，是一个东西南三面环山、北通平川的村庄。以双墩梁为界，梁南是郁郁葱葱、密密麻麻的原始森林，群山环绕，峰峦叠嶂。冰山梁就坐落在这里。梁东是风景秀丽的黄花梁。梁西是盘道沟自然保护区，康熙私访吃糠窝窝的故事发生地及“段家坟”的遗址就在那里。梁北是兴顺店、大营子缓缓的山地草场。每到夏季，这里凉爽宜人，绿绿的嫩草上点缀着五颜六色的野花，鸟飞蝶舞，山脚下一簇簇灌木静静地守护着这片圣地。

在清朝光绪年间，一年夏季，内蒙古大旱，草木枯萎，游牧为生的蒙古人赶着骆驼循着水源一路往南走，走到这里一看，觉得是居住和放牧的好地方，于是在这里撑起了毡房，支起了锅灶，这里便有了人烟。

大营子的村名源于清末民初。光绪末年“放地卖山”，这里的地卖给了莲花滩乡大营子的老刘家。次年春天，刘家老三，外号刘三疤，带着几个长工赶着牲畜、拉着籽种草料来到这里“安营扎寨”。因为这里在莲花滩东面，所以就称这里“东大营子”，也有人称“四道沟大营子”。人民公社成立以后，“大营子”这个地名确定了下来。

当时随刘三疤一块儿来的有韩大治和韩大有哥俩。住的房屋是“马架子”。这种简易房屋实际就是用木头搭的棚子，中间高，两边低。他们来到这里一边开荒一边种地，没过多长时间，刘三疤的地就发展到两千多亩。刘三疤放出风要雇佣长短工。人们听到这个消息，从四面八方来到这里扛长活儿，当短工，大营子真正进入了农耕时代。

民国十几年，从赤城县独石口迁来杨家，从猫峪迁来赵家和马家，都来种刘家的分收地。当时，东家把耕地分成三六九等，依据质量的好赖定价，有四六分成的，有三七分成的，也有二八分成的。这时人们住的房屋还是“马架子”。

据上了年岁的人讲，大约在20世纪30年代初，人们开始翻盖房屋，盖“地坑”房。选择一块比较向阳、背风、不犯水的地段，挖一个二尺来深、八九尺见方的地坑，沿着四周用黄土或石头垒五六尺高的围墙，留出安门子的地方。上面用木料和柴草搭起一个棚子，再抹上泥巴。要有一定的坡度，这样便于往下送水。这种“地坑”房与“马架子”房相比，算是进了一步，冬暖夏凉，但很潮湿。

20世纪30年代中期，大营子村的人家已经发展到五十多户，人口一百多，居住成了急需解决的问题。人们又开始新建有山墙的“两出水”房，跟现在的土坯房结构差不多。为了生活方便，一家一个小院，或几家一个大院。最先建起来的是刘家大院，九间北正房，东家住着，西房三处九间，佃户住着，东房两处六间，长工短汉住着。后来，杨家院、赵家院、李家院、韩家院没几年工夫就相继建了起来。住宅条件有了较大改善，人们的日子过得有声有色，有滋有味。

20世纪40年代初，日本人为了达到所谓的“匪民分离”之目的，实行“集甲并村”政策。沟里的姓宋店（后改名称兴顺店）、荆家营（后改名称小西洼)、西沟三个村都集中到大营子一个村。同时，在村子四周筑起了围子，即所谓的“城墙”。墙体用黄土筑成，高两丈四尺，宽六尺，“城”南北长四百多米，东西宽三百多米。“城”门设在东面，“城墙”上面设有瞭望台。村子里设有甲长和保长，负责村里的日常事宜，如治安、防火、派工、征粮、募捐等。1945 年日本人投降后，沟里三个村子的住户陆续迁回原址。

二

1948 年春天，大营子村遵照小厂区政府的指示，成立了土地改革领导小组，任务是组织村里的穷人站出来斗地主分田地，把刘家的土地、牲畜、农具、籽种按人头，房子按户分给穷人。这年春节，村里人自发组织起了秧歌队，之后每年正月都要扭上几天秧歌。扭秧歌从此成了村里每年都要组织的文化活动。

说起文化活动，大营子村在全乡乃至于全县也是享有盛名的。从 20 世纪 50 年代起，大营子就有了自己的晋剧团。这个剧团是一批爱好戏剧的村民在村集体支持下自发组织起来的。团长、导演、演员、乐师全部是村里人。他们白天下地干活儿，晚上拍戏；农闲时集中排练，逢年过节登台演出，有时也会被邀请到乡里或其他村演出。第一任团长是李存喜，导演是孙五爷（外号“五阎王”，美称“花脸五”）。当时主要演员有：“大花脸”李存喜、“二花脸”胡忠、“三花脸”赵明义，须生刘占鳌、王希贤，青衣闫海玉、陈小琴、李凤英，武生有张明、张金荣、刘庆茂，把子头刘朝义。

1957 年，大营子晋剧团代表丰源店乡参加沽源县文艺汇报演出，荣获戏剧集体表演二等奖，剧目《金水桥》中秦英的扮演者胡忠被评为最佳男演员，荣获表演一等奖。

1966 年冬天的一天，晋剧团的道具、戏装、乐器、剧本被红卫兵列为“四旧”，一把火烧了。

20 世纪 70 年代初，在那峥嵘的革命岁月里大唱革命样板戏，大营子“剧团”又成立起来了。村里集资购买了一些戏装，大队派人又从县剧团找马义民（沽源县晋剧团副团长）要了一些人家替换下来的行头，由刘庆龙执导排练了《红灯记》《沙家浜》《智取威虎山》等十几个新剧目。这些剧目演得都有板有眼。

1981年4月份，戏剧爱好者们跑前跑后做恢复大营子晋剧团的前期工作。戏装、道具、乐器等都得新购，还需要盖剧场，资金如何解决？集体经济不景气，等捐赠、伸手要都不好使，还是发动村民集资吧。倡议书一贴出去，家家户户都行动起来了，有钱的出钱，有物的出物，没钱物的出力。不到一个月的时间，购买戏装、道具、乐器的钱凑足了，剧场也盖起来了。十月秋收过后，聘请赤城云州乡的陈举、沽源晋剧团的马义民来拍戏。马义民任导演，陈举任副导演，主要剧目有《十五贯》《六郎探母》《辕门斩子》《杨八姐游春》《算粮》《走雪山》《穆桂英挂帅》等。

大营子晋剧团上演过的剧目先后有四十多部，上台演出过的演员一百多人，规模和阵容不亚于县剧团。从大营子走出来的，无论男女老少差不多都会哼上几句晋剧，有韵有味。大营子成了小有名气的“戏剧之乡”和“文化之乡”。

还有个文化人需要说一下。他是一个视力有障碍的人，双眼的视力加起来也不会超过零点二。他人好，人缘也好，20世纪六七十年代他是村里的香饽饽，每当逢年过节，东家拉西家拽请他到家里吃饭。酒足饭饱后听他说一段书，那真是茶余饭后的另一种享受！

农闲时，人们就集中在队部听他拉一曲《二泉映月》或听他说上一段《水浒传》。在当时，这就是最好的精神食粮了。孩子们让他讲故事，他是有求必应的。他三十出头妻子就病逝了，也没给他留下一男半女。他没有再娶，单身半辈子，队部就是他的家，拉二胡，弹三弦、说书道古就是他的生活，就是他的全部。这个人名叫李万贵，乳名闰桃子。

三

1957年前后，国家为了繁荣农村经济，满足农民生产生活需要，在大营子村设立了供销社。到1995年供销系统进入全面改革阶段，大营子供销社撤销，集体供销商品的年代退出了历史舞台。

1958年“大跃进”，大营子村在村支部书记许世亮、副书记张悌的领导下，男女老少齐上阵，工作走在丰源店人民公社的前列，多次受到县领导的表扬。

20世纪六七十年代，全国掀起了“农业学大寨”的热潮，大营子大队仍然是丰源店人民公社的排头兵。大队干部组织全体社员学习大寨人艰苦朴素、不怕吃苦的精神，借鉴大寨的经验，兴修水利，在村北、村南挖灌溉渠各两条，现在还清晰可见；改造农田上千亩，现在人们还在这些农田里种植庄稼，并且旱涝保丰收。1965、1966两年取得粮食大丰收，1966年秋季，公社召集上百人在大营子村开“农业学大寨”现场会。公社革委会主任在会上充分肯定了大营子“农业学大寨”取得的成绩，号召全公社都要学习大营子人的做法，学习大营子大队兴修水利、建稳产高产梯田的经验。

为了防风固沙，经过两年时间，在村东平地造样板林四十亩，栽种杨树两万多株；在村西山地栽种杨树四十亩，两万多株；村南、村北、田间公路两侧栽种杨树、榆树共计十万多株，大约二百亩，形成了四横三纵七条绿化带。另外在不毛之地“九梁十八洼”栽种榆树三万多株，大约六十多亩。为了有效防止梯田水土流失，在所有梯田梗上栽种灌木柳，大约十万两千多株，二百四十多亩。以上工程累计耗时三年多，栽种树木近二十五万多株，面积达五百八十余亩，可谓一项功在当代、利在千秋的工程。工程竣工后，当年在全县农村工作会上大营子大队受到县委县政府的表扬，并且被评为“沽源县农村植树造林、防风固沙先进单位”和“沽源县小流域治理先进集体”。

村西南有一片果园，栽种着沙果树。村里建果园的初衷是要打造一个果树“示范园”，作为培训果树种植技术的基地，进而推广种植面积，发展村集体经济。

20世纪70年代初，为了响应党中央、国务院“备战、备荒、为人民”的号召，大营子村和其他农村一样，农忙搞生产，农闲挖地道。

四

如果你从大营子村北头沿着水泥路前往村子里去，走不到三百米向东看时，会发现一排三间旧红瓦房。在四十年前，有一个特殊群体——下乡知识青年——住在这里。他们大部分都来自张家口煤机厂和碳机厂，是待业青年。他们刚到村里的时候，被安排在社员家里，吃派饭。我家的西屋就安排了三个女青年。其中一个叫梁宝华，长得很和善，剪着短发，圆脸，一笑露出两个大酒窝。后来上级考虑这些人吃住在社员家，生活不方便，就盖了这些房，单独开火。横十字街南也盖了同样的两排房，现在还依稀可见。

当时，这些青年人和乡亲们打成了一片，除了三个当老师（崔凤英、杨国华、陈腊平），一个当赤脚医生，其他的都参加生产队的劳动，和社员们一样起早贪黑。他们种地、锄地、割草、打场样样参加，干得毫无怨言；和泥、抹房、放羊、喂牛场场不落，做得有模有样。

崔凤英是学生们最喜欢的老师。她把学生当成自己的亲弟妹，不仅利用节假日休息时间给学习成绩差的学生补课，还多次趁回城探亲的机会给这些孩子们带衣服和文具。她在学生身上倾注的爱，村里的大人孩子都看在眼里，暖在心里。赤脚医生梁宝华，就像土生土长的村里人，忙前忙后，不分白天还是黑夜，不分刮风还是下雨，不分严寒还是酷暑，都要为患病的乡亲们打针送药，态度和蔼，成了乡亲们的贴心人。

20 世纪 80 年代初，他们陆续返乡回城，结束了这段“知识青年上山下乡接受贫下中农再教育”的经历。但是，那个青春岁月如火如荼的情景依然浮现在人们的脑海里。这些来自城市读过书的青年人一直影响着村里人的思想，影响着人们的观念，也影响着人们的行为，在无形中改变着大营子人的生活轨迹。

大营子这块土地上有着一段段感人至深的故事，现在我要介绍一个大好人。

他是村里公认的老实人，比他大几岁的或小几岁的都叫他“二小哥”，老年人叫他“小羊倌”。他放了一辈子羊，和羊打了一辈子交道——从初级社放到高级社，又从高级社放到人民公社，一直放到前几年他双目失明为止。他为人忠厚老实，大话没有一句，更不会计较名利得失。他从小跟着父亲放羊，没念过书，家中排行老二。他对待羊像对待子女一样，羊一放到他的群里就格外顺溜，不跑不颠。他放的羊膘肥体壮，产羔率、成活率都高，这是不争的事实。一年夏天下暴雨，他为了保护生产队里的羊群免受洪水的袭击，把羊群赶到山顶背风处，把雨衣雨裤披在几个脱毛的羊身上，自己险些被冰雹砸死。大雨过后，等人们把他抬到家时，他已经说不上话来了。

说到这里偶然想起一个人来，这个人曾经是“小羊倌”的羊伴子——孙桂歆。

孙桂歆是新中国成立后沽源籍的一位将军，是沽源人民的骄傲，他为沽源的文化建设做出了很大的贡献。丁庄湾革命陈列馆就是在他的支持下建起来的，馆内军事文物大部分是由他联系呼伦贝尔军分区和北京卫戍区捐助的。

孙桂歆出生在大营子一个比较贫困的农民家庭里，中学毕业后应征入伍，在部队里表现出很高的才干。军校毕业后，他从连司务长一步一个脚印晋升为北京卫戍区副政委。

尽管孙桂歆离开家乡很久了，但是他时刻没有忘记关心家乡下一代的成长。在他的支持和倡导下“大营子助学基金会”成立了。凡是户籍在大营子的初高中生，成绩优秀、家庭经济条件差的可以向基金会申请助学金，考入大学的给予一次性奖学金。

家乡，我的母亲，您带给我的感动，不会随着时间变淡，只会随着岁月变得更加浓烈。让我为您祈祷，愿您更加美丽，更加富饶。

石　头　城

张艳东

出沽源县城向南，经五花草甸，过张承高速收费口，再南去四公里，在赤宝公路的西边有一个三百多户的村庄，这个村庄便是石头城村。

早在13世纪中叶的元朝时，这里就是上都（内蒙古蓝旗东十公里）通往大都（北京）的交通要道。当时，从上都到大都有四条驿路，分别是望云路、黑谷路、孛老路和古北口路。石头城村地处望云路和黑谷路的交会点，由此可知石头城村在历史上的重要作用和战略意义。这个交会点在元朝被称作牛群头驿站，蒙古语音译为失尔八秃。选择石头城作为驿站，目的简单而实用。一方面，不难想象，在13世纪，牛马骆驼是最先进的交通运输工具，在茫茫草原上行走跋涉，草料自然不是问题，形成问题的是水源。而石头城向南紧邻水淖（现在的石头城水库），很好地解决了这个问题。另一方面，望云路是元朝皇家专属驿路，于中统元年（1260年）五月初开始修建。这一年，忽必烈在开平即位后决定“缙山（今北京延庆）至望云，速取径道立海青站”，并规定“今后使臣、官员除军情急速公事，有海青牌者入望云站，如无急速公事海青牌者，不得纵由望云，只令入大站”。大站即孛老驿路。因为从上都出发至大都，望云路比孛老路近一百五十多公里，而且一路水淖众多，植被茂盛，不仅适于行军赶路，更适于游猎纳凉。

因为历史的久远、战争的频发、朝代的更迭，加上史书记载的时断时续，这一片地域被命名过的称谓很多，眼下史书有明确记载的名字就有五个：齐伦巴尔哈逊、失尔八秃、盘谷镇、隰宁、石头城。

古代的长途运输主要依赖于畜力，牲畜所需要的水源草场，在沽源这片沃土上随处可见。因此，石头城，这颗湿地上的夺目明珠，历来受到青睐。现在，每到节假日，从北京到沽源，奔蓝旗的游客，也是走这条路。只是今天修成了柏油路，柏油路距石头城直线距离不到五百米。而且距村里老人讲述，石头城西南有一条老路，直通独石口和赤城。在修筑柏油路之前，这是南下的最近的道路。柏油路建成以后，这条老路才渐渐被废弃。历史风云变幻，可眼前的风物景观走过近千年依然如故，让人唏嘘不已。

元朝至治元年（1321年）六月，英宗经牛群头（石头城）驿站巡幸上都，中途到达了察汗脑儿，想把西凉亭重新修整扩建，被中书右丞相劝谏阻止了。

明朝永乐八年（1410年）七月，明成祖朱棣，亲自带兵征讨漠北蒙古鞑靼部，在盘谷镇（现在的石头城）班师取道独石口还京。七月正是坝上最美好的季节，又打了胜仗凯旋，心情一定错不了，遇上如此美景，还不盘桓几日？

永乐十年（1412 年）九月，明成祖再次亲征鞑靼，大军经独石口北上偏岭，在今石头城（当时的隰宁）大阅五军，朱棣亲制《平戎曲》，让将士歌唱来鼓舞士气。

清朝康熙三十五年（1696 年）三月，康熙皇帝亲征噶尔丹，军至独石口、齐伦巴尔哈逊（石头城），军队驻扎在诺海河朔（小宏城），六月又经独石口班师还京。

现在，石头城水库坝基北面不到一公里就是被国家文物局批准保护起来的省级文物遗址石头城。该遗址呈正方形，边长二百五十米，占地六万多平方米。城墙为石块儿砌筑，现在的遗存高度一至三米，有南北两个门，门址宽二十米，城内已辟为农田，整体建筑已经无存，仅见散乱的遗迹。在采集到的遗物标本中，有仿钧窑、汝窑、定窑等窑口的瓷片以及元朝时期的陶片等。遗址北面不到百米，就是现代行政区域意义上的、不足百年的村庄。这个村庄的名字就是依据历史遗留下来的石头城而命名的。

1933 年 5 月 24 日，日伪军侵占沽源，沽源人民英勇地反抗日本侵略者。同年 6 月 23 日，抗日同盟军李忠义部攻克沽源时，烧掉了石头城的日伪警察署。

据村里的常贵老人回忆，他七八岁时的那年夏天，村东面的草滩里，驻扎着密密麻麻的八路军部队。这些队伍对村民秋毫无犯，不仅不打扰村民，还帮着村民干农活儿。老人说这些当兵的很艰苦，没有军营帐篷，都是把随身背的小行李卷铺在草滩上睡觉。老人说八路军对小孩子很好。有一次敌机来扫射，走了以后，孩子们去滩里捡子弹的铜帽，有一名八路军向他们发了火，说多危险！然后把他们送了回去。老人说他们村子里还来过国民党的部队，但这支部队的作风和八路军完全相反，村里的老百姓被他们害苦了。他们逼着小孩子去给他们遛马、放马，把村里的鸡鸭猪都给吃光了，还祸害妇女，相貌好的女人都不敢出门，要不十多天不敢洗脸，要不用锅底灰把脸抹黑了。老人今年整八十岁，推算他七八岁的时候，正是沽源县的抗日战争进行得如火如荼的时期。

今天的石头城，因为交通、环境和气候的优势，已经被打造成旅游景区。南面的石头城水库和东面的五花草甸都极富观光游赏价值。种植蔬菜是村里的支柱产业，村民的收入比较稳定可观。外出打工的村民看到家乡面貌的改变，很多都回到村里开展蔬菜种植。

脑 包 山

李桂芬

脑包山是小河子乡一个行政村，距乡政府驻地六公里。从乡政府出发西行五百米，走通往西辛营乡的平云公路，经小厂村过韩庆坝梁，就到了脑包山。

听老年人说，道光十一年（1831 年），有蒙古人在这里居住，后来逐渐形成了村庄。因为他们在村西面很高的山上用碎石堆了个脑包，后来人们就把这座山叫作“脑包山”。光绪年间，从山西迁来一些灵丘人，在此开荒种地，依山而居，并沿袭旧俗，用脑包山名作为村庄的名字。从那时起，过了一辈又一辈，到现在村里人还满口灵丘话，而且小河子乡境内只要有人说灵丘话，就会被认为是脑包山人。

脑包山是神奇的，它的神奇就像《聊斋》故事一样，说起来让人难以置信。传说中，脑包山的山洞里曾住过一条潜心修炼的大蟒蛇，它原本是不伤及生命的，饿了渴了，只到山沟里的泉眼喝水，然后再回到洞里。但是，后来它实在受不了修行之苦，开始伤害山里的动物。与脑包山相邻的山上动物越来越少，蟒蛇越长越大，道行也越来越高，不愿安于现状的它又把舌头伸向了山上的牛羊。

起初，人们都不知道为什么会三天两头少只羊，而且初生的牛犊也莫名其妙地不见了。村里人以为，没准是让狼叼了去，于是便添加了放牧的人手。有一天，几个牧羊人在一起抽着旱烟闲聊，忽然，远远看见一只羊悬空起来，并且一直往前移动。有经验的牧羊人一看，知道这里有了大蛇，便赶着羊群下山了。此后，谁也不敢再到脑包山附近来放牧了。蟒蛇吃不到东西，晚间就窜到村子里来作乱。隔三岔五，村子里就会丢羊，一阵“呼呼”的狂风之后，便没有了声息，第二天就丢了羊。村子里被搅得不得安宁。

忽一日午间，人们眼见一道白光从脑包山上下来，到了山脚下却不见了，与此同时沿着河沟走来一位白面书生。这书生说是路过，到村里来讨口水喝，善良的老百姓用大木瓢给他舀水，却发现书生的眼睛与常人不同，看人如同闪电冒着红光。那人大惊，慌得木瓢也落在地上，书生见状“嘿嘿”一笑，便隐去了——后来听爷爷说，那是邪灵占据了书生的皮囊，专门去欺骗善良的人——未过三日，此人便一命呜呼，死后全身乌黑。至此，全村上下，男女老少，一时惶惶不可终日。忽一日深夜，人们在睡梦中听到了“轰隆隆”的雷声，雷声不大，但一夜未停。第二天黎明，雷声停了，地面上却没有一滴雨。中午时分，有人说在脑包山上、山下发现了蟒蛇的尸体，半截半截的，有水桶般粗细。

据说，那一年腐烂的肉味臭了整个脑包山周围，而且臭了整整一个夏季。人们说，那蟒蛇作乱伤人，脑包山的山神见它再难修成正果，便向玉皇大帝报告，于是玉帝派遣雷公电母收了这个妖孽。如果它能潜心修炼，不伤及生命，或许真能成仙，可是它一而再再而三地做坏事，难怪会遭天谴。

当然这些都是传说，一代一代流传至今，又经代代演绎，变得越来越生动，越来越神奇。

脑包山人过年时有一个特殊的习俗，那就是每到正月十五都要跑龙灯，闹社火。晚上跑龙灯前，先要到脑包山下上香摆供，举行祭祀活动。此举叫“祭风”。传说如果不祭风，跑龙灯时再好的天气也会刮起大风，龙灯里的蜡烛就会被风吹灭，只有祭风后，好天才会更好，风天才会即刻平静。祭风时也有很多讲究，先是清扫山下的积雪，把祭祀场地清扫得干干净净，一声炮响后，开始摆放供桌，由一对童男童女摆放供品（多为肉食干果）。童男童女退下去后，再由“把头”焚香，一时间，香烟轻盈缭绕，锣鼓唢呐齐响，热闹非凡。此时参与跑龙灯的演员开始点燃安装在龙灯里面的蜡烛，蜡烛全部点着后三声炮响，龙灯表演正式开始。为什么要先响一声炮，再响三声炮呢？村里老人说，这是为了纪念关羽，叫作“出门一把刀，回马三声炮”。因为关羽是山西人，脑包山人的祖籍也是山西。

脑包山人过年也有别样的讲究：除夕之夜包饺子先用火烧着吃，每人不可多吃，只能吃两个，余下的饺子放进粮房；初一早上吃面条，等初二早上再煮饺子吃。这样的习俗让脑包山人有着讲不完的传说和故事。

北方天气多干旱，为了讨雨，每年的端午节和六月六，村里人都要把一只羊牵到脑包山上宰了供奉神仙，然后磕头请求天降甘霖。中午时分，大家从脑包山回来，把羊肉分给各家各户，村民们便可以吃到羊肉了——这也算是沾了神仙的光吧。无论是讨药还是讨雨，其实都是荒诞不经的，只能代表人们在大自然面前的无奈与渴望健康平安的寄托。

世事的变化让人难料，脑包山人可能不会想到，有一天他们会离开脑包山，到外面的世界去发展。如今村子里的人口越来越少，草木却越来越茂盛，每当夜深人静的时候，村里人都会觉得十分孤寂。

随着时代的进步，村庄也在变迁，但关于脑包山的人情风俗和神话传说，却不会被世人遗忘，还会成为当地民俗文化中的宝贵财富，在沽源这片热土上源远流长，被后人们代代传承。

林　源　村

王　杰

林源村位于沽源县黄盖淖镇西北四公里处。据沽源相关史料记载，林源村建于1922年，最早由祖籍山西灵丘的王步金从张北迁到此地耕种立村，即以其姓氏取名为王家营子。1965年改村名为“林源”，沿用至今。

到现在，王步金家族在林源村已繁衍六代。据王步金直系第三代、七十七岁的老人王志英回忆，王步金兄弟三人，分别是王步金、王步银、王步斗。民国初年，为解决温饱问题，王步金只身一人逃荒至坝上张北县，给地主王财家当长工。后来，王步金积攒了一些本钱，准备自谋营生，东迁至现在的沽源县境内，从管辖黄盖淖一带的警察署杨署长手中买了几十亩地和几头牛，准备开荒种地。谁知开地时遭遇土匪（二棒手），牛具被悉数抢走。王步金气愤伤心之余想到了自己灵丘老家的磕头弟兄温印，于是徒步返回灵丘请来了此人，并带回了两把火枪（当时农户家中用来防野兽的）。相传温印是猎户出身，在灵丘一带以打猎为生，打猎时惯以石子袭击动物要害部位，几乎百发百中。温印随王步金来到王家营子后，发现此地多尖片石和带棱形的棒石，于是将村子附近的石头拾捡回家，堆满房顶，剩余的存放在空闲的屋子内。果不其然，第二次张罗耕地时的黄昏时分，土匪又来袭击。土匪们还未到近前，在屋顶瞭望的温印就用尖石击中匪首的脑门，而后连发数块石头。土匪们见一时无法得逞，只能落荒而逃，慌乱中有的把衣物丢弃了。王步金和温印次日早上一看，衣服原来是警察署兵丁的制服。其实当时的一部分兵丁是警察署从土匪中收编的，这类人白天在警察署当差，晚上依旧结伙出来抢夺百姓财物。王步金与温印拿了这衣服告到了管理本地的警察署长官处（归现在的内蒙古太仆寺旗管辖）。经核实查证，抢劫确系该警察署几个刚刚收编的土匪所为，便勒令其归还了之前抢走的牛具。从此王步金才算在王家营子安居下来。之后王步金家逐渐添丁进口，给三个儿子分别取名为王丕山、王丕林、王丕有。有一年，王步金回灵丘老家给三儿子娶妻时看到自己的两个弟弟依然在饥饿中度日，便说服三弟王步斗，和他一起来到了王家营子。

王步金老去前，家族土地已经发展到三百亩，分给三个儿子各一百亩。王丕林在执掌家业时，设了私塾，还从老家灵丘请来老师教自家儿子读书。新中国成立后设立了小学，由王家女婿李树堂任教。

王家营子村里原来在灵丘时就做鼓匠营生的李祥自发组建了鼓匠班，后来随着喜欢二人台的李玉生、吕有祥的加入，成立了二人台剧团。王丕山的儿子、今年八十岁的王志善也曾是二人台剧团的主要演员。剧团越来越红火，演出场合不再只拘泥于村民的婚丧嫁娶，在正月和农闲时节还到附近村落演出。吕有祥在双爱堂村演出时被一家姑娘相中，之后他去当兵，姑娘等了他三年。他转业回来后与姑娘结为夫妻，成就了一段佳话。

李祥老人不仅创办了村里的鼓匠班，而且给村里栽下了第一棵树。50年代初，受李祥老人栽树的启发，有一位叫王长之的劳模带领几个村民在村东栽了一小片杨树。

1963年，为防牲口糟蹋庄稼，生产队长葛振祯带领社员挖了一道防护沟，又垒了一道二尺高的圪塄。次年，防护沟圪塄内的庄稼明显增产。

1964年，毛主席向全国发出“农业学大寨”的号召，于是村里商量决定利用农闲时间在西滩最大的风口处打防风墙。当时的大队书记陈维宪和老党员刘珠带头干，八十多名男女社员齐上阵，原计划十天完成的四堵防风墙只用了七天就打成了。秋风起时，防风墙起到了明显的作用，墙内的作物再没有遭风摔打。村民们信心倍增，秋后只用了二十九天时间就打成了全长七公里的十四道防风墙。

刘珠老人说的“寸草遮丈风”这句话提醒了人们，在打防风墙的同时，陈维宪和葛振祯带领另外一部分社员开始植树造林的尝试。他们在村东小树林剪了二百多根小树枝，再剪成七八寸长的小段，插在村西沙圪梁上做试验。次年小树苗全部成活，这更增加了他们的信心。

时任沽源县委书记的王命海亲自挂帅，以王家营子为试验基地，开始大规模植树造林。县委常委刘振帮与王政、刘明允、马季友等同志组成工作组在王家营子蹲点。

陈维宪工作热情很高，积极配合工作组植树造林，顶着严寒风雪标出了村子周围所有需要植树造林的风口。一个冬天他走遍了村里所有的土地，在四千多亩土地上一一做好了标记。村里的百姓也全力配合防风治沙的工作。

1965年，省委副书记张承先下乡时经过王家营子，发现这里造林较多，林已成网，进入其中，风明显减弱。张副书记听了村干部介绍村民们自发植树的先进意识后，于是建议将王家营子村改名为“林源”。

村子有了新的称谓，然而要成为真正的林之源头，还要仔细谋划，合理布局，苦干实干。到1966年，林源人共造防护林二十六条，面积达一千一百亩，还成立了护林专业队。

林源村营造农田防护林的经验不断地在省市级报纸报道，在全县竖起了农业学大寨的一面红旗。1968年，黄盖淖公社书记李炎和林业技术员李宝金按照林源农田防护林的经验，在全公社开展植树造林大会战。

经过植树造林，风沙基本得到遏制，粮食产量有所提高，但依旧无法实现高产。陈维宪带领村党支部学习大寨“海棉田”的先进经验，决定着手改良土壤，根治盐碱。土壤改良工程一干就是四年，陈维宪提出了五句话：“植树造林防护土，兴修园田平整地，倒沙治碱改良土，深耕深翻搞活土，增施肥料培养土。”为了多积肥，家家户户农家肥一律归田，这样硬是把一千五百亩盐碱地改造了过来，粮食产量大幅度提高。

防风林有了，土壤性质也得到了改善，接下来就是打井。林源大队组织了七十五人的打井队，在 1973 年冬到 1974 年春的几个月时间里，打成了九眼锅锥井和一眼大口井。到 1975 年底共打成了二十四眼锅锥井和两眼大口井，并实现了机泵配套，水浇地面积达到一千二百多亩，亩产是十年前的六倍。在造防风林的同时，村里开辟了二十多亩果园，栽种了黄太平和花红两个品种。侯全胜十六岁便进入果园和师傅学习果树培植与管理技术，后来成长为林源村果树技术员。

虽然林源建村不到百年，但人才辈出，其中有两位在国内外颇有成就。

乔焕成，1958 年出生于林源村，1975 年高中毕业后回黄盖淖公社当民办教师。恢复高考后，他以优异的成绩考入河北大学化学系，毕业后留校任教。1985 年考入美国纽约州立大学，取得了博士学位以后一直在纽约州从事医药技术研发工作。乔焕成在纽约发起并创办了华社，以华人子女为培养对象，他和其他友人分别教授自己擅长的科目。华社的创办让许多身在异国的华人有了接触中华文化的机会。

林源村王家在建村初始得到了老家弟兄的武力相助，在之后的几代中，一直没有放弃练习武功。王步金第五代后人王宏心，1977 年出生于林源村，受其祖父的影响和培养，打小喜好舞枪弄棒；1996 年正式在河北省晋州市乾坤武馆学习武术并留馆任教；2000 年后开始练习无限制格斗、咏春拳、养生气功等功夫，并在传统双节棍的基础上，经过十几年的苦心钻研、创新发展，创立了中国宏心双节棍武道技法体系。王宏心现在定居广东江门市，为中国武术六段考评员、国家一级裁判员、国际双节棍黑带七段两项吉尼斯世界纪录的缔造保持者。王宏心是中国第一位利用双节棍进入吉尼斯的人，中国第一位拥有两项吉尼斯世界纪录的棍道中人，在国内外各大武术竞技赛事中获得各级奖项一百余次。他的事迹先后被国内几十家电视台和杂志报道过。

如今，林源村部分村民通过种植蔬菜实现了增收致富。得益于林源四周天然氧吧的滋养，村里八十多岁的老人就有十几位。一方水土养一方人，一些上了年纪的老人不愿随子女去城里居住，选择在这林木环绕的小村庄里颐养天年。他们离不开自己生活了一辈子的村庄，离不开这片祖辈曾经奋斗过的土地。林源村一直秉承着建村人的智慧和吃苦耐劳的优良传统，任何时代都不甘于落后，一路阔步向前！

双 脑 包

温秀荣

沽源最著名的水域闪电湖，是改革开放后逐步发展起来的4A级旅游景区，它的西南岸边有一个村庄，叫双脑包。

双脑包为平定堡镇下辖的一个行政村，全村有二百多户，九百多口人。“双脑包”就是因村前、村后小山上的两座脑包而得名。在坝上草原，因脑包而得名的村子很多，但叫“双脑包”的仅此一处，是坐落在沽源湿地草原上的一个文化部落。

从一些零散的历史资料查证，双脑包是辽代一个游牧部落的居住地，当时并没有脑包，只是在这片地域有几座小山（包括小梁村周边的小山）。山是自然的，而脑包却是北元后察哈尔部落游牧于此时由蒙古人建造的。

辽时称双脑包一带为凉陉。凉陉是一个地域范围，“凉”是对自然气候的反映，“陉”是地域范围的实体指代，一般指两边有山、中间开阔并有草原、河流的地方。凉陉就是气候凉爽、水草丰盛的山口，适宜放牧和居住。906年，耶律阿保机统一契丹各部建立大辽，此后不断发兵中原途经凉陉，并将双脑包一带作为捺钵避暑及氏族部落的游牧之地。双脑包村前有一处文化遗址，从出土的玉器、铜钱考证，这里有过游牧部落居住的痕迹。

金世宗大定八年（1168 年）后，双脑包属于金莲川，自然生态优美，每逢夏季鲜花遍野，金莲怒放。元代诗人陈孚曾以金莲川为题作诗：“茫茫金莲川，日映山色赭，天如碧油幢，万里罩平野。野中何所有？深草卧羊马。昔人建离宫，今存但古瓦。秋风吹白波，犹似衰泪洒；村女采金莲，芳香红满把……”诗中说的村女，显然是游牧部落的女性。游牧部落多屯驻在水草丰美、依山向阳之处，双脑包正是这样的地方。

清康熙十四年（1675 年）察哈尔部由义州迁移到宣化、大同边外，编为八旗四群，史称“十二旗群牧场”。双脑包一带应属于太仆寺旗左翼牧场，有蒙古人的游牧部落在这里屯驻生活，并在现在的双脑包村南北对应的两个小山上建起了脑包。脑包上面有个石头堆垒成的圆台，据双脑包村里八十三岁的杨志远老人说，他小时候经常跟小伙伴儿们去那个石头台子上面玩儿，目的是从石头缝里找铜钱。那个台子叫敖包，是蒙古族人在地广人稀的茫茫草原上，用石头堆垒起来的地标性建筑，最初用作地域方位的标志，后用来标志氏族部落的势力范围，也被作为聚会时约会的地点，如著名歌曲《敖包相会》所唱的那样。也有人说那个台子是蒙古氏族部落祭祀时的祭台。因为蒙古族人很尊敬它，路过的商人、游猎者和游玩者只要走到它附近，就往上面抛撒制钱，以求神灵保佑赐福。

根据多次采访调查，双脑包村前村后两个小山上的敖包是由蒙古氏族部落建造的，属于氏族家庭敖包，不属于旗群敖包。因为在察哈尔部的敖包是有不同等级的，主要分为旗群敖包、牧群敖包、部落敖包和氏族家庭敖包等。双脑包的敖包具体建于什么年代已无从考证。据村里几位老年人回忆，在双脑包还未形成村落前，只有三家蒙古人居住。后来由于这里不断放垦，蒙古人向北迁移，这里的三家蒙古人搬到了正蓝旗的窝图、啊图和烟图庙。但他们每年农历六月都会骑马、赶车，拉着羊、酒和奶食品等来双脑包举行敖包祭祀，这样的祭祀一直延续到“文革”前。

双脑包形成村落大约在清代光绪年间。最早来这里的人是阳原任姓一家，老大叫任大瞎子，老二叫任二掌柜。（都是外号，真名不详。）任家哥俩吃苦能干，先从蒙古人手里买了一些土地，后来雇人开垦，没几年拥有的土地就达两千多亩，成为后来双脑包的富户。任家搬到平定堡居住后，把这里的土地全租给佃户，只是秋后派人收租。继任家之后，相继来了刘家、常家、黄家、陈家和宋家等几户。人家多了就形成了村子，村子随后也就有了名字，因村前村后山上都有敖包，村名就被命名为“双脑包”了。

民国建立后，军阀连年混战，关内人为逃避战乱不断到口外谋生，双脑包的人也就逐渐增多，到 1948 年前后增加到六十多户，人口达到四百多人。

双脑包的生态非常好，村东是一眼望不到边的草滩，草长得有半人多高，闪电河从草滩上流过，河里鱼特别多。听村里老年人说，草滩里黄羊成群，狼也成群，狐狸也多。河里的鱼下河就能抓到，冬天结了冰，在河道拐弯处的地坑里，只要把冰凿开个窟窿，就能捞到几十斤鱼，人们弄回家就像焖山药一样焖着吃。大鱼都有五六斤重，多是鲶鱼，也有草鱼，鲫鱼也有，但个头儿不大。

新中国成立后，双脑包村和全县各村一样，实现了由互助组、初级社、高级社到人民公社的转变，实行了大集体生产劳动。不同的是，这里也许是因为受部落生产文化基因的影响，人们有爱马、养马和骑马的习惯，马背文化是双脑包乡土风情的一个特色。

1958 年政府组织全县民工修闪电河水库，双脑包村为这一浩大的水利工程做出了巨大贡献——全村青壮年劳力全部参加了工程建设，所有房屋腾出给民工居住，村民们则搬到临近村里亲戚朋友家住，一直到闪电河水库竣工。

改革开放后，村子后面的闪电河水库建成了沽源县第一个旅游区——沽水福源度假村。在附近旅游产业的带动下，双脑包村潜在的部落文化底蕴得到传承，马背文化成为双脑包乡村旅游文化的亮点和支撑，村里供游客骑乘的马由最初五六家的几匹，发展到如今的五六百匹。原始的游牧部落离不开马，如今，马又成为双脑包开发乡村旅游的主题。

席 家 卜

崔振兵

一

席家卜村位于原红圪塄乡最西边，再往西就属于原九连城乡地界了。村四周都是山坡（当地人称为“梁”），村子就坐落在北边的梁上。梁的顶端在村北约三四十米处，是一个微微凸起的小山头，即村里人所说的“小山山”。我家位于村北最后一排，因为离小山山很近，小时候经常去山顶玩儿。每年冬去春来的时候，别处还是一片枯黄，山顶已有小草顶出地面，偶尔有一两朵小黄花在料峭寒风中摇晃，让人惊讶生命力的顽强。夏天，山顶开的花就更多了，有好多山韭菜花，白的、粉的、紫的，人们经常采些回去，放上咸盐捣碎了吃。那时感觉小山山是温馨的、慷慨的，站在山顶向北望，一直能看到内蒙古境内连绵的群山，以及零星分布的村庄。

小山山的西北与其紧邻的是稍大的一座山，那便是半拉山。207 国道从半拉山西边通过，东边的席家卜村和西边的董万营村以公路为界。这条公路最初是由碎砂石铺成的，1979 年前后国家出钱修成了柏油路。当时村里住了好多修路的工人，多是二十来岁的年轻人，干活儿很卖力，小孩子放学后总爱跑去看他们修路。那时没什么机械设备，全靠人力，公路上全是人，有铲土的，有推车的，十分热闹。整整一个夏天过去了，一条又宽又平的柏油路修成了。路黑得发亮，质量很高，多年后仍完好如初。当年路上汽车不多，多是马车、牛车和自行车。这条路给人们带来了极大便利，尤其是骑自行车的人，一上这条路顿觉神清气爽，骑起来特别省劲儿。

若干年后，半拉山北山脚下通往沽源县城的公路也修成了柏油路。那条路反反复复修了好几次，最近一次重修使我家房后的小山山遭了殃。修路要用石头，小山山离公路又近，施工方盯上了它，最后整个山头都被挖去了，村民出面阻止也都不了了之。最近几年还有人在挖，山上的坑越挖越大，几乎挨住最北的人家了。我每次回老家从山旁经过，看到新挖的痕迹，就仿佛听见小山山在哭泣……

近些年，乡愁经常在城里人心中萦绕。乡愁在哪里？就在我们想要回却又回不去的故乡。

二

207 国道在半拉山西边，从康保通往沽源的公路则从半拉山北面山脚下通过，两条公路在半拉山西北方向相交，往东去往沽源县城，往西去往康保县城，往南去往张家口，往北一直通到锡林浩特。因为四通八达，交通便利，半拉山一直被标注在全国地图上。后来红圪塄乡与九连城乡合并为九连城镇，镇政府设在半拉山村，西边的董万营也开始叫半拉山了。其实最有资格叫“半拉山”的，是紧挨着半拉山的席家卜。席家卜村靠北的人家离半拉山还不到一百米，半拉山也属于席家卜村的土地。但是，我们村一直用“席家卜”这个名字，因为地名不仅是地理位置的称呼，还是一个村历史文化的纽带，凝聚了几代人的情感，改名就等于把这种情感生生地给割断了。

因为紧挨着村子，山又很有特点（只是半座山），山的北面类似悬崖峭壁，所以在村里人眼里，这座山充满了神奇。内蒙古境内有座棺材山，也是半座山，和半拉山遥相呼应，据说它们以前是一座山，是后来分开的。这就更增加了这座山的神秘色彩。雨过天晴的时候，人们经常看到半拉山“山显”了（就是老远看去，山显得非常高大，像突然矗立在眼前似的）。其实这就是海市蜃楼，我父母见过好多次，可惜我一次也没见过。

我念小学二年级的那年春天，山上忽然整日都有几个人在跪着，传言说白蛇来半拉山传药了，人们可以去山上许愿，讨的药包治百病。开始村里人不相信，甚至觉得可笑，后来山上人越来越多，方圆几十里的人都来了，人们便相信了。当时我家也住着几个来拜仙讨药的亲戚。大概持续了一个多星期，最后不知什么原因，一下子人们又都散去了。当初传言是由谁编造的，又是怎么迅速传播的，最后人们为什么又一下子不信了，这些至今都不得而知。

因为紧挨两条公路，席家卜交通相当便利。但是，无论行人从东西南北哪个方向去席家卜，都要翻过高高的梁。因为独特的地理位置，外界很多人只听说过这个村子，却很少一睹其芳容。席家卜就像一位藏在深闺中的少女，美丽而神秘。

三

村里最早什么时候开始有人居住，连村里的老人也说不上来。据我父亲讲，很早之前有户姓席的人家在这个村居住，所以给村子起名叫“席家卜”。“卜”在我们这边方言里，指地势较低的地方，有时把土坑也叫“卜子”。后来这户人家的后代搬到内蒙古定居了，村的名字却一直沿用下来。村南大约一公里有块地叫“三角地”，其西边的树林里还有席家的祖坟，近年来席家的后人还在那儿立了石碑。再后来，一户姓马的人家搬来村里居住，将村子西面的坡地开垦出来种植庄稼，所以那片地一度被称为马家梁，后来才叫西梁的。马家人在席家卜待的时间不太久，就去了红圪塄东边的马家卜子定居。我父亲高级社时去马家卜子，还见到过马家的人。

再后来，不断有外来人口迁入席家卜。村里除了个别几户来自怀安、万全外，大部分来自山西灵丘。这些灵丘人中，于德财来村里最早，他和我爷爷同辈，我小时候还见过他——当然，现在他早已不在人世。

这些人在灵丘时，好多住在一个叫冉庄的村子。他们彼此认识甚至沾亲带故，当年为了生计被迫背井离乡，出张家口到地广人稀的坝上定居。有个二人台节目叫《走西口》，反映的就是这种情形。

每户人家出口外的背后都有一段心酸的故事。我们老家在山西灵丘县冉庄，也就是平型关战役的战场。当年我奶奶的父母先出口外，后来我奶奶想她父母，执意出来寻找（当时我父亲八岁）。然后我爷爷、奶奶、父亲，还有曾祖母一家四口，风餐露宿走了半个多月，才来到张家口坝上。我爷爷一条腿残疾，我父亲又很小，可想一路上多么不易！他们最先到的是东大庙村，村里也有来自灵丘老家的人，一打听才知道，我奶奶的父母走的是另一个方向。没办法，全家只好暂居下来，用铁锹挖个地窖就是屋子，外边堆上几堆柴火，就是门窗。第二年，全家搬到离东大庙两公里半地的席家卜，从此在这里一直住到现在。我奶奶后来再也没有找过她的父母，直到去世。在当年的条件下，寻人是何等艰难！很难想象她的内心是一种什么感受，与其说是充满了苦楚，不如说更多的是无奈。现在想来，她的父母离我们这边或许也没多远。出口外这件事奶奶从没和我们提起过，也是后来我大了父亲才讲给我的。

前几年，席家卜来了一个中年男子，说他家祖坟在我家后面靠近山顶的草地上，问人们具体位置，谁也说不上来。因为在大家印象中，那块草地就没有过坟墓。但我父亲猜测应该有。因为早前靠山顶的庄稼地里有过坟墓，但随着时间流逝，已经和庄稼地融为一体了。那人在我家房后的草地上走来走去，用脚步丈量——大概他了解到了大致位置——然后捡来几块石头，堆成一个小堆，并跪下烧纸钱祭拜，之后就走了。他是谁的后代？祖辈又是什么时候搬来的？村里人谁也不知道，甚至连他姓啥都不知道。

高级社时，席家卜已有一百来户，和小南营同属一个大队，小南营为一队、二队、三队和四队，席家卜为五队、六队和七队。后来，席家卜独立为一个大队，但因村民及其土地是按照当初的五队、六队和七队划分的，这种说法就一直保留下来，至今人们还说谁谁是五队的，哪块地是六队的。

四

我父亲认为，席家卜很早以前就有人居住，只不过村子不在现在这个地方，而是在村东南一公里处的“三角地”。那块地里到处是白花花的大骨头，白天看了都让人发毛。我父亲说，那是马或牛羊的骨头，当时这里住着蒙古人，后来搬走了；再后来汉人来到这里，可能是考虑到大雨后发洪水，就将村子迁到了现在这个坡上。

当年三角地是我和小伙伴经常玩耍的地方，对我们来说那里就是个聚宝盆，有着无尽的宝藏。每到春天刮大黄风的时候，我们就去那里捡铜钱。大风一刮，埋在土里的各种宝贝就露了出来，有铜钱、铜箭头、铜陀螺和铜顶针等。其中铜钱最多，最常见的是宋朝和清朝的，也有唐朝的，大小不等。我还捡到过蒙古铜钱，很小，大小和现在的五角硬币差不多，上面是蒙古文，两面黄得发亮。这些曾经无数人之手的铜钱，在深埋地下几百年后，又在这里和我相遇，让那些已经逝去的朝代，显得如此真切而又鲜活。

我们攒多了这些铜制品，便以八毛钱一斤的价格卖给村里的供销社，然后迫不及待地步行十多里，去三号地门市部买自己喜欢的东西——基本上都是小人书，或大的彩色连环画。记得有一次我买了本《何仙姑》连环画，爱不释手，一回到家，就趴在炕上迫不及待地看了起来，那惟妙惟肖的彩色画面和优美的文字，一下就把我吸引到故事中去了，不经意间，另一个世界的大门正在悄然向我开启。

五

席家卜四周都是坡地，东边紧挨着的坡叫东梁，西边叫西梁，东梁比西梁地势高。站在东梁向西望，整个村子错落有致地排列着，一览无余，甚至能清楚地看到人们院子里摆放的农具，以及人们走动的身影。如果是傍晚时分，整个村庄笼罩在夕阳下的暮霭中，家家屋顶飘起袅袅炊烟，俨然一幅美丽和谐的乡村画卷。

村南面是一大块平坦而又低凹的草地，叫南滩，曾是放牧牛羊的地方。春天一到，各种各样的小花盛开，黄的、粉的、白的，在微风中轻轻摇晃，很是好看。南滩还长着很多蒲公英，小时候经常随手摘起一朵，放在嘴边一吹，花瓣便在空中飘散，觉得特别美。

因为南滩地势低，一下大雨，便会聚集大量的水，形成一个小湖泊，远远望去像一面大镜子。早些年雨水涝，南滩整个夏秋都有水，水里青蛙、蝌蚪、王八盖子数不胜数。小伙伴们放学后，经常去水边抓蝌蚪玩儿，看着一群一群黑色的蝌蚪在水里游来游去，大大的脑袋，后面拖着一条细细的尾巴，样子很可爱。晚上，南滩的蛙声很大，整个村子都听得见。那时村里还没通电，人们吃过晚饭，就搬个凳子坐在院子里乘凉，听着蛙声此起彼伏，看着满天繁星，感觉农村的夜晚很迷人。

因为南滩取水方便，人们常在四周取土、脱土坯。一到夏天远远望去，到处都是脱好的土坯，土坯干透后就被拉回去盖房、垒院墙。取土留下的坑，一下雨就充了水，晴天时，女人们三三两两围在坑边洗衣服，周围草地上到处晾着衣服，花花绿绿的甚是好看，成了南滩一道独特的风景线。

南滩再往南就是连绵不断的陡坡了，离村最近的叫南梁，再往南凸起的梁分别叫二道梁、三道梁，梁的底部则分别叫二道洼、三道洼和四道洼。光听这些地名，就让人联想到席家卜是个风光秀美、民风淳朴的地方。那里荒坡和树林很多，小时候秋天到那边割草，对小孩子来说是一件很愉快的事。大家早早吃过早饭，便赶着车向地里进发。路上、地里，到处都是人，男女老少，赶着车，非常热闹。大家一边割草，一边打着招呼，小孩子则跑来跑去玩耍。老家的秋天凉风习习，天空湛蓝，整个大地像是织出的锦缎，微风一吹，上下起伏，给人无限想象。

村北的山坡下就是通往县城的公路，公路往北一眼望不到尽头的草滩，是当年特意留出给村民放牧的。公路往北不远处的草滩上，以前有个泉眼，一到春天便“汩汩”地往外冒水泡，用石头在泉眼周围围一圈，便成了饮牛羊的水坑。有时候人们口渴了，也会趴在上面喝几口。水不断地冒出来，很清澈，也很干净。溢出的水便顺着缓坡向北一路蜿蜒，形成一片天然湿地景观。几年前，有人在泉眼处盖了厂房，好像和什么矿有关，矿渣堆得到处都是，随处可见黑乎乎的污渍，这眼泉便彻底干涸了。当年的青草地如今变成一片盐碱地，赤裸裸地暴露着；曾经欢快流淌的小溪，已消失得无影无踪。

草滩西边是个淖，我们叫它“小淖”，其北边约一公里处有个大点的淖，我们习惯叫它“大淖”。以前只要一下雨，两个淖里便都是水，明晃晃的，里边有很多水鸟，不时飞起又落下，站在半拉山顶往下看，感觉风光特别好。这些年降雨量减少，两个淖几乎都没水了，裸露的盐碱远远看去白得刺眼。今年十月一我回老家，又去这两个地方走了走。走在小淖里仿佛走在雪地上，走在大淖里感觉像走进了罗布泊。

草滩的地因为呈碱性，地里长有大量的盐蒿，一到秋天，盐蒿就变成红色，一大片一大片，连绵不断。这时我们会赶着车来割盐蒿，因为其种子晒干可以喂猪。盐蒿一尺来高，齐刷刷向上长着，很挺直，杆子很脆，用镰刀很好割，一会儿就能割倒一大片。看着四周大片大片发红的盐蒿，不远处的淖波光粼粼，成群的水鸟在上面飞过，割盐蒿也不觉得累了，反倒觉得很惬意。不知不觉太阳就要落山了，我们也开始套车准备回家了。在我的记忆中，秋天的草滩是最美的，它给我童年的时光带来过无尽的欢乐。

草滩最北边和内蒙古的草地接壤，当时那里盖着几间平房，也有圈牲口的围栏，被人们称为“大牛房”。以前家家户户都养着牲口，一到夏天，因为忙着锄地，就把牛马等大牲口赶到这里，因为这里有村民专门负责放牧。这些年实行禁牧，加上农用机械的普及，村里几乎没人养牲口了，大牛房和草滩也逐渐被淡忘了。

六

席家卜周边地势高低起伏，田间树林纵横交错，夏季无论站在哪个山坡环顾四周，都是郁郁葱葱，峰峦叠嶂。秋天看到的则是另一番景象，庄稼有的熟了，有的半熟，黄绿相间，像五彩锦缎铺在大地上，头顶是碧蓝如洗的天空，远处则是层林尽染。记不清有多少个秋天无风的午后，我驻足村后山坡上环视远方，眼前一幅五彩的图画。那一刻我置身画中，时光仿佛停止了流逝。

后来因为工作的原因，我每年很少回老家，只在过节时才回去和父母团聚几天。但每次回去，我都喜欢去田地里走走，或者站在山坡上，静静地向四周望上半天。我对这片土地曾经是如此的熟悉，当年在这里和小伙伴割草、放牛、玩耍，感觉四周田野很大，经常发现不曾到过的地方，给我带来惊喜之余，又充满了神秘。

小时候，老家的田野里到处都是鸟，种类也很多，有燕子、戴胜、猫头鹰、布谷鸟、百灵鸟和山雀等。尤其是夏天走在田野里，经常听到布谷鸟“布谷布谷”的叫声，不经意间还能发现鸟窝，里边还有鸟蛋。燕子一到春天就飞回来了，在屋檐下安家筑窝，孵育后代。它们能最先感受到坝上的春天。可是不知道从什么时候起，老家的鸟逐渐少了，燕子也不来了。每次回老家说到过去，父母总爱说那时地里都有什么鸟，长得如何好看，然后忽然很失望地说，现在都没了，燕子也没了。这几年，种庄稼的少了，种菜的多了，农药、除草剂的大量使用，毁掉了鸟儿赖以生存的家园。以前割地时经常看到一行大雁从头顶飞过，或排成“一”字，或排成“人”字，可是很多年了，那种天高云淡、大雁南飞的景象，我再也没有见到过。

七

席家卜村现已列入沽源县“十三五”易地扶贫搬迁实施规划，政府已经在九连城镇为拆迁村民统一建造了住宅楼，预计今年年底前就能入住。到时候，席家卜将被复垦成农田，这个存在了上百年的村庄，连同它古老的名字，将永远一起走进历史，走进人们的记忆中。

支锅石与张帽山

李 敏

支锅石是莲花滩乡三棵树行政村的一个自然村，只有二三十户人家。村子坐落在山脚下，村北是山，山后是小厂棠梨沟；村南也是山，山上是明代古长城，石砌的城墙长满青苔。最引人注目的，是一座大青方砖砌的碉楼，十多米高，底部四角已有三个受损，却依然屹立不倒。站在碉楼下，西望桦皮岭，东望冰山梁，昔日塞外雄关独石口镇就在眼前。沽源所说的三棵树长城，赤城所谓的独石口长城，其实都是这一段长城。支锅石村前有一条路，向西北经同兴号大梁通往莲花滩，向东南经北栅子、青羊沟到独石口，虽然属于莲花滩乡，实际到独石口更方便些。村里与独石口关系很密切，买什么东西一般都“下口”（去独石口）。

支锅石的名称大有来历。从北栅子方向过来，远远望见一块巨石，从南山嘴石壁上斜伸出来，粗壮的底部与大山结为一体，犀利的顶端斜插青天，活像一支巨大的犀牛角。“犀牛角”隔路对面，有三块巨石，最大的一块雄居于村东北高冈之上，近十米高，独立不倚，峻峭方正，如一座碉楼。其他两块散落在其东百十米处，榆林掩映若隐若现，皆是几十吨重的巨石。最东一块造型奇特，正面看如北京周口店猿人头像，颧骨高耸，双吻突出，侧面看却像一个伟人头像，宽宽的脑门大背头。据当地人讲，支锅石名称的由来，就在这几块巨石上。

相传当年康熙皇帝亲征噶尔丹时途经此地，军需官密报军中已无米下锅，康熙爷急得一筹莫展。这时忽从西边来了一位身态飘逸、步履轻盈的老人，听说大军断炊，他随手捡来三块石头摆成“品”字形，从行囊中取出一口小锅，又要来军中的米袋子，抖出边角剩余的米粒，架起火煮了一锅粥，先盛一碗给皇上，余下的分给将士们。奇怪的是，这口锅看似不大，粥却怎么盛也盛不完，大军吃饱后开始休息。第二天，三军整队待发，回想昨日之事，惊奇万分，再找老者时其已不知去向，只见昨日煮粥之处，三块石头已化作几丈高的巨石，或斜插于山嘴，或兀立于村边，仔细看巨石上还隐隐有烟熏火燎的痕迹。康熙皇帝忙率三军向西行礼拜谢。拜毕，粮草已到，三军开拔，很快平定了噶尔丹。

沿赤宝公路北行，过云州水库，几十里外就看到两山之间尽头处，一峰高耸尖利如锥，直指青天。这山峰在北栅子村东，名叫张帽山，沽河源头救龙泉便在山的东侧。由支锅石向东南去往北栅子、青羊沟，张帽山形如大扇屏。张帽山西看为岭，南看是峰，用“横看成岭侧成峰”形容非常恰当。西边山脚下、北栅子村北一带高冈上，长着三棵坝头地带少见的古松，各相距二三十米，秋天草枯时，依然绿意盎然，据说是辽代或金代某公主墓地所在。

关于张帽山名称的来源，也有一个很有意思的传说。相传康熙远征时途经山下，正在树下小憩，帽子突然被一阵风吹落，飘到远处挂在了山尖上。当地东西被风掀动或掀掉称为“张”，引申为轻狂，皇帝的帽子被掀掉怎么能说“张”呢？但为了让当地人帮着取下来，说话就得让他听明白。康熙皇帝入乡随俗，传口谕道："朕的帽子让大风给'张'了，赶快给朕取回来。""张到哪儿了？"皇上用手一指："张帽山。"于是，按老百姓的讲究，这就等于皇上金口玉言为这座山亲封了"张帽山"的名字。

蝈蝈儿山

修翠云

蝈蝈儿山行政村位于闪电河乡政府东南约两公里处，东距南沟村两公里，南距小围子一公里。村后的那座山上有蝈蝈儿，被称为"蝈蝈儿山"，所以村庄也以山名来命名。蝈蝈儿山自然村（文中称"蝈蝈儿山村"）与小围子，前、后蒙古营同属蝈蝈儿山行政村。

蝈蝈儿山村

蝈蝈儿山村是个四面环山的小村庄，东有大洼山，东南有丰都城山和宝元龙山，正南有南坡，西南有转山子，正西有西坡，正北有后坡，东北角便是蝈蝈儿山。虽然周围各山相连，但只有蝈蝈儿山上才有蝈蝈儿。蝈蝈儿又叫"鸣虫"，全身绿色，羽翼如纱，鸣声如歌如琴，常鸣唱于夏末秋初的草丛花木间，被列为"三大鸣虫"之首。蝈蝈儿背上有硬壳（俗称"鞍子"），据说它一被触碰，便不会鸣唱了。蝈蝈儿喜温暖，天越热，叫得越欢。上山捉蝈蝈儿是村里男孩子的最爱，捉回的蝈蝈儿装在麻秆编的笼子里喂养。每到夏秋季节，蝈蝈儿山家家户户门头窗棂上，都挂着蝈蝈儿笼子。后来，县城有了农贸市场，有人编了笼子，捉了蝈蝈儿到市场去卖，买些油盐火柴之类的生活用品。

蝈蝈儿山是村里人的"靠山"，人们把它看得很神圣。山上巨石横卧，花草茂盛，冬天厚厚荒草包裹起的整座山坡，成为牛羊骡马觅食的最好牧场，而牲畜粪便在冰雪融化时溶进土壤，让蝈蝈儿山在天然肥料的滋养下，延续着它的巍然与秀美。

东面的大洼山和大阳坡，与蝈蝈儿山紧紧相连，山下稍平缓处被开垦为农田。这两座山也是蝈蝈儿山村和南沟村、黄羊窝铺村的分界，大洼山前面属蝈蝈儿山村，山后属黄羊窝铺村，大阳坡东面属南沟，西面属蝈蝈儿山村。

东南的丰都城山是座石山。过去农闲时，村里人便上山刨石头，在春天修房造屋，垒墙筑院。后来都盖砖瓦房了，但还是用石头垒虎皮墙或建桥修路。这座山上充满了灵气，有狐狸、貉子和臭鼬等，据说以前还有狼。后来这些动物被开山的炮声惊走，现在基本见不到了。

关于转山子的来历，有一个神奇的传说。据说，曾有人见过一条长长的白蛇，将此山整整盘绕了一圈。它是在等待自己的许仙，还是在为新的轮回修炼，这就谁都说不清了。传说毕竟是传说，子虚乌有的事，有谁会去较真儿呢!

宝元龙山貌似元宝，所以叫“宝元龙山”。山后面属蝈蝈儿山村，前面属蒙古营子。宝元龙山圆圆的山顶上有两个突起的圆丘，据说是蒙古人迁徙时某头领的藏宝处。两个土丘不知什么时候被盗挖，经过风雨的侵蚀，如今已不复存在，只留下两个深深的洞穴。但在山的上面，偶尔还能拾到散落的铜钱。过去这里住过游牧过来的蒙古人，据说他们也用石头和木头建蒙古包，所以有“两块石头一根柁”之说。这些蒙古人在这里赛马，以此作为一种娱乐活动。

正北的后坡和西坡相连。传说后坡是龙头，长长的西坡是龙尾，虽然后坡石头材质好，但过去不让上山刨石头，据说是怕破了风水。后来不知是谁，在后坡挖出第一块石头，开了至今仍在的石头场子，并留下许多深浅不一的残坑旧洞。西坡下有一条很深的沟壑，是 20 世纪 60 年代“备战、备荒”时挖的防空洞，洞里至今留有遗迹。

各个山口都有通往外面的小路，这些小路把村子和外面的世界连在了一起。

据说在 1900 年左右，有个叫孙肖子的牧人，赶着牛羊经过这里，看到这里群山环抱，中间平坦，草木茂盛，温暖宜人，便住了下来。他起初住在自己搭的简易帐篷里，白天出去放牧，晚上把牛羊圈在树枝围成的栅栏里。这里便成了村里最早的房屋和牲口圈。过了一段时间，又有几户乞讨或经商的人在这里住了下来。后来，孙肖子通过“跑马圈地”，占有了周围大片土地。不久李有贵、卢有山等人效仿孙肖子，占有了一些山地。他们雇佣乞讨过来的人把大面积的山坡开垦为耕地，成为这里的地主。再后来赵家、王家、齐家和郜家也陆续迁了过来。到了1906年前后，人们以“蝈蝈儿山”为村子命名。后来，一个姓郭的人被推选为保长，把村子管理得也不错，挺受大家拥戴，成为村里最初的领导者。

新中国成立前村里已有地下党支部，书记为卢有才，成员有贫民团长李根，粮秣委员、公安委员牛德才，贫民团员高凤林、陈启东和李清瑞等。新中国成立后，他们带领村里人开展“土改”，成立了互助组、合作社。最初的合作社社长是郭德，会计是修万忠。每家把家里的牲口、工具和籽种等拿出来做资本，大家一起耕作、牧养，年底分红。后来，蝈蝈儿山村又和闪电河村一起，成立了高级社，社长为杨廷富，书记为卢有才，会计为修万忠，直到成立人民公社。那时村里识字的人很少，1953年，上过高小的修万义（人称“修扫盲”老师）办起扫盲班和夜校，人们学习热情很高，白天下地劳动，晚上到夜校学习两个小时，学到了不少知识。

蝈蝈儿山村地势高，村民吃水困难。建村时，村东头曾打了口井，井旁放了个石槽子，用来饮牲畜，夏天女人们也在这里洗衣服。那时人口少，井水勉强够用——从晨曦初现到各家水缸水桶盛满，蓄了一夜的井水基本被打完，最后打上来的已不太清澈。当年人们天不亮就开始排队挑水，这成为村里的一道风景，而“咯吱咯吱”的扁担声、辘轳声，也给村里带来一天的生机。

1969年，党的九大召开，村里规划了很多林带（被称为“九大林带”）。这些林带现已绿荫参天，枝繁叶茂。同年，从闪电河水库引水开的水渠（被称为“九大干渠”），浇灌了周边田野，造福了一方百姓。当时沽源全民总动员，全部义务工，靠铁锹挖土、小车推土、牛马车拉土建成的这条干渠，有时候雨水大，赶上涝年水库涨满，还能看到水从这条渠泄出。而1974年9

月建成的一级扬水站，如今仍在蝈蝈儿山西坡半山上。

如今，蝈蝈儿山村已实现农业机械化，“晨闻鸡叫起，晚伴犬声眠”的封闭生活已成历史，就连蝈蝈儿的清脆鸣唱，也从山坡蔓延到田间树林。现在的蝈蝈儿山村，山更青，树更绿。

小　围　子

小围子东临青山，西靠翠坡，南面是广阔的闪电河湿地草原，北面是肥沃的黑土地，距闪电河村（乡政府驻地）约二点五公里，处于蝈蝈儿山村和蒙古营村中间。当初，小围子与蝈蝈儿山、蒙古营差不多同时形成村落（那时小围子也叫“蝈蝈儿山”）。

当时李东生等几户人家在这里开荒种地，他们雇佣外地过来找活儿的人（也有没有家口、乞讨或迁徙来的）当长工、短工。这几家人攒了些钱，开始起房造屋，还买了牛羊车马。村子一天天繁荣起来，土匪大帮的抢劫也频繁起来。1943 年，李东生、李有贵、邢喜、张万柱、郭万福、张世文和李老三等七户人家忍无可忍，共同出资建了土围墙和四座土炮楼，派人轮流放哨。他们还买了土枪弹药，只要土匪进村，便开枪射击，从此免除了匪患。这就是小围子村的由来。后来又有童家哥俩、赵家哥俩陆续来这里，给他们做工；游牧过来的人也在这里安家落户。这些人租种大户人家土地，自己也开垦小片荒地，人口不断聚集，逐渐形成了现在村子的格局。

小围子当初只有七户人家，现在也只有二百人左右，是蝈蝈儿山行政村村委会及以前蝈蝈儿山大队中心小学、合作医疗室和代销点所在地。当年没走出过山村的孩子，都把去小围子（中心村）读书当成一种荣耀。那时候，村子东北角的土炮楼和南窝铺的围墙残垣都还在，孩子们放学就跑到上面玩耍，却不知这是什么东西。土建的炮楼上留有方形的孔，残缺的土台子比它脚下的农家房子高出许多，一级级台阶通向上面，挨着炮楼往南往西延伸的土墙呈直角形。老人们说，过去东南西北角各有一座炮楼，被四堵墙连起来，四堵墙中间建有牢固的墙门，只有村民出入时才打开。这些都在“破四旧”时被拆除了。

新中国成立后，小围子与蝈蝈儿山、蒙古营合并，大队部设在小围子。当时，蝈蝈儿山为一队、二队，小围子是三队，后蒙古营子为四队，前蒙古营子为六队，前、后蒙古营中间的村子（即中间营子）为五队。各队由生产队长负责管理，六个生产队统一归大队领导。这里有过大食堂、大炼钢铁的记忆，也有过热火朝天兴修水利、建造园田的历史。1984 年后，生产队不复存在，小围子仍属蝈蝈儿山村，并且是村委会所在地。当时，小围子开了代销点，由张正喜、李万贵经营。乡镇企业兴起后，蝈蝈儿山村地毯厂应运而生，赵瑞春任厂长，村里许多妇女在厂里上班。村合作医疗由赵瑞明、张淑梅（过去的“赤脚医生”）经营，二人都是附近有名的医生。小围子还有过大队的油坊、林场和养殖场，如今油坊、养殖场已不复存在，林场培育的小树苗却长成了参天大树，一棵棵仍伫立在那里。

如今，富起来的小围子人到县城买了楼房和汽车，冬天到县城过冬做生意，夏天回村种粮种菜。水泥路从闪电河村通到了家家户户的门前和田野，人们的土房子也换成了砖瓦房，红墙碧瓦掩映在成荫的树林中。绿化过的山峦拥抱着这小小村落，滋润在弯弯的闪电河畔。没了围墙的小围子，把自己融入了暖暖的世界，而当初村里那些勤劳的筑墙人，也只能出现在久远的故事里了。

蒙古营

蒙古营村由前蒙古营、后蒙古营组成，整个村庄坐落在坝上明珠闪电湖北岸，山清水秀，风景宜人。前蒙古营位于闪电河村南五公里处，因在蒙古营村前半部分，故名前蒙古营。后蒙古营位于闪电河村南四公里处，因在蒙古营村后半部分，被称为后蒙古营。前、后蒙古营都是于 1892 年形成村落。因为村子和蒙古人渊源很深，蒙古营也就因此而得名。

据说当年有个姓王的人，在宝元龙沟捡到一个破盆子，拿回家盛水时掉进几颗豆子，过了两天长出满满一盆子豆芽。他喜出望外，就用盆子生豆芽，开始时自己吃，后来就卖豆芽，因此人称“王豆芽子”。当时蒙古营没几户人家，光靠卖豆芽收入太少，于是他又开了酒坊，后来又买了马，圈了一些土地。后来蒙古人到这里搭起蒙古包，在这里牧养牲畜。由于这些蒙古人经常光顾酒坊，所以这时期王豆芽子收入颇丰。后来，有人想偷他这个盆子，他就种下一棵小树，把盆子埋在树下。结果小树长成了一片森林，他自己也找不到盆子了。

传说是经不起考证的，王豆芽子却实有其人，而且是最早的村主；蒙古营曾住过蒙古人，与蒙古人渊源颇深，也是无可置疑的。前些年村子东侧脑包山上还发现过蒙古人留下的香炉和铜钱等遗物；现在村民们修水渠、建房屋挖地基时，在一尺多厚的地层下面，还能挖出时隔多年、颜色已变红的牛羊粪便。这些都被认为是当年蒙古人在这里生活过的证据。

稍 代 营

罗 涛

稍代营属原红圪塄乡，20 世纪 90 年代中后期，撤乡并镇后划归九连城镇。全村五百四十余人中，一多半在外打工，做生意，很多人过年时才回来一次。

因为“稍代”与“捎带”谐音，我们小时候常被邻村孩子讥笑：“你们是捎带来的，还捎带别的吗?”每当这个时候，我们就想：为什么要起这么个名字呢？为什么不像别的村那样，叫“杨家营”“闫家营”什么的?

后来问过大人们才知道，民国初年，有张北县盘长河、张明村和闫利营子等地的人，合伙来现在的稍代营一带买地，并且在这里住了下来。当时这些人买的地不多，但这里耕种的历史却从此开始了。这些人定居下来后，这里就形成了村子，可是叫个啥村名呢？因为原先有一个叫“稍代”的蒙古人，在此地坐场放牧，所以就叫“稍代营”了。据说，稍代的后人至今还在锡林郭勒盟一带——愿他们能回来看看，也算寻根问祖吧，因为这里可是用他们祖先的名字命名的村庄啊！

村东有条小河，流向西北，经河子村，注入九连城咸盐淖。因舅姥姥娘家在张北三号乡三工地村，小时候我常听她娘家的亲戚——特别是亲戚中与我年龄差不多的小朋友——不无骄傲地说，这条河的源头在他们那里，当地人叫“灯笼素河”。这个名称很可能源于蒙古语，后来汉族人听音找字，又想赋予它一点诗意，就写成“灯笼素河”了。当然，这只是一种推测。

难得的是，在小河流经我们村的地方，有一座钢筋混凝土小桥。别小看这座小桥，这可是别的村没有的，它是稍代营孩子们引以为骄傲的地方，也是我们儿时的游乐场。有时候，我们在桥墩下抠挖胶泥，在桥面上捏成泥蛋蛋，晒干后弹着玩儿。看到今天的孩子们弹玻璃球，我便想起我们小时候的泥蛋蛋……

这座小桥大概是20世纪60年代初建造的，桥头有三个涂了红漆的字——红胜桥。“文革”时稍代营曾改名“金桥”，取人民公社如金桥之意。灵感可能就是来源于这座小桥吧。

河水清清，水流“哗哗”，河里有鱼，但多是泥鳅。泥鳅长得像小蛇一样，所以，人们又管它叫“蛇鱼”。可惜那时坝上人还不懂得吃这种鱼，只会把这些鱼养在罐头瓶子或脸盆里，看着玩儿，现在想起来真是可惜了。

这条欢快的小河从东南方向而来，它滋润着沿岸的草滩，饮养过集体成群的马匹、驴骡和牛羊。妇女在河边拆洗过被褥和衣裳后，花花绿绿地晾晒在草滩上。我打小就是个多愁善感、性情忧郁的孩子，这条奔流不息的小河，给了我许多憧憬和幻想。特别是在夕阳西下的时候，少年的我坐在小河旁，看着晚霞在慢慢消失，感受着微风从水面轻轻吹来。夜渐渐逼近了，遥远的夜空有几颗孤独的星星在闪烁，河面一片漆黑。这时燥热已退去，喧嚣也静了下来，空气显得更清新，青草味也更香更浓了。此时蛙声开始此起彼伏，叫成一片，像管弦乐演奏，非常悦耳。

河水大时，把河床涨得满满的，河面也显得宽了许多。孩子们当然要下河耍水，但真正教会我们游泳的并不是这条河流，而是村东南的一口大井。那是在“农业学大寨”时挖的。听大人们说，这口大井有二分地大，井水有一丈深，但孩子们硬是在井里学会了游泳（当然是偷偷摸摸地去，不敢让大人们知道的）。我们把布帽子泡湿后再吹起气来（这样就变成了一个救生球），拴在脖子底下，开始下水扑腾。扑腾上几天，手脚动作一协调，身体自然就漂浮起来了。稍代营的孩子大多就是在这口大井中学会游泳的。

村东北去邢普营子的路上，有个干圪梁子，白花花的干土、干地皮，瓦砾随处可见，像个废墟。那也是当初孩子们常去玩耍的地方。为什么那里会吸引小孩子们常去呢？因为那里常常会发现铜钱、铜扣子和铜勺子，特别是铜箭镞（孩子们管它叫“雷锥锥”，小伙伴们说是老天爷打雷时，用来劈坏人的）。今年捡完了，来年春天大黄风一刮，就又有新的发现。上学以后，我常常想，这里到底经历过什么？是个古战场吗？最起码有人在这里生活过吧，要不为什么会有铜扣子、铜勺子呢？这些又是什么朝代的呢？一连串的问题，至今萦绕在我的脑海里。

村西北曾经有一处约百亩大的枸杞园，是 20 世纪 50 年代我的姥爷辈的人栽种的。这个枸杞园也是别的村没有的。枸杞的枝条像柳条，满枝细窄、碎小的绿叶，成串的紫色小花，成串的红枸杞果，似条条锦带，从树头俯垂下来。它们可不嫌弃这片贫瘠的盐碱地，累累的小红果缀满枝条，从盛夏到深秋，一直结着红红的枸杞。枸杞园里的房顶上都晒满了红红的枸杞果，园子里有专人值守，不让人随便进入采摘，因为那是大队的集体财产。可惜这个园子在“大包干”后被铲除了，现在都盖成了房子。那些屈曲蟠结、裸露在外的老根，正如刘禹锡的诗句——“枝繁本是仙人杖，根老能成瑞犬形”——想来也是上好的根雕材料。枸杞园如果能保留到今天，也有六十多年的历史了吧。那是一个令人怀念的清贫而又火红的年代。

给人留下深刻印象的，还有稍代营的芨芨草。它们耐旱，耐寒，耐盐碱，在白花花的盐碱地上，一丛丛刺向青天，正直而顽强地生长着。为了生存，它们把身子长得像铁丝一样，纤细修长，顽强坚韧，省水省到了极致。草原上只要是有芨芨草生长的地方，就能打出水来。千百年来，它们都是逐水草而居的牧民们寻找水源的指示草。芨芨草这种顽强的生命力，正是稍代营人及所有坝上人生命的写照。

稍代营留给人的印象是成片的、白花花的盐碱地，还有咸涩的井水。这里的土地是贫瘠的，给人的记忆却是温馨而亲切的。它们不需要太多的呵护与浇灌，就像随风飘落在土房顶上的一颗草籽，总能默默地扎根生长，却又那么显眼地横亘在那里，让人含着泪时不时地回望。

王　保

李富荣

王保村名的由来

王保是沽源县莲花滩乡的一个行政村，东北距莲花滩七点五公里。在沽源历史上，王保是最早建立的村子之一，约在清康熙年间，就有人居住了。这里最初是蒙古人的马场，后来因蒙古人放垦成为汉民村落。

王保是一个颇具神秘色彩的地方，单是村名就很费人思量。王保原名王盖宝落、王音卜落、王安宝落或王爱宝落，之所以有这么多类似的名字，是因为名字本来是蒙古语音译过来的，与蒙古语实际发音有一定出入。“王盖”很可能是“杭盖”的谐音，意思是一个有着蓝天、白云、草原、河流、山川和树林的地方；“宝落”很可能是“宝力德”“宝力格尔”，也就是蒙古语“水泉”的意思。合起来，“王盖宝落”就是一个既有蓝天白云山川树林，又有潺潺泉水的地方。如果真是这样，名字的蒙古文意思描述得很生动，很美，也很准确。王保也确实担得起这样一个美丽的名字。

“文革”时，王盖宝落改名为“双胜”。因为王保实际上由两个村组成(前营子和后营子)，所以用“双”；“胜”有鞭策进步、不落后于别的村子的意思。但是，“双胜”这个村名并没有叫开，多数人还是习惯叫“王盖宝落”。“文革”后，王盖宝落被简称为“王保”，并一直沿用至今。

西　山

且不说王保的蓝天白云、青松翠柏和良田美池，先来说说西山的故事。

王盖宝落的西山上有四五十个泉眼，这些泉眼流出的泉水实在是太多了，多到经常冲进村子，淹了院子，甚至威胁到村民的生命财产安全。后来，不知谁出了个主意，用锅盖住了一些泉眼，才控制住出水量，消除了水患。

据说，西山泉水周围经常有一窝白小鸡。一只雪白的母鸡，领着一群雪白的小鸡，在草丛中觅食，村民们去抓，却怎么也抓不到。后来，母鸡和小鸡又突然神秘失踪了。自始至终，人们都不知道母鸡和小鸡从哪里来，又到哪里去了，只是觉得很神奇，很怪异。

另外，据说王盖宝落西山泉水上方有一个脑包，村里人经常从附近地里挖出瓦片、土灰等东西。前几年修风电，竟然从脑包里挖出了木头——原来脑包下面竟然是空的！据曲德意老人分析，这个脑包可能就是蒙古人的敖包，下面是放置祭器的地方，也可能这里曾埋过什么人，是座坟墓。

神秘的西山究竟还有多少奥秘、多少未解之谜，现在看来是谁也说不清了。

庙和庙会

王保的神秘之处不光在西山上，后山上的那座庙宇也很神秘。村里人说不清这是一座什么庙，是哪一年修建的，庙里究竟供的是哪路神仙，只知道曾经有一个铜铸的佛像端坐在大殿之上。至于后来是哪年哪月、什么人把佛像接走的，也无人知晓。

庙的规模很是可观，有正殿十间，东西厢房各十间。庙里曾住过一个神秘的和尚，他既不吃泉水也不吃井水，只取“无根水”吃。《西游记》中的孙悟空曾说过：“井中河内之水，俱是有根的。我这无根之水，非此之论，乃是天上落下者，不沾地就吃，才叫作无根之水。”看来，无根之水就是天上落下来的水，包括雨水、雪水和霜露等。和尚不吃有根之水，却也食人间烟火，他也和王保人一样，吃着莜面窝窝蘸咸菜汤汤。

新中国成立前，这座神秘的庙宇曾被做过私塾书房。私塾的先生姓赵，后来去了米克图。但村里人对这些不太关心，他们最关心的是一年一度的庙会。庙的正南方有一座戏台，每年的六月六，都要在这里赶庙会，唱大戏。那时候，各地客商云集，杂耍的，摆地摊的，以及各种手艺人，也都来凑热闹；有买的，有卖的，有高声吆喝的，有低声砍价的，有表演的，有看戏看热闹的，吵吵嚷嚷，非常热闹。

王保六月六赶庙会，唱大戏，有祈求风调雨顺的意图，久而久之就形成了一种习俗。王保的这个习俗一直保持到现在，“文革”期间虽有间断，但时间并不长。庙和戏台在“文革”时曾被拆除，现在又在原位上建起了新戏台，并且在新戏台上唱戏也已经四年了。只不过，现在戏台上表演的戏班子需从外地请来，而在20世纪90年代前，王保村有自己的晋剧团，不仅不用请戏班子，村里的晋剧团还常到外地演出呢。

晋 剧 团

王保的晋剧团大约成立于清末。在好多人的记忆里，自打他们出生，晋剧团就热热闹闹地存在着。晋剧团的演员们，他们也清晰地记得：三花脸是张海爹，外号小红眼；唱黑的是雎俊；唱旦的姓张；唱红的有张老九、乔满玉；刘占元则是唱青衣的。村里经常聘请外地师傅来村里教戏，师傅水平高，徒弟学得也认真。当时演出的剧目主要有《三下阴曹》《狸猫换太子》《杨家归西》《打金枝》《刀劈马家楼》《莲花庵出家》《杨八姐游春》和《空城计》等。

王保村里一直流传着一个笑话：唱红的乔满玉有一次在碾房炒莜麦，灶膛内，红红的火焰舔着炒锅，炒锅内，备受炙烤的莜麦“噼啪”作响，乔满玉却手拿烧火棍，手舞足蹈，念念有词，眉飞色舞——早已进入了戏中的角色。结果可想而知，莜麦都被他炒煳了。

王保人对晋剧团充满了感情，所以，这个乡村剧团一直坚持到20世纪

90 年代初。大概是在新中国成立前，有一次剧团经费困难，维持不下去了要解散，唱红的张老九把自家六十亩地卖了，才把戏箱子留下，保住了剧团。他的儿子、孙子都唱戏。

大集体时，王保人集体筹资，用布票换回布料，自己缝制戏服，置办齐了八蟒八靠和其他装备。据说，诸葛亮的八卦衣缝制得非常漂亮。在 1968 年和 1969 年的全县文艺会演中，王保表现出色，不得第一，就得第二。当时唯一能和王保竞争的，就是同样唱晋剧的九连城米林大队。

“文革”后，王保的晋剧团经过重组，每逢过年、赶庙会时，都会大放异彩。有一年过年时，剧团还被莲花滩、丁庄湾和大圐圙等地请去唱戏。虽然 20 世纪 80 年代曾一度中兴，但从“文革”后到 20 世纪 90 年代初，在各地剧团纷纷衰微、解散的大背景下，王保的晋剧团还是没能抵制住市场经济的强烈冲击，最终还是解散了。当年张老九用六十亩地换回来的戏箱子，也在一个月黑风高的夜晚不翼而飞了。随着戏箱子的丢失，王保晋剧团再也无力重组，从此彻底退出了王保村的历史舞台。

闪电河村

葛海涛

闪电河村位于沽源县城东九公里处，辖上甸、下甸、坡上、西河沿、三条地、水打磨六个自然村。闪电河乡政府驻坡上自然村，闪电河村委会驻下甸自然村。

闪电河在闪电河村的南、西、北三面形成了一个大河湾。据上甸村的关玉柱老人讲述，大约在 1873 年，有一个北京来的地主圈占了十里圪垯（指闪电河村和黄羊村的交界处的一个大土圪垯，现在仍然存在）以西、河湾以里的这片区域，雇用当地一个姓李的人经营管理这一个地方。多年之后，这个地主“绝户”（没有后代）了，要把这整片的土地卖掉。由于面积太大，没人能买得起，他就把土地分成了五条来卖：一条地是现在的下甸自然村，二条地是现在的西河沿自然村，三条地是现在的三条地自然村，四条地、五条地是现在的闪电河乡大西营行政村的两个自然村。

闪电河村多数人的先辈都是从赤城、丰宁迁过来的。当时这里人少地多，这些移民来给别人家干活儿，种“二八地”，时间长了就留了下来。

上甸自然村因为位于下甸村的北边而得名。民国时，有一个叫马政局的机关，这个机关里有个姓王的赶车人第一个来此盖房居住。

关玉柱老人讲，以前在上甸村有一座庙。相传，这座庙是宣统年间一个告老还乡的道台用朝廷拨给他的养老的银子修建的。庙的正殿是关公庙，两个耳殿是马王庙和龙王庙，东殿是娘娘殿，西殿是火神殿，南殿是过马殿。这座庙的香火特别旺，每到逢年过节的时候人们都会到这里拜一拜。据说庙里供了两匹泥塑的马，一匹红色，一匹黄色。这两匹马特别有灵性，村里有一个不信邪的人爬上去骑在了马背上，但是怎么也下不来了。家里人给马上香，摆了供品，这人才从马上下来，但是得了一种屁股上长疮的病。

还有一个很玄妙的故事。庙后边的田地属于一家姓孟的人家，据这家人说，他们家的田地如果哪年被糟（去声，家畜啃食践踏庄稼）了，哪年的收成就会特别好。有一年，在这块田地被糟的当天，有人无意发现庙里的两匹泥塑马的腿全湿了，推测是这两匹马到访了孟家的田地。就这样，这两匹供在庙里的马被传得神乎其神，成了人们对美好生活的向往和寄托。

在“破四旧”运动中，这座庙被拆除了。

在上甸和下甸这两个老村的中心位置都埋着一个碾盘，据说是由于早些年村里屡次出现少亡（年轻人去世）的情况，迷信的说法是大碾盘为青龙，在外面晾着不好，需要埋起来才能减少事故的发生。

坡上自然村是在1958年由下甸村移民搬迁形成的。水打磨自然村是人民公社时期，在这里种实验田形成的。

1995年和1996年，市扶贫办的扶贫公司来闪电河村承包土地种植蔬菜，村里的人们开始在菜地打工。后来，村民们都学会了种菜，就开始自己种。从1998年起，政府推广大面积蔬菜种植。2004年，闪电河乡在坡上自然村建成了占地二百一十亩的蔬菜交易市场。在不长的时间里，人们的生活发生了翻天覆地的变化。闪电河村就这样一步步地续写着自己的故事。

庞家窑与乜虎沟

关继花

坝缘一带的长城，是沽源和赤城二县的交界线。以救龙泉为源头的白河在这里由北向南流入赤城县境内。在长城的北侧、白河的东岸坐落着一个叫庞家窑的小村庄。

原籍山西阳曲南文川的庞姓人家，在清朝乾隆年间移民到此地。他们依山筑窑，凿井开地，置养牛羊，成为自足农民。以后又有孙姓等人家相继搬来，这里渐成村落，取名庞家窑。

20 世纪 70 年代以前，长城北侧，白河西岸，半山坡上有一个小村，叫乜虎沟。据说乜虎沟原名天虎沟，为何改为乜虎沟？探溯历史渊源，的确有些地名文化故事在里边。

天虎沟这一地名形成于清朝建都北京之后。因独石口是边塞重镇，是历代兵家必争之地，清王朝派八旗兵驻防。他们在独石口北边、长城的南侧、现在的北栅子村（属赤城县），修筑营房，守卫城关；在白河水流经东山脚下的地段，设置钢闸，建成水关，连接河两岸的长城。这样，既使防御设施没有缺漏，又让白河水畅流无阻。北栅子的村名就由这道钢闸得来。

在白河西岸的山上有两座巨大的石崖，前一座像一只昂首长啸的猛虎，后一座形如卧虎。二虎俯瞰着紧邻长城北侧、东西向的一条山沟，于是这条沟得名天虎沟，取天虎当关之意。

天虎沟最早的住户是赵、刘两家，他们在沟门依坡建房。最早落户天虎沟的满族人是关全兴一家。辛亥革命后，迫于生计，关家从延庆县千家店迁到此处定居耕种。他们是正红旗隆昆牛录瓜尔佳氏，后来简姓关。

住在栅子外的人家，很讲究住地的风水。他们认为北栅子城关上的关帝庙风水太硬，对自己的村子有冲克压制之势，便在东、西、北三个方位盖了三座庙，分别是山神庙、土地庙和龙王庙，并将天虎沟改叫乜虎沟，“乜”字有蔑视的含义。

住在乜虎沟的那户赵姓人家，孩子属虎，小名虎子，他们认为改为乜虎沟的村名会冲克到他家，就搬回了沙城老家。后来，刘成海一家也搬到了小西营子。他们的房屋和地产卖给了住在北栅子的清兵后裔。1947 年，赵润洪、那正连、关松延、那正玉、关德林等几大家搬迁到乜虎沟买地安家，该村便成了满族聚居村。

乜虎沟村地处半坡，没有水井，人们用水只能到坡下边的白河去取。白天，上游有人畜活动、有车辆通过，河水不宜饮用。所以，人们都在清晨到河边挑水。下雨天发洪水，河水如同泥浆，无法饮用，且水深浪高，不能过河到庞家窑的水井挑水，人们就往返一公里，去北栅子的水井挑水。

冬天，河水结冰，人们就在冰面上凿洞取水。数九天的时候，冰层厚度超过一米，跪伏在冰面上够不着冰下的流水，就在冰洞的半腰处凿出一个平台，取水人下到半腰的台阶上，蹲下去用瓢舀水，站起身，把水倒在桶里。如此几十次，舀满两桶水挑回家。

如果天太冷，河水冻到底了，人们就只能从河上刨冰块，用筐挑回家，放在锅里化水用。

1970 年，乜虎沟和庞家窑合并成一个生产队，乜虎沟的人开会、记工、孩子上学都要过河到庞家窑去。为了工作方便，更为了河东有那眼好品质的水井，乜虎沟人陆陆续续地到庞家窑盖房居住。到 1976 年的时候，乜虎沟人全部搬迁到了庞家窑。原来乜虎沟村里盖房垒墙的石头，都被拆了下来，垒了地堰。原来的宅基地有的还存有遗迹，有的被改造成了耕地，种上了玉米、土豆、豆类等作物。

乜虎沟村成了从这里迁走的村民们记忆中的故乡。现在的庞家窑村，是一个满汉团结、和谐发展的村庄。

乌克河庙

李海霞

乌克河庙村是一个草原村落，位于沽源县小河子乡西北部一片平坦的草原上。作为一个行政村，乌克河庙由东营子、西营子和庙营子三个自然村组成。村民以汉族为主，有少量蒙古族和满族，主要产业是种植业和养殖业。

一座建在河边的庙

乌克河庙听起来就是蒙古族的名字，“乌克”在蒙古语中是饮牛的地方，也就是有河流和草原的地方。早在五百多年前，蒙古人就找到了这块水美草肥的地方，并陆续来这里扎蒙古包放牧。由于蒙古人多信仰藏传佛教、萨满教，于是在现在的庙营子西边建了乌克河庙，庙营子村即由此而来。环绕乌克河庙的起伏的丘陵，像一条巨龙在那里盘旋，龙头在村子最西边，龙尾一直延伸到东营子西边。山脚下溪水潺潺，好像龙头在俯吸河水，河水弯弯由东向西缓缓流去，站在高处远眺令人心旷神怡，庙宇就建在酷似龙头的山弯下。那里是郁郁葱葱的绿草和野花盛开之地，前有照，后有靠，据说是一块风水宝地——可能这就是当年在这里建庙的原因吧。有了庙，就有了香客，并陆续有人来定居，或牧或耕。

当时乌克河庙与锡林郭勒盟的贝子庙、太仆寺旗玛拉盖庙并称为“蒙古三大庙宇”。根据院内树木年轮推算，乌克河庙要早于贝子庙和玛拉盖庙一百多年。其建筑文化在草原古建筑中也是出类拔萃的，精湛的雕塑工艺现代人无法企及。

庙宇占地三十多亩，由正殿、后殿、东殿、西殿和南殿组成。正殿有十几间房大，以如来佛为主的四尊佛像，用纯金纯银粉饰。这些佛像身形高大，每尊两吨多重，有骑白马的，有骑青牛的，其余小一点的在四大佛像的后两排、左两排和右两排，隔空排列，有一百多尊。正殿的双廊隔扇放着两排班鼓，天花板上放着牛头马面的鬼脸（后来拆房时发现）。每块天花板都是可动的，上面雕刻着颜色各异的花纹。大殿内部装修非常精细，绘画全部是手工绘制，是藏传佛教的吉祥物，彩绘顶可谓金碧辉煌。正殿屋顶有风窝通顶，由四根铁链绷紧，据说通顶由纯白银做成（后被蒙古人拆走）。东殿有七八间房大，里面摆有几十尊佛像。西殿里全是精致的小盒子，上面刻着精细逼真的各式各样花纹，里面放着各式各样小佛像，有站着的，有坐着的，有好几百个。东殿南边和西殿南边是分两层的钟鼓楼，东边大钟十多吨重，西边铜号五米多长。

最煞人的是后殿。后殿佛像有一百多尊，主要是十八罗汉，形象怪异，张牙舞爪。听父辈讲，庙宇外喇嘛的西住宅后来做了学堂，孩子们对庙宇敬而远之，在栩栩如生的神像面前既不敢直视其眼睛，又经常控制不住偷窥的欲望，而那些魁梧高大的神像高高在上，则时刻俯视着进殿的每一位来客。当孩子们踏进高高的门槛，每当与佛像对视时，都会感到佛像的眼睛跟着自已如影随形，于是经常吓出一身冷汗，撒腿跑出好远还惊魂未定。也有少数胆大的男孩，说自己什么也不怕，一下课就带着一群孩子去庙堂里玩儿。有一次他们到骑着青牛的佛像前玩儿，一个胆小的孩子大喊，快看这个青牛盯着我想要吃我似的，胆大的孩子闻声过来说，你个胆小鬼，我还敢拿棍儿打它呢。孩子们马上起哄说，你敢打，我们以后就让你当头儿。胆大的孩子用手里的小棍儿真的打了青牛。事情好像就这样过去了，可第二天这个孩子就请了病假。听说从寺庙出来的那天晚上，他就做了一个梦，梦到青牛狠狠踢了他一蹄子，第二天他就高烧不退，病倒了。这一病就是大半年，半年后重返学堂，他再也没敢进入佛殿半步。虽然听父辈们讲这是一个真实的故事，想必当时这孩子为了不丢面子壮胆打了青牛，心里又总想着青牛逼真的眼神，心里承受不了，才噩梦连连，一病不起。但这事在村里炸了锅，从此无论大人还是孩子，再没人敢亵渎神灵了。

南殿主要佛像是四大天王，从南殿东边台阶下去直通广场。广场占地约十亩，左右立着两根高高的旗杆，约有六丈高，旗杆顶部铮明瓦亮的蜂窝通顶，全部由白银制作。庙宇东院、西院各有三十几间喇嘛住宅，再往西就是望不到边的平原了。

整个建筑后殿偏高，东殿、西殿、南殿与正殿偏低，共同形成一个窝状建筑群，规模宏大，气势雄伟。青砖灰瓦的古庙宇，显示着历史的久远、岁月的沧桑。听父辈讲，庙宇里面古老的榆树，正殿五棵，后殿三棵，东西殿各两棵，最粗的五个成年人都环抱不过来，整座庙宇被大树遮蔽荫盖着——这么粗的大树要五百多年才能长成。每到夜晚风吹树木“哗哗”作响，成群的蝙蝠在围墙内栖息，或振翅上下翻飞。当年塑造佛身的泥土是从西藏用牦牛驮到新疆，再用骆驼运出来，然后用牦牛运到这里的。据说用雪域高原的泥土做成的佛身是有灵性的，而且坚固耐久，所以要不远万里，跋山涉水——可见当年耗资之巨，而且付出了极大艰辛。

据说，乌克河庙曾是藏传佛教圣地，在它的鼎盛时期，蒙古人的大型法事都在这里举行。尤其在每年七月十五这天，远近的喇嘛聚在这里，钟鼓楼敲起钟鼓，吹响大号，喇嘛们戴上鬼脸，在广场上跳起舞来。广场中央摆放着杨五郎的画像（据说跳鬼舞是为祭奠杨五郎），然后杀牛祭祀，场面十分壮观。

“文革”时期，乌克河庙被拆除了。那是一个漆黑的夜晚，事先得到消息的蒙古人连夜赶了三四十辆马车，一百多人偷偷进入寺庙，满怀着无奈毁坏了佛像金身，拿走了该拿的东西（据村民们猜测，巨大的佛身下面藏有大批黄金白银和珍贵经书）。一些供香和铺天盖地的经卷没有被拿尽，散落在寺院的每一个角落。村里的大人孩子们也统统涌进寺庙，捡起散落在地的供香和经卷，孩子们是快乐的，大人们是麻木的。乌克河庙就这样被拆毁了，只留下坚固的外壳。后来，戏台搭起来了，中学建起来了，村民们捡起残缺的瓦砾砌了墙头和猪圈，雕刻花纹的天花板被做成了切菜案板……

时过境迁，昔日宏伟壮观的百年古寺已变成平地，庙后的河水也改了河道，而一眼望不到边的绿草地和满山遍野的庄稼，又是一番别样的繁荣。白白的羊群、成群的奶牛、绿绿的田野，滋养着一代又一代勤劳的人民，给乌克河庙的村民们带来了富足的生活，却没人再去想多年前村名的由来及其承载的历史沧桑。

地 局 子

王金海

长梁乡地局子行政村位于长梁乡政府所在地北偏西约四公里处，辖三个自然村，分别是地局子、北营子和沙坑。三个村呈三角形分布，每村相距约一公里。

从沙坑村的泉眼流出的泉水在滩里逶迤而行，人们亲切地把它叫作小沙河。每到夏天，滩里景色美不胜收。西滩是遍地的黄花，有水晶莲花、鸡蛋黄花和一些不知名的花；东滩是满目的红花，有山丹丹花、野生刺玫。滩里还点缀着芨芨草和马莲花等，是孩子们的游乐场。这一带也是动物的天堂，有狐狸、狼、獾子等兽类，有野鸡、刘长腿、黄蛋壳、鹌鹑、地脯（老鸨鸟)、鸿雁、百灵鸟等鸟类。淘气的孩子们经常去掏鸟窝，如果掏到鸿雁窝，一窝就有十一二颗蛋呢。可惜的是，这些野生动物有的已经消失得无影无踪了。

光绪末年，清政府在坝上地区大力推行“移民实边”政策，大规模开发土地，坝下关内的大批汉人蜂拥而至。这些拓荒者经历大体相似，或遭荒时暴月，或破产外出，有的三五户结伴到口外落脚，有的来投亲奔友，或垦荒或租地，集聚成村。农耕文明进入沽水沃野的中心区域，并向闪电河流域发展。由于长梁乡地处沽源东南部，水源丰富，土地肥沃，在这一带建立的村落有长梁村、地局子村、十里山村、西坡村。

说到地局子，不得不先说说长梁李家店。李家店地处现在的地局子村以东一公里半处。民国时期，独石口北栅子盐局的孟总在这里开垦、置办了大量土地，并在这里建了一个盐局的分局（现有遗址），中转食盐。盐局投入运营以后，工作人员才发现这里地处涝湿滩，不适合盖房起屋，更不适合存储食盐，于是在盐局以西一公里半、北营子（当时叫张安营子，因为张安最早在这里开荒种地，1966 年改称北营子）东南一公里相对干燥、地基坚实的滩里另建了一处盐库。现在盐库已经荡然无存，成了耕地，当地人把这块地叫作盐房子地。村民们在地里耕种时，偶尔还能翻出一些青砖来。当时盐商们用骡车把盐从内蒙古运来，贮存在盐库里，然后由孟总从北栅子盐局开出批条，由工作人员安排盐商把盐分运到各地行销。

盐库建起不久之后，本地（北营子）张家，从山东迁来的孙家和唐家，从丰宁（当时称热河）迁来的苏家、高家和王家，在盐库南边不远处建了村落。因为孟总在这附近经商种地，又是盐局的管事，所以人们给这个村子起名叫地局子。

后来盐局停办，李宪明（现居地局子）的父亲利用盐局办公地的房子开了一处车马大店，这个地方就叫成了李家店。1966 年，李家从李家店搬到地局子居住。由于长梁公社曾在这片广袤的滩地上培育良种，所以这个地方也叫作良种场，现在已经建成了养牛基地。

1933 年，日寇侵犯沽源，地局子归属伪满洲国。八十八岁的朱贵发老人清晰地记着，当时丰宁大滩警察署的日本人叫八木太君，老百姓叫他老八木。日本人为了管理奴役中国人，建立“绝缘体”，实行“集甲并村”，地局子村民全部被集中到后长梁围子。警察署给每个老百姓都办了“良民证”，每隔一段时间就检查一回。来检查的有本地汉奸，也有给日本人当兵的朝鲜人。他们坐在炕桌后面，屁股下面坐着马鞭子，让每个人背“良民证”上的日本字码，谁要是背不上来就会被他们用马鞭子抽。

1945年，日本投降后，原来地局子的住户逐渐回迁；1948年沽源解放后，地局子隶属第三区小厂；1958年归属长梁人民公社；改革开放以后，地局子属长梁乡至今。

地局子是个人杰地灵的地方，她哺育了普通的百姓也造就了许多优秀人才。

唐广才，1929年出生，地局子村人，1947年参加中国人民解放军，1948年加入中国共产党，解放战争时期任冀热察军分区骑兵团文化教员，中华人民共和国成立后，历任华北军区骑兵师连政治指导员、师政治部直属工作科科长、团政治委员、师政治部主任、师政治委员，1979年以后历任南疆军区政治部主任、军区政治委员、新疆军区政治委员、党委书记，1988年9月被授予中将军衔。

王德是一位德高望重的老支书，抗日战争时期就参加革命并加入了中国共产党，为我党秘密工作；新中国成立后担任村支书，直到1975年才离开这个岗位，任职长达二十七年。

聂志会，新中国成立后在张北粮库工作（当时沽源归张北大县），后来沽源、张北分治，到小厂脑包当粮库管理员（当时长梁归小厂大乡），1956年回村担任地局子第七生产队队长（地局子一直是后长梁大队的一个生产队，直到1981年才分开正式成为一个大队）。这个生产队一穷二白，在聂志会的带领下，盖了牛圈、机子房（磨面的机房）、库房，开垦了几百亩荒地。后来，村里一天的工分（一般是十分）能分两块钱的红，社员的收入和生活水平在当时的长梁公社那可是拔头筹的。

地局子得到了大自然的恩赐，也经受了灾害的考验。

1967年，又是一个丰收年，预估当年一天的工分能分到两块五。没成想在秋天打场时，因柴油机漏油引发了一场大火，烧着了莜麦垛。据老人讲，当时火势大得吓人，整个天空都被映红了，三里五村的乡亲们都拼命地跑来救火。最终大火被扑灭了，可是莜麦垛却烧掉了多半。这一年，一天的工分只分了几毛钱。为了挽回损失，聂志会带领乡亲们盖了豆腐房，做豆腐。就这样，社员们的损失得到了有效的弥补。同时，豆腐房也成了村里人冬闲季节交流、开会、娱乐的场所。

1987 年 9 月 10 日，一场持续了两个半小时的冰雹将丰收在望的庄稼狂虐殆尽，房上的瓦被砸碎了很多，大鹅被打断了脊梁骨，人们出屋时顶着的铝锅盖也被打得坑坑洼洼。村民张富在外劳作，无处躲避，要不是他母亲顶着毡子去找他，恐怕也就不能幸免了。在党和政府的帮助下，人们渡过了难关。

1988 年，全村通电，人们纷纷购买电视机，虽然是十四英寸的黑白电视机，但在当时是很令人羡慕的。

雄关漫道真如铁，而今迈步从头越。这个古老又年轻的村子，在新世纪的号角声中，正以饱满的激情阔步向前!

建 国 村

刘继荣

九连城镇建国行政村位于半拉山东侧，东距县城约六十公里，辖草圪节、李大美、张步忠三个自然村，也就是说并没有一个叫建国的自然村。三个村均以最先来此垦荒建村人的姓名为村名。

建国村是因为民国时政府的一项特殊的“蒙地招垦”政策建村的，距今不足百年。因为建村时间不长，所以在村民茶余饭后的闲谈和叹息中，那些建村初期来此垦荒种植的先辈似乎并没有走远，他们的背影尚依稀可辨。漫步村中，看到废弃的老井、井旁石凿的水槽，走在曾经留下先辈层层叠叠脚印的土路上，还是能让人追忆起他们在一片草原上垦荒建村的艰辛。呼啸的风声里，仿佛能听见他们扶老携幼离开故乡、移民坝上的沉重的脚步声。不足百年的岁月，还没有带走一个个拓荒者的姓名，让我们透过岁月的云烟来厘清这段历史吧。

沽源县位于内蒙古高原的南端，气候寒冷，降水量小，历史上很长时间都是少数民族的游牧地。虽然这里曾有建于金代的繁荣的古昌州镇（即现在的九连城遗址），但其元末即毁于战火，这一带复归于沉寂。一直到清末，半拉山一带仍是广袤的草场，一派原始风光。现在的建国村一带只在南面有董达庙和庙地，其余都是草滩，有蒙古族牧民在此放牧。相传附近还有一处天然泉眼，泉水汩汩流出，牧民用一个装满小石子的布口袋堵住泉眼，饮牲畜时移开即可。清朝前期，政府施行“禁垦蒙地”的政策，规定口内居民不得到口外开垦土地，违者照例治罪，要维护畜牧业在蒙古地区的主导地位。但禁令并未真正发挥作用，口内贫苦农民不断冲破禁令出口外私垦。康熙年间，全国人口迅速增长，内地人地矛盾加剧，越来越多的汉人出边私垦蒙地，建村居住。但沽源仅限于南部一带，移民的脚步并未走到半拉山这里。光绪二十八年（1902年），清政府在政治、经济双重压力下，取消了对蒙古地区的封禁令，开始全面放垦蒙地，并在张家口设垦务总局作为垦荒移民的管理机关，但半拉山一带还是一片寂静。民国时期沿袭了这一政策，在这一地区积极推行垦荒。1915年，察哈尔垦务总局成立，包括沽源县在内的七个县设垦务局，主管清丈、开荒、移民事宜。1923年，政府开始在半拉山一带清丈放垦土地，准许移民买后开荒种地。在此放牧的蒙古族牧民离开了他们熟悉的牧场，向草原更深处迁徙。

政府丈量时，以一千五百亩为一号，现在的头号地、二号地、三号地就是按放垦的地号命名的。半拉山以东从十六号开始排，十六号地被怀安人王凤梅、张元德、赵元、赵英普、赵广义、李春、赵万益、杨振林、高凌云等人集股买下。

后草地有一个年轻的蒙古族牧民叫草圪节。父亲去世后，他和母亲妹妹相依为命。因放牧喂养牛羊缺人手，他经人推荐雇了一个从怀安来的单身张姓汉人帮忙。这个张姓汉人手脚勤快，人品又好，和草圪节的母亲年龄相当，在众人撮合下，就和草圪节的母亲结为了夫妻，一家人相处得很好。本来草圪节是牧民，不善农耕，听说半拉山一带政府放垦，草圪节继父就提议结束游牧生活去买地耕种。听到继父的建议，草圪节动心了。征得全家人同意后，他卖掉了自己养的牛羊等牲畜，筹集到资金，买下了编号为十七号的一千五百亩地。从此，他学习汉族人开荒种地定居，结束了游牧生活。

买十六、十七号地的人家合建了一个村子。分宅基地时，十六号的集股户，大股分前排，每户三间宅基地，小股分后排，每户的宅基地两间多一点。草圪节家的房子多一些，还建了碾房、炒锅房等。一片荒原上，几栋土坯房，袅袅炊烟里，一个小村庄平地而起，村名就叫草圪节。在那样艰苦的条件下，要开荒、要打井、要建屋、要修路，开拓者们凭着勤劳的双手，一锨一镐，开出了农田，建起了村庄，在严酷的自然环境中顽强地生存了下来。

建村定居后，草圪节娶了汉族兰姓女子为妻，孩子的小名还叫蒙古族名字，同时为了在汉族生活区方便称呼，大名就随草圪节的继父姓张，这样草圪节的后代就都姓张了。

草圪节买下十七号地的第二年即1924年，张北县阿拉胡洞村的李大美、李大恒兄弟俩买下了紧邻的十八、十九号地共三千亩，在草圪节村东约一公里处建村，以哥哥李大美的名字为村名。

十六、十七、十八、十九号地排完后，剩下一块不太规则的土地被一个叫张步忠的人买下，这就是张步忠营子。

这时，坝下大批生活无着的农民来此种分收地，以怀安人居多。那时租种别人土地的人被称为佃户，提供土地的人被称为柜上。牲畜、农具全由柜上提供，打下粮食五五分成的，叫半种地，对半分的意思。柜上只提供土地的三七分成指庄稼割倒捆好，每十捆佃户拉七捆，柜上留三捆；种山药，每十垄柜上留三垄。春天来种地的佃户，如果没粮食吃可以向柜上借，秋收以后，每借一斗还一斗半。集股买十六号地的农户因为地少，都自己耕种。到新中国成立时，草圪节村买地的农户加上来种分收地的农户，已经发展到六十多户。

新中国刚成立时，草圪节等三个自然村属六区，区政府设在董家围子。草圪节、李大美、张步忠、巴图营盘、董达庙、小南营子、席家卜子七个自然村为一个小乡，办公地点设在李大美村。可能是不愿意用地主的名字做小乡的名字，另起了个名字叫建国乡。1958 年成立人民公社，下设大队，草圪节、李大美、张步忠三个自然村为一个大队，仍叫建国大队。建国大队属九连城公社，公社所在地是三号地。以后的时间里，不管是九连城和红圪塄的分分合合，还是由大队改为行政村，建国这个名字一直沿用至今。现在，建国依然是行政村的名字，三个自然村仍然叫草圪节、李大美和张步忠。

李爱春 1939 年从怀安县头百户牛家庄村来坝上扛长工。1945 年，他们全家一路跋涉来到李大美村半种李大美家的地。开始时他借住老乡的一间房，家里没有水缸，就在墙上掏个洞和老乡共用一个水缸。后来，他通过修缮打扫亲戚家曾经的牲口棚子，全家人才暂且容身。老人在世时，每忆及此都叹息流泪。来这里种分收地的农民虽然能勉强生存，但生活依然非常艰难。买地的那几户也仅仅是生活相对比较宽裕的农民。一直到“土改”，全村没有一间砖瓦房，全部是土房。

建国村村民的祖辈，当年为了生存背井离乡从坝下来到坝上，在这块土地上春种秋收，繁衍生息。虽然离老家只有几百里，可有的人至死也未踏上老家的土地。但他们忘不了老家的山水，念念不忘养育过他们的故土和与他们血脉相连的故乡的亲人。赵进祥的父母从怀安来到坝上。20 世纪 60 年代初赵进祥的母亲去世，为圆母亲要葬回故土的心愿，他自己驾辕，用一头小毛驴拉帮套，一步一步把收纳母亲的棺木拉回老家怀安埋葬。几十年来，村中老人常忆及此事。每次听到，我的眼前都会浮现出那个躬身拉车的孤独背影。慨叹孝顺的儿子，慨叹至死不忘故土的母亲，现在写到这里我依然感动不已。对于那些在这块土地上出生长大的后代，这里就是生他养他的故乡，他们爱这里的一山一水、一草一木，无论走到哪里，这里都是他们魂牵梦绕的地方。正像有人说的，所有的故乡原本都是异乡，所谓故乡不过是我们祖先漂泊旅程中落脚的最后一站。

在风起云涌的历史面前，每一个人都被时代的洪流裹挟着。站远了看才发现，人口都是向相对容易生存的地区流动，建国村的人也是一样。改革开放后，他们逆着祖辈走来的方向，从坝上走向坝下，从农村走向城市，或参军或升学或打工或做生意，无论从事哪种行业，生活都一天天好起来。草圪节的女儿杜改玛（汉语姓名张永清）当上了省人大代表，长工的后代成了博士后、教授、军官和成功的商人。建国村的村貌也在慢慢地发生着变化。但一个不容忽视的事实是，村里留下来种地的人越来越少了，五十岁以下的几乎没有。户籍人口八百六十人的村子，常住人口不足五百人，只有在春节、清明节的时候，村里车水马龙地热闹几天。随着农业生产机械化水平的不断提高，农村需要的劳动力会越来越少，有一大批农村劳动力流向其他行业，这是正常的。但缺少文化素质高的、能促进农村不断发展的年轻人，确实是个很严重的问题。这也是全国农村普遍存在的问题。

值得欣慰的是，那些在建国村出生长大又走向四面八方的游子，不管身在何处，他们依然深深爱着自己的故乡。无论贫穷还是富裕，故乡在他们眼里永远都是温情的、唯美的，他们爱故乡清晨的每一缕阳光、日暮的每一抹晚霞，思念田间的每一条小路以及操着乡音的每一位亲朋。在他们的眼里，故乡处处都是好风景。

建国村，这个不足百年的小村庄，我们希望她能越来越美丽，越来越充满活力；希望生活在这里的人们更加幸福；希望这个村子薪火相传，生生不息。

红 圪 塄

李富荣

红圪塄村是九连城镇的一个行政村，位于平半线（现沽源去往张家口的中道）北侧，西距镇政府所在地半拉山村将近八公里，东距沽源县城五十多公里。红圪塄村南不到两公里处有一道圪塄（沙梁子），长五六公里，东西横贯稍代营、冰河营子、向阳和李大美村，红圪塄村就是因这条圪塄而得名。“圪塄”前之所以加个“红”来修饰，是因为过去一到夏天，圪塄上就开满了红色的野花。

要讲述红圪塄村的故事，就得讲一讲古力半淖、羊房子和董家围子。清朝时，红圪塄一带属太仆寺旗左翼牧场，是蒙古王公牧地。由于放垦，在光绪年间，红圪塄一带水草滩迎来了第一户垦民——从张北辣椒沟迁来的赵旺家先人。赵家先人来时这里还是一片水草滩，他们就选地势较高较干燥的地方建房居住，并以自家原来居住的张北古力半淖村为之命名，古力半淖村就此诞生，红圪塄村的农耕文明从此拉开了帷幕。

民国七年（1918 年），宝昌招垦设治局成立，主持操办各地垦务，牧场荒地悉数以较低价格卖出开垦。红圪塄附近土地被富户郭庆山、田申秀和王万亿等人家买去。随着土地的不断开垦，红圪塄汉民逐渐增多，土地开垦面积也逐渐扩大。来得较早的垦民有赵荣章、段清、胡全生和胡全长等人，还有一个专门给人制作磨子的高石匠。他们有的租种别人家的土地，有的给别人家当长工，还有的给董生太放牲畜。

董生太是国民党某部一位团长，他在红圪塄这一带没有土地，却放养着二百多只羊、一百多匹马。他在距古力半淖西北约一公里的地方（今红圪塄村西北角一带）盖有羊圈、马棚，还有供羊倌、马倌住宿的房子，人们都管这个地方叫“羊房子”。所以，“羊房子”也是红圪塄村最初的村名。

董生太等有钱人家和其他住户都集中住在古力半淖村子里。后来，社会动乱，土匪猖獗，为保护个人生命财产，董生太联合郭庆山、田申秀和王万亿三家共同在村周围夯筑了土围子，从此这个村就有了另一个名称——董家围子。

旧时的董家围子，中有一条南北向大街，街道两边都是商铺，有油坊、脚蹬罗子的面铺、裁缝铺和铁匠炉等。董家大院在围子东北角，高门大院，修建得非常气派。在日伪占领期间，董家围子曾是伪宝源县七乡政府驻地，而当时的乡长就是董生太。

1956 年，红胜乡（乡政府驻地董家围子）与平原、建国和榆林沟三个乡合并为红圪塄乡（乡政府驻地不变），红圪塄开始登上沽源历史舞台。乡村制改为社队制后，红圪塄乡并入九连城公社。1963 年，红圪塄公社驻地由董家围子迁到李大美，一年多后又迁回红圪塄（沙梁子北约五百米处，距现红圪塄村约一公里）。但这个地方距离村子太远，也不是理想的公社所在地。后来，公社驻地又迁到羊房子旧址（现红圪塄村）。从此，红圪塄作为公社驻地，逐渐繁华起来，而“羊房子”这一名称则慢慢被人们遗忘了。直到1997年，红圪塄乡与九连城乡合并为九连城镇，红圪塄村不再是乡政府驻地，这个村庄才又显得萧条起来。

从新中国成立前的奉英乡政府驻地，到新中国成立后红胜乡、红圪塄乡政府（公社）驻地，历时二十多年，董家围子在当地一直有着重要的地位。到了和平年代，社会不断发展，人口不断增多，围子的防御功能已失去意义，甚至成为一种障碍和束缚，于是，乡政府首先搬出了围子。紧接着，初建于1958年的中学也于1971年迁到围子外的羊房子东南角位置；而初建于1953年的粮库，也随着乡政府（公社）的搬迁一迁再迁，于20世纪70年代初搬至羊房子东南；供销社、医院、兽医站和马站等也纷纷迁出。随后，围子里的居民也陆续迁出，到1985年董家围子内只剩下二十九人。现在，围子里只剩下了两户人家。

土筑的围子经过几十年风吹雨淋，终于被销蚀掉了曾经的巍峨。如今，当年的围子还在，但已经低矮到连一条狗、一只鸡，甚至一只青蛙都阻挡不住了。围子里的道路、水井和残存的地基裸露在蓝天下，诉说着并不遥远的过往。被丢弃在围子旁的石磨、石柱上凿刻的痕迹依然清晰，高石匠起早贪黑、一锤一凿辛勤劳作的结果，如今，轻而易举地被无情的岁月遗弃在旷野中。

被青草覆盖着的围墙已经与草原连成一片，不仔细看，完全看不出有围子存在。其实，它就在现在红圪塄村委会东边约一百米处，与村委会隔着一条水泥路。但是更多的后来人只知道有红圪塄，却不知道还曾有过个董家围子，更不知道峥嵘岁月中那些难忘的故事。如今，沽源已无董家围子，只有红圪塄。

红圪塄乡从1956年诞生以来，经历了小乡并大乡、大乡变小乡、乡改成公社、公社又改为乡的一次次变革，直到与九连城乡合并为九连城镇，在走过了四十年的历程后，最终退出了历史舞台。如今，沽源已无红圪塄乡，只有红圪塄村。

董家围子、李大美、红圪塄南和红圪塄，都曾作为乡政府（公社）驻地。如今，红圪塄乡政府（公社）旧址已是“昔人已乘黄鹤去，此地空余黄鹤楼”。然而，随着国家美丽乡村政策的落实，一个崭新的红圪塄村即将诞生。

三 棵 树

郭景昉 张沫末

三棵树村位于沽源县莲花滩乡政府所在地东南十五公里处。三棵树行政村由沙家窑、梁家窑、支锅石、半沟窑、三棵树五个自然村组成。半沟窑自然村在2012年并到了其他村，支锅石自然村目前也已搬迁完毕。

出莲花滩乡政府，南行约三点五公里，过东坝村转向东南，山路逐渐狭窄，两侧山石重叠环绕。山坡上和山谷里分散着不同的植被和庄稼，外地的游客管这叫风景，而久居于此的百姓却长年累月出入阻塞，诸多不便只有山里的人知道。这里有野蒿子呛人的味道在空气中弥漫；有野花的芳香轻轻掀动鼻翼；有泉水从草丛里流出来，清澈得纤尘不染，从路面上漫漶而过；有榆树为小路搭起了长廊，遮挡着强烈的日光；有长城在高高的山脊上昭示着这个村子的非同一般。据相关史料记载，三棵树一带的长城最初修筑于北魏，隋、唐、宋等历代都有使用，明朝时大规模修缮、加固。

三棵树村因村里的三棵老榆树得名。追溯这三棵古树的起源，有这样一个传说：在修筑长城的时候，陕西榆林的一个小伙子因思念家乡，托人从家乡带了一些榆树的种子，种在这里，从此，这里就有了榆树。而这三棵榆树历经风霜活了下来，越长越大。

老榆树的旁支有碗口粗，错综盘结的枝丫是三棵树村的孩子们夏季休憩的天然摇床，树身自然开裂所产生的树洞可同时容纳六七个孩子藏身。三棵古树在“大跃进”时期被集体木业社砍伐，用来制作播种的耧具。村里老人回忆，最大的一棵树需要十二个人手拉手才能合抱住；锯树的时候，几个木匠整整锯了一个半月，先从老榆树的支脉锯起，最后放倒树身；主干轰然倒地的瞬间，三棵树村的家家户户都能听到大树摔倒时沉重的声响。虽然这三棵古树被砍倒已有半个多世纪了，但是它们当初衍生出的子树在村里随处可见。

据村里何成、何美、张云、杨生等人讲述，何家在三棵树村已经繁衍了七代人，据此可以推算出三棵树最初有人居住是在清朝前期。据沽源相关史料记载，三棵树村建于 1682 年。何家从山西大榆树迁来，在三棵树一带拓荒种地，逐渐发展成为当地地主。后来又有其他地方的逃荒饥民陆续来此租种何家的土地。到民国时期，全村已发展到五十余户。三棵树村南隔三棵树长城遥望赤城县，沿着三棵树长城脚下的山谷往东走七公里就到了紧邻赤宝公路的赤城县北栅子村。以前村里人购物，也多去北栅子村南面的独石口镇。

在从前的年月里，三棵树的村民在每年春初、秋末和年关都要去一趟独石口，采购一个季度的生活必需品和生产资料。20 世纪 80 年代中后期，年轻人就开始外出北京等地闯天下了。现在，有的也买了私家车，村里人不用再赶着骡马车整整耗费一天的时间去独石口购物了。长期居住在村里的人都是年岁较大的人，他们在这里日出而作，日落而息。村里的房子大多铁将军把门，被野蒿子、披碱草包围得水泄不通。

三棵树是沽源县最早的革命老区之一。抗日战争期间，这里是八路军驻地，这一方土地为解放沽源储备了革命成功的力量：云先继老人在 1947 年就加入了中国共产党；村里的张威、李志荣、马有义等都是新中国成立前的地下交通员。

从新中国成立初期至 80 年代初期，三棵树小学是附近村落的中心小学。村里任教时间最长的老师是闫淑琴，任教二十年。三棵树小学的老师们或因代课薪酬少无法维持生活或因其他原因而放弃教书，只剩下闫老师一个人在坚持。那时的小学校设在简易的房子里，窗子上糊着麻纸，遇到阴雨天气，屋内光线昏暗，无法正常上课。闫老师与婆婆张世珍（三棵树村第一个女共产党员）把自家的鸡蛋攒起来卖到供销社，换了塑料布钉在窗子上。虽然塑料布比不得玻璃窗明亮，但是和以前风雨即破的麻纸窗户相比，孩子们总算有了一间相对明亮温暖的教室。

三棵树附近地势崎岖，多沟谷、山路，夏季每逢雨天发山洪，不仅会淹没山路，还会有卷走人畜的危险。每到下大雨，闫老师就把支锅石、半沟窑等村的孩子留在自己家住，她用无私与大爱诠释了一个教育工作者至高无上的灵魂。因为婆婆后来多年瘫痪在床，闫老师放弃了考取沽源师范的机会，一直侍奉婆婆至终老。后因教学成绩突出她被评为市级优秀教师，并转为公办教师，同时也成为三棵树村的第二个女共产党员。

闫淑琴老师的爱人袁金贵曾经担任过三棵树村的会计和村主任，在80年代还兼着村里放映员的工作。在交通、信息闭塞的三棵树村，看电影是村民了解外面世界的窗口之一。袁金贵到县城取样片要步行十多公里才能搭上去县里的班车，回来的时候基本就是摸黑走山路。在那特殊的年月里，闫老师到县、乡参加教学会，每次回去都得爱人去乡里接，山道弯弯多险途不说，那一带大山里常有狼出没，夫妻二人相互支持，为父老乡亲们培植起了文化的“三棵树”。普普通通的夫妻俩是最无愧于“文化传承者”称号的人。在他们的工作历程中，虽然只是一个鸡蛋一个鸡蛋地积攒，一步一个脚印地行走，但正是这种坚持不懈的奉献才培植出了三棵树这样小山村的文化之树。

从心底里祝福三棵树这个长城脚下古朴的村落，愿祖祖辈辈坚守在大山里的父老乡亲们的生活，在恬静中融入更多现代化的元素！

小西胡同

任伟韬

小西胡同村位于平定堡正西十公里处，属于沽源县高山堡乡盐淖行政村，是一个地广人稀、滩多草茂的地方。全村三百多人，居住分散，但方圆几公里内，村史却相对较长。

清朝末年，在太仆寺旗境内，从察哈尔左翼四旗、正蓝旗、正镶白旗聚集而来的蒙古族人和从山西、河北其他地区迁至的汉族人杂居于此。从山西襄汾县迁来的任氏父子四人也在此列，父名不详，三个儿子分别是任潘、任宝和任武。

任氏与当地牛家、王家和宋家在太仆寺旗兴盛乡一个小山沟居住，村名为“四人沟”（今兴盛乡太平沟村）。后因“四人沟”犯“死人沟”之讳，任氏举家迁到了马坊子乡兴隆沟村定居。随后，任宝（1897 年生）只身去了几趟锡林郭勒盟，换回几头蒙古牛，平静的生活就这样开始了。

大概是在 1920 年夏天，一次偶然的机会，任宝外出到沽源县小河子办事。他赶早从兴隆沟出来，南行七公里便到了高山堡村。村南侧便是由元房子到大脑包的连绵山丘，当时叫“高个尖山”。他绕着这些连绵不断的山丘，又走了几个小时，来到一大片开阔地，放眼望去野草茫茫，顿时觉得豁然开朗：一人多高的野草到处生长，东边西边一眼望不到边；在正南方，远远地隐隐约约看见三座低矮丘陵呈“门”字形分布，中间凹进去很多，敞开口面对着北方，像个放大了的“胡同”。此刻，蓝天上飘着白云，草原一片绿海，一派“紫菊花开香满衣，地椒生处乳牛肥”的草原湿地风光。他走进原野南行五公里，来到一水洼处。水洼向东延伸到东山脚下，另一端在西侧，涓涓细流，像一个勺子把儿形状，延伸到西边一公里外的白色大淖中（今高山堡乡盐淖村南）。任宝觉着这里依山傍水，水草丰美，宜人久居，就产生了来此定居的念头。他去小河子办完事后，连夜赶回太仆寺旗，把这个想法说给了家人。

第二年一开春，他就赶着牛车，携带耕种家什，来此开荒种地了。就在今天小西胡同村西坡脚下西北角位置，一个人挑土脱泥坯，苦干七天，盖了一间十平方米大小、一人多高的房子。他向北开荒，一直开到水淖边，随后又向南一直耕种到瓦窑坑（因开过瓦窑而得名），开辟荒地近百亩，并及时播下麦种。春去秋来，经过几个月忙碌，到中秋节前后，麦子就获得了丰收。任宝兄弟加盖了三间土房，并赶在入冬前把家眷接来，在这三山环抱，溪水封山的地方安居下来。

开荒

任家在这里生活了两年多，到了第三个年头，山东大汉吕东来也来此定居了。吴东来生得高大威猛，办事爽快，受雇于平定堡地主吴毛永家，当了吴家在四顺永、西房子的管家。他给吴毛永干了两年，攒钱买了三头牛，开始单干起来，没过两年工夫，就有了数十亩地。

随后几年，赤城人王义祥、于润、郝贵、郭占银，王贵、王亮兄弟，王林、王瑞兄弟，杜亮、杜明兄弟等人，皆因老家山区土地紧张，生活难以为继，陆续来沽源扛长活儿。他们听说这里地好产粮多后，也都纷纷来此定居。

二龙山的吴老二（本名吴凤祥，原籍赤城县），住在当时二龙山林场前一个叫三岔口的小村里，看到那里树多地少，没什么发展前途，就顺应村里搬家的浪潮，搬到了小西胡同定居。另一户赤城人李天发，来了几年，因受不起当年用镰枷打莜麦场的累，就打道回老家了。蔚县木匠张聪恩在这片儿给人们修犁、修车、修碌碡，觉得此地生活好于蔚州，就将妻儿也搬来落了户。

后来，村里有几家养了不少羊，家里忙不过来，就到县城雇了一个叫“老南”的羊倌（本名南化河）。老南来自哪里，至今尚无定论，但口音介于河南和山东之间，这一点没有疑问。他放羊技术高，还懂得羊病知识，人们都雇他放羊，他也就在此定居了。

1930 年以后，村里已聚集了十一个姓氏、十五户人家，这“十一姓十五家”就成了小西胡同村最原始的居民。这些人虽然定居下来了，日子却过得非常穷。那年代村里的人们有多穷呢？——全村只有两副扁担和水桶，一副在任宝家，另一副在吕东来家，全村人畜吃水都要共用。那口井在郝贵家房后道边的高处，每天早晚都有提桶等着打水的人群。

随着人口的不断增多，村子的规模也在扩大，可人们有一天忽然发现，自己的村庄竟然还没一个正式的名字！1932 年的一天，全村人聚到任宝家，一起商量着给村子取名。考虑到村子位于三山环抱的西坡脚下，三山北侧一片水淖直通西边一公里外的大淖，他们就为村子取名为“小溪胡同”。后来人们口耳相传，时间一长叫白了，就叫成了“小西胡同”——当然，如果深究，“小西胡同”的得名既有其地理位置的必然性，也有其人文环境熏陶的偶然性。在此不予赘述。

时光飞逝，一晃近四十年过去了。1970 年，国家搞社会主义新农村建设，沽源很多村都在盖“排子房”。小西胡同村因地势高低不平，过去盖房又比较随意，公社领导检查后认为不合格，需要整体搬迁到村北水洼地以北平整宽敞的草地上，于是，小西胡同掀起了新农村建设运动，一直持续到 1982 年大集体解散才结束。

在这十二年间，一部分村民陆陆续续搬到北营子居住，另一部分还未来得及搬迁，就因政策改变而中止了。这样，小西胡同村就被分为两个更小的村庄，原小西胡同村被称为“南营子”，水淖以北被称为“北营子”。南、北营子相距约四百米，对外仍统一称“小西胡同”。不过，近些年一些年鉴和城建资料上，有的也把南营子、北营子分别称为“前小西胡同”“后小西胡同”。但是，小西胡同人对此并不认同。因为早先搬到北营子的村民基本是南营子老住户的后代，虽然隔着一洼水淖，毕竟世代血脉相连，仍属一个村、一家人。

“闲云潭影日悠悠，物换星移几度秋。”一个时代，一种情怀，在这个心灵寻根的时代，故乡的原汁、原味、原生态，已随着岁月的洪流走进了记忆。如今，最初十五户人家的先民已随风飘逝，他们的孙子辈也已年逾花甲。再往下一两代人，都是走了又回，回来了又走，只留下一座座空房空院，独自迎着朝阳，沐着晚霞。古老的房屋已成断壁残垣，里面杂草丛生，唯有一些车轱辘和碌碡，还静静躺在院中，无声地诉说着一个时代的终结，同时迎接着另一个时代的开始。

东一棵与西一棵

刘文举

白土窑新村向南约一公里半处，有两个因附近的老榆树（当地人称“神树”）而得名的村子，分别叫“东一棵树”和“西一棵树”，后来逐渐被简称为“东一棵”和“西一棵”。关于当年老榆树的来历，曾经有过一些神奇的传说和故事。

在小西沟通往西一棵的路旁，有一片土地微微凸起，当地人说，那就是当年生长“神树”的位置。奇怪的是，当年白土窑一代，北面是茫茫的草地，几乎看不到一棵树木，而小西沟村北这棵老榆树，竟陪伴了当地人三百多年，连东一棵村后山上的三棵老榆树，也都有脸盆粗了。与现在田间林带、房前屋后那些歪扭丑陋的榆树不同，当年这棵高三丈有余、树围两人合抱不拢的老榆树，树干却笔直挺拔，树冠分杈也很均匀！最神奇的是，它那皲裂沧桑的老树根，就像趴在地上的一条条龙，将巨伞般的树冠高高托起，隐隐透露着一种苍劲威严之气，使得当地人对它充满了敬畏与好奇。

这棵老榆树是怎么来的呢？传说与康熙皇帝私访有关。当年康熙独自骑驴微服私访，过赤城汤泉、老栅子，经沽源盘道沟、榛子沟，在一个赤日炎炎的夏日，来到坝上白土窑小西沟一带，遥望四野，茫茫一片，周边几十里没有人烟。走了十多天山路的康熙皇帝，已是人困驴乏，这时正值中午，他想坐在地上休息一下，顺便吃口干粮充饥。可是，他找来找去，发现这里竟然连棵树都没有，连驴都没处拴。正当这时，他看到面前有一截木棍，就把木棍插在地上，把驴拴了上去。让他意想不到的是，他走后这根木棍竟然生根发芽，几年间就长成了一棵参天大树！

原来，康熙途径冰山梁脚下的盘道沟时，被在冰山梁棋盘山上下棋的两位神仙吕洞宾和张果老看见了。他们佩服康熙登基以来的政绩和作为，尤其是他能微服私访，不辞艰辛地体察民情民意，更让他们为之感动。看到康熙正为无处拴驴而为难，吕洞宾伸手折下一段榆树枝，念了几句咒语，对着树枝吹了口仙气，树枝就腾空飘了过来，正好落到康熙身边。康熙走后，这段被吹了仙气的木棍儿，就迅速长成了参天大树。这片土地所归属的刘老五营子，后来就是因为这棵树，被改名为“西一棵树”。而这根树枝从空中飘来时，上面三根小枝杈被风刮掉了，飘落在往东北三四公里地处的一个山头上，也同样生根发芽，成长为东一棵村后山上的三棵老榆树。为什么明明是三棵树，却被称为“东一棵”呢？一种说法是，这三棵树较小，远远看去就像一棵树；另一种说法是，叫“东一棵”是因为与“西一棵”相对应，也是依据西一棵的老榆树命名的。总之，各有各的说法，都是村里的传说。

天上一昼夜，世上三百年。当时吕洞宾、张果老对弈了一昼夜，两人都有些疲倦了，吕洞宾忽然想到康熙拴驴的时间已过，于是赶紧收回了法术。说来也巧，正好在康熙到小西沟一带微服私访三百多年后的 1992 年，这棵神奇的老榆树被一场大火给烧毁了。当时正值春夏之交，两个孩子在树下玩耍，把牛马粪填入树洞内点燃，结果火越烧越大，这棵有着三百多年树龄的老树就这样被毁于一旦了。于是，关于这棵老榆树被烧毁又有了新的传说，说它其实是被神仙吕洞宾收回去了。

传说中的事物很少能够当真，但这棵老榆树在周围十里八村人的心目中，却是神圣不可亵渎的。过去，在西一棵、东一棵、新民村和小西沟，不少人将老榆树当“神树”敬奉着——谁家生了小孩，都要在老榆树上拴一缕红布条，希望孩子能健康成长；谁家老人过生日，也要给老榆树敬上一杯酒，希望老人像老榆树一样健康长寿；谁家有了病人，也要到老榆树下烧一炷香，磕几个头，希望得到老榆树的保佑和救治。

不知“神树”是否保佑过村里的人，也不知它有没有治好过人们的疾病，但它的不可侵犯说起来却似乎十分“灵验”。

据村里人传说，20世纪70年代，当地学校缺柴烧，一个姓赵的男生就带十几个同学去砍大榆树的树杈。当他爬到树上，瞄准一根树枝用镰刀用力砍下时，镰刀却奇怪地砍在自己小腿上，一道伤口像嘴巴一样裂开，鲜血直淌。同学把他背回家里，又把砍下的树枝拖回学校烧火。从那天开始，男生宿舍走廊每晚都能听到一个老汉凄惨的喊叫声，吓得学生们夜里不敢睡觉。从此，老榆树的树枝再也没人敢烧了。后来一个姓钱的村民胆子大，说他什么也不怕，就把树枝拖回家烧炕。没想到，树枝穿进灶膛，烟火不往里冒，只往外扑，很快引起一场熊熊大火，幸亏一位姓刘的老师带学生及时扑救，才免了一场灾难。而那个姓赵的学生，在家打针吃药疗伤，三个月过去了，伤口就是不好，还从里往外溃烂。家长急得抓耳挠腮，就是没办法。有人说，孩子上老榆树砍树杈，一定是得罪“树神”了。于是，该学生的妈妈就买了香，蒸了供，夜晚到老榆树跟前，祈求“树神”饶了她的孩子。说来也怪，后来孩子没打针，没吃药，腿伤几天就痊愈了。

长期以来，附近村庄的人们在老榆树下躲风避雨，消暑纳凉，唠着家长里短，诉说生活中的酸甜苦辣。当地人离家外出时，留恋的回望中最后消失的是老榆树；从外地归来时，最先看到的也是这棵老榆树。老榆树成了这一带村庄的标志，就像蒙古人心目中神圣的敖包。

新中国成立前，老榆树附近有四个村子，其中三个是用当地地主的名字命名的。老榆树东北边（有三四公里）处是杨占元营子，西北边（有三四公里）是刘老五营子，而老榆树东南则是海深营子，还有一个叫小西沟。新中国成立后，人们斗地主，分田地，同时也改了村名。出于对老榆树的深情，海深营子被改为“一棵树”（又叫“一卜树”），后来又改叫“新民村”；杨占元营子被改成了“东一棵树”，原因是村后山上有老榆树（一说是与西一棵对应）；刘老五营子被改成“西一棵树”，因为老榆树长在刘老五营子的地里。这三个村改名后，新的村名一直沿用至今。“小西沟”离老榆树最近，却没改为与老榆树有关的名字，这是因为村附近有一条沟，命名时主要考虑了地貌特征。

老榆树已经永远消失了，但关于它的传说和故事仍然流传。据说当年老榆树上的串串榆钱，已飘落到很多地方，并成长为枝繁叶茂、大大小小的榆树，成为沽源绿化蓝图上浓重的一笔。

西 壕 堑

张海军

西壕堑村位于沽源县城西北偏西二十公里、高山堡乡政府所在地以西七点五公里、察汗脑包山北一公里处，北以张多公路为界与内蒙古太仆寺旗接壤，现有户籍人口一千四百二十六人，耕地面积八千七百九十八亩。在全县来说，西壕堑也算是一个比较大的村子。在沽源县，曾经广泛流传着这样一句话："四道营的滩，西壕堑的街。"村子之大可见一斑。

西壕堑村名字的来历，和平定堡富户白玉山（1890—1937 年）有很大的关系。白玉山的土地东端在二道渠、大二号一带，西端就在现在的西壕堑村后边的滩里。白玉山垦荒的时候，在宝昌有一个苗姓富户也在大力开荒。这个乡绅是宝昌苗家洼人，因为他曾经做过账房先生，又是排行老大，所以人称苗大先生。苗大先生垦荒的面积也非常可观，北到宝昌城附近，南边是西壕堑以北的旧营盘、兴隆沟一带。白玉山的垦荒队到了脑包山上，苗大先生的垦荒队也到了宝昌旧营盘村和兴隆沟村中间的温家营子小山上。他们都把目光投向了包括三个湖泊在内的那一片开满蓝色马莲花的草滩上，这一片草滩当时是宝昌和沽源没有确定界线的区域。

为什么两大乡绅放着西壕堑以西脑包山以南的广阔土地不去开垦，都相中了区区千数来亩的脑包山后滩了呢？传说这一切都是因为这一片马莲滩是平定堡和宝昌的两大阴阳先生都看好的风水宝地。

不管是苗大先生还是白玉山，每次开荒前都要宴请阴阳先生，勘察地形，整个过程是很有讲究的。两大阴阳先生都看出来这一片有草有水的滩地是大有风水的地方。宝昌的阴阳先生认为首先在这里立住村庄的人家要发大财，言外之意就是说这是富贵之地。沽源的阴阳先生则说如果在这里立下村庄，将来要出大官，甚至说会出几个参朝一品和地方大吏。这样，他们两人都想把自己的家族迁移过来。但由于时局动荡，兵匪流窜，不建设坚固的土围子，他们是不敢随便来此定居的。但是一些产业作坊和不太值钱的东西还是可以搬迁的。于是，白玉山想把他的酒坊搬迁过来，苗大先生想把他的醋酱坊迁过来。就在他们紧锣密鼓地迁移作坊的过程中，匪患直接威胁到了二人的利益——他们的牛车队、骡车队都被土匪抢劫过。而且，坝上的匪患大有愈演愈烈的趋势。不光是以二人为首的平宝两镇富户屡遭抢劫，坝上的普通百姓也不断被祸害。而在当时，本地的佃户大部分是以租种白、苗二人的土地为生的，这种局势致使白、苗二人无法继续垦荒。白玉山决定组织民团亲自带兵剿匪。苗大先生一方面组建自卫队保护个人财产，一方面投资结交个别匪首，以达到相安无事的目的。

两人将主要精力都放在对付土匪的事情上了，自然就没时间迁移手工业作坊了。两人后来达成一致，白玉山开垦脑包山以东、以北的土地（今属沽源），苗大先生开垦温家营小山以西、以南的土地（今属内蒙古太仆寺旗），而中间地带作为共有土地。二人经过协商，在这片草原中间，南北方向挖了两条宽八尺、深五尺的壕沟作为二人土地界限的地标。这两条壕沟被人们按照位置称为“西壕堑”和“东壕堑”。

因为匪患及各种其他原因，白玉山和苗大先生最终没能把划归自己的土地全部开垦。1926 年，有租种白玉山土地的佃户和租种高山堡天主教堂土地的佃户在东边壕沟以东建立了村庄，即东壕堑村。

1929 年，从山西天镇县和阳高县移民到莲花滩，又从莲花滩迁来的左万福、王左庆（左家过继到阳高县王家的儿子，故姓王左）、左城父子三人到东壕堑村立足。他们初来时，租种高山堡天主教堂的土地。后来左家家业日趋扩大，家族其他成员，包括左家的两个女婿梁家和郑家的族人，也陆续迁来。这时，他们开始低价开垦白玉山遗留的荒地，又通过民国宝昌县政府低价购买了一些土地耕种。

在东壕堑住了五年以后，左家联合梁、郑等家以及左家的长工、牛羊倌刘孝忠、丁先生、杨映、罗永贵、林丘老五、张荣、陈大嘴等人在这两道壕沟南边、东大淖东边修建土围子，即后围子（又叫左家围子）。主持修建和管理土围子的是王左庆和左城哥俩，费用大部由左家承担，其他人家象征性地少出一点。围子于 1938 年正式建成，这些人就是左家围子最早的村民。

左家围子建成后，东壕堑村却因为兵灾匪祸很快败落，没了人烟。因为左家围子拥有两门大炮可以起保护作用，租种左家土地的胡姓人家和范姓人家就在左家围子南半公里处立村住下。接着又有来自坝下的张姓富户也到这里买地立足，来自西辛营的康姓人家也落户此地。这个村子就是西壕堑村南营子。

西壕堑西营子的老户人家主要有来自赤城的郑姓人家、来自米力克图的付姓人家、来自山西的李姓人家、来自莲花滩的翟姓人家、来自赤城的郭姓人家，这些人家当中除郑家和李家是地主，有较多耕地外，大多数人家拥有少量田地或租种左、郑、李三家的土地。李钰（西壕堑第一户李家的后人，曾任宝昌国民党警备营营长）带领国民党的部队——宝昌县警备营，在西壕堑大东山卧马沟和共产党的部队作战，被东北野战军十一纵队打败。李钰在逃跑的路上被部下打死。后来李家举家迁移到了宝昌中河。

沽源解放后，这一片围绕壕沟东、南、西建起的三个自然村，加上东北角的河包沟自然村组成了一个行政村，村名就依照白玉山和苗大先生挖的西边的壕沟命名了。这就是西壕堑村名字的来历。

到了大集体年代，西壕堑大队发展成为附近十几里内最大的大队，有八个生产队，一个创业队，人口达到一千七百多人。

20 世纪 80 年代初，后围子（左家围子）整村搬迁到南营子和西营子中间，使西壕堑村变成了一个像葫芦形状南北较窄东西狭长布局的村子。

联产承包责任制以后，西壕堑村民主要依靠牲畜耕种土地。到 1987 年时，全村的牛达到一百七十多头，骡马达到三百多匹。由于大牲畜太多，每到夏季，牛马都吃不饱。为了使村里后滩的牧草休养生息一段时间，村委会决定组织全村的牛马倌赶着大牲畜到脑包山前滩（位于大脑包村南，胜利村西）走场。走场五十天，立秋那天准时回村。

2000 年以后，西壕堑村成为沽源县特色蔬菜重要产地，尤其是该村出产的菠菜堪称全县种植工艺最精细、品质最好、价格最高。西壕堑村和盛产西兰花的大西洼村、大面积种植大白菜的白土窑乡、以架豆为主的西辛营乡一样负有盛名。

每到夏季，西壕堑村成片的绿油油的菠菜地里、钢管棚架上面覆盖着五颜六色的防雹网，从远处看蔚为壮观。在菠菜出售的季节，人们主要在晚上起菠菜，收菜车一般是早上装车，同时加冰或加水。这样，菠菜能保鲜较长时间，可以长途运输。每天从清晨开始，整个村子里车鸣人喊，一派繁忙景象，每一辆收菜车跟前都挤满了农用车。像这样旺季的时候，每天都有十多辆装满菠菜的汽车从西壕堑出发，奔赴华北各大菜市场。

西壕堑村大多数村民因为种植菠菜致富了，有人买了小汽车，有人在县城买了楼房，他们靠勤劳换来了幸福生活。

口　道　营

张瑞明

口道营近几年火了，不大的村落，大大小小的农家院近二十家，装修精美的小洋楼矗立路边，俨然是个小城镇。口道营西南不足一公里，就是沽源县的知名景点五花草甸，那是上苍赐予大地的一块毯子，让人忍不住想上去练练瑜伽，吐故纳新。五花草甸因其神奇秀美，招来了四面八方的游客。

夏季一到，京津冀一带来享受坝上清新空气的人们蜂拥而至。原先靠种田养羊为生的口道营人，抓住了商机，纷纷将土木房屋推倒翻盖，改成混凝土结构的客房餐厅。墙壁硬砖到顶、贴上瓷砖，窗户架上塑钢、锃光瓦亮，既为南来北往的客人提供了便利，又为子孙留下了财富。

口道营虽然在短期内脱胎换骨，却依然保持着历史积淀下来的精气神。

早在百年之前，这里的格局就基本定型，一条南北走向的大路，南通京城，北连内蒙古。那时的居民只有寥寥几户，居住于大路东西两侧。当时，位于坝头的独石口是塞外重镇，口道营因为是连接独石口和多伦的交通枢纽而得名。口道营的地理位置十分特殊，不仅是连通南北要道上的村落，也曾是边境村落。清朝时期，位于口道营南的义合成，属于清政府，而口道营则属于蒙古人的传统地界。两个村落虽然隔滩相望、近在咫尺，但当时口道营人想到南边走走，必须要出示通关文牒，若没有，即使到义合成附近搂草打柴，也会被一些地主武装驱赶回来。中华民国建立以后，口道营和义合成一同被划入独石口管辖，口道营人才可以南下，赶着畜力车到独石口办货。后来，口道营被划入沽源县管辖，归同义乡，乡政府位于现在的平定堡镇西围子旧一中附近。新中国成立后，几经变迁，口道营最终被划入平定堡镇。

一个地方，能够从荒无人烟到车马不息，必有一定的缘由。有的依山立户，有的傍水而居。口道营能够积攒起人气，和这里肥沃的草滩分不开。从清末到民国，在政府的鼓励下，垦荒热掀起，坝上一带没人认领的草滩，很快成为人们竞相开垦的土地。在京城办到地照的一个姓江的地主，从老家丰宁迁徙到沽源一带，将东至占豪沟，西到葫芦河，南至义合成，北到田和永的数千亩草滩占为己有。江大地主为了让这片草滩长出粮食，雇用了大批劳力。一些从丰宁过来的穷人，背着行李卷长途跋涉，来给江家当长工，并到五花草甸附近落户，成为口道营最早的居民。因为口道营最早的住户大都来自河北丰宁，现在的口道营老户都操丰宁口音，纯正的燕语系方言，在以晋语系为主的沽源一带会被明显区分出来。

江家因占有大量土地而成为赫赫有名的财主，在口道营建有一座豪宅，占地七亩，面朝东南开了门楼。好景不长，20 世纪 30 年代，口道营来了个人高马大的沧州人。这人姓王，眼似铜铃，面如重枣，下巴上挂着狼针般的胡须，善使一把十五公斤重的鬼头大刀。来自武术之乡的老王头，可不是善茬儿，没过多久就在口道营扎下根来，并占了十一顷洼地。

有一年，村里跳土匪，要抢老王头的马，老王头扯住缰绳一屁股坐在地上，十八个杆子竟然没能把他拽起来。还有一年，军阀混战，奉军要从口道营经过。得知消息后，村里人让老王头出面摆平，免得大军进村祸害百姓。

老王头骑马独自上了独石口，面见奉军长官，陈述了村民的请求。长官想戏弄一下这个大胆之人，就让他脱下皮坎肩，以此换来村人的安全。老王头从来不吃亏，丢了坎肩就等于丢了面子，他提出拿长官的宝剑交换坎肩。长官恼羞成怒，一剑刺来。老王头不慌不忙，一把捏住剑刃，长官使劲回抽，但剑在老王头手中纹丝不动。就这样，老王头用他的侠肝义胆和超强武艺为口道营争取了一次和平。老王头所占的洼地，是口道营一带最肥沃的土地，江家一直想购买过来，但老王头死活不卖。老王头说，江家想买，需要以十个洋钱为一摞，将这块地铺满。这话明显让江家人不高兴，两家逐渐产生了嫌隙。后来，江家将沽源一带的土地全部转让出去，迁到了内蒙古太仆寺旗的头支箭村。

如同许多村落一样，口道营在历史的变迁中经历着沧桑。民国时期，口道营匪患不断，当地百姓深受其害。村中也有一些穷苦百姓被逼无奈，干起了打家劫舍的营生。解放战争时期，口道营成了兵家必争之地，稀罕事也不断发生。有一次，国民党军队的七架飞机经过这里，其中一架被我军打下，落到了村子北边半公里处。敌飞行员跳伞后，逃往东滩，钻进一家住户的木缸里躲藏，被我军发现后擒获。

还有一年，口道营发生了一次大规模战斗。那是一个月黑风高的深夜，我军得知国民党保警团在口道营活动的消息后，派出二大队的八十多人，突袭了敌人。敌军二十多人狼狈逃窜，密集的枪声引来了驻守在双井子、南滩等地的敌人。赶来支援的敌保警团上千人发起反攻，我军二大队随即撤离口道营，向东撤退。敌军穷追不舍，我军于凌晨时分在大雾的掩护下，撤到安全地带。而此时的敌军，已经深入到长梁八杆沟，并进入我军七师和八师的包围圈。一场歼灭战随即打响，敌军死伤数百人。

在这一百年左右的时间里，口道营最大的变迁当属生态。早年间，口道营附近，土地虽然被大量开垦，但依然有大面积的草滩，彰显着坝上草原的风貌。那时的草滩到了夏季，青草极高，能没过羊背，各种野花姹紫嫣红，招来成群的蜜蜂蝴蝶。尤其是五花草甸，更是一派人间仙境，以金莲花为主的各色花朵，荡漾成花海。那时坝上地区降雨丰沛，葫芦河像不知疲倦的顽童，从南面的坝头一路流淌而至，经过口道营村西面，滋润着丰美的草地，也将这片地域变成了湿地。口道营附近的滩地，用树枝在地上扎一下，就会扎出水来。随着人口的增加、降雨量的减少，河水经常断流，草地退化。就连五花草甸这个大花园，也需要加大保护力度。

口道营的历史变迁，留给我们的不仅有对过往的回忆，也有对未来的思考。

二十里脑包

黄　生

西辛营乡的二十里脑包村（有时简称“二十里”）位于西辛营乡的最西边，与张北县的三号乡接壤，省道 S242 过境。二十里脑包行政村辖三个自然村，分别是二十里脑包、王油坊和二九营子。这三个地名都与人名有关。王油坊村名的得来是因为有王姓村民开油坊，二九营子是一个小名叫二九的人最先居住而得名。二十里最早的称呼是“小坝子梁”，曾用名“秦昌永”。秦昌永是个地主，他最早移居此地，便以他的名字给村子命名。后来蒙古察哈尔部驻牧宣化、大同边外，沽源之地成为正白旗和镶白旗的旗群牧场，加之清朝后期开垦坝上，蒙古人占了这里，废其“秦昌永”的名字，改称二十里脑包。

二十里脑包村名的由来有两个方面。其一是因为在这个村子的西坡与张北小坝子东坡中间有一处蒙古人垒砌的敖包。“敖包”是蒙古语音译，也有译成“脑包”的。其二是二十里这个地方位置较为特殊，东至西辛营二十里，西至张北三号二十里，南至二道坝二十里，北至黄盖淖二十里，故而称之为二十里脑包。

从沽源下张家口最方便的有两条路：一条是二十里方向的这条路，过桦皮岭，也就是俗称的“前道”，即省道 S242 线（张沽线）；另一条是过野狐岭，即为“中道”，称为 S244 线（半虎线）。清朝中后期，张库大道趋于形成，从大境门出来就是经由这两条路往蒙古方向走。大部分客商走张北这条路，也有少部分人走现在前道这条路。于是二十里脑包就成了这条路的一个必经之地，当时并无官道，只是小路。

有人的地方就有江湖，有江湖的地方就有故事，来往的客商多了，有人就起了歪心眼儿。从清末民初直到解放，二十里这一带多有匪患，土匪二棒手众多。

二十里脑包北边曾有过一座狐仙庙，庙不是很大，但是据说很灵验。当年，有一个关南商人到口外做买卖，回老家路过二十里脑包，听人说此地二棒手很多，一不小心就会被劫，轻者钱物被抢，重者丧命。这个商人势孤力单，又带有财物，所以吓得够呛。但是家中有事，急于赶路，便硬着头皮经过二十里。当他路过二十里脑包山时，跪在脑包下叩头祷告："老天保佑我平安过去，不受歹人打劫，来年小人一定建庙。"可巧，那天并无匪盗出现，他真的平安走过了二十里脑包，顺利回了关南。第二年，他做买卖又经过此地，便还了愿，出资修建了狐仙庙。打这以后人们都说狐仙灵验，过往行人及客商都来狐仙庙许愿上香，求得狐仙保佑，就连土匪二棒手也争着往狐仙庙扔钱以保平安。

沽源解放前期，二十里脑包匪患闹得更加厉害，土匪杆子二棒手盘踞在这里。二十里脑包村南有个朝南沟，沟有半公里长，土匪杆子经常在这条沟里出没。他们白天装好人，晚上出来打劫。今儿个你被劫了，明儿个他被劫了，一传十十传百，二十里脑包的名字越传越远。

解放后，土匪被镇压，二棒手们也改邪归正落户为民，开始了正常人的生活。

如今，二十里的王油坊已经搬迁至新村。经过几年的美丽乡村建设，王油坊新村已经成为沽源县的美丽乡村示范村。高大的牌楼、整齐的屋舍、平整的街道、亮丽的广场，处处显示出新农村的风采。同时，架豆产业的发展带动了农民的收入，一个和谐美丽的新农村屹立于省道旁边。

后　山

宁成科

村名的由来

在锡林郭勒大草原最南边，有一个方圆六百多平方米的小山丘，附近蒙古人每逢祭祀的日子，都要到这个山丘上搞些活动，俗称“祭脑包儿”。在汉人看来，此山形如葫芦，故名“秃葫芦儿山”，但蒙古语中“秃葫芦儿”是牛犊的意思。秃葫芦儿山周围便是后山村的发祥地。当年，这里是一望无际的大草原，有着各种奇花异草和野生动物。

20 世纪 30 年代，华北大地沦陷在日军的铁骑之下，秃葫芦儿山也成了日本人的“唐僧肉”。他们在这里用打板墙的方式，建起了一座正方形土城，城墙依山而建，长宽各七百五十米，城墙底宽二点五米，顶宽一点五米，高二点五米。但城墙刚刚建好，由于常受八路军和地方武装袭扰，日寇感觉不安全，又放弃了这里，把据点迁到十公里以外的三义美村。所以，后山村就有了土城墙，至今还有一段约十米长的残垣断壁。

1938 年的一天，山丘下来了一个三十多岁的年轻人。他看到这座空旷的土城和肥沃富饶的土地，便停下逃荒的脚步，在土城里的山脚下挖了个坑，上面搭些茅草安顿了下来。后山村的历史从此开始了。这名年轻人姓王名英，是从咸盐坊子逃荒而来的。他成了后山村的第一个建村人。

后来，从怀安逃荒来的王福英、石文友，以及从山西灵丘逃荒来的王茂勋等，也纷纷落脚在秃葫芦儿山下。他们就地取材，像王英一样挖坑搭草，建起了“地卜坑房”，开始了在这里的生活。

由于这里地广人稀、土地肥沃，是穷人落脚的好地方，所以很多人都来这里定居，包括一些富户。太仆寺旗前坊子村的地主刘老大、刘老四和大户张大六，也从西一棵村迁了过来。随后，又有焦家、郭家相继而来。一些当官的也看上了这里，太仆寺旗的唐股长就在这里买了地，然后租给佃户耕种。

由于人家越来越多，逐渐形成了村庄，后来人们就以山名命名，将村庄叫成了“秃葫芦儿山”，这一叫就叫到了60年代中叶。当时兴起一股村庄改名风，如张佃营子改叫“北滩村”，王家营子改叫“林源村”，大恒店改叫“高源村”，“秃葫芦儿山”在那时也改成了“后山村”。

奇谈与谜案

在东城墙下有一口三米多深的水井。相传当年元世祖忽必烈行军至此，天气炎热，口渴难耐，他的坐骑黄骠马善解人意，随着它的前蹄刨地，一股清泉喷涌而出。这就是这眼水井的来历。

后山村不但水草丰美，还是来往商贾的必经之地。20世纪30年代，侵华日军在此建造城郭以图长久，并将此泉眼修缮成井。这口神奇的井用硬石垒砌而成，埋有三层井线，井水甘甜，不论多少人、多少牲畜都喝不完、用不尽，始终保持原有水量，一到春季还会沿着井口溢出。

物是人非，时过境迁。随着时代的发展，此井虽然已失去往日的风光，但仍和残破的旧城墙一起，默默见证着后山村的历史变迁。2016年，孕育了几代后山人的古井，被村委会列入“村重点保护文物”。

1950年春天，后山村莫名其妙地起了一场大火。火是由村西边老岳锁家的柴火垛烧起来的，奇怪的是，大火绕过了好多人家又烧到了住在村中间的李天雨家的草垛，然后又绕过好多人家烧着了村东头孙芝明家的磨棚。

当时秃葫芦儿山上的牛粪堆被烧成了一座座小火山，在夜晚映红了整个村庄。但奇怪的是，查找起火原因直到现在也没一点线索，更无丝毫人为放火的痕迹——庆幸的是没造成人员伤亡。后来人们谈论此事时，都说是“天火”。“天火烧后山”作为后山一大谜案，恐怕永远都无法破解了。

据村里人传说，1965年农历五月，正是给庄稼除草的季节。初四那天下午，东边天空忽然积起一大片乌云，而且越来越厚，随后狂风大作，乌云翻江倒海般地翻滚起来。当时，很多人看到三股乌云上下翻滚，像三条龙时而向地面吸水，时而相互追逐。人们情知不好，便急忙往家里跑。霎时间，乌云密布、电闪雷鸣，倾盆大雨夹杂着冰雹从天而降。大雨下了足足一个多小时，地上的冰雹白茫茫地积了半尺多厚，冰雹有乒乓球大小。雨过天晴之后，太阳很快就把冰雹融化了。正当人们出门察看时，就听到“轰隆隆”的声音，顷刻间，一堵白茫茫的一米多高的水墙齐刷刷地从南而来，直扑后山村，进入村口后却又突然泄开。住在南滩的人们急忙抱着孩子，背起老人，往后山上跑。大水冲进了人们的院子、屋子，直到第二天早上才从西面退去。

在这次灾害中，芦草村一个十五六岁的小羊倌被砸死，还砸死了不少羊。有传言说，芦草村在山坡上挖了个牛棒（圈牛的地方），因为牛棒挖在了龙尾上，才遭此灾祸。不管后来人们怎么解释，“水刮后山村”被当成了村里的又一奇谈。

传奇的羊倌

陈羊倌是后山村一位颇具传奇色彩的人物。据说，新中国成立前他是国民党队伍里一名参谋长，不知什么原因从部队逃了出来，为掩盖真实身份，来到后山村给人们放羊。

据老人们讲，陈羊倌会法术，而且非常厉害。他放羊时遇到炎热天气，一念咒语，各种蛇就会给他搭房子，让他避暑。有一次，一个赶着牛车卖辣椒的人来后山村叫卖，陈羊倌上前尝了一口，说“辣椒不辣”。卖辣椒的人十分生气，赌气说：“我的辣椒不辣，你吃一公斤我把所有辣椒都给了你！”陈羊倌说：“我要是吃完你一车辣椒怎么办？”卖辣椒的说：“你吃我一车辣椒，我把牛和车都给了你！”卖辣椒人气哼哼地和陈羊倌打起赌来。结果不到一刻钟，卖辣椒人眼睁睁地看着一车辣椒被陈羊倌吃光了。卖辣椒的当时就傻了眼，知道得罪了高人，便跪在陈羊倌面前号啕大哭起来。陈羊倌看他可怜，便教训他说：“年轻人，出门在外要谦虚点，不要口无遮拦。你到我们炒锅房里去取你的辣椒吧。”卖辣椒的人来到炒锅房，见辣椒堆在墙角，每个上面都被咬了一口。

传说陈羊倌还有给人看病的本事。那个时代缺医少药，人们不论得了什么病，先找陈羊倌看看——当然，也不是所有的病他都能治。一些健在的老人就目睹过他给人治痄腮的过程。据老人们回忆，陈羊倌治疗痄腮时，先打一碗“无根水”（雨水），用手揉一下患者肿胀的腮帮，口中念念有词，然后大喊一声“走”，再将“无根水”含在口中，喷向患者的腮帮，据说第二天患者就会痊愈。陈羊倌的疗法就算是独家秘传，也难免有故弄玄虚之嫌，至于奥妙何在、效果究竟如何，这里就不去深究了。

生态的变迁

后山村自建村以来，环境特别好，滩里的草一米多高，说是“风吹草低见牛羊”一点都不为过。那时候，人们养的牲口都是用来耕地的，牛干完活儿直接放开，一会儿就吃饱了，第二天用的时候往回一牵就可以了。

天上的云白得出奇，幻化出各种各样的图案，太阳一照，像给这些图案镶上了金边儿。天很蓝很蓝，干净得像被水洗过一般，自然形成了一幅幅美丽的画卷……到了夏天和秋天，一遇阴雨天，人们便挑上担子、挎上篮子到草滩里去，有的搬蘑菇，有的捡鸟蛋，不一会儿便满载而归。鸟蛋有大有小，各式各样，煮着吃十分可口。

每年从 5 月份开始，后山村的空气特别清爽，从早上八九点到下午四五点，站在小山上可以看到各种奇特景象。天际边会出现亭台、楼阁、庙宇和桥梁等奇特壮观、美不胜收的建筑，还会出现飞奔的马群，时大时小、时远时近，让人觉得似乎置身于人间仙境一般，又好像在画中游览。当时人们称这种现象为“山显”，后来才知道叫“海市蜃楼”。

那时候，田间的鸟儿多种多样，有百灵、告天子（又名叫天子）、刘长腿、画眉和黄鹂，还有天鹅、大雁、灰鹤、鸿雁、老鹰等。一到春天，不计其数的各种候鸟便飞了回来，特别是鸿雁在村庄上空飞过，一会儿排成个“人”字，一会儿排成个“一”字，叫声悦耳动听。小燕子在屋檐下安了家，开始繁衍后代。每到深秋，小燕子在南迁前夕，经常大批地聚在一起，“叽叽喳喳”叫个不停，好像在开会一样。

随着时代的变迁，草滩不断被开垦，生态环境不断恶化，到 20 世纪 60 年代初，过去很多美好的事物，我们的孩子都已无法看到，只能听老人们在回忆中讲述了。

地里的动物有黄羊、沙狐、狍子、狼、野兔、野鸡和野鸭等。村庄的小山后就有成群的黄羊和狼。黄羊并不祸害庄稼，它们只吃野草，当时的狼也只吃黄羊和野生动物。在历史上，后山村是一大片草原，建村后才开垦了一些耕地。随着草原被不断开垦，黄羊等野生动物逐年减少，狼也开始威胁到人和家畜的安全。到 20 世纪 70 年代，狼也逐渐消失了。

到了 60 年代中期，政府号召村村开展植树造林活动，公社派来了工作组，大队成立了领导班子，一场声势浩大的全民植树造林运动开始了。当时人们的积极性很高，全面军事化管理，基层民兵排着整齐的队伍，打着背包，唱着革命歌曲，满怀热情地奔赴植树现场，连一些小脚老太太也参加了劳动。当时，男人们专门挖沟渠，女人们放树苗、培土，孩子们浇水，每年春秋两季都要大干一个多月。几年后，小树苗已是郁郁葱葱。

后来，林业干部李保金带领村里人有规划地植树。他用拖拉机在前边翻地，人们在后边松软的地里插树苗。一些人为追求速度，树苗被头朝下插进地里，奇怪的是，这些树苗也都成活了。一条条林网改变了地块不规则的耕地，现在后山村的方块田就是当时植树造林的杰作。

当年“大干快上”的植树造林运动，给后山村的绿化事业打下了坚实基础，也为改善后山村生态环境做出了贡献。绿化造林不但美化环境、防风固沙，更是造福子孙的百年大计。留住绿色、重视绿化，既是政府的义务和责任，也是每一个村民的义务和责任。2015 年，马峰任村主任后提出“生态立村，绿色兴村，产业强村，实干富村”的发展理念——但愿后山村人能一张蓝图绘到底，把自己的村庄建设得更美好。

丁 庄 湾

张沫末 刘 芬

丁庄湾村位于沽源县莲花滩乡偏东南十公里处，因位于坝下南北走向与东西走向的大沟会合处，形似一个“丁”字，故取名“丁庄湾”。丁庄湾行政村包括高家窑、老米沟、丁庄湾、缸房窑和南屯五个自然村。南屯已搬迁到丁庄湾行政村，高家窑也只剩下四五户人家。现丁庄湾村东西两侧房屋都是为其他自然村迁入而新建的。

据沽源县相关史料记载，丁庄湾村建于1582年之前。解放前夕，这里是平北抗日根据地重要区域之一。作为当年的革命基地，丁庄湾自然有着和沽源其他村落不一样的特色，但追溯起它的历史或许就鲜为人知了。

原村书记田桂祥说，如今丁庄湾近二十户的大户田家，其祖上是清朝皇室后人，在他父亲那一代户籍普查时，随随便便就改成了汉族。然而，田家的族谱历史却是无法更改的。田家在丁庄湾的祖坟占地一亩二分，第一、第二穴道的坟茔已占完，每个穴道埋葬着七代人。据此推算，田家在清朝康熙年间就已在此居住了。田书记幼时听祖父说，清初守卫长城垛口的都是满族八旗兵，而田家的祖先就是这些八旗兵的后裔。

在以后的岁月中，随着移民的垦荒，丁庄湾村逐渐发展起来。来自赤城一堵墙的谢家，马营沙沟村的王家、范家，赤城阳坊的蔚家，以及从北京过来的张家等的陆续迁入，使得丁庄湾村的人口迅速增多。

丁庄湾，这座隐于大山深处的古村落在清雍正年间却有着管理一方的沽源县境内最早的行政机构。当时的丁庄湾属独石口厅管辖，清雍正十二年（1734年）设独石口理事同知分汛千总（汛，清代军队的一种建制），并设四镇：丁庄湾、黑河川、东卯镇和千家店。其主要职责是巡查东南一带村庄逃盗奸匪及催征旗民地亩钱粮，并稽查黑龙山等处禁山矿洞之事。管辖范围：东自正北沟，西至哈卜里大坝，南起明嵯山，北至东马王庙。辖区有村窑八十六个，旗民九户，汉民三百一十九户，共三百二十八户，人丁四百二十七员。独石口理事同知厅历任理事同知皆为旗人。《口北三厅志·官署志》记载："丁庄湾汛把总署，大门一间，班房一间，大堂三间，堂后住房两间，厨房一间，马棚一间，汛守马兵营房十间，马棚五间。"理事同知是清代官名，辖地最高行政长官，兼以处理少数民族和汉民之间的各种事务；把总，明时称百总，清沿明制，军队官职名。清光绪七年（1881 年）改理事同知厅为抚民同知厅。

当时的汛把总署建筑已湮没在历史的洪流中。丁庄湾村中心曾有一处台地，村民称之为"庙台"，是曾经的关帝庙遗址。现丁庄湾民俗馆东侧高地，就是雍正年间司政衙门所在地。衙门北面建有大庙一座。1947 年大雪封山，丁庄湾家家户户柴火短缺，村民为救急将大庙拆毁，庙对面的戏台也从此消失。

丁庄湾处于连接坝上与坝下的沟谷中，向南可以退守山谷沟壑做预防游击战，待力量备足、时机成熟时，又可以此为根据地向整个坝上推进。故在近代也为张家口北部抗日战争和解放战争的大后方。

《察哈尔口北六县调查记》记载："民国二十一年六月，县三区丁庄湾被匪烧毁房舍百余家，全村殆成灰烬……"一个在清代曾经设置缉捕盗匪机构的村庄，在将近二百年后，竟惨遭土匪奸掠烧抢，足以证明民国时期政局动荡，社会混乱，口北的土匪猖獗至极。也是因为这个特殊的社会背景，丁庄湾村在民国后期至新中国成立前的这段岁月里，村里除了老弱体残的男子其余的都去当兵了，率先走在了全县革命队伍的前列，精干的妇女也有许多成长为我党的地下交通员。

1941 年 3 月，中共平北地委开辟了龙（关）崇（礼）赤（城）地区，建立了联合县，县委机关驻嵯沟窑子一带，下建十一个区，今丁庄湾属十一区。从此在我党领导下的抗日斗争以丁庄湾一线为起点，如星星之火般地向坝上地区延伸。1944 年 10 月中共平北地委将龙（关）崇（礼）赤（城）联合县分别组建成龙（关）崇（礼）宣（化）和赤（城）源（沽）两个联合县，莲花滩丁庄湾的部分地区属于该赤源县九区（原龙崇赤联合县十一区）。

赤源县委建立后，领导全县军民积极发展地方抗日武装，大力发展扩大党的组织。同时九区区委及区工所以抗日坚决分子为骨干，从中挑选优秀分子，通过单线联系的方式把他们发展成中共党员。1945 年 5 月，赤源县九区区干部到莲花滩丁庄湾一带开展工作，并积极发展力量。在缸房窑子村，县妇联干部秦继花和区干部李占英二人介绍四名贫农加入了中国共产党，他们分别是魏有才、岳儒明、刘成海和郭志发。1945 年 6 月，平北地委将赤源联合县划为赤城、沽源、张北三个县，原赤源县以界墙、马营为中心的部分区划归沽源县，北部延伸到坝上的广大地区。

1945 年 7 月 7 日，沽源县境内的第一个农村党支部在缸房窑子村正式成立。接着区委又在榛子沟、同兴号、东坝和丁庄湾等十二个村建立了党支部。丁庄湾村最早加入共产党组织的成员有田战、张连英、王凤英、刘成海和高凤英等，这一时期发展党员近百名，为迎接抗战胜利打下了坚实的组织基础。丁庄湾这里成了沽源县党员的培训基地、后勤基地。从此，这座隐在大山深处名不见经传的小村落发展为沽源县的红色沃土。

1945 年 8 月中旬，沽源县委根据党中央和毛主席关于向日寇大反攻的指示，兵分三路收复了平定堡和宝昌。9 月初，我党成立宝源联合县。1946 年国民党挑起全面内战，向解放区大举进攻。10 月宝源县党政机关奉命战略撤城，转移至丁庄湾一带的老区，同时开展游击战争。同年成立了武工队，战斗在敌后农村。1947 年 2 月，中共张北县党政组织遭敌破坏严重，为了恢复张北解放区，中共察北地委将张北与宝源县合并为张宝联合县，县委驻地在莲花滩丁庄湾一带，同时一区也驻此地。同年 4 月，张宝联合县委在丁庄湾召开土地工作会议，村干部、贫农积极分子三百余人参加，明确了平分土地等政策。7 月，丁庄湾召开六百余人的诉苦大会。

1948 年平津战役中，郎宝信带领担架团参加了新保安战役的阻击和抢救工作。后来，郎宝信在此亲自部署和指挥了解放沽源、宝昌的几次重要战役。抗日战争及解放战争时期，在丁庄湾及坝上周边地区活跃着一支由我党领导的骑兵队伍（察蒙骑兵支队前身为察北骑兵支队，最早的时候称平北游击支队骑兵队）。这支队伍由小到大，由弱到强，在战斗中成长，在战火中磨砺，逐渐壮大，在抗击日寇及新中国解放事业中屡立战功，取得了狮子沟、西辛营和绥北战役等几次重大战役的胜利。在 1949 年开国大典上，由骑兵第三师组成的骑兵方阵通过天安门广场，接受了党和国家领导人的检阅。

当年在丁庄湾生活和战斗过的领导还有丁良壁、刘鹏和洪义等。丁庄湾村孕育了整个沽源县的黎明，老区人民无论男女老少都加入了革命的行列，男子扛枪上前线，妇女做军鞋、运军粮，儿童站岗放哨、传递情报。

曾任沽源县区委书记的郑玉生老人及其秘书杨青山曾两次回到丁庄湾。郎宝信政委离开沽源后，更是一直惦念着丁庄湾村的父老乡亲，曾多次返回丁庄湾探望他的老房东，看一看自己曾经战斗过的这片热土。1988 年夏季，时任张家口地委副书记的刘鹏同志到丁庄湾村视察村民生活状况，依然与百姓同宿一个炕头，拉家常至深夜……

为缅怀革命先辈的功绩，弘扬这片红色沃土上的优良革命传统，2016 年，丁庄湾村建起了革命文物陈列馆。陈列馆引来一批又一批参观者，成为沽源县学习红色革命传统教育的重要基地。

白 庙 洼

李富荣

白庙洼是沽源县小厂镇的一个行政村，西北距乔家围子两公里，东南距小厂镇五公里，包括白庙洼、冀家营子（又叫小白庙洼）、西山坡和大道湾四个自然村。村委会在白庙洼自然村。

清朝的时候，这里和石柱子一样都是蒙古王公礼亲王牧马的地方。清光绪年间，蒙古人放垦，赤城三山（今赤城县猫峪乡三山村）富裕农民乔斌，从蒙古人手里买下了白庙洼附近的土地，然后举家迁来，筑屋定居，成为白庙洼的第一户人家。

之后，棠梨沟（今小厂镇棠梨沟村）杨家又从乔家手里买下白庙洼约一半的土地，并迁来定居耕种。从此，乔、杨两家在白庙洼平分秋色，共同成为村子的创建者。两个大户人家，在一百多年的复杂多变的艰难岁月中，一路携手前行，共同创造了白庙洼村的历史。

乔、杨两家刚来的时候，这里还是一片荒草滩，虽有洼地，却没有白庙，因此还不叫“白庙洼”。白庙洼村名的由来，跟村北的一座小庙有关。小庙建在村北的一道山梁上，里面供的既不是文臣武将，也不是佛道神仙，而是白兔子精（即民间所称的“白仙”），因此这个庙就叫“白庙”。又因村子建在梁前洼地处，故名“白庙洼”。至于白庙建于什么年代，已经没人能说得清了。

中国人建庙一般都是有祈求的：有祈求保平安、降福祉的武圣关公庙，有祈求风调雨顺、保佑庄稼丰收的龙王庙，还有祈求多子多福、人丁兴旺的送子观音庙，等等。白庙洼人给白仙建庙，又是在祈求什么呢？

据说，白庙的建立是为了祈求白仙放过或保佑得了癔症的村民。原来，过去白庙洼一带，尤其是大道湾的村民——特别是妇女——常得一种怪病。此病说来就来，发病很快，发病时有四肢冰凉、脸色发白、烦躁不安和头晕等症状，很像民间的癔症。

过去人们讲迷信，认为癔症不是正常发病，而是被不干净的东西跟上了，比如说被白仙跟上了，也就是被白兔子精附体了。过去在很多人的观念里，不少动物都能修炼成仙，白兔子精就是白仙，蛇（也叫“长虫”）精就是长仙，狐狸精就是狐仙，等等。这些仙家像人一样，也分善恶，有的专门祸害人，有的则得道成为有德行的仙家，专门帮助人。不管是哪种仙，都可以凭借超人的神秘力量掌控人类——当然，这些都是无稽之谈。

怪病给白庙洼人带来了很大恐惧，因为这类病是急性的，病情发展很快，几小时就可能要人性命。在那个缺医少药的年代，在疾病面前，人们既无助也无奈，只能把求生的希望寄托在这些神灵鬼怪身上。于是，人们就建了白仙庙，家里有人得这种病时，就去给白仙烧香，祈求它放过病人，或者保佑家人平安。但是，白仙并没有放过村民，也没有保一方平安，得病的人依旧很多，因病致死的现象经常发生。

新中国成立后，国家非常重视防疫工作。1967 年 4 月 17 日，张家口地区卫生防疫站派工作组到沽源县对“克山病”进行普查，查出包括长梁、丰源店和小厂在内的九个公社二十四个大队为克山病区，白庙洼也名列其中。一直困扰着白庙洼人的所谓“瘟症”，原来就是“克山病”。这是20世纪五六十年代北方人常得的一种病，因1935年首先在黑龙江克山县发现而得名，是一种原因未明的心肌病，也称“地方性心肌病”。新中国成立后，国家采取了一系列积极的防治措施，现在这种病已经绝迹。

20世纪70年代，白庙洼人迎来了一群白衣天使。他们是省委、省政府派来拯救村民的真正的“仙家”——来自石家庄的医生。经过多方调查、访问，研究病情，并采集水样、土样进行化验，他们认为这种病的诱因可能跟水土中缺硒、砷等化学元素有关，同时可能与风太大也有关系。于是，他们在白庙洼井里下了药，又让人们在村子北面的豁口处栽了树。这些措施行之有效，之后，白庙洼得这种病的人逐渐减少，现在已基本消失。

克山病被消灭了，后梁上的白仙庙也在“破四旧”时被拆除，但“白庙洼”这个颇具纪念意义的地名，却永远留了下来。

三 家 村

张小麦

三家村是莲花滩乡下属的一个行政村，地处沽源西南山地与坝上高原平地的过渡地带。出村向东翻过一座小山，即可到达莲花滩乡政府所在地，而向北沿着平坦的乡间小道直行十公里，又可到达西辛营乡政府所在地。三家村原名“三间房”，因与丰源店乡的三间房村同名，且经考证建村时间晚于丰源店乡三间房，遂于1984年全县地名普查时正式更名为“三家村”。正因如此，现在提到“三间房”，县内大多数人的第一反应都是“在丰源店乡吧”，而不知其与莲花滩乡也有一段渊源。

三家村，普遍传说其得名于最初来此居住的三户人家。这三家，分别为张家、杜家和刘家，在当时都是家道殷实的大户，现在还有后人在三家村生活。但即便是族里最年长者，也无从说清自己的祖辈从哪里迁移而来，又因何定居于此。早期迁来的高姓人家，第一代先人墓碑立于清光绪年间，再结合沽源县人口迁移历史的时间、路线等规律来推算，三家村的垦荒者极有可能是山西的富庶农民，为响应清政府放垦政策举家迁移至此。

站在今天的三家村的村边空地四下瞭望，村子东、西两边各耸立着一道连绵起伏的高山，两山之间是肥沃且平坦的黑土地，宽幅两公里半，由北向南延伸近十公里，直到缓缓爬升上大马群山。这样开阔肥沃、背风向阳的山谷腹地，必是农耕文明时代建村的首选地址。而村中五十岁以上的人，又都对三家村曾经的美丽景色赞不绝口。在他们的记忆里，村子东山脚下原有一条波光粼粼的大河，岸边湿地的水草碧绿油亮，粉黄两色的水塔塔花点缀其上。村人常在河边扒开一个豁口，再用草坯稍加拦挡，即可蓄起一池清水来饮牛饮马。夏日黄昏，牛马淡定喝水，人们欢笑闲谈，夕照把他们的影子投向河流，河流又律动成金色波光缓缓流去。而村妇只要搬一块长条石，半边搭在岸上半边伸进河里，就可以一边浆洗一边漂净衣衫，洗完后的衣服再往身后的花草地随便一晾，清风吹过，衣已半干。这里更是孩子们的乐园，夏天供他们游泳、捉迷藏、逮野鸭子；冬天则结冰成一面平悠悠的“大镜子”，常有孩童月下滑冰至深夜仍不舍离去。河岸边的东山，牧草丰茂，野花遍地，粉红色的芍药花有碗口大。与东山相对望的西山——西朝阳，刨开表层土壤之后，下面是规则的天然石料，1958 年村中修水库的所有基石，全部来自于西朝阳。

三家村让人称奇、让人留恋的还有两处。一处是遍布村庄的老榆树。这些老榆树基本上都要两个成人才能合抱过来。最粗的一棵被伐倒之后，八九岁的孩童躺在树墩上，头脚都挨不着树墩边沿。登高远望，你看不到三家村的片屋只瓦，只见一片蓊郁墨绿如小岛，柱柱炊烟袅袅升起。另一处则是一窝子的溜圆石头。挖开村北面名叫北朝阳的小山上的表皮土层，出现的却是一“窝”一“窝”的溜圆石头，小如弹珠、大如鸡蛋，无一不是浑圆天成。有多少被哥哥姐姐第一次带来“开眼”的小孩子，会把这长在土里的圆圆石当成宝贝装进衣兜带回家，甚至“种”进园子，渴望变多再变多。

得益于这片好山好水的滋养，初来定居的张、杜、刘三家家业日隆，又以张家尤甚。张家在三家村有据可查的第一辈先人名叫张雪。据说张雪是在莲花滩老爷庙道长的协助下发家致富，之后大量购买土地，或自雇长工或租给佃户耕种经营，今天的狮子沟、小碱滩等十里八村都有张家的土地。家业鼎盛时，多伦、赤城、张家口都有张家的商号。解放后村里人拆除张家旧房，腰墙里的铜钱哗哗流出。张雪创业起家，张雪的儿子——外号“老黄牛”（学名不详）守业有道，经过两代殷实发展，张家不仅积累起了巨额财富，家族文化也日益厚植勃发。到张家第三代——“老黄牛”的儿子张玉，清华大学毕业，曾供职于张家口教育厅，后担任国民政府时期沽源县县长。等到沽源解放后，张玉又主动将土地与房产悉数归还人民。善良的乡亲们，也未曾批斗侮辱过张家子弟。张玉的养子张科旺还于新中国成立后在沽源政府主管过财政，担任过干部业余学校主任。

除张家之外，当时三家村数得出名号的大户足有八九家之多。仅三家村本村就有酱坊、醋坊、糖坊、酒坊、点心铺等各种副食加工业，足见其富庶繁华。而据三家村人、沽源县政协原主席马文林同志回忆，新中国成立后，三家村盖村集体用房以及之后十几年村民建房，从未新开采过石料，仅是拆曾经的老房子就已够用。由此可以想见，三家村曾是怎样的“闾阎扑地，钟鸣鼎食”。村中老人时常说：“三家村自古出财主。”虽然有一点迷信，但三家村人勇于创业、善于经营、勤于付出的精神传承，却从未断绝过。改革开放之初，下海风潮尚未鼓荡内陆城乡，三家村的十六岁少年胡志强便跟随同村人远走保定在建筑工地学技术。回到沽源县后他从走街串巷做泥瓦工起步，后来成立河北立强房地产有限公司，发展成为沽源本土较有实力的商品住宅开发商。另有三家村人叶树青，与胡志强同龄，年轻时北走内蒙古白手起家，创建起大型石料厂，资产亦过千万。他们身上被赋予了三家村人写就商业传奇的勤劳与智慧、胆识与魄力。

“仓廪实而知礼节，衣食足而知荣辱。”美丽富庶的三家村，自古便是文明礼仪的熟化之地。不论是张家大户，还是普通百姓，都格外重视对后代的教育。张家第一代创业者张雪感念老爷庙道长助其发家之恩，遂决定自己百年之后与老道长并列安葬，并要求后人同等祭拜。与学堂正规教育相辅相成的是发达的民间通俗戏剧文化。新中国成立前的三家村，有自己的独立剧团及老板，一些耳熟能详的传统剧目表演成熟，以喜闻乐见的形式向百姓传达渗透着朴素美好的价值观念，成为周边村庄的文化中心。由点滴细节滋养而成的无形文化，以恒久绵长的生命力铺就了三家村人真善美的生命底色。张家财富虽已不复昨日辉煌，但其后人爱读书、知礼仪的书香本色不减。前文提到的马文林同志，与其兄长、侄儿同时期就读于不同学校，毕业后均在地方政界有所建树，“农门三子”成为一方美谈。又有冯姓知识青年成家落户三家村，其大女儿考取大学，成为航天领域专业研究员，其逆袭命运的奇崛之姿，或许只有三家村人口耳相传的水塔塔花可相媲美。而胡志强、叶树青两位企业家，致富不忘众乡邻，修学校、助学童、慰孤寡这样的好事一做就是十几年。乡亲口讷不说感激，但三家村的青山绿水早已将其善行一一镌刻铭记。

平凡而渺小的三家村，跟随风雨走过百年岁月。岁月流逝，三家村失去了一些，但也得到了更多。正如它曾经有合围粗的老榆树荫庇村庄，今天便有京津防护林铸就新的绿色屏障；正如它曾经有大马群山从南面挡住风雪，今天就有张承高速穿山而过令其南北通达；正如它曾经有张家大户的店铺府邸占满半个村落，今天就有新时期企业家回乡建设美丽乡村……如同一粒种子撒落在北方大地的三家村，必将扎根厚土，绽放出不一样的美丽。

（本文资料提供者：马文林　胡占元　张富　张海林　王英　张贵）

河　子　村

王金山

昨夜又梦见了母亲，梦见了母亲的坟茔和坟旁那已干涸的小河，醒来心里酸酸的，眼睛涩涩的。

母亲走了，静静地安息在生养她的土地下，安息在曾经滋养了一代又一代河子村人的小河旁。

我的家乡沽源县河子村，村不大，两个自然村也不过百十户人家，村前村后皆有河，故名河子村，可谓实至名归。

村后一点五公里处，曾经是一条大河，但在父辈甚至祖辈的记忆里，河就无水了，仅剩下宽大的河床，东西横亘在草原上，每年雨季到来，积水成淀，形成一个个巨大的水洼、坑塘。河床里的水草也就疯了似的长了起来，用那野性的绿色铺满了整个河床，也成了一些飞禽走兽的乐园。

村前半公里处，就是让我至今魂牵梦绕的小河。河不宽但蜿蜒曲折，每逢春、夏、秋三季很少有断流的时候，一直向西注入九连城淖。在我童年的记忆里，每年春天以后，到河的南面拔灰灰菜、剜甜苣菜，给生产队种地、锄地、割地都要卷起裤腿赤足过河。到了伏天的中午，我经常和小伙伴到河里洗澡玩耍。上初、高中时跑校，一天过两次河，到南岸一公里半地的公社的农林中学念书。直到四十多年后，我从事湿地资源普查工作时，才知道家乡的小河名叫灯笼素河，发源于张北县三号乡，流程也不过三十多公里。知道了小河的名字，心里有一种说不出的愉悦，但我和乡亲们仍然习惯叫它小河。

小河是我童年的天堂。每到盛夏，小伙伴们就自发地组织起来，在小河上选一处河道宽阔的地方筑堤、垒堰，形成一个大水塘，然后来这里游泳、洗澡。村里像我这个岁数以上的男人，绝大部分都会几下狗刨式的游泳，这无不得益于小河的恩赐。特别是发大水时，河里不知从哪里冲来了小鱼，有时还能在淤泥里摸到鲫鱼和小鲤鱼。河里无水时，我还到河里玩儿过打井的游戏。我和伙伴们在河床沉积的沙层上，用手向下挖个圆圆的洞——技术不好也会塌方——挖到一尺多深，里面就会渗出水来，一眼井就成了。孩子们挖井时全神贯注，那个认真劲儿，要是能用在学习上，一定会是好学生。

河子村过去地域宽阔，小河流经村东南、南面和西南面的漫漫草滩。据父母讲，在民国时期，这里还是野草高可及腰的水湿滩（专业用语称“河流湿地”或“草甸湿地”）。夏秋季，放牛羊的人就得留心了，因为牛羊有食饱卧眠倒嚼的习惯，卧在草丛里很难发现，牧归时必须清点核对，少了就要及时寻找，不然的话，就可能丢失或被狼吃掉。

村东南是一眼望不到边的“坐底堰”，是村里的打草场。为啥叫这个名字，谁也说不出由来，可能是一片低洼之地，河水大了就要溢出河岸，将两岸的肥沃草场滋润一遍，而靠村的这边地势较高没有水患的缘由吧。夏秋的“坐底堰”，河的两岸绿草茵茵，微风抚过荡起层层波纹，一浪推着一浪循环往复，散发出沁人心脾的阵阵清香。这里狐兔出没，时有狼踪，小时候母亲经常叮嘱我和哥哥，千万别去那里玩耍，小心让狼叼走吃了。

20世纪70年代，在大上农业的形势下，在公社农机站东方红拖拉机的轰鸣声中，“坐底堰”被开垦成了耕地。不幸的是，由于深耕，把长草的黑黏土扣到了地下，却把底层的白碱土翻了上来，下雨时黏糊糊的，进不去、出不来，干旱时坚硬无比，收成自然也就不好。

过去立秋后，村里割地的大多是些妇女、孩子，男劳力基本都去“坐底堰”打草去了。男人们排成队列，像雁阵似的用大镰一趟一趟挨着打，打下的草晒干后拉回垛成垛。那时生产队的牲畜过冬都吃大镰青草，个个膘肥肉厚，壮壮实实。“坐底堰”被开荒之后，没有了打草场，牲畜就只能吃秸秆了，加上饲养问题，死的死，病的病，集体种地都成了问题。

“坐底堰”被开垦了，对集体畜牧业发展产生了很大的负面影响。当时公社及大队，认为弯弯曲曲的小河致使流水不畅，对防汛不利。公社在南滩用帆布搭建了个指挥部，高音喇叭一架，动员全公社社员集体会战，将自然形成的、弯弯曲曲的美丽小河拓宽取直。母亲带着我和哥哥也参加了会战。河道取直了，两岸堆起了高高的堤堰，水再也无法溢出河岸去浸润岸边的草场，一遇洪水直泻而下。到1982年我离家外出上学时，小河就很少有水了，进入21世纪后就更难见到潺潺流水了。随之而来的后果是，全县最大的九连城淖干涸了。

九连城淖是个咸水湖，据史料记载，其在辽金时代被称狗泊，当时面积在方圆百里以上，盛产硝（硝酸银，熟皮子用）和盐。这里产的盐俗称硝白盐，含有硝等成分，又苦又涩。解放以前人们都是用水先把硝白盐泡上，做菜时舀点当盐用。我小时候，还见过买不起大青盐的个别人家食用硝白盐的。

九连城淖干涸后，沽源西部经常是十年九旱，土地盐碱化、沙化严重。在湿地普查中，由于这个淖的存在，九连城镇还成为沽源境内张家口坝上国家重要湿地分布面积最大的地方。在湿地分类里，咸水湖周边的漫滩被称为盐沼湿地，但现在九连城的盐沼湿地包括已干涸的淖，早已是有盐无沼，大风时不时把芒硝刮起，淖和淖的周边，白色尘霾翻滚，遮天蔽日。

写到这里，我的脑海里浮现出一幅幅画面：慈祥的母亲带着我和哥哥，蹚过小河去河南的农田里剜甜苣菜；带着我和妹妹把大石块儿放在河边的水里，用白碱土当洗衣粉，在石块儿上面浆洗被褥，把洗过的被褥面展开拉直，四个角用小石块儿压好，晾晒在河边的草滩上……这时，我的耳畔回荡起了小青唱的《等着我，小河》："我要走了弯弯的小河，你在流泪层层浪波……家乡的小河你别难过，我会回来，我会回来你等着我……"

小 河 子

王行成

小河子村地处沽源中部，位于县城平定堡镇西南方向约十二公里处。小河子村始建于清朝光绪二十六年（1900 年）。相传先有祖籍山西的史姓、杨姓人家在此开垦土地立户建村，其后又有李家、邢家、王家等几户迁居到此。因村子西南的小坡下有一泉流水，汇成小河，绕村东流过，故村名叫小河子。民国七年（1918 年），沽源县公署迁置到小河子，并修建城墙，小河子成为沽源县政府驻地，是当时沽源的政治、经济和文化中心。1935 年沽源第二次沦陷后，小河子城被废弃。原来存在于小河子的县政府和警察署已经荡然无存，四方城墙的断壁残垣和一座器宇轩昂、颇具规模的关（云长）岳（飞）庙也踪迹全无了。

1953 年出生的我，对关岳庙以及和它关联的庙会仍有一些记忆。

关岳庙占地约五十亩，坐落在大十字街的东北角，紧挨着北城墙和北城门。关岳庙坐北朝南，东西短南北长。从正南庙门进到庙院，首先看到的是气势宏伟的正殿。拾级而上来到关岳庙前，正殿五间庙堂供奉着关公关老爷、岳飞岳元帅。与大殿相连的是东西耳房，东耳房供奉着狐仙，西耳房供奉着土地爷。在正殿左右回廊连接的前约五十米处，左边是龙王庙，供奉着呼风唤雨的白龙王、黑龙王；右边是奶奶庙，供奉着送子观音、祛病消灾保平安的奶奶神。在大殿与奶奶庙的回廊中间盖有西厢房，是庙里住持的生活区域。庙宇青砖皂瓦，飞檐翘脊，雕梁画栋，庄严肃穆。

在关岳庙的正南二百米处，一座坐南朝北的站式戏楼拔地而起，与关岳庙遥遥相对。戏楼的基础是虎皮石砌筑，上砌长方形大石条到一人多高方为舞台。舞台前四根怀抱露明柱直通戏楼顶端，气势磅礴。舞台之上的戏楼仍然是青砖皂瓦，浑然一体。

每年的农历四月十八，庙会开启。在通往小河子的大道小径上，或赶车骑马，或结伴同行，或挑筐荷担，或推车背篓，或全家出动，或独自前往，赶会的人络绎不绝。庙会期间人山人海，热闹非凡，演绎着生动鲜活的故事。

青年们出于对忠义的化身、勇武神威的武圣人关云长的敬仰，出于对岳飞精忠报国精神的崇敬，纷纷拜谒关岳二圣。青年人把二圣奉为楷模，朝拜他们以净化自己的心灵，增强忠义爱国勇武神威的自信，让正义、侠义的精神力量在血液中流淌，在身躯上潜滋暗长。

在龙王庙里，是一群群祈盼风调雨顺五谷丰登的乡邻。每年的四五月间，正是小麦怀胎拔尖抽穗之际，也是春夏之交“卡脖旱”之时。眼瞅着日头光光、麦叶枯黄、踏步起烟、黄尘滚滚，“农夫心内如汤煮”，对老天爷万般无奈，只好求助于龙王爷啦！于是村长族头出面，挨家逐户筹资敛钱，买羊置供，带一哨人马吹吹打打锣鼓喧天，到龙王庙拜祭龙王，祈求速降甘霖。有时还真凑巧灵准。刚刚在龙王神龛供台摆上祭品，焚香跪拜，天色即阴暗下来，骤时便阴云密布，旋即就狂风大作电闪雷鸣，跟着倾盆大雨从天而降。久旱逢甘霖的人们欢呼雀跃，感激龙王显灵。他们竟然不避大雨，昂首站在院子里，双手奉天，任暴雨浇淋却满脸喜悦，雨水泪水交织在一起恣意流淌。

祭拜龙王也有拜而不雨的例外。拜也拜了，祭也祭了，可还是天光布火，云丝不见。这时马上与戏班子合作，开始唱祭天雨戏。由戏班演员扮成龙王，呼风唤雨，或者唱一出《水淹泗洲》来祈求下雨。如此一折腾，有时碰巧倒也下起雨来。

在龙王庙得到的知识是：黑龙王是管下急雨暴雨的，白龙王是管下“单散雨”“锣面雨”的。那龙王庙的彩色壁画，把下雨的过程描述了出来：先由风婆婆作法兴风，再由云神作法布云，接着雷公电母登场作法，电母打闪雷公响雷，然后龙王作法呼风唤雨降甘霖。

孩提时代年幼无知，便对此信以为真，日后念书学了科学知识，方知雨的形成过程。当然也理解这其实是人类在对大自然种种现象无法用科学解释的时候，只好借助于一种对自然的崇拜。

奶奶庙的香火最为旺盛，香烟缭绕，雾气升腾，木鱼罄声不绝于耳。妇女、儿童是这里的主角。这里一般上演着三种故事。

有些久婚不孕盼子心切的育龄妇女前来向送子观音求子；有些中老年妇女来替后代求子续孙；之前求而应验、求子得子求孙得孙的妇女是来还愿的。这些人怀着虔诚之心，给送子观音奉上高香，然后双膝跪地，顶礼膜拜，心中默默许愿。她们跪拜起身，小心翼翼地用红线绳拴住一个呆萌可爱的婴孩塑像，再度给送子观音频频作揖后方才离去。

另有一些中老年妇女因为当初子女生病跳灾时来求过奶奶神祛病消灾，曾经许愿，所以前来还愿。这些人多数送一只大公鸡，也有送一只羊的。她们把这些还愿礼品交给庙里住持，还要到奶奶神面前焚香磕头跪拜。

还有一支“队伍”是母子（女）来奶奶庙里举行“成人礼”仪式的。据说孩子从出生到十二岁，是属于奶奶神管辖的，所以有了病呀灾呀，都得求奶奶神祛病消灾。年满十二岁的就视为大人了，奶奶神就要把他们“赶出家门”，不让他们待在孩子群里了。这个“成人礼”仪式简单有趣。在家里和在进入庙门前，母亲千叮咛万嘱咐：“记住！给奶奶神磕完头后赶紧就往外跑，有人拉你也要挣脱。跑得慢了就要挨笤帚疙瘩啦！”我怯生生地跟在母亲身后进了奶奶庙，按照住持的指令跪拜奶奶神，不敢抬头看奶奶神的模样，磕了头就起身往外跑。住持一手虚拉假拽，一手举着笤帚疙瘩虚张轻打。也有那呆头呆脑、紧张胆小者，着实挨到笤帚疙瘩的。经历这“成人礼”仪式后，我说不清心里是什么滋味。奶奶神不管你了，反而心里不那么踏实了。我是大人了吗？我还四六不开呢！可是以后每次犯浑，母亲挂在嘴边的一句话就会警示我：“你都成大人了，还这么不懂事儿!”我确实不懂事儿啊!

大庙里，虔诚的善男信女在朝拜。大庙外，戏楼与大庙间的广场上商贾云集，也是杂耍卖唱的欢乐世界。

每到庙会临近，远近商贾纷至沓来，戏台前的广场上开始预热暖场。一两天的工夫，帐篷林立商铺尽摆，商业气氛升腾起来。有耍把式卖艺的，有斗鸟驯兽的，有套圈射箭的，有卖针头线脑日用百货的，有卖服装鞋帽的，有卖犁耳犁铧锄头铁锨的，有卖镰刀大磨刀石的，有卖糖果点心的，有卖瓜果李杏的，有卖冰棍儿白开水的，也有算卦、拔牙、看病的，更有声嘶力竭卖耗子药的。

各种商品琳琅满目，花花绿绿，目不暇接。赶会的人们穿梭在商街店巷，欣赏着、挑选着商品。吆喝叫卖声、讨价还价声充斥耳际。

在那一拉溜大小饭棚里，热气腾腾，浓香四溢，锅碗瓢勺交响曲演奏正欢！口干舌燥的赶会人，坐下来要二两白酒，一盘馥大豆，如果再奢侈一点儿来上半斤猪头肉，便可大快朵颐。囊中羞涩者，也要买上半斤油饼或者一碗面条，也算来赶庙会了。也有那志同道合的亲朋好友，欢聚一起开怀畅饮，兴致所起，猜拳行令声震八方。

那些喜欢看戏的老者，搬着凳子或夹着马扎，早早买票入场，坐在戏台底下等候着开锣起唱。戏场是露天的，用布围子或芦席合围起来，可容纳成百上千的观众。有些半大毛头小子，虽然不懂戏，却也想进戏场里边看热闹，无奈爹妈没有买票那份开支，人家又是凭票进场，怎么办？想着偷偷钻进戏围子看戏，可是布围子里的值勤人员把守严密，很难下手，只好在外面一边嬉戏打逗，一边耐心等待。戏唱到接近尾声的时候，为了观众在散戏后撤场方便，值勤人员会把戏围子卷撩起来。在那一瞬间，顽童们滋溜一下钻进戏场，去享受那几分钟的热闹氛围。也有趁值勤人员不注意钻戏围子成功入内的。还有被值勤人员逮个正着的，那下场可就老惨了，父母领人交了罚款才算罢了。

丰宁的河北梆子戏班及大同和阳高的山西梆子戏班为庙会的常客。“文革”前唱的是传统老戏，《穆桂英挂帅》《杨八姐游春》《呼延庆打擂》《潘杨讼》《红鬃烈马》《铡美案》，等等。“文革”后也唱过现代戏，《夺印》《芦荡火种》《三上桃峰》，等等。最有意思的是一戏多演：今天张贴的戏报写着《芦荡火种》，明天的戏报写着《沙家浜》，等到了后天，戏报上又写着《智斗》，结果人们三天看到的是同一出戏。

曾经带给人们精神洗礼的关岳庙、带给人们无尽欢乐的戏楼，在“文革”中被毁于一旦。从此，小河子四月十八庙会只留在人们的记忆中。

地名文苑

一条古道，一座驿站，一道勒勒车的车辙，一堆用辽金元文化点燃的篝火。是谁，在滦河源头写尽了历史风华，咏吟过沽水长歌？

与沽源有关的古代散文译注

李富荣　刘建功

谏幸金莲川疏[1]

［金］　梁　襄[2]

金莲川在重山之北，地积阴冷，五谷不殖[3]，郡县难建，盖自古极边荒弃之壤也。气候殊异，中夏降霜，一日之间寒暑交至，特与上京[4]、中都[5]不同，尤非圣躬将摄[6]之所。凡奉养之具无不远劳飞挽[7]，越山逾险，其费数倍。至于顿舍[8]之处，军骑阗塞[9]，主客不分，马牛风逸[10]以难收，臧获捕逃而莫得，夺攘蹂躏[11]，未易禁止。公卿百官卫士，富者车帐仅容，贫者穴居露处，舆台[12]皂隶[13]不免困踣[14]。饥不得食，寒不得衣，一夫致疾染及众人，夭伤无辜何异刃杀。此特细故[15]耳，更有大于此者。

臣闻高城、峻池、深居、邃禁，帝王之藩篱也，壮士、健马、坚甲、利兵，帝王之爪牙也。今行宫之所，非有高殿广宇城池之固，是废其藩篱也。挂甲常坐之马，日暴雨蚀，臣知其必羸瘠[16]矣。御侮待用之军，穴居野处，冷啖寒眠，臣知其必疲瘵[17]矣。卫宫周庐[18]才容数人，一旦霖潦[19]积旬[20]，衣甲弓刀沾湿柔脆，岂堪为用，是失其爪牙也。秋杪[21]将归，人已疲矣，马已弱矣，裹粮已空，褚衣[22]已敝，犹且远幸松林，以从畋猎[23]，行于不测之地，往来之间动逾旬月，转输移徙之劳更倍于前矣。

以陛下神武善骑射，举世莫及，若夫衔橛之变[24]，猛挚[25]之虞[26]，姑置勿论。设于行猎之际，烈风暴至，尘埃涨天，宿雾四塞，跬步不辨，以致翠华[27]有峤陵之避[28]、襄城之迷[29]，百官狼狈于道途，卫士参错[30]于队伍，当此宸衷[31]宁无戒悔！夫神龙不可以失所，人主不可以轻行，良[32]谓此也。所次[33]之宫，草略[34]尤其，殿宇周垣[35]唯用毡布。押宿之官[36]、上番之士[37]，终日驱驰，加之饥渴，已不胜倦。更使彻曙巡警，露坐不眠，精神有限，何以克堪。虽陛下悦以使人[38]，劳而不怨，岂若不劳之为愈也。故君人者不可恃人无异谋，要在处己于无忧患之域也。

燕都地处雄要，北倚山险，南压区夏[39]，若坐堂隍[40]，俯视庭宇，本地所生，人马勇劲，亡辽虽小，止以得燕故能控制南北，坐致宋币[41]。燕盖京都之选首也，况今又有宫阙井邑之繁丽，仓府武库之充实，百官家属皆处其内，非同曩日[42]之陪京[43]也。居庸、古北、松亭、榆林[44]等关，东西千里，山峻相连，近在都畿[45]，易于据守，皇天本以限中外，开大金万世之基而设也。奈何无事之日越居草莱[46]，轻不赀[47]之圣躬[48]，爱沙碛[49]之微凉，忽祖宗之大业，此臣所惜也。又行幸所过，山径阻修，林谷晻霭[50]，上有悬崖，下多深壑，垂堂之戒[51]，不可不思。

臣闻汉、唐离宫[52]去长安才百许里，然武帝幸甘泉[53]遂中江充之奸[54]，太宗居九成[55]几致结社之变[56]。太康畋于洛汭，后羿拒河而失邦[57]。魏帝拜陵近郊，司马懿窃权而篡国[58]。隋炀[59]、海陵[60]虽恶德贯盈，人谁敢议，止以离弃宫阙，远事巡征，其祸遂速[61]，皆可为殷鉴[62]也。臣尝论之，安民济众，唐、虞[63]犹难之。而今日之民，赖陛下之英武无兵革之忧，赖陛下之圣明无官吏之虐，赖陛下之宽仁无刑罚之枉，赖陛下之节俭无赋敛之繁，可谓能安济[64]矣。而游畋纳凉之乐，出于富贵之馀，静而思动，非如衣食切身有不可去者，罢之至易耳。唐太宗将行关南[65]，畏魏徵而即停，汉文帝欲驰霸陵[66]，袁盎[67]谏而遽[68]止。是陛下能行唐、虞之难行，而未能罢中主之易罢，臣所未谕[69]也。

且燕京之凉非济南之比，陛下牧[70]济南日，每遇炎蒸不离府署。今九重[71]之内，台榭高明[72]，宴安[73]穆清[74]，何暑得到。议者谓陛下北幸久矣，每岁随驾大小[75]前歌后舞而归，今兹再出，宁有遽[76]不可乎。臣愚以为患生于不戒者多矣，西汉崇用外戚，而有王莽之祸[77]，梁武[78]好纳叛降，而有侯景之变[79]。今者累岁北幸，狃[80]于无虞[81]，往而不止，臣甚惧焉。夫事知其不可犹冒为之，则有后难必矣。

议者又谓往年辽国之君，春水、秋山、冬夏捺钵[82]，旧人犹喜谈之，以为真得快乐之趣，陛下效之耳。臣愚以谓三代之政[83]今有不可行者，况辽之过举哉。且本朝与辽室异，辽之基业根本在山[84]北之临潢，臣知其所游不过临潢之旁，亦无重山之隔，冬犹处于燕京。契丹之人以逐水草牧畜为业，穹庐[85]为居，迁徙无常，又壤地褊[86]小，仪[87]物殊简，辎重[88]不多，然隔三五岁方能一行，非岁岁皆如此也。我本朝皇业根本在山南之燕，岂可舍燕而之山北乎。上京之人栋宇[89]是居，不便迁徙。方今幅员万里，惟奉一君，承平日久，制度殊异，文物增广，辎重浩穰[90]，随驾生聚，殆[91]逾于百万。如何岁岁而行，以一身之乐，岁使百万之人困于役、伤于财、不得其所，陛下其忍之欤？臣又闻，陛下于合围之际，麋鹿充牣[92]围中，大而壮者才取数十以奉宗庙，馀皆纵之，不欲多杀。是陛下恩及于禽兽，而未及于随驾众多之臣庶也。

议者谓，前世守文之主，生长深宫，畏见风日，弯弧、上马皆所不能，志气销懦，筋力拘柔，临难战惧，束手就亡。陛下监其如此，不惮勤身，远幸金莲，至于松漠[93]，名为坐夏打围，实欲服劳讲武。臣愚以为战不可忘，畋猎不可废，宴安鸩毒[94]亦不可怀，然事贵适中，不可过当。今过防骄惰之患，先蹈万有一危之途，何异无病而服药也。况欲习武不必度关，涿、易、雄、保、顺、蓟[95]之境地广又平，且在邦域之中，猎田以时，谁曰不可？伏乞陛下发如纶之旨[96]，回北辕之车，塞鸡鸣之路，安处中都，不复北幸，则宗社无疆之休，天下莫大之愿也。

方今海内安治，朝廷尊严，圣人作事，固臣下将顺之时，而臣以蝼蚁之命，进危切之言，仰犯雷霆之威，陷于吏议，小则名位削除，大则身首分磔[97]，其为身计岂不愚谬。惟陛下深思博虑，不以人废言，以宗庙天下为心，俯垂听纳，则小臣素愿遂获，虽死犹生，他非所觊望[98]也。

注释：

①谏幸金莲川疏：劝谏阻止临幸金莲川的奏章。金莲川：原名曷里浒东川，在今河北省张家口市沽源县和内蒙古自治区境内的闪电河流域。金大定八年（1168 年），金世宗来到这里，看到满川耀眼的金莲花正在盛开，他从“莲者连也，取金枝玉叶相连之意”，改曷里浒东川为金莲川，并在此修建景明宫和扬武殿。在他在位的二十九年间，至少有十年驻夏金莲川，时间是每年的四、五月到九月。此文即是金世宗完颜雍某年要到景明宫驻

夏，大臣梁襄上疏劝谏阻止的奏章。疏：奏章。

②梁襄，字公赞，绛州人。父母早亡，叔父梁宁将其养大。生性聪颖，领悟能力强，一天能背会一千多字的文章。大定三年考中进士，任耀州同官簿。累次升迁到邠州淳化令，有善政。后升庆阳府推官，召为薛王府掾。梁襄由于写此文进谏而以直言闻名，被提升为礼部主事、太子司经。

③殖：这里指生长。

④上京：会宁府，金国的开国都城，位于今黑龙江省哈尔滨市阿城区城南四里处。

⑤中都：金都城燕京（今北京市）。

⑥摄：迫近。

⑦飞挽：同“飞刍挽粟”，指迅速运送粮草。飞：形容极快。刍：饲料。挽：拉车或船。粟：小米，泛指粮食。

⑧顿舍：停留止息。顿：止。舍：息。

⑨阗塞：拥塞。阗：充满。

⑩马牛风逸：指马、牛逃跑。

⑪蹂躏：践踏。比喻用暴力欺压、侮辱、侵害、凌辱。

⑫舆台：舆和台是古代奴隶社会中两个低微等级的名称，后泛指奴仆及地位低下的人。

⑬皂隶：旧时衙门里的差役。

⑭困踣：困顿潦倒。踣：跌倒。

⑮细故：琐事。

⑯羸瘠：瘦弱。

⑰疲瘵：疲惫，患病。瘵：多指痨病。

⑱卫宫周庐：古代皇宫周围所设的警卫庐舍。

⑲霖潦：淫雨。

⑳积旬：接连多日。

㉑秋杪：暮秋，秋末。杪：指年月或四季的末尾。

㉒褚衣：棉衣。

㉓畋猎：打猎。

㉔衔橛之变：指车马倾覆的危险，亦喻意外发生的事故。衔橛：亦作“马嚼子”。语出东汉·班固《汉书·司马相如传》：“且夫道清而后行，中路而驰，犹时有衔橛之变。”

㉕猛挚：此处指发生凶险的事情。挚：古同“鸷”，凶猛。

㉖虞：此处指忧虑。

㉗翠华：天子仪仗中以翠羽为饰的旗帜或车盖。

㉘峭陵之避：指周文王曾在北陵（东峭山）处躲避风雨之事。峭：峭山。陵：大土山。峭山二陵，即东峭山和西峭山。二山相嵌，中有古道，可避风雨。此处特指古代帝王躲避风雨。

㉙襄城之迷：指黄帝等七人，到具茨山拜见大隗（传说中的神名），到襄城之野迷路的事。语出《庄子·徐无鬼》："黄帝将见大隗乎具茨之山，方明为御，昌寓骖乘，张若、謵朋前马，昆阍、滑稽后车；至于襄城之野，七圣皆迷，无所问涂。"此处特指皇帝迷路。

㉚参错：错乱。

㉛宸衷：天子的心意。宸：北极星所在，后借指帝王所居，又引申为王位、帝王的代称。

㉜良：诚然，的确。

㉝次：指临时驻扎或住宿。

㉞草略：粗糙疏略。

㉟周垣：围墙，城墙。

㊱押宿之官：古代掌管观察天象、推算节气历法的官职。

㊲上番之士：指轮替执勤的人。

㊳悦以使人：吩咐别人做事，使其乐于去做。

㊴区夏：诸夏之地，华夏，中国。

㊵堂隍：广大的殿堂。也写作"堂皇"。

㊶宋币：指宋每年向辽、金缴纳的银、绢等岁贡。

㊷曩日：往日，从前。

㊸陪京：指金上京会宁府。

㊹居庸、古北、松亭、榆林：都是古代重要关口。居庸：居庸关。古北：古北口，位于北京市密云区东北部。松亭：故址在今河北省承德市宽城县西南。榆林：榆林驿，今北京市延庆区康庄镇榆林堡村。

㊺都畿：京都周围附近地方。

㊻草莱：犹草莽，杂生的草。此处指荒芜之地。

㊼不赀：无从计量，表示多或贵重。

㊽圣躬：犹圣体。臣下称皇帝的身体。亦代指皇帝。

㊾沙碛：指沙洲或沙漠。

㊿晻霭：昏暗的云气。出自宋王安石《定林示道源》诗：“迢迢晻霭中，疑有白玉台。”

51垂堂之戒：坐在堂屋檐下，屋瓦落下有可能伤人。比喻危险的境地。常指险境或挫折给人带来的教训。垂堂：堂屋檐下。

52离宫：指在国都之外为皇帝修建的永久性居住的宫殿，皇帝一般固定的时间都要去居住。也泛指皇帝出巡时的住所。

53甘泉：指甘泉宫，汉武帝的离宫，离长安三百里，在今陕西省淳化县境内。汉武帝常于五月开始在此避暑，八月回都。它不仅是统治阶级的避暑胜地，而且许多重大政治活动都安排在这里举行。

54江充之奸：指汉武帝中了江充的奸计。征和二年（公元前 91 年），六十六岁的汉武帝在甘泉宫养病。有一天，汉武帝在白天小睡，梦见有好几千木头人手持棍棒想要袭击他。他霍然惊醒，从此感到精神恍惚，记忆力大减。已经因犯法而被罢官的江充见汉武帝年事已高，身体每况愈下，于是，经过一番策划，他进了甘泉宫说汉武帝的病是因为有巫蛊作祟造成的，只有彻底铲除蛊患，皇上的病方能好转。汉武帝求生心切，竟然听信了江充的话，并让他担任司隶校尉，总治巫蛊。江充与太子刘据和卫皇后素有嫌隙，他乘机设计诬陷刘据和卫皇后搞巫蛊。刘据自知有口难辩，便杀了江充，拥兵自卫，与丞相刘屈氂在长安激战五日。结果刘据自尽，太子妃与二子一女全部被杀。这件事，史称“巫蛊之祸”。后来，汉武帝知道中了江充的奸计，非常后悔，就下令将江充一家满门抄斩，后又派人修建了一座宫殿，叫作“思子宫”，借此寄托对刘据和孙子们的思念。

55九成：指九成宫，是唐朝第一离宫，位于今陕西省宝鸡市麟游县新城区，始建于隋文帝开皇十三年，当时叫“仁寿宫”。唐太宗修复扩建，更名为“九成宫”。此地三伏天气温平均在二十二度左右，微风拂徐，芬芳馥郁，沁人心脾，实为消夏之佳境。唐太宗曾于贞观年间先后五次到这里避暑。“九成”，就是“九重”或“九层”，言其高大。

56结社之变：指唐太宗贞观十三年四月，太宗行幸九成宫期间发生的突厥阿史那结社率兵夜犯行宫谋反一事，史称“九成宫事件”。

57太康畋于洛汭，后羿拒河而失邦：史称“太康失国”。太康：姒太康，是夏朝君主启（姒启）的长子、继承者。他继位后，和他父亲一样，整日沉迷于游乐田猎，不理政务，终因到洛水北岸一带打猎一百多天不归，而被后羿掌握了政权。当太康带着猎物兴高采烈地回来时，在洛水北岸就看见对岸有重兵把守，才知道是后羿不让他过河、回都。他后悔不及，却为时已晚。畋：打猎。洛汭：古地名，位于洛水北岸入黄河处，即今河南省巩义市河洛镇洛口村一带。后羿：夏朝有穷氏国国君。河：黄河。邦：国家。

㊿魏帝拜陵近郊，司马懿窃权而篡国：正始五年（244 年）正月初六，魏帝曹芳离开洛阳去祭扫魏明帝的坟墓高平陵，曹爽兄弟均跟从。司马懿上奏永宁太后，请废曹爽兄弟，并率兵屯于司马门，控制京城。曹爽最终屈服，不久被司马懿夷灭三族，史称“高平陵事件”。从此，曹魏军政大权落入司马懿手中。魏帝：指曹芳，三国时期，曹魏第三任皇帝。陵：魏明帝高平陵。

59隋炀：指隋炀帝杨广。

60海陵：指海陵王完颜亮，金代第四位皇帝。其在位期间为人残暴，杀人无数。正隆三年（1158 年），完颜亮从中都出发进攻南宋，被弟弟完颜雍（金世宗）乘机篡夺了皇位，后在瓜州被乱兵所杀。

61速：招来，招致。

62殷鉴：意思是殷人灭夏，殷人的子孙应该以夏的灭亡作为鉴戒。出自《诗·大雅·荡》：“殷鉴不远，在夏后之世。”

63唐、虞：唐尧和虞舜。

64安济：安抚救济。

65关南：古地名，大概位置在今河北省白洋淀以东的大清河流域以南至河间一带。

66霸陵：汉文帝陵寝，位于西安市东郊白鹿原东北角。

67袁盎：西汉大臣，字丝，个性刚直、有才干，在朝在野都享有盛誉。

68遽：立刻，马上。

69谕：同“喻”，理解，明白。

70牧：管理，担任行政长官。

71九重：喻帝王居住的地方。

72高明：高大明亮。

73宴安：在正午时段安逸进餐。

74穆清：指清和之气。穆：严肃，壮美。清：清和，清爽。

75大小：此处指大小官员。

76遽：急速，匆忙。

77王莽之祸：指西汉外戚王莽废汉皇自立，代汉建新。

78梁武：指南朝梁武帝萧衍。

79侯景之变：指中国南北朝时期，南朝梁将领侯景发动的武装叛乱事件。侯景本为东魏叛将，被梁武帝萧衍所收留，因对梁朝与东魏通好心怀不满，遂于 548 年以“清君侧”为名义在寿阳（今安徽省寿县）起兵叛乱，次年攻占梁朝都城建康（今江苏省南京市），将梁武帝活活饿死，掌控了梁朝军政大权。

⑧0狃：本意是因袭，拘泥，这里指习以为常。

⑧1无虞：没有忧患，太平无事。

⑧2捺钵：契丹语音译，又译为纳钵、纳宝等，意为辽帝的行营。指辽帝一年之中所从事的与契丹游牧习俗相关的营地迁徙和游牧射猎活动。辽帝四时各有行在之所，谓之捺钵，又称四时捺钵。

⑧3三代之政：指夏商周三朝的统治，是中国传统政治理念中的终极理想。

⑧4山：这里指阴山。

⑧5穹庐：指蒙古人所住的毡帐，即蒙古包。

⑧6褊：狭窄，狭小。

⑧7仪：匹配。

⑧8辎重：行军时由运输部队携带的军械、粮草、被服等物资。

⑧9栋宇：房屋的正中和四垂，也指房屋。

⑨0浩穰：众多，繁多。浩：水大，引申为大和多。穰：稻、麦等的秆，形容多。

⑨1殆：大概，几乎。表推测。

⑨2充牣：充足，充满。牣：满。

⑨3松漠：古地名，治所在今内蒙古自治区赤峰市巴林右旗南，辖境约相当于今内蒙古自治区西拉木伦河流域及其支流老哈河中下游一带。

⑨4宴安鸩毒：贪图安逸享乐如同饮毒酒自杀一样致命、有害。比喻耽于逸乐而杀身。用以警诫别人懒惰的用语。

⑨5涿、易、雄、保、顺、蓟：均为金治下的州。

⑨6如纶之旨：指帝王的诏书旨意。

⑨7磔：古代一种酷刑，以车分裂身体。

⑨8觊望：希图，企望。

译文：

金莲川在重山之北，地积阴冷日久，五谷不能生长，郡县难以设置。这里自古以来是北部边沿荒凉无人管理的地方。气候特殊奇异，夏季中伏降霜，一天之中寒暑交替来到。这样独特的地方，和上京、中都都不相同，尤其不是陛下亲躬驾临的地方。凡是奉养的用具没有不是远路快速送来的，翻山越岭，费时费力。至于安顿住宿的地方，军民杂乱拥塞，主客不分，马牛跑出去难以追回，藏匿逃犯很难抓获，抢夺劫掠，杀人奸淫，不能轻易禁止。公卿、百官、卫士当中，富贵的人仅仅住车帐，贫穷的人居住洞穴或露天之处，舆台、皂隶免不了穷困倒毙，饥不得食，寒不得衣，一人生病传染给众人，无辜的夭折或伤亡与被杀有什么不同？这只是些细小的事情，更有比这些大的问题。

臣听说高城、峻池，居于深宫禁地，是帝王的屏障；壮士、健马、坚甲、利兵，是帝王的爪牙。现在的行宫所在地金莲川，没有高殿、广宇、城池等坚固设施，这是废掉了帝王的屏障啊！披挂铠甲常骑的马，太阳暴晒，风雨侵蚀，臣知道这样的马必然瘦弱。防御进犯、预备不时之用的军队，穴居野外，吃冷饭，睡在严寒中，臣知道这样的军队必然疲劳生病。供护卫居住的行宫周围的房子才能容纳几人？一旦连续多日下雨不晴天，衣服、盔甲、刀箭沾湿后，变得脆弱，怎么能够使用？这样就失去帝王的爪牙了。秋末将归的时候，人也已经疲劳了，马也已经瘦弱了，库存的粮食已空，贮藏的衣服已破，还将巡幸远处的松林，去打猎，在难以预料的地方行走，往来之间，动辄就要超过一个月，辗转运输、移动迁徙的劳苦更比以前加倍了。

以陛下神武善骑射的本事，举世莫及，但也担心遇到类似马车倾覆等这样凶险的事情。这些小事姑且放下不说，假设在行猎之际，烈风突至，尘埃弥天，宿雾四散，举足不辨，以至于（陛下）不得不被侍卫簇拥着去躲避，甚至有迷路的危险。百官在道路上狼狈不堪，卫队在队伍中参差不齐交错行走，那时，陛下难道不引以为鉴、后悔不已吗？神龙不可以失去住所，君主不可以轻率行动，的确是这样的。陛下所要临时住宿的帐殿，尤其粗糙疏略，殿宇周围的墙垣，只用毡子围成。掌管天象、轮替执勤的官员，整日忙碌，加上饥渴，已经疲倦难耐。更不要说让他们彻夜巡逻警戒，露天执勤，不能睡眠。人的精力有限，怎么能承受这些呢？虽然陛下吩咐人能使他们高兴，即使辛劳也无怨言，如果不劳烦他们做这些，不是更好吗？所以，作为人君不可以幻想别人没有不良图谋，重要的在于将自己安置在没有忧患的境地。

燕都地处雄关要道，北边倚靠险要的山峦，南边压迫着华夏，好像坐在广大的殿堂上，俯视着自己的庭院。出自本地的人、马都勇猛、强劲。已亡的辽国虽然是小国，仅仅因为得到燕地，所以能控制南北，坐等宋把贡币送来。燕京历来是京都的首选之地。况且，现在又有宫阙、市井之类都市的繁荣华丽，仓府武库的充盈殷实，百官连同家属都居住在燕京之内，与从前的陪京是不相同的。居庸关、古北口、松亭、榆林等关隘，东西千里，高山峻峰相连，都在王都近郊，容易占领、把守。上天本要以此限定中外，专为开创大金万事的基业而设置的。为什么太平无事的时候，要到荒芜之地去居住，轻贱不应屈驾的圣体，喜欢沙漠的微凉，忽视祖宗的大业，这是臣所惋惜的。再说，陛下巡幸驾临所经过的地方，山中小路艰险难修，森林、峡谷雾霭笼罩，不见日光，上有悬崖，下有深壑。坐在堂屋檐下，屋瓦落下都有可能伤人，应引以为戒，不能不考虑啊。

臣听说汉、唐的离宫，距离长安才一百里左右，然而，汉武帝巡幸甘泉，却中了江充的奸计；唐太宗在九成居住，几乎导致结社之变。太康在洛汭打猎，后羿在黄河边拒守而使他丧失了国家。魏帝在近郊谒拜祖宗陵寝，司马懿趁机窃权而篡国。隋炀帝、海陵王虽然恶贯满盈，哪个敢议论？只因为离弃宫阙，到远处去巡游征伐，灾祸才降临。这些都是可以借鉴的往事。臣曾经论述过安抚民心、普济众人（的德政），唐、虞尚且难以做到。而今日的黎民百姓，仰仗陛下的英武，没有兴兵打仗的忧虑；仰仗陛下的圣明，没有贪官污吏的肆虐；仰仗陛下的宽仁，没有受刑挨罚的冤枉；仰仗陛下的节俭，没有频收赋税的繁重。可以说（陛下）做到安济百姓了。而巡游、打猎、纳凉的乐趣，是出于富贵之余的考虑，是静而思动，不像穿衣、吃饭那样关系到切身利益，而必不可少。取消巡游的行动是很容易做到的。唐太宗打算到关南，敬畏魏徵而停止了行动。汉文帝想去霸陵，因为袁盎劝谏而立刻中止。所以，陛下能做到唐、虞所不能做到的，却不能放弃中主所容易做到的，臣对此是不理解的。

况且，燕京的凉爽是济南不能比的。陛下视察济南期间，每当遇到炎热的天气，就不离开府署。现在，陛下居住的范围之内，台榭高耸明亮，就餐、入寝肃穆清静，什么样的暑气能侵入这里？一些人议论说，陛下往北巡幸时间长了，每年随驾出行的大小官员，前歌后舞而归。现在再要出行，难道有必要非这样急于行动不可吗？臣愚笨地认为，在不戒备的情况下产生祸患的事情太多了。西汉因推崇重用外戚，而发生了王莽之祸；梁武帝喜欢收容叛变投降的人，而发生了侯景的叛乱。如今，陛下连续几年北巡，已经对无祸乱习以为常了，（如果不考虑后果），一味前往不停止，臣很是恐惧。有些事，明知不可行却贸然去做，那么有后患是必然的了。

议论的人又说，往年辽国的君主，春水、秋山、冬夏四时各有行在之所。老人们仍然喜欢谈论他们，认为他们真正得到了乐趣，陛下是仿效他们罢了。臣愚笨地认为对三代之政，现在有的地方不能照搬行事，况且辽国过于崇尚这些活动了。而且，本朝和辽国王室情况不同，辽国的基业根本在山北的临潢。臣知道他们所巡游的，不过是临潢附近的地方；也没有重山阻隔，冬季还是住在燕京。契丹人以畜牧为业，以毡帐作为居室，经常迁徙，加上属地狭窄，礼仪器具特别简单，辎重不多。然而，其隔上三五年才去一次，也不是年年如此。我本朝皇业根本在山南的燕京，怎么可以舍弃燕地而去山北呢？京都人们的居室是房屋，不便迁徙。今天我朝幅员万里，只尊奉一位君主，持续太平时间久了，各地制度不同，精美的物品丰富广泛，辎重浩繁；跟随圣驾的人聚集在一起，也超过百万。陛下为什么年年出行，以自己一人的快乐，每年使百万人拴在劳役上、伤在财务上，不得其所，陛下难道忍心这样做吗？臣又听说，在打猎合围的时候，包围圈中充满麋鹿，陛下只捉几十头大而壮的麋鹿来奉祭宗庙，其余的都放了它们，不忍多杀。这样看来，陛下的恩惠可以到禽兽，却不到随驾远巡的众多臣子、庶民身上。

议论的人说，前世遵守成法的君主，生长在深宫，怕被风吹日晒，射箭、骑马都不会，志气萎缩、懦弱，筋力拘谨柔弱，遇到祸患惧怕颤抖，往往是束手就亡。陛下考察上述情况，不怕自身辛苦，想远幸金莲川，到达松漠，明为坐夏围猎，实是服劳役讲武治。臣愚笨地认为战备不能忘，打猎不能废，宴安鸩毒也不可怀，而事贵适中，不可过分。现在，过分防范骄傲、怠惰的祸患，而先踏上万一有危险的旅途，与无病而服药有什么两样？况且，想习武不一定要出关，涿、易、雄、保、顺、蓟等州境内地广而且平坦，而且都在疆域之内，按时令围田打猎，谁说不可以呢！伏地祈求陛下发出诏令，撤回往北驱驾的马车，堵塞去鸡鸣的路途，安然留在中都，不再往北地巡幸打猎，那么宗庙社稷无限安定，符合天下人莫大的愿望啊！

现如今四海之内安定，朝廷至尊威严，陛下要做事，臣下本来要顺从，而臣却以蝼蚁似的性命，提出危急恳切的建议，冒着向上惹怒皇上的危险，身陷官吏的议论之中，轻则名位削除，重则身首分裂，若为自身着想，难道不是太愚蠢荒谬了吗！希望陛下深谋远虑，不要因为我个人的原因而否定我的建议，而要以宗庙天下为大计，俯下身子垂下头听取接纳，则小臣平素的愿望得以实现，即使死了也好像重获生命，其他的不是我所期望的。

李富荣 译注

谏幸景明宫①疏

[金] 董师中②

近年水旱为沴③，明诏罪己求言，罢不急之役，省无名之费，天下欣幸。

今方春东作④，而亟遣有司修建行宫，揆⑤之于事，似为不急。况西、北二京⑥，临潢诸路⑦，比岁不登⑧。加以民有养马签军⑨挑壕⑩之役，财力大困，流移⑪未复，米价甚贵，若扈从⑫至彼，又必增价。口籴⑬升合⑭者口以万数，旧藉北京等路商贩给之，倘以物贵或不时至，则饥饿之徒将复有如曩岁⑮，杀太尉马、毁太府瓜果、出忿怨言、起而为乱者矣。

书曰："民情大可见，小人难保。"⑯况南北两属部数十年捍边者，今为必里哥孛瓦⑰诱胁，倾族随去，边境荡摇如此可虞⑱，若忽之而往，岂圣人万举万全之道哉。

乃者⑲太白⑳昼见，京师地震，又北方有赤色，迟明始散。天之示象，冀有以警悟圣意，修德㉑销㉒变。

矧㉓夫逸游，古人所戒，远自周、秦，近逮隋、唐与辽，皆以是生衅，可不慎哉，可不畏哉。

注解：

①景明宫：金世宗大定八年（1168 年）始建于"凉陉"——今河北省沽源县天鹅湖（原囫圇淖尔）东二里处的金代皇帝避暑行宫。明昌四年（1193 年）三月，金第六位皇帝章宗完颜璟欲往远在塞外沽源的金莲川景明宫度夏，时任御史中丞的董师中、侍御史贾铉等上书劝谏。之后，左补阙许安仁、右拾遣路铎亦皆上书论谏。金主召董师中等赐对，即

从其奏，仍遣谕辅臣曰：“朕欲巡幸山后，无他，不禁暑热故也。今台谏官咸言民间缺食处甚多，朕初不尽知。既已知之，暑虽可畏，其忍私奉而重民之困哉!”章宗于是打消了巡幸景明宫的念头。

②董师中（1129—1202），字绍祖，洺州（今河北省永年县东）人，曾任金监察御史、大理卿、御史中丞、吏部尚书等职。

③沴：指灾害的气象

④东作：谓春耕。《书·尧典》：“寅宾出日，平秩东作。”孔传：“岁起于东，而始就耕，谓之东作。”

⑤揆：推测，揣度。

⑥西、北二京：指西京大同府和北京大定府。金国自海陵王以后，以燕京为中都大兴府，又先后定五京：南京开封府、北京大定府、西京大同府、东京辽阳府和上京会宁府。

⑦临潢诸路：“路”是金代地方最高最大的行政区，相当于现代的省；临潢，临潢府，位于今内蒙古自治区赤峰市巴林左旗林东镇南郊，辽代称上京，是契丹建国初期在本土兴建的第一座京城，是辽国早期政治、经济、军事和文化中心，正式营建于辽太祖神册三年(918年)。

⑧比岁不登：农业连年歉收。比：屡屡，频频。

⑨签军：金、元期间凡遇战事，朝廷就签发所有汉人丁壮当兵，谓之签军。

⑩挑壕：挖壕沟。挑：挖，掘。壕：指金界壕，又称金长城、兀术长城，金朝修筑，是规模宏大的古代军事防御工程，主要分布于今内蒙古自治区境内，南侧边堡属于黑龙江省，还有部分地段在河北省围场、丰宁、康保、沽源等县境内。

⑪流移：流亡迁徙。

⑫扈从：随从。出自西汉司马相如《上林赋》：“于是乎背秋涉冬，天子校猎。乘镂象，六玉，拖霓旌，靡云旗，前皮轩，后道游；孙叔奉辔，卫公参乘，扈从横行，出乎四校之中。”

⑬籴：买进粮食，与“粜”相对。

⑭升合：古代量粮食的度量单位。十合＝一升，十升＝一斗。一升一合，比喻数量很小。

⑮曩岁：从前。

⑯民情大可见，小人难保：意思是民情很容易知道，小人难以治理。出自《尚书·康诰》：“王曰：‘呜呼！小子封，恫瘝乃身，敬哉！天畏棐忱；民情大可见，小人难保……’”

⑰必里哥孛瓦：王国维先生认为，此人是侵扰金边境的蒙古族合底斤部落长“白古

带”，1198 年战败，投降金国。

⑱可虞：使人忧虑。

⑲乃者：犹言曩者、从前、往日。

⑳太白：金星，太阳系八大行星之一，夜空中的亮度仅次于月球，排第二。金星要在日出稍前或者日落稍后才能达到亮度最大。它清晨出现在东方天空，被称为“启明”；傍晚处于天空的西侧，被称为“长庚”。

㉑修德：本意是修养德行，此处指行为方式。

㉒销：同“消”，消散，消失。

㉓矧：况且。

译文：

近年来，（各地）常发生水旱灾害，（陛下）明确下诏归罪于自己，广泛征求意见，取消了一些不太紧要的徭役，节省下很多没有名目的费用，天下百姓既高兴又庆幸。

现在，正值春耕时节，（陛下）却急着派遣相关部门去修建行宫，（臣）觉得这事不应该着急去做。况且，西京和北京、临潢等各地，农业连年歉收。加上百姓有饲养战马、被签发当兵、挖掘界壕的劳役，无论是钱财还是人力都很困厄。（百姓）流亡迁徙的状况还没有好转，米价很高。

如果随从到那里，米价势必又会升高。每人须买进的粮食加起来，每天要用万斗计算。这些粮食要靠以前户籍上登记的北京等各路的商贩供给。假如因为物价升高，有时不能按时送到，那么饥饿的人，将又像从前那样，杀死太尉的战马，毁坏太府的瓜果，说出怨愤的话，群起而发生叛乱了。

《尚书》上有句话：“民情大可见，小人难保。”况且，南北两边几十年来守卫边境的部族，现在又被必里哥孛瓦引诱、威胁，整个家族都随他去了。边境这么动荡，很让人担忧啊！如果忽视了这些问题，一意前往，难道是圣明的君主诸事考虑周全的做法吗？

从前，白天看见金星，京城就发生地震，后又看见北方出现红色云彩，天亮了很长时间才散去。上天展示这些景象给人看，是希望可以用来使陛下醒悟，从而在修为方式方面做出改变。

况且，安逸游乐，是古人都引以为戒的。从远古的周、秦，到近代的隋、唐和辽，都因此而发生过政变。能不慎重吗？能不畏惧吗？

李富荣 译注

岭北纪行[①]

［元］ 张德辉[②]

岁丁未[③]夏六月初吉[④]，赴召北上。发自镇阳[⑤]。信宿[⑥]过中山[⑦]。时积雨不止，有顷开霁，西望恒山[⑧]之绝顶。［所谓神峰[⑨]者］，耸拔若青盖然。自余诸峰，历历可数。因顾谓同侣[⑩]曰：“吾辈此行，其速返乎？此退之‘衡山之祥’[⑪]也。”

翌日[⑫]出保塞[⑬]，过徐河桥[⑭]。西望琅山[⑮]，森岩剑戟而葱翠可挹[⑯]。已而由良门[⑰]、定兴[⑱]抵涿郡[⑲]，东望楼桑[⑳]蜀先主庙[㉑]。

经良乡[㉒]，渡芦沟桥[㉓]，以达于燕[㉔]。居旬日而行。北过双塔堡[㉕]、新店驿[㉖]，入南口[㉗]。度居庸关。出关之北口则西行，经榆林驿[㉘]、雷家店[㉙]，及于怀来县[㉚]。县之东有桥，中横木而上下皆石。桥之西有居人聚落，而县郭芜没[㉛]。

西过鸡鸣山[㉜]之阳，有邸店[㉝]曰平舆，其巅建僧舍[㉞]焉。循山之西而北，沿桑干河以上，河有石桥，由桥而西，乃德兴府[㉟]道也。北过一邸曰定防。水经石梯子，至宣德州[㊱]。

复西北行，过沙岭子口[㊲]及宣平县[㊳]驿。出得胜口[㊴]，抵扼胡岭[㊵]，下有驿曰孛落。自是以北，诸驿皆蒙古部族所分主也，每驿各以主者之名名之。由岭而上，则东北行，始见毳幕[㊶]毡车[㊷]。逐水草畜牧而已，非复中原之风土也。

寻过抚州[㊸]，惟荒城在焉。北入昌州[㊹]。居民仅百家，中有廨舍[㊺]，乃国王[㊻]所建也。亦有仓廪，隶州之盐司。州之东有盐池，周广可百里，土人谓之狗泊[㊼]，以其形似故也。

州之北行百余里，有故垒隐然，连亘山谷。垒南有小废城，问之居者云，此前朝所筑堡障[㊽]也。城有戍者之所居。

自堡障行四驿，始入沙陀[㊾]；际陀所及，无块石寸壤，远而望之，若冈陵丘[50]阜[51]然，既至，则皆积沙也。所宜之木，榆柳而已，又皆樗[52]散而丛生。其水尽咸卤[53]也。

凡经六驿而出陀。复西北行一驿，过鱼儿泊[54]。泊有二焉，周广百余里，中有陆道，达于南北。泊之东涯有公主离宫[55]，宫之外垣高丈余，方广二里许，中建寝殿，夹以二室，背以龟轩[56]，旁列两庑[57]。前峙眺楼，登之颇快目力。宫之东有民匠杂居，稍成聚落。中有一楼，榜曰“迎晖”。

自泊之西北行四驿，有长城颓址，望之绵延不尽，亦前朝所筑之外堡[58]也。

自外堡行一十五驿，抵一河，深广约什滹沱[59]之三，北语云翕陆连[60]，汉言驴驹河也。夹岸多丛柳，其水东注，甚湍猛。居人云：中有鱼，长可三四尺。春夏及秋捕之，皆不能得，至冬，可凿冰而捕也。濒河之民，杂以蕃[61]汉。稍有屋室，皆以土冒之[62]，亦颇有种艺[63]，麻麦而已。河之北有大山，曰窟速吾[64]，汉言黑山也。自一舍[65]外望之，黯然若有茂林者，迫而视之，皆苍石也。盖常有阴霭之气，覆其上焉。

自黑山之阳西南行九驿，复临一河，深广加翕陆连三之一，鱼之大若前状捕法亦如之。其水始西流，深急不可涉。北语云浑独剌[66]，汉言兔儿也。过河而西行一驿，有契丹所筑故城，城方三里，背山面水，自是水北流矣。由故城西北行三驿，过毕里纥都[67]，乃弓匠积养之地也。

又经一驿[68]，过大泽泊，周广六七十里，水极澄澈，北语谓吾悮竭恼儿[69]。自泊之南而西，分道入和林[70]城，相去约百余里。泊之正西，有小故城[71]，亦契丹所筑也。

由城西望，地甚平旷，可百里，外皆有山。山之阴多松林，濒水则青杨丛柳而已，中即和林川[72]也。居人多事耕稼，悉引水灌之，间亦有蔬圃。时孟秋下旬，麦麻皆槁。问之田者，云已三霜矣。

由川之西北行一驿，过马头山[73]。居者云：上有大马首，故名之。

自马头山之阴转而复西南行，过忽兰赤斤[74]，乃奉部曲民匠种艺之所。有水曰塌米河[75]注之。

东北又经一驿，过石堠[76]。石堠在驿道旁，高五尺许，下周四十余步，正方而隅[77]，巍然特立于平地，形甚奇峻；遥望之若大堠然，由是名焉。

自堠之西南行三驿，过一河曰唐古[78]，以其源出于西夏故也。其水亦东北流。水之西有峻岭，岭之石皆铁如也。岭阴多松林，其阳帐殿[79]在焉，乃避夏之所也。

迨[80]中秋后始启行，东由驿道过石堠子，至忽兰赤斤，东北迤逦入陀山[81]。自是且行且止，行不过一舍，止不过信宿；所过无名山大川，不可殚记。

至重九日，王帅麾下[82]会于大牙帐，洒白马湩[83]，修时祀[84]也。其什器皆用桦木，不以金银为饰，尚质也。

十月中旬，方至一山崦[85]间避冬，林木甚盛，水皆坚凝，人竞积薪储水，以为御寒之具。其服非毳革[86]则不可，食则以膻肉为常，粒米为珍。

比岁除日[87]，辄迁帐易地，以为贺正[88]之所。日大宴所部于帐前，自王以下皆衣纯白裘[89]。三日后，方诣大牙帐致贺礼也。正月晦[90]，复西南行。二月中旬，至忽兰赤斤，东行及马头山，而趁春水飞放[91]故也。

四月九日，率麾下复会于大牙帐，洒白马湩，什器亦如之[92]。每岁惟重九、四月九，凡致祭者再，其余节则否。自是日始回，复由驿道西南往避夏所也。大率遇夏则就高寒之地，至冬则趋阳暖薪木易得之处以避之。过以往，则今日行而明日留，逐水草便畜牧而已。此风土之所宜，习俗之大略也。

仆自始至追归，游于王庭者凡十越月[93]，每遇燕见[94]，必以礼接之。至于供帐、衾褥、衣服、食饮、药饵，无一不致其款曲[95]，则眷顾之诚可知矣。自度衰朽不才，其何以得此哉！原[96]王之意，出于好善忘势[97]，为吾夫子之道而设，抑欲以致天下之贤士也。某何足以当之，后必有贤于隗者[98]至焉。因纪行李[99]之本末，故备志之。

戊申夏六月望日，太原张德辉谨识。

注释：

①岭北纪行：1247 年，由于声望隆于诸镇而上达于庭，也由于元初勋亲旧臣史天泽的举荐，时任真定府参议的张德辉受犹在潜邸的世祖忽必烈召见，前往和林应对，沿途所记，遂有此文。岭北：塞北。

②张德辉（1196—1275），累官金、元两朝，天资刚直，博学而有治国谋略。定宗二年（1247 年），受忽必烈召见，前往和林，应对方略，著《岭北纪行》传世。

③岁丁未：1247 年。

④初吉：朔日，即阴历每月初一。

⑤镇阳：辽金旧名，宋真定府的别称，今河北省正定市。

⑥信宿：连宿两夜，也即过了两三天。

⑦中山：战国、西汉中山国国都，今河北省定州市古城。

⑧恒山：属阴山山系支脉，绵亘在河北省西北旧保定市西境，主峰在定州市西、曲阳县的西北，一名大茂山，五岳中的北岳。北宋时，恒山没于契丹，乃以山西省浑源县的玄岳代替，明清因之。

⑨神峰：应指天峰岭、神尖石等山岭。

⑩同侣：应指同时被召的其他人。

⑪退之‘衡山之祥’：退之，是唐代诗人韩愈的字；韩愈拜谒湖南衡山南狱庙一时高兴，写诗云："我来正逢秋雨节，阴气晦昧无清风。潜心默祷若有应，岂非正直能感通？须臾静扫众峰出，仰见突兀撑青空。"据此，宋代苏轼在《潮州韩文公庙碑》里有"公之精诚，能开衡山之云，而不能回宪宗之惑"之句。祥：指云开雨霁，天空呈现出的祥瑞之气。

⑫翌日：第二天。

⑬保塞：今河北省保定市老城。宋、辽对峙时期在清苑县（今保定市清苑区东北马庄）置保塞军，后称保塞县。

⑭徐河桥：今保定市莲池区韩庄乡徐河桥村。

⑮琅山：今称狼山、狼牙山，今保定市易县狼牙山镇。

⑯挹：舀，把液体盛出来。

⑰良门：梁门，在保定市定兴县南。

⑱定兴：今保定市定兴县。

⑲涿郡：汉高祖六年分广阳郡、巨鹿郡及恒山郡一部，置涿郡。郡治在今河北省涿州市古城。

⑳楼桑：刘备故里，今涿州市楼桑庙村。

㉑蜀先主庙：指蜀主刘备庙。

㉒良乡：今良乡镇，在北京市西南二十里处，是首都西南门户。

㉓芦沟桥：今卢沟桥，在北京市西南约三十里处。

㉔燕：1247 年的燕京，乃是金海陵王改建的中都大兴府。用旧称，名为燕京路。

㉕双塔堡：今北京市海淀区上庄镇双塔村。

㉖新店驿：一名龙虎台，今北京市昌平区南口镇辛店村。

㉗南口：居庸关关沟南出口。后文北口，即居庸关关沟北出口。

㉘榆林驿：今北京市延庆区康庄镇榆林堡村。

㉙雷家店：今河北省张家口市怀来县新保安镇。

㉚怀来县：指怀来老城，1951 年被官厅水库淹没。

㉛芜没：淹没于荒草间。

㉜鸡鸣山：今张家口市下花园景区。

㉝邸店：客栈。

㉞僧舍：指鸡鸣山西顶修建的永宁寺，始建于魏太和五年（231 年）。

㉟德兴府：今河北省张家口市涿鹿县老城，明、清谓之保安州。

㊱宣德州：元宣德府治，今河北省张家口市宣化区老城。

㊲沙岭子口：今张家口市宣化区沙岭子镇沙岭子村。

㊳宣平县：今河北省张家口市万全区宣平堡乡宣平堡村。

㊴得胜口：也叫德胜关，即今天的张家口市万全区万全镇，当时的交通关隘、咽喉要地。

㊵扼胡岭：野狐岭，今河北省张家口市张北县城正南方向，毗邻 207 国道，距张石高速收费站约五百米。扼胡：寓意遏阻外夷。

㊶毳幕：蒙古包。

㊷毡车：一名黑车子，在车上起棚，上覆毛毡。古时多用黑色毛毡，故名。

㊸抚州：今张家口市张北县老城。金设柔远县，后改抚州。元初也叫抚州，后改为兴和路。

㊹昌州：今河北省张家口市沽源县九连城镇古城。元初隶属于宣德府，中统三年（1262 年）隶属于兴和路，延祐六年（1319 年）改称宝昌州，仍属兴和路。《元史地理志宝昌州》有明确记载。

㊺廨舍：官署，旧时官吏办公处所的通称。

㊻国王：据《元史·木华黎传》记载，国王应指元朝开国功臣木华黎次孙速浑察。

㊼狗泊：也叫狗泺，又名克勒湖。今河北省沽源县九连城镇九连城淖，因形状像狗而得名。

㊽堡障：指金章宗时，在北国边防所筑的界壕、边堡。界壕，就是在地上挖沟堑，作

为阻挡战马的屏障。边堡，就是在交通要道上修筑的城堡，以供把守的士兵居住。

㊾沙陀：应指多伦以北、正蓝旗及锡林郭勒盟、阿巴嘎之间的浑善达克沙漠，20 世纪 50 至 60 年代，被称为小腾格里沙漠，70 年代改称浑善达克沙漠。此沙漠中随处可见榆树、山丁子、绣线菊、山樱桃等乔灌木。沙陀：沙丘。

㊿冈陵丘：丘陵。《诗·小雅·天保》："如山如阜，如冈如陵。"

51阜：土山。

52樗：臭椿树。比喻无用之才。

53咸卤：盐碱。

54鱼儿泊：土名"答儿海子"，今内蒙古自治区赤峰市克什克腾旗达里诺尔，或称达里泊。泊：也可写作"泺"，两字音义都相同。

55公主离宫：就是公主驻夏的行宫，是元太祖封给下嫁弘吉剌氏部落公主的消夏之所。张德辉过鱼儿泊时，弘吉剌氏在鱼儿泊驻夏的公主，应当是睿宗拖雷的女儿也速不花公主。

56龟轩：应是中高而前后比较低矮的长廊，因龟的形状是背高而前后低下。

57两庑：宫殿或祠庙的东西两廊。

58外堡：应是金世宗大定年间修筑的界壕。

59滹沱：水名，即滹沱河，也作滹沲，发源于山西省，流入河北省西部。滹沱河是一条古老的河，历史悠久，名称多异。

60翕陆连：也译客鲁连、怯鲁连、怯绿怜、翕绿连，又作胪朐河、驴驹河、陆局河、龙居河、龙驹河，即今克鲁伦河，源出蒙古国肯特山，东流入中国境，注入呼伦湖。

61蕃：通"番"，古代对少数民族的通称。

62以土冒之：指用土建造房屋。冒：覆盖。

63艺：种植。

64窟速吾：应为蒙古语"窟剌吾拉"，或叫"哈剌温"。窟剌：黑。吾拉：山。

65一舍：一种计算划分单位，古代以三十里为一舍。

66浑独剌：《蒙古秘史》中的"土兀剌"河，应是今天蒙古国中北部的土拉河。

67毕里纥都：蒙古语是"有智慧的"或"有记忆力的"，应是用人名命名的地名。

68又经一驿：应为"又经十一驿"，原文脱"十"字。

69吾悮竭恼儿：蒙古语"牛肚湖""羊脯海子"之意，可能指今蒙古国鄂尔浑河上游东乌盖湖。

70和林：又称哈拉和林、和宁，今蒙古国前爱杭省哈拉和林苏木，在今乌兰巴托西南，城濒临鄂尔浑河，建有额尔德尼召（明代在哈拉和林城废墟上建的喇嘛庙）。

㉛小故城：应是唐代回纥的故城，契丹人对故城又加以修缮。

㉜和林川：喀喇和林河，也即现在蒙古国的鄂尔浑河。有名的“突厥阙特勤碑”，即出现于鄂尔浑河沿岸。

㉝马头山：应为鄂尔浑河与塌米尔河两河之间的一座山峰。

㉞忽兰赤斤：山名，意为红色的耳朵。忽兰：蒙古语意思是红色。赤斤：蒙古语意思是耳朵。

㉟塌米河：现在的塔米尔河。位于蒙古三音诺颜部的东北，源出杭爱山脉的库岭，向东流经三音诺颜。东北会库里克河，再折东北会鄂尔浑河，注入色塄格河。

㊱石堠：石头堆子，即蒙古语的敖包，或叫脑包、鄂博。原来是草原上人们用石头、土、木棍儿堆成的道路和边界的标志，后来逐步演变成祭山神、路神和祈祷丰收、家人幸福平安的象征。

㊲隅：此处指靠近路边的地方。

㊳唐古：疑为哈绥河，或者叫哈瑞河。今蒙古国后杭爱省的哈努伊河，或者叫哈苏伊河。后文源于西夏的说法不确，应是作者误记。

㊴帐殿：古代帝王出行、休息时以帐幕为行宫。

㊵洎：等到，达到。

㊶陀山：应该是指像长蛇那样高低起伏的土山，不是某座具体的山。陀：倾斜不平的样子。

㊷麾下：古代对将帅的一种尊称。原意为将帅指挥的旗帜下，后引申为部下之意。

㊸白马湩：白色的马奶子。湩：乳汁。

㊹修时祀：对岁时节令所敬奉的神举行祭祀。祭祀时，主祭者洒白马奶于地。

㊺崦：本意是关闭山门，后泛指山，这里应指能遮风挡雨的宽广山谷。

㊻毳革：白色老羊皮袄。

㊼岁除日：指农历最后一天，俗称“年三十”，又称“岁除”“除夕”。

㊽贺正：农历正月初一，祭神祀祖后，外出拜访亲友师长。也称“拜正”“走春”“贺岁”。

㊾自王以下皆衣纯白裘：这就是元史所说的“质孙宴”与“质孙服”。质孙：汉语的意思是一色，就是都穿一色的衣服。所有人都穿一色衣服参加宴会，这样的宴会就叫质孙宴。“衣纯白裘”，就是说都穿白色的皮衣。

㊿晦：旧历每月最后一天，即大月每月的三十日、小月每月的二十九日。

㉑春水飞放：春天到某处行猎。契丹、蒙古等民族的可汗，每年春、秋两季，一定要到某水、某山行猎，因名春猎所到之水为春水，秋猎所到之山为秋山。于是，春水、秋山就成为春猎、秋猎的代名词。飞放，就是飞放鹰鹘打猎，这也是春捺钵的主要活动。

㉒率麾下复会于大牙帐，洒白马湩，什器亦如之：旧历夏四月，蒙古可汗所举行的大祭祀，当是一种古礼。祭祀的目的是拜天。日期当是夏季第一个月（四月）中上旬，不一定就是九日。

㉓仆自始至迨归，游于王庭者凡十越月：张德辉是丁未年（1247年）农历六月，从正定赴和林的。戊申年（1248年）四月告辞，复回内地。纪行作于戊申年六月十五日，前后历时共一年零十余日。“十越月”是行程。

㉔燕见：私下会见。

㉕款曲：衷情，殷勤诚挚的心意。

㉖原：推究。

㉗好善忘势：此句出自《孟子·尽心上》“古之贤王，好善而忘势”，意思是说古代的贤明君主喜欢听取善言，不把自己的权势放在心上。

㉘贤于隗者：这是历史上有名的燕昭王设立招贤馆，招致天下贤人的故事。《史记·郭隗传》：燕昭王于燕败之后，卑身厚币以礼贤者。（其师）郭隗谓曰：“王必预致士，请先从隗始；况贤于隗者，岂远千里哉！”于是昭王为郭隗改筑宫室，并像老师那样对待他。乐毅、驺衍、剧辛及其他有才能的人纷纷来归附燕国，燕国因此强大起来。这就是“黄金台招贤”的故事。元初忽必烈确有招贤的诚意。

㉙行李：本义是出使的人，今指出门时携带的行李。这里指旅行、旅途。

译文：

丁未年（1247年）夏，六月初一，（我）奉（王）召见，北上赶赴（和林）。从镇阳出发，走了两天多，途经中山城。当时，连绵阴雨下个不停。过了一会儿，雨过天晴，向西能望见恒山最高峰。（人们）所说的神峰，耸翠挺拔就像绿色的盖子。我面前的各座山峰，历历在目，清晰可数。于是，我回头对同行的人说：“我们这次出行能很快返回来吗？这就是韩退之用精诚打开衡山之云，所呈现的祥瑞之气啊。”

第二天，从保塞老城出来，走过徐河桥。向西望见狼山，山崖森立像（竖立的）剑戟，葱茏苍翠得仿佛可以盛出水来。不久，路经良门、定兴，到达涿郡。向东望能看见（矗立于）楼桑的蜀国先主（刘备）的庙。

路经良乡，渡过卢沟桥，就到达燕京。住了十天才出发，向北路过双塔堡、新店驿，进入南口。穿过居庸关，从居庸关北口出来向西走。经过榆林驿、雷家店（今怀来县新保安镇）到达怀来县。县城东南有一座桥，桥中间架有横木，横木上下都是石头。桥的西面有人聚居的村落，而县城外城墙已淹没在荒草间。

向西走，从鸡鸣山的南面经过，（山脚下）有个名叫平舆的客栈。山顶上建有寺庙。顺着山的西面向北走，沿着桑干河向上游走，河中有一座石桥。过了桥向西走，就是去德兴府（今涿鹿老城）的道路。向北走，路过一个叫定方水的客栈，走过石头梯子，就到达宣德州（今宣化老城）。

又向西北走，途径沙岭子，到达宣平县驿站。从得胜口（今万全城）出来，就抵达扼胡岭下，有一个叫孛落的驿站在这里。从这里开始，以北的驿站，都由蒙古部族分别主管，各个驿站都用主管人的名字命名。由扼胡岭向上，再向东北走，就开始看见蒙古包、毡车这些东西了。（蒙古人）追逐水草放牧罢了，不再是中原地带的风俗习惯了。

不久路过抚州（今张北老城），只看见几近荒芜的城池在那里。向北进入昌州城（今沽源县九连城古城），居民仅一百多户。城中有一座官署，是国王所建。城中也有粮仓，归昌州盐司管理。州的东面有一个盐池，四围宽广，方圆可达百里，当地人叫它狗泊，因为它的形状像狗的缘故。

过了昌州，向北走一百多里，有一道旧的堡垒隐约可见，与山谷连接，堡垒的南面有一座废弃了的小城。向居住在这里的人打听，（那人）说这是前朝所修筑的堡障（即金界壕），城内原有戍边者把守。

从堡障出发，再走四个驿站，开始进入沙丘地带。整个沙丘地带，没有一块石头、一寸土壤。从远处看，就像高低起伏的丘陵、土山。走到跟前，才发现都是积聚的沙子；（沙丘上）适宜生长的树木，只有榆树和柳树罢了。那里的水都含盐碱。

总共经过六个驿站才走出沙丘地带，再向西北方向走一站地，就路过鱼儿泊。鱼儿泊有两个湖，四围宽广，可达一百多里。（两湖）中间有道路，直通南北。鱼儿泊东岸有公主行宫。行宫的外墙高有一丈多，占地方圆二里多。中间建有寝殿，夹在两间房子中间，屋后建有中间高、前后低矮的长廊，东西两边又各有一廊。前面耸立着一座可以用来远眺的高楼，登上去（远眺），可以使目力畅快。行宫的东面，有杂居的工匠，差不多已经形成村落。村中有一楼宇，匾额上题着“迎晖”二字。

从鱼儿泊西北，走过四个驿站，就有残破的长城遗址，远远望去连绵不断没有尽头，（这）也是前朝修筑的外堡（界壕）。

从外堡再走过十五个驿站，就到达一条河边，（河）的深度和广度约占滹沱河的十分之三。北方话叫“翕陆连”，汉语意思是“驴驹河”。两岸多集中生长着柳树。河水向东流，水势湍急、迅猛。居住在这里的人说，水中有鱼，鱼长三四尺；春、夏和秋天捕鱼，都捕不到，到冬天凿开冰窟窿才能捕到。河边的百姓，蕃（多指蒙古族）、汉杂居。有些人家建造了房子，房子都用土覆盖；也有一些人从事种植业，种植麻（应指亚麻）、麦（应指莜麦）罢了。河的北面有一座大山叫窟速吾，汉语意思是黑山。从一舍之地（约三十里）以外的地方远望，（山体）颜色晦暗，像有茂密的树林。走近了看，都是仓黑的石头，大概常有阴霭之气笼罩在它的上面的缘故吧。

从黑山南面，朝西南方向，走过九个驿站，又到一条河边。河的深度和广度只相当于翕陆连的三分之一。水中鱼的大小与翕陆连中的相当，捕鱼的方法也一样。河水开始向西流，水深流急，很难涉水渡过。蒙古语叫“浑独剌”，汉语的意思是“兔儿”。沿着浑独剌河向西，走过一个驿站，有契丹修筑的旧城，方圆可达三里，背对青山，面临河水。从这里河水开始向北流。从旧城向西北走过三个驿站，路过毕里纥都，（这地方）是制作弓箭的匠人们聚集、生活的地方。

又走过十一个驿站，路过一个大泽泊，四围宽广有六七十里，水极其清澈，蒙古语叫吾悮竭恼儿。从大泽泊南面向西分出一条道路，进入和林城，（和林）距离大泽泊有一百多里。大泽泊正西有一座规模较小的旧城，也是契丹人所建造的。

从旧城向西望，土地平坦开阔，大约一百里以外的地方都有山脉。山的北面多生长着松树，河边则生长着绿杨和丛柳，中间的河流就是和林川。居住在这里的人多从事农耕种植业，都引河水灌溉庄稼，偶尔也有菜园出现。

当时正是秋天第一个月（农历七月）的下旬，亚麻和莜麦都已经枯黄了。问种田的人原因，回答说已经下过几次霜了。

从和林川出发，向西北方向走过一个驿站，路过马头山。居住在那里的人说山上有大马头，所以取名马头山。

从马头山北面，转过山湾再向西南走，路过忽兰赤斤，（这里）是奉命服役的人和工匠种植庄稼的地方。有一条河名叫塌米河，用来灌溉。

向东北方向走，又经过一个驿站，路过一个石头堆子。石头堆子在驿道旁边，高五尺多，下围周长四十多步。方方正正、巍然独特地矗立在平地上，形貌甚是奇特高峻；远远望去好像大石堆的样子，因此命名。

从石堆出发，向西南方向走过三个驿站，路过一条河，名叫唐古河。它发源于西夏的缘故。河水也是向东北方向流。河的西面有高峻的山岭，山岭上的石头都像铁一样。山岭北面多分布着松树林，它的南面有（王）的帐殿，是（王）避夏的地方。

等到中秋过后才开始启程，向东从驿道行走，路过石堆子，到达忽兰赤斤。向东北走，一路曲折连绵，进入蛇形的小山区。从此边走边停，走不超过三十里，停不超过两宿。所路过的地方没有名山、大川，没有必要全部记下来。

到了重阳节九月初九日，王召集部下在大牙帐内聚会，白色的马奶子洒到地上，对岁时节令所敬奉的神灵进行祭祀。所使用的器具都是用桦木做成的，不用金银装饰，（这是）崇尚（事物的）本质。

十月中旬，才到一处宽阔的山谷避冬。（山谷）林木很茂盛，水都结成坚硬的冰块儿，人们争着储备烧柴和水，来为抵御严寒做准备。衣服，不穿白色的老羊皮，是抵御不了严寒的；食物，以羊肉为主，米是很珍贵的。

等到除夕那天，就把帐殿搬迁到另一个地方，作为大年初一庆贺的地方。这天，（王）在帐殿前设宴款待部下，从王到部下，都穿纯白色皮衣。三天后，才到大牙帐敬献贺礼。正月最后一天，又向西南方向走。二月中旬，到达忽兰赤斤，再向东走，到达马头山就停止，是要趁春天放鹰打猎的缘故啊。

四月初九，（王）率领部下又在大牙帐内聚会，把白马奶洒到地上，（所使用的）器具也和上次一样。每年只有重九日、四月初九日，总共祭祀两次。其余节日则不祭祀。从这天才返回，再由驿道向西南走，前往避夏的地方。大概是到了夏天，就到高寒的地方避暑；到了冬天就到阳光充足、温暖，烧柴容易得到的地方避冬。在此之前，则是今天走，明天停留，追逐有水有草的地方，便于放牧牲畜罢了。这种（生活方式）是（这里的）风土所适宜的，（这里的）习俗大概就是这样。

我从离开到返回，来往于王庭间总共十个多月。每次与（王）私下相见，（王）一定会以礼相待。至于提供帐篷、被褥、衣服、吃的喝的、药品，无一不表达他殷勤诚挚的心意，拳拳爱护关注我的诚心可以感知到。自觉年迈无用，凭什么得到（王）如此厚待？推究王的用意，是出于“喜欢听取善言，不把自己的权势放在心上”，为弘扬忠恕之道而专门安排，想要招纳天下贤士。我张德辉哪有能力担当此任？以后一定有比郭隗（自比）更贤能的人来到这里。于是铭记旅行始末，特意详细地记录下来。

戊申年（1248年）夏六月十五日，太原张德辉恭谨地记载。

李富荣　译注

中堂纪事①

［元］　王　恽②

中统二年三月五日③丙寅未刻④，发自燕京。是夕，宿通玄⑤北郭。

六日丁卯午，憩海店⑥，距京城二十里。是晚，宿南口新店⑦，距海店七十里。

七日戊辰卯刻，入居庸关⑧。世传始皇帝北筑时，居庸徙于此，故名。两山巉绝⑨，中若铁峡⑩，少陵云，“峡形藏堂皇，壁色立积铁”⑪者，盖写真也。控扼南北，实为古今巨防。午憩姚家店⑫。是夜，宿北口⑬军营，距南口姚店⑭三十里而远。

八日己巳辰刻，度八达岭，于两山间俯望燕城，殆⑮井藏然⑯。出北口，午憩棒棰店。天容⑰日气⑱，与山南绝异，以暄凉⑲较之，争⑳逾月矣。午饭榆林驿㉑，其大山北环，举目已莽苍沙碛㉒，盖古妫川㉓也。是夜，宿怀来县㉔，南距北口五十三里。县东南里许有酿泉㉕井，水作鹅黄色，其曰玉液㉖

即此出也。官为置务[27]，岁供御醪[28]焉。

九日庚午，泊统墓店[29]。询其名，土人[30]云："店北旧有统军墓，故称。"是夜，宿雷氏驿亭[31]，地形转高，西望鸡鸣山，南眺桑干上流自奉圣[32]东诸山[33]下注，白波汹涌，若驱山而东鸡鸣山[34]者，昔唐太宗东征至其下，闻鸡鸣，故名。东南距怀来七十里而远。

十日辛未午刻，入宣德州[35]。

十一日壬申，为一日留，距雷氏驿九十里。

癸酉，行六十里，值雪，宿青麓[36]。

十三日甲戌，至定边城[37]憩焉，盖金所筑故城也。是夜，宿黑崖子[38]，距青麓九十里。

十四日乙亥，抵榷场峪[39]，盖金初南北互市之所也。是夜露宿双城[40]北十里小河之东南，距黑崖甸北一百有五里。

十五日丙子，亭午至察汗脑儿[41]，时行宫[42]在此。申刻大风作，玄云自西北突起。少顷，四合雪华如掌，平地尺许。乱[43]滦河而北，次[44]东北土墿[45]下，群山纠纷，川形平易，因势而广狭焉。泉流萦纡，揭衣可涉。地气甚温，大寒扫雪，寝以单韦[46]，煦如也。沙草毵茂[47]，极利畜牧。按地志，滦野[48]，盖金人驻夏金莲源、凉陉一带，辽人曰旺国崖[49]者是也。留八日而发，距双城七十里。

二十三日甲申，次鞍子山[50]，南距滦河四十里。

二十四日乙酉，次桓州故城[51]。西南四十里有李陵故台[52]。道陵[53]敕建祠宇[54]，故址尚在。未刻，朔风发发[55]，雨霰交作，传令："方春牧马不胜寒，尤[56]瘦弱者悉用毡搭覆其背，否者以法从事。"

二十六日丁亥晨，霜蔽野如大雪，日极高，阴凝始释。距鞍子山二十有五里。是日，桓州人来自和林城，迤[57]北正三月间，地草自燃，东自和林[58]西至炊州[59]，其燃极草根而止，水温处愈甚。人往来者，须以毡濡水覆其上，乃可越。又有黑风掠人面如灼，兵械及山椒[60]，遇夜皆有火出，在山者如列炬然。或者云：火兵象，皆北兵自焚销烁[61]之兆。

二十七日戊子，次新桓州[62]西南十里外，南北界壕[63]尚宛在，然也，距旧桓州三十里。

二十八日己丑，饭新桓州。未刻，扈从[64]銮驾，入开平府[65]，盖圣上龙飞之地[66]。岁丙辰[67]，始建都城。龙岗[68]蟠其阴，滦江经其阳，四山[69]拱卫，佳气葱郁。都东北不十里有大松林，异鸟群集，曰察必鹘[70]者，盖产于此。山有木，水有鱼，盐货狼藉，畜牧蕃[71]息，大供居民之食用。然水泉浅，大冰负土，夏冷而冬冽，东北方极高寒处也。按方志，盖东汉乌桓地也。距新桓州四十有五里。

注释：

①中堂纪事：亦称《中堂事纪》《中堂事记》，选自王恽《秋涧先生大全文集》八十至八十二卷。该书以日志形式记录了中统元年（1260年）九月，作者在燕京随中书省官赴开平会议，至次年九月返回燕京之事，保存了期间中书机构及其运作，包括颁布政令的资料。文中所引多为原始公文、档案，翔实可信，对研究元朝初典章制度和中统初年忽必烈推行汉法的情况，具有重要的参考价值。中堂：指朝廷中枢机构，也即中书省，包括当时中书内省（随驾中书机构）和王文统主持的行中书省（燕京行中书省）。中统元年（1260年）三月，忽必烈即位于元上都，四月设中书省。因局势不稳，又于七月将中书省一分为二，一部分随驾出征，称中书内省；另一部分随平章政事王文统进驻燕京，处理全国政务、筹划钱粮之事，称行中书省。直至中统二年九月，平章政事王文统率燕京行省官员返回燕京，中、行二省合二为一。选文详细记录了中统二年三月，兼任中书省左右司都事的王恽，随燕京行中书省大小官员及汉地十道宣抚使，从燕京赴开平途中所见。

②王恽（1227—1304），字仲谋，号秋涧，卫州路汲县（今河南省卫辉市）人，元朝著名学者、诗人、政治家。《元史》称其“有材干，操履端方，好学善属文”，著作颇丰，传世有《秋涧先生大全文集》一百卷。

③五日：当为十五日。

④丙寅未刻：丙寅，干支纪日法，中统二年三月五日。下文丁卯、戊辰、己巳、庚午、辛未、壬申、甲戌、乙亥、丙子、甲申、乙酉、丁亥、戊子、己丑干支纪日，均与前面日期对应；未刻，即一天中的13—15时，与下文卯刻（5—7时）、辰刻（7—9时）、午刻（11—13时）、未刻（13—15时）、申刻（15—17时），均使用地支纪时法。

⑤通玄：燕京北郭中门，今北京市宣武门外下斜街一带。

⑥海店：今北京市海淀区。

⑦新店：距南口七里。

⑧居庸关：居庸关得名，始自秦代。相传秦始皇修筑长城时，将囚犯、士卒和强征来的民夫徙居于此，取“徙居庸徒”之意。

⑨巉绝：此处形容险峻陡峭。

⑩铁峡：色黑似铁的山峡，泛指长江三峡一带。

⑪峡形藏堂皇，壁色立积铁：出自杜甫五言诗《铁堂峡》：“山风吹游子，缥缈乘险绝。峡形藏堂隍，壁色立积铁。”铁堂峡位于甘肃省天水市秦州区齐寿山西北，在秦州区天水镇与平南镇交界处，是一个峡崖壁立、空谷一线、壁立千仞的奇幽峡谷。堂皇：亦作“堂隍”，即广大的殿堂。意思是山台如堂隍，峡谷藏于中间，山峡壁立，色黑如铁。

⑫姚家店：今关沟附近下姚家河。

⑬北口：居庸关北口。

⑭姚店：姚家店。

⑮殆：几乎，大概。表推测。

⑯然：……的样子。

⑰天容：天空的景色。

⑱日气：日光散发的热气。

⑲暄凉：暖和寒冷。暄：太阳的温暖。元代诗人萨都剌有诗云：“居庸关，山苍苍，关南暑多关北凉。”

⑳争：相差。如唐人杜荀鹤《自遣》：“百年身后一土丘，贫富高低争几多?”

㉑榆林驿：也称榆林站，古驿站名。位于北京市延庆区康庄，现仅残存土城数段。

㉒沙碛：沙滩、沙地。碛：沙石地。

㉓妫川：今北京市延庆区的一条河，全名妫水河，注入桑干河。

㉔怀来县：旧县城，在今官厅水库位置，1951年修官厅水库时被淹，怀来县城迁至今沙城镇所在地。

㉕酿泉：玉液泉。据《隆庆志》记载：“玉液泉在州城西南，水清味淡，造酒极佳。元时取造玉液酒，因以名泉。其水西流入清水河。”

㉖玉液：玉液酒。

㉗务：从事，致力。这里指从事酿酒工作。

㉘醪：酒的总称。

㉙统墓店：土木堡，又名土木村，明英宗被也先俘获处，位于今河北省张家口市怀来县城东二十里处。

㉚土人：土族人，当地人。

㉛雷氏驿亭：又称雷家站，今怀来县新保安镇。雷：又作“漯”。

㉜奉圣：奉圣州（今涿鹿县），元袭辽代叫法，后因地震改为保安州。民国二年因与陕西保安县重名，改为涿鹿县。

㉝诸山：指今保安县东北的山脉，即八再营、八西营中间的山。

㉞鸡鸣山：一名磨笄山，在今张家口市下花园区境内。

㉟宣德州：今宣化区。

㊱青麓：今青边口，又曰镇宜台口。在今张家口市宣化区东望山乡青边口村，常峪堡（东望山乡常裕口村）西二十里，青山南八里，宣化区西北五十里。

㊲定边城：据辽史载，应为辽代所筑的静边城，并非金代修筑。疑似河北省张家口市沽源县莲花滩乡的近边沟村。

㊳黑崖子：一名黑崖甸，在今张家口赤城、沽源、崇礼三县（区）交界地带。

㊴榷场峪：互市贸易场所。

㊵双城：应为榷货官驻地。辽太祖三年（909年）耶律阿保机“建羊城于炭山之北，以通市易”。炭山位于赤城县独石口以北，为滦河发源地。羊城大概在今河北省沽源县西南的西辛营、小河子一带。

㊶察汗脑儿：为今河北省张家口市沽源县天鹅湖（原名“囫圇淖儿”）及附近水域，目前水域已大面积萎缩。

㊷行宫：别称西凉亭，今沽源县闪电河乡小宏城村古城，遗址残迹尚存。

㊸乱：横渡。

㊹次：驻扎。

㊺土墣：大概在今沽源县二道区乡大梁底村。土墣：小土堆，小坟堆。

㊻韦：熟皮，去毛熟治的皮革。

㊼毦茂：形容草长得像鸟、兽的细毛那样稠密、茂盛。毦：指鸟、兽贴近皮肤的细软的毛。

㊽滦野：指滦河回环处以南、大马群山以北数百里的广大区域。

㊾旺国崖：今闪电河东畔山脉。金大定八年（1168年），金世宗将其改为静宁山。

㊿鞍子山：今内蒙古太仆寺旗骆驼山。

51桓州故城：旧桓州城，大概在骆驼山东北，靠近闪电河的地方。

52李陵故台：李陵台，故址在今内蒙古自治区正蓝旗以南黑城子。

53道陵：金章宗的陵墓，位于北京南郊房山，明代末年被掘毁。这里指金章宗。

54祠宇：祠堂，神庙。

㊺发发：风吹迅疾的样子，也指疾风吹刮的声音。

㊻尤：更加，格外。

㊼迤：斜着延伸的样子。

㊽和林：又称哈拉和林、和宁。位于今蒙古境内前杭爱省西北角，在今乌兰巴托西南。城濒临鄂尔浑河，建有额尔德尼召（明代在哈拉和林城废墟上建的喇嘛庙）。蒙古帝国第二代大汗窝阔台七年（1235 年）在此建都。

㊾炊州：在唐麓岭（今唐努山）以北。从和林到炊州，当时都属于忽必烈争夺皇位的阿里不哥势力范围。

㊿山椒：泛指灌木丛。

61销烁：亏缺，消损。

62新桓州：金代新桓州，在今内蒙古自治区正蓝旗上都镇侍郎城（四郎城），闪电河左岸。因是乌桓故地，故取名桓州。

63界壕：金代修筑的界壕，在新桓州城北十余里处。

64扈从：随从。

65开平府：今内蒙古自治区锡林郭勒盟正蓝旗驻地上都镇东北四十里，闪电河北岸。1260 年，忽必烈在此称帝，后加号上都，或称上京、滦京，与元大都并称二都。

66龙飞之地：犹言帝王之乡。

67岁丙辰：宪宗六年（1256 年）。刘秉中奉忽必烈之命选址建开平城，耗时三年。丙辰为干支之一，顺序为第五十三个。

68龙岗：今卧龙山，在旧开平北三里处。

69四山：除卧龙山外，开平城南四十里有南屏山，东四十里有牛心山，南面滦河（古称滦江、濡水）源出炭山。

70察必鹘：白鹘，一种鸟。

71蕃：繁衍。

译文：

中统二年三月十五日未刻，从燕京出发。这天晚上，在燕京北郭中门住宿。

六日，中午在海淀休息，（海淀）距离京城二十里。这天晚上，在南口新店留宿，（南口新店）距离海淀七十里。

七日卯刻，进入居庸关，传说秦始皇在北方修筑长城时，将囚犯、士卒和强征来的民夫迁徙到这里居住，以此取名。两山险峻陡峭，中间峡谷色黑似铁，少有高耸入云的悬崖。杜甫诗句“峡形藏堂皇，壁色立积铁”的描写，应该是真实的。（此处高山）控制南北交通，确实是从古到今军事上重要的防线。中午在姚家店休息。这天晚上，在居庸关北口军营住宿，（居庸关北口）距离南口的姚家店约三十里地。

八日辰刻，穿越八达岭，在两山间向下看，燕京城差不多像藏在井底的样子。从北口出来，中午在棒槌店休息。天空的景色和日光散发的热气，与山南截然不同，拿冷暖来比较，（时令）相差超过一个月。中午在榆林驿站吃饭。这里被北边的大山环抱，举目远望满眼已是苍苍茫茫的沙地，这应该就是古老的妫川。这天夜里，在怀来县城住宿，（怀来县城）距离居庸北口五十三里。县城东南有用于酿酒的泉水，井水呈现鹅黄色。被称作玉液的酒，就是出自这里。（朝廷在这里）专门设置了管理酒务的官，每年供给皇上御用的酒。

九日，到达统墓店。询问名字的由来，当地人说：“店的北面有统军的坟墓，所以称统墓店。”这天夜里，在雷氏驿亭留宿。地势变得高了，向西望能望见鸡鸣山，向南眺望可以看见桑干河上游，从奉圣东边山峦向下流，白色的波涛汹涌而来，好像驱动大山向东移动。鸡鸣山，唐太宗东征到达山下，听见鸡叫声，所以取名。（鸡鸣山）距离东南方向的怀来七十多里。

十日午刻，进入宣德州。

十一日，逗留一天。宣德州距离雷氏驿站九十里。

十二日，走了六十里，下起了雪，在青麓住宿。

十三日，到达定边城，在那里休息，（定边城）可能是金修筑的旧城。这天夜里，在黑崖子住宿，（黑崖子）距青麓九十里。

十四日，到达榷场峪。（榷场峪）可能是金朝初年南北相互交流买卖的地方。这天夜里，在双城北十里、小河的东南面露宿。此地，在黑崖子北面，距黑崖子一百零五里。

十五日正午，到达察汗脑儿，当时行宫西凉亭在这里。申刻（13—15点），刮起了大风，乌云从西北方突然涌起。不一会儿，暮色四合，雪花像手掌那么大，平地覆盖一尺多厚的雪。横渡滦河向北行走，在东北方向的一个小土坡下驻扎，群山交错，河流地势平坦易行，因为这里的地形宽广而又狭长。泉流迂回曲折，提起衣襟就能跨过去。地气比较温和，大寒过后扫去积雪，就寝时用熟皮子做床单，很暖和。沙地上，草长得像鸟兽的细毛那样稠密、茂盛，非常有利于放牧牲畜。按照地理方面的记载，滦野应该就是金人夏天入驻的金莲川、凉陉一带，辽国人所说的旺国崖就是这里。（在这里）驻留了八天，然后出发。（察汗脑儿）距离双城七十里。

二十三日，驻扎在鞍子山。（鞍子山）距南面的滦河四十里。

二十四日，驻扎在桓州旧城。城西南四十里的地方，有李陵的坟墓。金章宗下令建造的祠堂庙宇，旧址还在。午后，寒风呼呼地刮了起来，雨雪交加。上边传下命令："正值春天放牧马匹，（马）不能承受特别的寒冷，尤其那些瘦弱的，都要用毡子搭盖在它们背上，如果不这样做要依法处置。"

二十六日，早晨下了一层霜，遮蔽了整个原野，好像下了一场大雪。太阳很高了，背阴地方凝结的霜才开始融化。（桓州故城）距离鞍子山二十五里。这天，一个从和林回来的桓州人说，斜向北的地方，三月间，地上的草会自己燃烧，东自和林，西到炊州也都是这样。火烧到草根处就停止了，水温高的地方更厉害。来往的人，必须用浸水的毛毡盖在上面才能越过去。又有黑风，刮过人的脸就像被兵器灼伤一样刺痛。灌木丛在晚上都会发出火光。山间灌木火光灼灼，像排列整齐的火把。有人说："火，是战争的征象，有北兵（应指阿里不哥军）自相残杀自我消损的征兆。"

二十七日，驻扎在新桓州西南。十里地以外的地方，南北界壕依然清晰可见。（新桓州）距离旧桓州三十里。

二十八日，在新桓州吃饭。午后，随圣驾来到开平府。这是块龙兴之地，丙辰年开始修建都城。龙岗山盘踞在它的北面，滦河从它南面经过，四山（除北面卧龙山外，开平城南四十里有南屏山，东四十里有牛心山，南面滦河源出炭山）环抱帝王之都，祥瑞之气浓郁。都城东北不超过十里的地方有一大片松树林，奇异的鸟类成群地聚集在那里。被称作察必鹘的鸟，可能就产自此地。山上有树，水中有鱼，盐和各种物资杂然陈列，牲畜繁衍生息，大量地供给居民食用、使用。水域、泉流、河水都结了厚厚的冰覆盖在大地上，夏天凉爽冬天寒冷，这是东北地势极高极寒冷的地方。按地方志记载，这里是东汉时乌桓居住的地方。（开平府）距离新桓州四十五里。

李富荣 译注

扈从北行前记[1]

[元] 周伯琦[2]

至正十二年[3]四月，伯琦由翰林直学士、兵部侍郎拜监察御史。视事[4]之三日，大驾[5]北巡上京[6]，例当扈从。

启行至大口[7]，留信宿。历皇后店[8]、皂角[9]，至龙虎台[10]。皆捺钵，犹汉言顿宿[11]所也。龙虎台昌平县境，又名新店，距京师仅百里。

五月一日，至居庸关而北，遂自东路至瓮山[12]。

明日至车坊[13]。在缙山县[14]之东。缙山，轩辕缙云氏山，山下沃衍[15]宜粟，岁供内膳。

又明日入黑谷[16]，过色泽岭[17]。高峻曲折，凡十八盘。遂历龙门[18]及黑石头[19]，过黄土岭[20]，至程子头[21]；又过穆儿岭[22]，至颉家营[23]；历拜达勒[24]，至沙岭[25]。

自车坊、黑谷至此，凡三百一十里，皆林深复谷，村坞[26]僻处。山路将尽，两山高耸，如洞门，尤多巨石。近沙岭，则土山连亘，地皆白沙，深没马足。过此则朔漠，平川如掌，天气陡凉，风物大不同矣。

遂历黑嘴儿[27]，至失八儿秃，又名牛群头[28]，地多泥淖。其地有驿[29]，有邮亭[30]，有巡检司[31]，阛阓[32]甚盛。驿路至相合。北皆当牧之地，无林木。遍地地椒[33]、野茴香[34]、葱、韭，芳气袭人。草多异花五色。有名金莲花者，似荷而黄。

至察汗脑儿[35]，犹汉言白海也。水泺深不可测，气皆白雾。其地有行在宫[36]，曰“亨嘉殿”。阙庭[37]如上京而杀[38]焉，置云需总管府[39]以掌之。沙井甘洁，酿酒以供上用。又作土屋养鹰，名鹰房。驻跸[40]于是，秋必校猎[41]焉。

此去捺钵曰郑谷店[42]，曰明安驿[43]，曰泥河儿，曰李陵台驿[44]、双庙儿，遂至桓州[45]，曰六十里店，即乌桓[46]地也。前至南坡店[47]，去上京一舍[48]耳。以是月十九日抵上京，历捺钵凡十有八[49]，为里七百五十有奇，为日二十四。大抵两都相望，不满千里。往来者有四道，曰驿路[50]，曰东路二，曰西路[51]。

东路二者：一由黑谷[52]，一由古北口[53]。东道御史按行[54]处也。伯琦往年分署上京，但由驿路而已。黑谷辇路[55]未之前行。因忝[56]法曹[57]，肃清毂下[58]，遂得见所未见，实为旷遇云。

鄱阳周伯琦自叙。

注释：

①扈从北行前记：又名《扈从诗前序》，为作者为其《扈从诗》所作之序。此为《前序》，又有《后序》（《扈从北行后记》）。周伯琦于元顺帝（元惠宗）至正十二年（1352年），以监察御史的身份，扈从顺帝由大都巡幸上都，东路出西路还。《前序》记录东出沿途所见，《后序》记录西还沿途所见。扈从，即随从。

②周伯琦（1298—1369），字伯温，号玉雪坡真逸，饶州鄱阳人（今江西省鄱阳县人）。元代书法家、文学家。以荫授南海县主簿，后转翰林修撰、监察御史等职。曾被元末江浙义军首领张士诚扣留平江十余年。

③至正十二年：1352年。

④视事：任职从事政务。

⑤大驾：指皇帝出行，仪仗队规模最大者为大驾。泛指皇帝的车驾，这里指元顺帝。

⑥上京：元上都。

⑦大口：今北京市海淀区清河镇小营联合小区，回龙观南，或在清河与西三旗之间。

⑧皇后店：一名皇堠店，位于元大都西北六十里处，今北京市海淀区西北旺镇皇后店村。

⑨皂角：今北京市海淀区北三环内皂角庙。

⑩龙虎台：又名新店，今北京市昌平区老城西北五里南口东北，为长三里、宽二里的条形高土台，又高又平又宽敞，有虎踞龙盘之势，故名龙虎台。捺钵规模较大，供应较齐备，为元朝皇帝北出居庸关住宿的地方。

⑪顿宿：住宿。

⑫瓮山：今北京市延庆区井庄镇东红山村。

⑬车坊：元时为“缙山花园村”，今北京市延庆区旧县镇车坊村，距离旧县老城二里。

⑭缙山县：辽、金旧县，元为龙庆州，别称“缙云”。今北京市延庆区旧县镇老城。

⑮沃衍：指土地肥美平坦。

⑯黑谷：又作黑合川、黑峪口，今北京市延庆区香营乡黑峪口村。车坊北十里，即入燕山边缘，有两个入口，黄裕口和黑峪口。

⑰色泽岭：即涩石岭，黑谷路标志地名，位于今北京市延庆区永宁镇四司村东南，为永宁镇与大庄科乡分界线。主峰海拔一千一百四十四米。

⑱龙门：应为白河边上的龙门州。据专家考证，赤城县相关地名有龙门关、龙门县、龙门山、龙门所、龙门州，但只有龙门州这个古地名最接近，大致位置应该在白河堡和千家店之间。

⑲黑石头：一名黑石川，今黑水。

⑳黄土岭：应在今北京市延庆区刘斌堡乡周四沟村北面

㉑程子头：应在今龙门所一带。

㉒穆儿岭：又写作磨儿岭，大致在今东万口至白草镇一带。

㉓颉家营：应在磨儿岭北面，东万口至白草镇之间。

㉔拜达勒：应是蒙古语拟音，又写作白塔儿，位置应该在从白草镇到老掌沟的黑河河谷某处。

㉕沙岭：根据路线、地貌多白沙的情况来看，位置应在今河北省张家口市沽源县长梁乡前韭菜沟村附近。西北距石头城五十余里。明洪武二十九年（1396 年）曾在此（时称“沙峪”）立开平中屯卫。

㉖村坞：村庄。坞：地势周围高而中央凹的地方。

㉗黑嘴儿：山名，也叫黑山嘴儿，应位于河北省张家口市沽源县丰源店乡或长梁乡境内。

㉘牛群头：元时望云路（驿道）上的驿站名。在今河北省沽源县小河子乡石头城村。驿站遗址尚存。“失八儿秃”是蒙古语名。

㉙驿：驿站，是中国古代供传递官府文书和军事情报的人或来往官员途中食宿、换马的场所。

㉚邮亭：邮递活动的一种设施，指古时传递文书的人沿途休息的处所，也就是驿馆。

㉛巡检司：古代州县所属捕盗官。元代时，通常为管辖人烟稀少地方的非常设组织，除无行政裁量权之外，也没有常设主管官，其功能性以军事为主。

㉜阛阓：市区。古时，城市道路就在墙与门之间，所以通称市区为“阛阓”。阛：指环绕市区的墙。阓：指市区的门。

㉝地椒：中药名。为唇形科植物百里香或展毛地椒的全草，主要分布在河北、山西等地。

㉞野茴香：学名蛇床花，一年生草本植物。

㉟察汗脑儿：水域在今河北省张家口市沽源县平定堡镇北十二里处，天鹅湖（原名囫

圙淖儿）及其附近水域。目前水域已大面积萎缩。

㊱行在宫：行宫。这里指察汗脑儿行宫（古代京城以外供帝王出行时居住的宫室），又称“白海行宫”“西凉亭”，位于察汗脑儿（今天鹅湖）东岸，闪电河乡小宏城村北。基址尚存。

㊲阙庭：宫廷。阙：宫阙，指皇宫门前两边供瞭望的楼。庭：庭院，堂阶前的院子。

㊳杀：此处指削减、逊色。

㊴云需总管府：正三品衙门，隶属于上都留守司。设于元仁宗延祐二年（1315 年）。掌守护察汗脑儿行宫及行营供办之事。置达鲁花赤、总管、同知、副总管各一员。

㊵驻跸：皇帝、后妃外出途中暂停小住。

㊶校猎：用木栅栏阻挡猎取野兽，也泛指打猎。校：栅栏。

㊷郑谷店：一说即明安驿。

㊸明安驿：又名泥河儿，一名察汗脑儿附驿，一名昔宝赤站，即察汗脑儿行宫东北五里，今河北省张家口市沽源县闪电河乡马神庙村。

㊹李陵台驿：又名双庙儿，故址在内蒙古自治区正蓝旗以南黑城子。

㊺桓州：又名六十里店，指新桓州，在今内蒙古自治区正蓝旗上都镇侍郎城（四郎城），上都河（闪电河）北岸。因是乌桓故地，故取名桓州。

㊻乌桓：也叫乌丸，中国古代民族之一，原为东胡部落联盟中的一支。

㊼南坡店：今内蒙古自治区正蓝旗东北上都河北岸，南距元上都三十里。元英宗至治三年（1323 年）八月五日，这里曾发生过“南坡之变”，元英宗于此地遇刺身亡。

㊽一舍：古代以三十里为一舍。

㊾历捺钵凡十有八：经历了十八捺钵。十八捺钵指：大口、皇后店、皂角、龙虎台、居庸关、瓮山、车场、程子头、颉家店、白塔儿、沙岭、失八儿秃（牛群头）、察汗脑儿、郑谷店、明安驿（泥河儿）、李陵台（双庙儿）、桓州（六十里店）、南坡店。

㊿驿路：古代专门给马车之类通行的道路，也叫驿道。

[51]西路：指孛老路，元帝“东出西还”之“西还”之辇路。路线：出大都，经新店、居庸关、榆林驿、怀来、雷家店（今张家口市怀来县新保安镇附近）、宣德（今张家口市宣化区）、宣平（今张家口市怀安县）、野狐岭（今张家口市万全县膳房堡北五里）、兴和（今张家口市张北县）、鸳鸯泺（今张家口市张北县安固里淖）、怀秃脑儿（今张家口市张北县张飞淖一带）、察汗脑儿、六十里店，到达上都。全程一千零九十六里。

[52]黑谷：本文所记路线，元帝“东出西还”之“东出”之辇路。路线：出大都，经大口、龙虎台、昌平新店、居庸关，然后北行，经瓮山、车坊、龙门、黑石头、黄土岭、程

子头、磨儿岭、颉家店、白塔儿、黑嘴儿、失八儿秃（牛群头）、察汗脑儿、李陵台、桓州，到达上都。全程七百四十多里，总共路过十八个捺钵。

㊸古北口：出大都向东北方向，经过古北口、宜兴州（河北省滦平县北兴州村小城子）、东凉亭（内蒙古自治区锡林郭勒盟多伦县城西），向西至上都。

㊹按行：巡行，巡视。

㊺辇路：天子车驾所经的道路。

㊻忝：辱，有愧于。

㊼法曹：古代司法官署，也指掌管司法的官吏。这里应指作者监察御史的身份。

㊽毂下：常写作“辇毂之下”，指京城政事，也指京城。

译文：

至正十二年（1352 年）四月，伯琦由翰林学士、兵部侍郎，升任监察御史。上任的第三天，圣上要北行到上京去，按照惯例（我）应当随从。

启程后，先到达大口，留下来住了两夜。经过皇后店、皂角，到达龙虎台。（上述地名）都是捺钵，就是汉语所说的住宿的地方。龙虎台在昌平境内，又叫新店，距离京城仅仅一百里。

五月一日，到达居庸关再往北走，随后从东路走，到达瓮山。

第二天，到达车场。（车场）在缙山县的东面，土地肥美平坦，适宜种小米，（这里的小米）每年都会供给宫中做膳食用。

第三天进入黑谷川，路过色泽岭。山岭高峻曲折，总共（要走）十八个弯道。随后经过龙门，到达黑石川；经过黄土岭，到达程子头；经过磨儿岭，到达颉家营；经过拜达勒，到达沙岭。

从车坊、黑谷川到这里，总共三百一十里，林深谷幽，村庄都在很偏僻的地方。山路快要走完的时候，两座山突兀高耸，（穿过去）就像钻山洞，巨石特别多。靠近沙岭的地方，则是连绵的土山，地上都是白色的沙子，（沙子）深到埋没了马蹄。过了这里，就是北方的大漠，一马平川，就像人的手掌，天气突然转凉，风光物象（与之前相比）很不同了。

随后经过黑嘴儿山，到达失八儿秃，（失八儿秃）又叫牛群头，地上有很多泥淖。这里有驿站，有邮亭，有巡检司，市区很繁华。到这里就与驿路合并了。北面都是放牧的地方，没有林木。遍地都是地椒、野茴香、葱和韭菜，芳香袭人。草丛中（盛开的）多是奇异的花，五种颜色。有一种名叫金莲花的，很像荷花，却是黄色。

到了察汗脑儿，（察汗脑儿）汉语意思是白海。淖儿水深不可测，蒸发的水汽（在水面上）形成一层白雾。这个地方有行宫，叫“亨嘉殿”。宫廷构造与上京的很像，却又稍微逊色一些。（朝廷）设置了云需总管府，来管理它。（此地）有一眼沙井，井水甘甜、洁净，用来酿酒以供圣上饮用。又筑有土屋，（用来）养鹰，（土屋）取名叫鹰房。（圣上）住在这里，秋天必定要打猎。

这次前往的捺钵有郑谷店、明安驿（也叫泥河儿）、李陵台驿（也叫双庙儿），随后到达桓州，又叫六十里店，（桓州）是乌桓生活过的地方。先到达南坡店，（南坡店）距离上京只有三十里。五月十九日抵达上京。总共经过了十八个捺钵，走了七百五十多里路，耗时二十四天。大概两都遥遥相对，不满一千里。（两都）来往有四条道路，有驿路，有东路两条，西路一条。两条东路：一条途经黑谷，一条途经古北口。古北口路是东道御史巡行的地方。伯琦往年办理公务到上京，只从驿路走。黑谷辇路，从未走过。因忝列司法行列，于是撇开京城政事随行，得以见到从未见过的景象，实在是很难得的遇见。

鄱阳的周伯琦自叙。

李富荣　译注

扈从北行后记

[元]　周伯琦

车驾既幸上都①，以六月十四日大宴宗亲世臣环卫官于西内棕殿②，凡三日。

七月九日，望祭③园陵。竣事，属车辕皆南向，彝典④也。遂以二十二日发上都而南，宿六十里店捺钵⑤。越三日，至察汗脑儿⑥。

翌日⑦，由此转西至怀秃脑儿⑧，犹汉言后海也，有大海在捺钵后故之⑨。曰平陀儿，曰石顶河儿，土人名为鸳鸯泺⑩。其地南北皆水，水禽集育其中。国语名其地曰遮里哈剌[11]捺钵，犹汉言远望则黑也。两水之间，壤土隆阜[12]。诸部与汉人杂处，因商而致富者甚多。自察汗脑儿至此百余里，皆云需府[13]境也。界是而南，则属兴和路[14]矣。捺钵曰苦水河，曰回回柴，国语名忽鲁秃[15]，汉言有水泺也。隶属州保昌[16]，曰忽察秃，犹汉言有山羊处也。地饶水草，野兽兔最多。

又西二十里为兴和路，世祖所创置也，岁北巡，东出西还，故置有司，为供亿[17]之所，城郭周完，阛阓丛夥[18]，河东宪司所按部也。西抵太原千余里，群[19]多太原人，路置二监一守，余同他[20]上郡。东界则宣德府境，上都属郡也。府之西北名新城，武宗筑行宫其地，故又名中都[21]，今多圮[22]毁，大驾久不临矣。

由兴和行三十里，过野狐岭，上为捺钵，地高，风甚寒。东西盘折而下平地，天气即暄[23]，无不减衣者，前至得胜口[24]，宣平县境也，有御花园，杂植诸果，中置行宫。

南至县十五里，去邑三十里，有山出玛脑石。又前沙岭[25]五十里至顺宁府，本宣德府也，因地震改名。

南过坳儿岭，下临深涧，其流为浑河。岭头参瓦四十里，至鸡鸣山，垒嶂排空，绵亘二十余里。

又南二十里乃平地，曰雷家驿[26]。驿之西北十里，捺钵曰丰乐。二十里，至阻车捺钵。又二十里，至统幕[27]，则与中路驿程相合。

而南历狼居胥山[28]，至怀来县，四山环抱。中有水名妫川[29]。县南二里，捺钵也。凡官署留京师者，皆盛具牲酒于此，迎候大驾，仍张大宴，庆北还也。南则榆林驿[30]，即《卫青传》榆溪[31]旧塞。自怀来行五十五里，至妫头[32]。

又十里，入居庸关，以至于大口[33]，遂以八月十三日至京师。凡历捺钵二十有四，为里一千九十有五，此辇路西还之所经也。国制，凡官署之幕职录曹当扈从者，东西出还甲乙番次[34]，唯监察御史扈从，与国人、世臣、环卫者同，东西之行，得兼历而悉览焉。

注释

①上都：城址在今内蒙古自治区锡林郭勒盟正蓝旗草原，闪电河北岸。始建于 1256

年，元世祖忽必烈在此登基，建立元朝，初名“开平府”，中统五年（1264 年）改名为“上都”。

②西内棕殿：上都南部皇城之西称“西内”，此殿应在此处。

③望祭：遥望而祭。

④彝典：常典，祖宗留下的法律、制度。意思是向祖宗留下常典致敬，表达谨遵祖制的意思。

⑤捺钵：亦作“纳宝”“纳钵”。契丹语译音。相当于汉语的“行在”。辽、金、元时国君的行营。

⑥察汗脑儿：水域在今河北省张家口市沽源县平定堡镇北十二里处，天鹅湖（原名囫囵淖儿）及其附近水域。目前水域已大面积萎缩。

⑦翌日：第二天。

⑧怀秃脑儿：今安固里淖，隶属张北县，现已干涸，怀秃脑儿、平陀儿、石顶河儿、鸳鸯泺、遮里哈剌是同一地点。

⑨故之：“故名之”的省略。

⑩鸳鸯泺：参见注释⑧。

⑪遮里哈剌：参见注释⑧。

⑫隆阜：土壤高高地隆起并且很肥沃。

⑬云需府：正三品衙门，隶上都留守司。设于元仁宗延祐二年（1315 年）。掌守护察汗脑儿行宫（又称西凉亭）及行营供办之事。置达鲁花赤、总管、同知、副总管各一员。

⑭兴和路：当时的“兴和路”治所在高原县（今河北省张北县），辖今河北省的张北、怀安县，山西省的天镇县，内蒙古自治区的集宁、太仆寺等旗县之地。

⑮忽鲁秃：汉语水泊的意思。

⑯保昌：宝昌州。元延祐六年（1319 年）设，隶属于兴和路。

⑰供亿：供给，供应。

⑱阛阓丛夥：市场多聚集在这里，极言经商的人多。阛阓：街市。

⑲群：居住的人群。

⑳余同他：其余与此相同。

㉑中都：元中都遗址位于今河北省张北县馒头营乡，始建于元大德十一年（1307 年），与当时的元大都（即今北京市）、元上都（今内蒙古自治区正蓝旗东）齐名。

㉒圮：塌坏，倒塌。

㉓暄：温暖。

㉔得胜口：也叫得胜关，即今万全城，当时的交通关隘、咽喉要地。

㉕沙岭：今张家口市宣化区沙岭子镇沙岭子村。

㉖雷家驿：今张家口市怀来县新保安镇。

㉗统幕：统墓店，又名土木堡、土木村，明英宗被也先俘获处。在今河北省张家口市沙城镇东十里处。

㉘狼居胥山：存疑，山名。按照巡行路线应当是处于雷家驿到怀来县之间的山。

㉙妫川：治在今北京市延庆区，隶属妫州。东邻北京怀柔区，南接北京市昌平区，西与河北省怀来县接壤，北与河北省赤城县相邻，县城距北京德胜门一百四十八里。

㉚榆林驿：位于北京市延庆区康庄，古驿站，城为“凸”形，现在仅残存土城数段。

㉛榆溪：指榆林塞，亦称“榆溪”。《史记·卫将军骠骑列传》：“遂西定河南地，按榆溪旧塞。”

㉜妫头：棒棰店。

㉝大口：居庸关的南口。

㉞番次：轮流。

译文：

皇帝车驾驾临上都后，六月十四日，在西棕殿大摆宴席，（犒劳）宗族世臣和环卫官。（宴席）共持续了三天。

七月九日，遥望祭祖。仪式完成后随行人员和车辆车辕都朝向南方，这是谨遵祖制。于是在二十二日从上都向南行走，（当晚）在六十里店捺钵住宿。三日后，到达察汗脑儿。

第二天，由察汗脑儿向西到达怀秃脑儿，也就是汉语说的后海。在捺钵后面有水泊，所以管他叫后海。这个水泊叫平陀儿，又叫石顶河儿，当地人管它叫鸳鸯泺。这里南北都是水，各种水禽都在里面聚集育雏。蒙古语称这里为遮里哈剌捺钵，犹如汉语所说的远远看起来是黑色的一样。两条河之间的陆地高高隆起，土壤比较肥沃。各部的蒙古人和汉人在这里杂居而处，因此经商而致富的人很多。从察汗脑儿到这里百余里的地方都在云需府境内。这条边界以南属兴和路管辖。这里的捺钵被称为苦水河，也叫回回柴，蒙古语为忽鲁秃，也就是汉语所说的水泊的意思。隶属宝昌州，被称为忽察秃，就是汉语所说的有山羊的地方。这里土地肥饶水草茂盛，野兔和野兽都非常多。

从这里往西二十里是兴和路，元世祖所创设。（圣上）每年北巡，东出西还，所以在这里设置相关官署，作为（为皇帝北巡）提供供给的场所。这里城池很完整，聚集了各种商人，商贸繁荣，是河东宪司所管辖的地方。从这里往西走一千多里就能抵达太原，这里居住的人多以太原人为主。兴和路另设官员二监一守，其余的设置和别的郡相同。东面与宣德府郡相邻，是上都的附属州郡。府郡西北的地方被称作新城，是元武宗修筑的行宫，所以又被称为中都，现在已经大多坍塌毁弃。皇帝的车驾已经很久没有驾临中都了。

从兴和路行走三十里到野狐岭，野狐岭上是捺钵驻地，这里地势高风大，十分寒冷。东西盘旋曲折往下走到了平地，天气就变得热了，侍从们没有不减少衣服的。继续往前走，到达得胜口。这里属于宣平县境，有皇帝的御花园，混杂种植了很多果树，里面有皇帝的行宫。

向南到达距县城十五里的地方，距离县城三十里有座山，出产玛瑙。再往前走，越过沙岭五十里就到达顺宁府境，（顺宁府）本来叫宣德府，因为地震改名（顺宁府）。

向南过坳儿岭，（坳儿岭）下临深涧，涧下的河流称作浑河。（顺着）岭头高低不平的山路走四十里，直至鸡鸣山。这里重峦叠嶂排空而起，连绵二十多里。

再往南走二十里就是平地，这里叫雷家驿。雷家驿西北十里有捺钵，叫作丰乐。再走二十里，到阻车捺钵。再走二十里到统幕，就和中路行走的路线重合了。

继续向南，经过狼居胥山到达怀来县，这里四山环抱，山中有大名路的妫川县，（妫川县）南二里有捺钵。凡是留在京师的各个官署，都在这里准备好丰盛的酒肉，迎候皇帝车驾，大摆筵宴，来庆祝皇帝北巡归来。南面就是榆林驿，也就是《卫青传》里的榆溪旧塞，从怀来走五十五里就到达妫头。

再走十里进入居庸关，就到了大口。最后在八月十三日到达京师。整个行程经过二十四个捺钵，一千零九十五里路，这是从西面辇路归来所经历的路线。国家制度规定，凡是随从皇帝巡幸北方的各种官吏官署和各种随行人员，从东路出发，从西路返回，甲乙两队轮班随驾。只有随驾的监察御史以及负责皇帝警卫的世臣，才可以全程跟随皇帝东出西还，经历整个过程，并能全部浏览沿途风光。

刘建功　译注

与沽源有关的古代诗词注解

张沫末

敕　勒　歌[①]

北朝民歌

敕勒川[②]，阴山下[③]，天似穹庐[④]，笼盖四野。天苍苍，野茫茫，风吹草低见[⑤]牛羊。

注释：

①敕勒歌：是南北朝时期黄河以北的北朝流传的一首民歌，一般认为是由鲜卑语译成汉语的，作者不详。

②敕勒川：敕勒族居住的平川。敕勒是古代一个游牧民族，活动在今甘肃、内蒙古一带。

③阴山：位于内蒙古自治区中部，呈东西走向。

④穹庐：是指蒙古人所住的毡帐，即蒙古包。因中央隆起，四周下垂，形状似天，因而称为穹庐。

⑤见：同“现”，呈现。

大漠行

[唐] 崔 湜[①]

单于犯蓟壖[②]，骠骑略萧边。
南山木叶飞下地，北海蓬根乱上天。
科斗连营太原道，鱼丽合阵武威川。
三军遥倚仗，万里相驰逐。
旌旆[③]悠悠静瀚源，鼙鼓[④]喧喧动卢谷。
穷徼[⑤]上幽陵，吁嗟[⑥]倦寝兴。
马蹄冻溜石，胡毳暖生冰。
云沙泱漭[⑦]天光闭，河塞阴沉海色凝。
崆峒异国谁能托，萧索边心常不乐。
近见行人畏白龙，遥闻公主愁黄鹤。
阳春半，岐路间，瑶台苑，玉门关。
百花芳树红将歇，二月兰皋[⑧]绿未还。
阵云不散鱼龙水，雨雪犹飞鸿雁山。
山嶂连绵不可极，路远辛勤梦颜色。
北堂萱草[⑨]不寄来，东园桃李长相忆。
汉将纷纭攻战盈，胡寇萧条幽朔清。
韩君拜节偏知远，郑吉[⑩]驱旌坐见迎。
火绝烟沉右西极，谷静山空左北平。
但使将军能百战，不须天子筑长城。

注释：

①崔湜（671—713），字澄澜，定州安喜（今河北省定州市）人，唐朝宰相，中书侍郎崔仁师之孙。

②壖：古代宫殿的外墙。

③旌旆：旗帜。

④鼙鼓：古代军队中用的小鼓。

⑤穷徼：指荒远的边境。

⑥吁嗟：语气词，表示忧伤或有所触动。

⑦泱漭：昏暗不明的样子。

⑧兰皋：长兰草的涯岸。

⑨萱草：黄花菜，金针菜。

⑩郑吉（？—公元前49年），西汉会稽（今江苏省苏州市）人，西汉将领。以卒伍从军，数出西域。历任侍郎、卫司马、西域都护。去世后，赐谥号为缪侯。

扈从[1]行

［金］ 赵秉文[2]

马翻翻，车辘辘[3]，尘土难分真面目。
年年扈从春水行，裁染春山波漾绿。
绿鞯珠勒大羽箭，少年将军面如玉。
车中小妇听鸣鞭，遥认飞尘郎马足。
朝随鼓声起，暮逐旗尾宿，乐事从今相继躅[4]。
圣皇岁岁万机暇，春水围鹅秋射鹿。

注释：

①扈从：随从。

②赵秉文（1159—1232），磁州滏阳（今河北省磁县）人。金代文学家。

③辘辘：象声词，形容车轮滚动等发出的声音。

④躅：足迹。

征人怨

［金］ 元好问[1]

瀚海[2]风烟扫易空，玉关[3]归路几时东。
塞垣[4]可是秋寒早，一夜清霜满镜中。

注释：

①元好问（1190—1257），秀容（今山西省忻州市）人。金代文学家。

②瀚海：原本指的是“海”，即北方的大湖，这里指北方广大地区的戈壁沙漠。

③玉关：玉门关，始置于汉武帝开通西域道路、设置河西四郡之时，因西域输入玉石时取道于此而得名。

④塞垣：汉代为抵御鲜卑所设的边塞，后亦指长城，这里指北方边境地带。

北　岭[1]　行

［元］　郝　经[2]

中原南北限两岭，野狐高出大庾[3]顶。
举头冠日尾插坤，横亘一脊缭[4]绝境。
五台南望如培塿[5]，下视九州在深井。
上有太古老死冰，沙埋土食光炯炯。
盘磴[6]滑硬草无根，枯石摩天堕生矿。
南人上来不敢前，扑面欲倒风色猛。
坡陀白骨与山齐，惨淡[7]万里杀气冷。
岭北乾坤士马雄，雪满弓刀霜满颈。
稀星如杯斗直上，太白似月人有影。
寄语汉家守城将，莫向沙场浪驰骋。

注释：

①北岭：指张北野狐岭。

②郝经（1223—1275），元初名儒。蒙哥汗时入忽必烈王府，甚受信任。

③庾：露天的谷堆。

④缭：绕，缠绕。

⑤培塿：小土丘。

⑥磴：石头台阶。

化　城[1]　行

［元］　郝　经

东郊野马如马惊，依稀隐约还成城。

参差雉堞[2]云间横，鳌头[3]岌嶪[4]擎长鲸。
壮哉三都与两京，殿阁楼观颃[5]空明。
丹雘[6]峭丽欹[7]且倾，烟气荏苒摇旆旌[8]
其中似有百万兵，是邪非邪寂无声。
秦邪汉邪杳难名，长风忽来一扫清。
赤日如血高天青，霜净沙干雁鹜鸣。
路傍但见棘与荆，只有惨淡万古情。
人间城郭几废兴，一抔聚散皆化城。
君不见始皇万里防胡城，人土并筑顽如冰。
屈丏[9]按剑将土蒸，坚能砺[10]刀草不生。
神愁鬼哭枯血腥，杀人盈城[11]著死争。
只今安在与地平，平地深谷为丘陵。
江南善守铁瓮城，城外有田不敢耕。
西北广莫无一城，控弦百万长横行。
身为心城屋身城，一朝破坏俱化升。
伫立感化参玄冥[12]，乾坤[13]翻覆一化城。

案，张、独二口塞外有太子城遗迹，已不可考，每黎明时，从远望之，见有城郭涌出地上，楼橹雉堞，宛然如新，须臾日出，即隐不见，殆即所谓化城者，盖亦地境海市之类也。**又案**，此诗中重用七城字，是亦有意而为之者，非漫然也。

注释：

①化城：资料记载为太子城（位于今河北省张家口市崇礼区）。

②雉堞：古代在城墙上修筑的矮而短的墙。

③鳌头：指皇宫大殿前石阶上刻的鳌的头，考上状元的人可以踏上。后来用“独占鳌头”比喻占首位或取得第一名。

④岌嶪：高峻。

⑤颃：颈项。

⑥丹雘：涂饰色彩。

⑦欹：倾斜，歪向一边。

⑧旆旌：泛指旗帜。

⑨屈丐：楚国名将。

⑩砺：粗磨刀石。

⑪盈城：被杀死的人遍布城中。

⑫玄冥：在中国古代神话传说中主要指神的名字，如水神、冬神、北方之神等。

⑬乾坤：乾为天，坤为地。一般代表天地、阴阳。

白 山 行

［元］ 郝 经

鸳鸯泺[①]东白石山，一峰峻前尤高寒。
金莲花拥玉芙蓉，奇秀谁教在此间？
顽冰积雪雕锼[②]就，追琢[③]琳琅露枯瘦。
雾披烟染不能青，草隐沙昏日依旧。
当时朱勔[④]若相逢，玉京不运万岁峰。
华阳宫中第一山，沉水灌洗金泥封。
瑰异无缘到华夏，岁岁年年聚羊马。
几回重著吟鞭点，崔嵬[⑤]貌作诗中画。
晓来雨过无埃尘，落月冷浸光更新。
就中必有连城璧，世间谁过三刖[⑥]人？
北山安得移山叟，移向石淙玉溪口？
太湖乌玉都压倒，更添风月三千首。

注释：

①鸳鸯泺：古湖泊名，亦名鸳鸯泊，亦称安固里淖（在今河北省张北县境内）。

②雕锼：雕刻。

③追琢：雕琢，雕刻。出自《诗·大雅·棫朴》。

④朱勔（1075—1126），北宋苏州（今属江苏省）人，商人出身。

⑤崔嵬：有石头的高大土山。

⑥刖：古代一种把脚砍掉的酷刑。

北 行 歌

［元］ 马祖常[①]

君不见李陵台[②]、白骨堆，自古战士不敢来。
黄云千里雁影暗，北风裂旗马首回。
汉家卫霍今何用，见说军还如裹[③]痛。
不思百口仰食恩，岂念一身推毂[④]送。
如今天子皇威远，大积金山烽燧[⑤]鲜。
却将此地建陪京，滦水回环抱山转。
万井喧阗[⑥]车戛轮，翠华岁岁修时巡。
亲王觐[⑦]圭[⑧]荆玉尽，侍臣朝绂[⑨]玭珠[⑩]新。
高昌句丽子入学，交趾蛮官贡麟角[⑪]。
斗米三钱金如土，国人讴歌[⑫]将军乐。
将军乐，四海清，吾皇省方岂田猎。观风察俗知太平。

注释：

①马祖常（1279—1338），字伯庸，元文学家。

②李陵台：指汉李陵的墓。

③裹：缠。

④毂：车轮中心，有洞可以插轴的部分，借指车轮或车。

⑤燧：这里指古代告警的烽火。

⑥喧阗：声音大而杂。

⑦觐：朝见君主或朝拜圣地。

⑧圭：古代帝王或诸侯在举行典礼时拿的一种上圆（或剑头形）下方的玉器。

⑨绂：古代系印纽的丝绳，亦指官印。

⑩玭珠：珍珠。

⑪麟角：麒麟之角。

⑫讴歌：用歌唱、言辞等赞美。

车簇[①]簇行

[元]　马祖常

李陵台西车簇簇，行人夜向滦河宿。
滦河美酒斗十千，下马饮者不计钱。
青旗遥遥出华表，满堂醉客俱年少。
侑[②]杯小女歌竹枝，衣上翠金光陆离。
细肋沙羊成体荐，共讶高门食三县。
白发从官珥[③]笔行，毳[④]袍冲雨桓州城[⑤]。

注释：

①簇：积聚。

②侑：在筵席旁助兴，劝人吃喝。

③珥：用珠子或玉石做的耳环。

④毳：鸟兽的细毛。

⑤桓州城：位于今内蒙古自治区正蓝旗上都镇北八里，在上都河（闪电河）北岸，建于810年，是乌桓游牧故地，故命名为“桓州”。

白翎雀[①]歌

[元]　虞　集[②]

乌桓城[③]下白翎雀，雌雄相呼以为乐。
平沙无树托营巢，八月雪深黄草薄。
君不见旧时飞燕在昭阳，沉沉宫殿锁鸳鸯。
芙蓉露冷秋宵永，芍药风暄春昼长。

注释：

①白翎雀：百灵鸟。

②虞集（1272—1348），元代文学家，“元诗四大家”之一。

③乌桓城：今内蒙古自治区阿鲁科尔沁旗。

滦水[1]秋风词

［元］　柳　贯[2]

朵楼清晓常祠罢，吾殿新秋曲宴回。
御帛功由寒女出，分颁[3]恩自九天来。
西风初吹白海水，落日正见黑山云。
旃[4]庐小泊成部署，沙马野驼连数群。

注释：

①滦水：指滦河，上游在今河北省沽源县境内。

②柳贯（1270—1342），浦江（今属浙江省）人，元代著名文学家。

③分颁：分赏。

④旃：同“毡”。

后滦水秋风词

［元］　柳　贯

界墙洼尾砂如雪，滦河觜[1]头风卷空。
泰和未必全盛日，几驿云州避暑宫。
旋卷木皮斟醴酪[2]，半笼高帽敌风沙。
丈夫射猎妇当御，水草肥甘行处家。
山邮纳客供次舍，土屋迎寒摧墐藏。
沙头蘑菇一寸厚，雨过牛童提满筐。

注释：

①觜：同“嘴”，这里指滦河水边。

②醴酪：甜酒和奶酪。

上都[1]柳枝词

［元］　王士熙[2]

惹雪和烟复带霜，小东门外万条长。

君王夜过五花殿，曾与龙驹[③]系紫缰[④]。
偏岭前头树树逢，轻于苍桧[⑤]短于松。
急风卷絮悲游子，永日留阴送去侬。
合门岭上雪凄凄，小树云深望欲迷。
何日汶阳寻故里，绿阴阴里听莺啼。

注释：

①上都：元上都。

②王士熙（约1265—1343），东平（今属山东省）人。元代诗人、书法家、散曲家。

③龙驹：骏马，指豪杰之士。

④紫缰：皇帝对皇室近支和有功的高级官员特许乘马用紫缰，以示恩宠。

⑤桧：圆柏，常绿乔木。

担 子 洼

［元］ 黄 溍[①]

自从始出关，数日走崖谷。
迢迢度偏岭[②]，险尽得平陆。
陂陀[③]皆土山，高下纷起伏。
连天暗丰草，不复见林木。
行人烟际来，牛羊雨中牧。
飒然[④]衣裳单，咫尺异寒燠[⑤]。
伫立方有怀，相逢仍问俗。
畏途宜疾驱，更傍滦河宿。

注释：

①黄溍（1277—1357），婺州路义乌（今浙江省义乌市）人，元代著名史官、文学家、书法家、画家。

②偏岭：泛指现在沽源县椴木梁一带的山岭。自赤城独石口经栅子口，入沽源境内的盘道沟，过梁头到阳坡。从梁头到阳坡，即是偏岭所在地。

③陂陀：倾斜不平。

④飒然：形容风吹时沙沙作响。

⑤寒燠：冷热。

滦 河 吟

［元］ 宋 本①

滦河上游狭，涓涓②仅如带。
偏岭下横渡，复远行都外。
颇闻会众潦，既远势滂沛③。
虽违禹贡道④，独与东海会。
乃知能自致，天壤无广大。

注释：

①宋本（1281—1334），大都人。至治元年（1321 年）策士，赐进士第一，授翰林修撰。

②涓涓：细水缓流的样子。

③滂沛：水流广大众多。

④禹贡道：传说夏禹建都安邑（今山西省夏县禹王村）后，开通了自禹都安邑通往九州（冀、兖、青、徐、扬、荆、豫、梁、雍）的古代道路。在这里指元代帝王出巡时，途经沽源县境内的驿路。

金 莲 川①

［元］ 陈 孚②

茫茫金莲川，日映山色赭③。
天如碧油幢④，万里罩平野。
野中何所有，深草卧羊马。
昔人建离宫，今存但古瓦。
秋风吹白波，犹似哀泪洒。
村女采金莲，芳香红满把。

岂知步莲人，艳骨掩泉下。
人生如蜉蝣⑤，百年无坚者。
安得万斛⑥酒，浩歌⑦对花泻。

注释：

①金莲川：原名曷里浒东川。在今内蒙古自治区和河北省沽源县滦河上源闪电河地区。金大定八年（1168年）因曷里浒东川遍生金莲花改名金莲川。

②陈孚（1259—1309），元代学者，浙江临海人。曾任国史院编修、礼部郎中、天台路总管府治中。著有《观光集》《交州集》等。

③赭：红褐色矿物，可做颜料。

④油幢：张挂于舟车上的油布帷幕。

⑤蜉蝣：昆虫。成虫的寿命很短，只有几个小时至一个星期左右。

⑥万斛：形容容量之多。古代以十斗为一斛，南宋末年改为五斗为一斛。

⑦浩歌：放声高歌，大声歌唱。

担子洼

［元］ 乃贤

昔多盗贼，今置巡检司于山椒，其山无林木，皆蔓草。

朝发牛群头，夕憩①担子洼。
高秋得清旷②，野蔓③多幽花。
黄云翳④日脚，草色浮天涯。
山荒树寂寂，寒陂落昏鸦。
颇喜盗贼清，塞田尽禾麻。
至今将军垒，日落闻清笳。
我生久羁旅，崎岖涉风沙。
天寒道路远，曛黑投山家。

注释：

①憩：休息。

②清旷：清静空阔，清爽。

③蔓：野生的蔓草。

④翳：遮蔽，障蔽。

宿滦河望白海行宫①

［元］ 许有壬②

下马河边市，遥瞻③海上宫。
水天涵野白，禁树④拥云红。
望幸群黎⑤切，思归独客穷。
圣恩疏酒令，暂得醉歌同。

注释：

①白海行宫：指察汗脑儿行宫（今河北省沽源县小宏城遗址），是元朝君主在塞上草原设立的最重要的行宫，因行宫四周水域辽阔，茫茫一片银白，故在元代又称白海行宫。

②许有壬（1286—1364），元代文学家，彰德汤阴（今属河南省汤阴县）人。延祐二年（1315年）进士及第，授同知辽州事，中书左司员外郎，集贤大学士，枢密副使，中书左丞。

③遥瞻：遥望。

④禁树：禁苑中的树木。

⑤群黎：百姓。

九月一日还自上京①途中纪事二首

［元］ 周伯琦②

九月滦阳道，寒烟暗远垧③。
有山皆积雪，无水不成冰。
猎犬高于鹿，鸣鸦大似鹰。
欲为风土记，问俗果谁凭。

行宫临白海，金碧出微茫。

锢豹仍分署，韝鹰[4]亦有房。
射熊名鄙汉，祝网德怀汤。
干豆遵彝典[5]，人瞻日月光。

注释：

①上京：元上都，元代两都巡幸一般在九月从上都启程返回大都。

②周伯琦（1298—1369），饶州鄱阳（今江西省鄱阳县）人。元代书法家、文学家。

③坰：都邑的远郊。

④韝鹰：调教于臂韝之上的鹰。韝：指古代射箭时戴的皮制袖套。

⑤彝典：指常典或旧典。

赋得滦河送苏伯修参政赴任湖广

［元］ 周伯琦

清滦悠悠北斗北，千折[1]萦[2]环护邦国。
直疑银汉天上来，摇漾蓬莱云五色。
蛟龙变化深莫测，金莲满川净如拭。
銮舆[3]岁岁两度临，雨露同流草蕃殖[4]。
长亭短亭来往人，朝夕照影何时息。
相君[5]亲授临轩敕，紫骝[6]嚼啮[7]黄金勒。
却从江汉望龙冈，三叠晴虹劳梦忆。

注释：

①千折：极其曲折。

②萦：缭绕。

③銮舆：皇帝的车驾，也叫銮驾。

④蕃殖：繁殖。

⑤相君：旧时对宰相的尊称。

⑥紫骝：古骏马名。

⑦嚼啮：咬啮。

立秋日书事五首（录其三）

［元］ 周伯琦

凉亭[1]千里内，相望列东西。
秋狝[2]声容备，时巡典礼稽[3]
鸨凫随矢落，猳[4]鹿应弦迷。
干豆归时荐，康庄颂耄倪[5]。

注释：

①凉亭：上京之东五十里，有东凉亭；西百五十里，有西凉亭。其地皆饶水草，有禽鱼山兽。

②秋狝：中国古代称秋季打猎。

③稽：古代的一种礼节，跪下，拱手至地，头也至地。

④耄倪：老少。语出《孟子·梁惠王下》。

纪行诗二十六首（录四首）

［元］ 周伯琦

乘舆[1]绳祖武[2]，岁岁幸滦京。
夏至今年早，山行久雨晴。
日瞻黄道肃，夜拱北辰明。
随步窥形胜，周谘[3]记里程。

岭西通驿传，山尽见邮亭。
万灶闾阎[4]聚，千辕骠骑营。
市楼风策策，野堠[5]雾冥冥[6]。
雄略卑秦陇[7]，孤兵笑广青[8]。

凉亭临白海，行内壮黄图。
贝阙[9]明清旭[10]，丹垣护碧榆。

龙湫[11]时雾雨，鹰署世衡虞[12]。
驻跸[13]光先轨[14]，长杨只一隅。

地旷居人少，山低云影微。
石墙虫避燥，土屋燕交飞。
沙净泉宜酒，天凉秋合围。
朔方戎马最，刍牧[15]万群肥。

注释：

①乘舆：旧指皇帝或诸侯所用的车舆。

②绳祖武：踏着祖先的足迹继续前进。比喻继承祖业。绳：继续；祖武：先人的遗迹、事业。

③周谘：多方征求意见。

④闾阎：原指古代里巷内外的门，后泛指平民老百姓。

⑤野堠：指古代野外标记里程的土坛。

⑥冥冥：自然界的幽暗深远。

⑦秦陇：秦岭和陇山的并称。

⑧广青：汉代李广、卫青的并称。

⑨贝阙：以紫贝为饰的宫阙。本指河伯所居的龙宫水府，后用以形容壮丽的宫室。

⑩旭：清晨。

⑪龙湫：上有悬瀑、下有深潭。

⑫衡虞：守护山林的官。

⑬驻跸：皇帝后妃外出，途中暂停小住或帝王出行时，开路清道，禁止通行。泛指跟帝王行止有关的事情。

⑭先轨：先王的法度，先有的范例。

⑮刍牧：家畜，指马牛羊之类。

金 莲 花

［清］ 胡会恩[1]

仙葩[2]生朔漠，当暑发奇英。

色映金沙丽，香芬玉井清。
倚风无俗艳，含露有新荣。
试植天池侧，芙蕖[3]敢擅名。

注释：

①胡会恩：生卒年不详。康熙十五年（1676 年）进士，官至刑部尚书。

②仙葩：仙花。

③芙蕖：荷花的别名。

金 莲 花

［清］ 高士奇[1]

卉本仙山种，开当夏候深。
异香飘紫塞[2]，宝相涌黄金。
露叶凝轻翠，风枝袅[3]细阴。
曾邀天笔赏，移取植华林。

注释：

①高士奇（1645—1703），清朝著名诗人、书画鉴赏家。

②紫塞：借指长城。

③袅：柔弱，缭绕。

雁 雏

［清］ 高士奇

雁于五月间生雏塞上诸泽中。其大如拳，细鸣嗷嗷，就水草为栖息。

怜此随阳鸟，生雏水泽中。
脆毛初晒日，弱翅未凌风。
沙软群相戏，芦深到处丛。
待时遵渚[1]去，寥阔[2]任秋空。

注释：

①遵渚：鸿雁循着水中小洲飞翔。

②寥阔：空旷，广远。

白 翎 雀

［清］ 高士奇

塞上鸟，如鹤翎而小，翅有白翎，因名白翎雀。雌雄相呼，声可听。京师园沼闺阁中多畜之，鸣之巧者，一雀数金。元世作乐，名白翎雀，想亦以其可听也。无人多咏之。

碛[①]外相呼乐，人间重白翎。
名传元乐府，产略古《禽经》[②]。
妙选笼雕槛[③]，清音啭[④]画屏[⑤]。
芙蓉秋露冷，曾否忆沙汀[⑥]。

注释：

①碛：浅水中的沙石。

②《禽经》：作者师旷，是作者在参阅前人有关鸟类著述的基础上，总结了宋代以前的鸟类知识，包括命名、形态、种类、生活习性、生态等内容。

③槛：这里指鸟笼。

④啭：鸟婉转地鸣叫。

⑤画屏：有画饰的屏风。

⑥汀：水边平地。

金 莲 川

［金］ 赵秉文[①]

一望金莲五色中，离宫风月满云龙。
向来菡萏[②]香销尽，何许蔷薇露染浓。
秋水明边罗袜步，夕阳低处紫金容。
长杨猎罢回天仗，万烛煌煌下翠峰。

注释：

①赵秉文（1159—1232），磁州滏阳（今河北省磁县）人，金代著名学者、书法家。金世宗大定二十五年（1185年）进士，金哀宗即位，改翰林学士，兼修国史。

②菡萏：荷花。

午日雪后行失八儿秃①道中有怀同馆诸公

［元］　柳　贯

尖峰犹是漠南山，驼褐②萧萧午日寒。
艾叶漫将头上插，榴花应许梦中看。
马前沙雪行初隐，雕背荒云落更盘。
王事独贤吾敢惮③，重烦同馆劝加餐。

注释：

①失八儿秃：又名牛群头，旧址在今河北省沽源县石头城村。

②驼褐：用驼毛织成的衣服。

③惮：怕，畏惧。

纪行述怀

［元］　宋　褧①

陪扈滦京愧未曾，马瘏②儿病苦凌兢③。
龙门湍息山陉雪，偏岭风凄石濑冰。
倏忽雨旸天叵测，迂疏道路事难凭。
侍臣争笑冯唐老④，不向明时献技能。

注释：

①宋褧（1294—1346），大都宛平（今属北京市）人。元泰定元年（1324年）进士，授秘书监校书即，改翰林编修。著有《燕石集》。

②瘏：疲劳致病。

③凌兢：亦作“凌竞”，形容寒凉。

④冯唐老：汉朝冯唐身历三朝，到汉武帝时，举为贤良，但年事已高不能为官。感慨生不逢时或表示年寿老迈。

凉　　陉[1]

［金］　赵　沨[2]

峨峨景明宫[3]，五云涌蓬莱[4]。
山空白昼永，野旷清风来。

注释：

①凉陉：辽时称闪电河流域为“炭山”，又称“凉陉”，金时称“金莲川”。

②赵沨：字文孺，东平人。金大定二十二年（1182 年）进士，仕至礼部郎中。

③景明宫：金代辟建的避暑行宫（现在的小宏城遗址附近）。

④蓬莱：传说中的海上仙境，现位于山东省境内。这里形容景明宫周围水域辽阔，如仙境一般。

明安驿道[1]中

［元］　陈　孚[2]

野鹊山头野草黄，野狐岭上月茫茫。
五更但觉天风冷，帐顶青毡一寸霜。
貂鼠红袍金盘陀[3]，仰天一箭双天鹅。
雕弓放下笑归去，急鼓数声鸣骆驼。
黄沙浩浩万云飞，云际草深黄鼠肥。
貂帽老翁骑铁马[4]，胸前抱得黄羊归。
风吹滦水涌如淮，十万雕弓[5]饮马来。
长啸一声鞭影动，金鞍飞过李陵台。

注释：

①明安驿道：指现在的沽源县闪电河乡马神庙村附近。该诗将坝上的山川、遗迹、月色、气候、毡帐、动物以及坝上人的装束、喜好等尽摄笔底。

②陈孚（1259—1309），元代学者，字刚中，号勿庵。著有《观光集》《交州集》等。

③金盘陀：金属制成的马鞍。

④铁马：指配有铁甲的战马。

⑤雕弓：刻绘花纹的弓，精美的弓。

滦京杂咏一百首（录二首）

［元］　杨允孚[①]

驱车偏岭客南还，始见胡姬笑整鬟[②]。
谁信片云三十里，寒暄只隔此重山。

鸳鸯坡上是行宫，又喜临岐[③]象驭[④]通。
芳草撩人香扑面，白翎随马叫晴空。

注释：

①杨允孚：生卒年均不详。字和吉，江西吉水人。元代诗人。

②鬟：古代妇女梳的环形发髻。

③临岐：亦作“临歧”。本为面临歧路，后亦用为赠别之辞。

④象驭：指高僧。佛教称高僧为“法门龙象”，故名。

和友人雪后行独石口[①]外咏所见

［清］　徐　兰[②]

明沙滩上雪铺银，天作穹庐覆远人。
覆到晚来天亦冷，羲和[③]鞭出日三轮。

注释：

①独石口：古时战略交通要道，位于今河北省赤城县。

②徐兰：生卒年不详，约活动于清康熙、雍正年间，江苏常熟人，少从王士禛学诗，诗体近李贺，擅画花卉及白描人物，线条生动，名盛一时。

③羲和：古代神话传说中的人物，驾驭日车的神。

过察汗格勒

［清］　关　宁

濊濊[①]河流岸草春，画楼金粉已成尘。
青山不管兴亡事，依旧崎岖送路人。

注释：

① 濊濊：拟声词，水流声。

后　记

时间过得很快，转眼已到年底。

立冬后，天很短，夜来得快，也走得长。写完《沽源地名文化》最后一段文字，关闭电脑下楼，没有回家，漫步在我常走的那条小路上。路上没有其他人，只有很冷的风和黎明前偶尔传来的几声鸟叫。

盘点近一年来的日日夜夜，心里萌生着释重后的欣慰和新的期待。

时光拽回到 2017 年 3 月 29 日，我为一项民俗文化工程的设计在山西考察。中午接到了沽源政协办公室打来的电话，让我做一本有关沽源地名文化的书。挂了电话，一种潜在的文化意识和渴望让我在心灵深处特别兴奋和激动。探索历史文化之源，把沽源文化整理成一个系统，是我多年的夙愿，也是我给自己人生晚年的一个承诺。

阳春三月，天像用水洗过一样湛蓝，几朵白云，涂抹着淡淡的银灰，飘在空中……原想趁天气好在太原多逗留几日，多看几个地方，但接到政协的电话后，决意取消原定的考察计划，提前返回沽源。陪我一起考察的几个学生，背地里嘟嘟囔囔说我是“火烧心”，我装着没有听见。

政协的领导，为人坦诚，做事实在。我和他们见面后没有寒暄，直接进入主题。他们让我出任《沽源文史资料汇编》和《沽源地名文化》的主编，并各自把基本想法、编书目的、时间要求及相关问题对我做了详细的交代。我没有推辞，因为我心里有数，他们是有担当、有作为、办实事的好领导，在他们的领导与支持下工作，心里踏实、敞亮，也有信心。说心里话，我真的没有想到新上任的政协领导，对沽源文化的认识能达到这样的高度，有如此抱负！我很受感动。虽然已过花甲之年，但我还是愿意和这样有远见卓识的领导共同扛起沽源的文化大旗。

春光普照大地，山川原野焕发出新的活力……年已六十三岁的我，又回到政协，担任两部书稿的主编。这是新一届政协领导对我的无比信任，是沽源文化事业对我的托付，也是沽源这片热土对我的期望和深情的拥抱！

按照政协年度工作的总体部署，《沽源文史资料汇编》和《沽源地名文化》都要在年底出版，时间非常紧迫。我了解政协领导，这是他们做事的一贯风格。我不敢怠慢，夜以继日地策划两部书稿的编纂方案及写作大纲。

方案出台后，经主席办公会讨论通过，并在召开的全体政协委员会议上，由李海宏副主席做了专项部署和安排，动员全体政协委员和政协机关干部积极参与这项工作。我受到了很大的鼓舞，精神为之振奋。编书如同建房，做好这项工程，除领导们的重视和支持外，还必须要有一个专门的文化团队来完成这项任务，否则一切都是空话。会后，我以政协编委会的名义利用网络平台，在微信群、QQ 群发出了组建“沽源地名文化团队”的倡议，得到了沽源文化学社、作家协会、诗词协会以及沽源文化圈内其他人士的积极响应。

五一过后，大地铺满了绿色，山川河流唱起了欢快的歌。浓烈的文化气息也感召着热衷于沽源文化事业的每一个人。王金山老师来了，南谏君老师、胡学文老师、郭郛老师、李哲峰老师及女作家张爱莲、田丽、冀海莲都来了，就连尚义县的文化使者李桂芬老师也来了。他们为沽源地名文化积极撰写稿件，提供作品。在这些知名作家和文化学者的热心参与下，由一群草根文人组建的“沽源地名文化团队”于 5 月 16 日正式成立。我们情感在一起，思想在一起，下乡走访调查，用心撰写稿件。这部《沽源地名文化》书稿，饱含了这个文化群体对沽源这方土地的无比热爱！

不积跬步，无以至千里；不积小流，无以成江河。从 6 月 10 号开始征稿，到 9 月 30 号截稿，在不足一百二十天的时间里，共征集到稿件一百二十八篇，达五十余万字，参与撰稿的作者近七十人。这组数字反映了编纂工作取得的初步成果。我们能够算出篇数、字数，却无法计算出数字背后的日日夜夜、一字一词所倾注的心血。

金秋十月，硕果挂满枝头，这是一个丰收的季节，《沽源地名文化》进入编辑阶段。为了确保作品质量，编委会专门聘请责任心强、文字功底扎实、具有编辑经验和水平的刘文军和胡海龙两位老师担任文字统筹工作，对所有稿件进行非常严格的审核、修改、校对。他们为这部书稿的质量付出了艰辛的劳动和大量心血。

严把作品的质量关，是编委会特别重视、再三强调的编纂原则。在编纂方案制订之初，陈青山主席就多次找我谈话，反复强调要把作品质量提到关系沽源政协声望的高度，不要凑字数，不要看人情，书内绝对要采编高水平的稿件，要把编书这项工作看作是沽源政协以文辅政、对历史负责、对人民负责、对沽源文化事业的长久发展负责的一件大事。如实说，我是很“护短”的人，他知道我这个“软肋”。为了防止采编稿件时非原则性的问题出现，凡是由责任编辑审核修改过的作品，都要提交给编委会成员进行严格审查。

11 月 1 日，天上飘落的几片雪花，没来得及落地就融化了。为了提升作品的采编质量，政协召开了第一次编纂委员会全体会议，对首批上会的作品进行评审。会议严肃认真，政协主席、副主席、党组成员、秘书长、各科科长、政协机关干部、主编、编委、作者代表参加会议。为一本书举行如此规模的评审会，在我多次担任书稿主编的工作中还是第一次。会上分别对各篇作品从内容、思想、文体、语言等多方面进行了评审。就存在的问题，明确了责任，制订了八条改进措施。这次会议，对保证全书的整体质量起到了至关重要的作用，让我受益匪浅，感怀不已！

按出版时间要求，我们编辑组进入倒计时的工作状态，陈主席还是对稿件的质量紧盯不放。继第一次评审会后，又相继组织召开了两次评审会议，一次比一次细致，一次比一次严格。第三次评审会对所有采编的作品做了最后的评审认定。直到评审工作画上最后一个句号，我才长长地松了一口气。

漫步在小路上，任思绪游走。我想起了李海宏副主席。她是我的直接领导，在这近一年的时间里她始终如一，以满腔的热忱帮助我，支持我的工作。还有那些和我一路走来的老师、作家、诗人们，我们之间不仅是文化里的友谊，更多的是彼此间的理解和尊重。特别感激李富荣老师、樊桂云老师和黄生老师，他们给了我最大的支持和帮助。近一年来的万千感怀都沉淀在这部厚厚的书里。如若这部《沽源地名文化》算得上是成功之作，不仅在于政协领导的关怀和重视，也在于所有作者和编辑老师的辛勤付出。帮助过我们的人很多，恕不一一具名，在此一并谢过。

由于编纂水平有限，书内纰漏与瑕疵在所难免，恳请读者批评指正。

风儿吹来，天色方亮，太阳的光辉洒在了大地上，也洒在了我们前行的路上。

贾富海

2017 年 11 月 30 日